姜明安公法著作系列丛书

比较行政法

姜明安——著

Comparative Administrative Law

法律出版社
LAW PRESS · CHINA
北京

图书在版编目(CIP)数据

比较行政法 / 姜明安著. -- 北京 : 法律出版社, 2023

(姜明安公法著作系列丛书)

ISBN 978-7-5197-7538-4

Ⅰ. ①比… Ⅱ. ①姜… Ⅲ. ①行政法学－比较法学 Ⅳ. ①D912.101

中国国家版本馆 CIP 数据核字 (2023) 第 034990 号

比较行政法
BIJIAO XINGZHENGFA

姜明安 著

策划编辑 朱 峰
责任编辑 李天一
装帧设计 贾丹丹

出版发行 法律出版社
编辑统筹 辞书·融出版编辑部
责任校对 张翼羽
责任印制 吕亚莉
经　　销 新华书店

开本 710 毫米×1000 毫米 1/16
印张 28.5　字数 452 千
版本 2023 年 8 月第 1 版
印次 2023 年 8 月第 1 次印刷
印刷 三河市龙大印装有限公司

地址:北京市丰台区莲花池西里 7 号(100073)
网址:www.lawpress.com.cn
投稿邮箱:info@lawpress.com.cn
举报盗版邮箱:jbwq@lawpress.com.cn
销售电话:010-83938349
客服电话:010-83938350
咨询电话:010-63939796

书号:ISBN 978-7-5197-7538-4
定价:128.00 元
凡购买本社图书,如有印装错误,我社负责退换。电话:010-83938349

序　言

本书是在笔者20世纪末和21世纪初为北京大学宪法与行政法专业硕士和博士研究生开设“比较行政法”课程的历年讲义的基础上，结合近二十年来国内外相关新的行政法立法和行政法学界相关新的研究成果，对原讲义进行整理、修改和完善而成。笔者在教学过程中，曾主编过一本《外国行政法教程》（法律出版社1993年出版，1998年重印）。本书相对于前书，有一个主要区别：前书采取的是国别比较的方法，即选择若干行政法制度较完善的国家（法国、德国、英国、美国、日本等），对其行政法基本制度的内容、发展沿革和理论基础等进行比较；本书则采取的是制度比较的方法，即选择各国行政法的若干主要制度（行政立法、行政行为、行政规制、行政裁判、行政合同、行政指导、行政裁量、议会监察专员、行政程序、政府信息公开、行政复议、行政诉讼等），对这些制度在不同国家产生与发展的历史源流、理论源流、制度架构、运作程序和它们的功能、作用等进行比较。制度比较的方法较国别比较的方法有诸多优势：其一，有利于读者更全面和深入地了解和把握各国不同制度的特色，更准确和具体地揭示其利弊得失。其二，就行政法学术研究而言，有利于对行政法制度进行不同角度、不同层面（如行政立法、行政规制、行政裁判是一个角度和层面；行政主体、行政行为、行政救济是一个角度和层面；行政行为、行政裁量、行政程序、政府信息公开是一个角度和层面；行政监察、行政复议、行政诉讼是一个角度和层面；行政规制、行政合同、行政指导是一个角度和层面；等等）的研究，有助于推进行政法学研究从平面向立体、从静态向动态转化，并兼顾研究的平面与立体、静态与动态。其三，对作为政府公职人员的读者来说，这种制度比较研究有助于他们有针对性地参考国外在治国理政方面的经验，方便他们加强与国外在相应制度领域的治理理论和治理方式交流。

其四,对作为立法机关工作人员的读者来说,这种制度比较研究有助于他们在制定特定法律法规时有的放矢地参考借鉴国外相应立法,取其长,避其短,使制定出来的相应法律法规更完善一些,质量更高一些。其五,对于作为司法人员(特别是行政审判人员)的读者来说,这种制度比较研究有助于他们在诉讼办案过程中有针对性地参考和借鉴国外司法机关(特别是行政审判机关)处理疑难事实问题和法律问题的做法,以及司法审判中应把握的有关标准。当然,以上是笔者采用这种研究方法撰写本书希望达到的目的,但本书是否能达到这些目的,则是另外的问题。由于笔者进行比较研究的广度和深度不够,这些目的的实现肯定会大打折扣。尽管如此,笔者仍然认为选择制度比较的方法和路径是正确的。笔者没有把这个方法和路径运用好,相信会有其他学者(特别是年轻学者)将很好地运用这个方法,取得真正有成效的研究成果。

本书的撰写和出版,应该感谢很多学者和朋友的支持和帮助,没有他们的热心支持和帮助,仅靠笔者一己之力,本书肯定难以完成,至少难以在现在这个时候,以现在这个面目呈现在各位读者面前。首先,笔者要感谢我国行政法学界前辈龚祥瑞先生、王名扬先生和国外行政法学界的前辈威廉·韦德(William Wade)先生和丹·芬诺·汉德森(Dan Fenno Henderson)先生,以及与笔者同辈的裴文睿(R. P. Peerenboom)教授和保罗·克拉格(Paul Crag)教授。龚先生是笔者的大学本科老师,是他将笔者引入了行政法和行政诉讼法的研究领域,他的《比较宪法与行政法》是笔者教学和研究常用的指导和参考书,这本经典著作为本书的撰写提供了很好的样板;王先生是我国研究外国行政法和比较行政法最深入最有成效的老一辈学者,他的《法国行政法》、《英国行政法》和《美国行政法》是我国在外国行政法研究领域最有影响的、难有其他学者能企及和超越的巨著,笔者在撰写本书时,自然是将之作为最重要的参考书目;韦德先生是笔者 20 世纪 90 年代在剑桥大学访学时指导过笔者研究的英国行政法学泰斗,他曾将他的名著《行政法》(第 6 版)亲笔签名送给笔者;汉德森先生是笔者 20 世纪 80 年代在华盛顿大学访学时指导过笔者研究的美国著名法学教授,他曾经将他的朋友美国联邦最高法院大法官史蒂芬·布雷耶(Stephen Breyer)的著作《规制及其改革》转送给笔者;裴文睿教授是笔者 20 世纪末在加州大学洛杉矶分校(UCLA)访学时指导过笔者研究的美国行政法学者,当时他把自己出版的著作和发表的论文均送给笔者;克拉格教授是牛津大学的行政法教授，他多次来中国讲学，我们多次见面，他也曾把自己的专著《行政法》(第6版)签名送给笔者。韦德、布雷耶和克拉格的著作是笔者这次撰写《比较行政法》时使用的重要英美法系国家行政法参考文献。其次，笔者要感谢我国行政法学界在译介外国行政法著作方面作出了杰出贡献的高家伟教授和杨建顺教授。高教授翻译了德国著名行政法学者哈特穆特·毛雷尔(Hartmat Maurer)、汉斯·沃尔夫(Hans Wolff)、奥托·巴霍夫(Otto Bachof)、罗尔夫·施托贝尔(Rolf Stober)等人的行政法著作；杨教授翻译了日本著名行政法学者南博方、盐野宏等人的行政法著作。他们每出版一本译著，都第一时间寄送笔者学习。笔者这次撰写本书，使用了他们所赠译著的大量资料。虽然龚祥瑞先生和王名扬先生的书是经典著作，但因为这些书都是20世纪80年代和90年代出版的，有些资料已较为陈旧、过时，故笔者使用后辈学者译著的内容可能比参考老一辈学者的著述更多些。当然，笔者撰写本书所引用译著的作者远不止高家伟教授、杨建顺教授两位，其他后辈译者还有陈端洪、刘飞、沈岿、毕洪海、王贵松、骆梅英、杨伟东、李洪雷、宋华琳、金自宁、赵宏、周华兰、王瑞雪、吴微、伏创宇、刘国乾、赵峰、李国兴、周汉华、王敬波等，他们同样在其译著出版后给笔者送书(周汉华、王敬波送笔者的书虽然不是译著而是他们主编的编译作品，但对笔者本书的写作同样很有参考价值)，王贵松教授得知笔者在撰写本书，甚至在他的译著尚未出版时就将他的最新译稿发送给笔者，供笔者参考。再次，笔者要感谢曾经听过笔者“比较行政法”课程授课和参加过本课程课堂讨论的北京大学宪法与行政法专业的历届博士生、硕士生们，他们在每次课堂讨论中的发言(特别是笔者指定的对各相应专题进行重点准备的同学们的发言)，在很大程度上补充和丰富了笔者当时的讲义，对本书无疑作出了重要贡献。复次，笔者还要感谢法律出版社的朱峰女士(法律出版社辞书·融出版编辑部主任)和李天一、苗婕女士，她们分别担任本书和笔者其他公法系列著作的责任编辑。她们极端认真和精心细致的审校编辑工作使笔者的这些著作增色不少。最后，笔者还要感谢我的夫人陈晓燕女士，她同样为本书作出了一定贡献，如帮助笔者查找资料、校对注释、编写参考书目，等等。

本书和笔者公法著作系列已出版和即将出版的各卷是在新冠疫情在我国和全球肆虐(据世界卫生组织统计数据，截至北京时间2022年7月5日23时

52分,全球累计新冠确诊病例547,901,157例,累计死亡病例6,339,899例[①])的艰难日子里完成的。看来,各国如何运用行政法防控疫情,保护公民、法人和其他组织的合法权益(既通过行政法规范制约政府及其他公权力主体,防止其不作为、失职渎职,不积极采取有效防控措施,任凭疫情肆虐,损害公民的生命和健康,又通过行政法规范制约政府及其他公权力主体乱作为,防止其滥用公权力,违法和过度采取防控措施且层层加码,严重侵犯公民、法人和其他组织的权利和自由,阻碍经济与疫情防控的协调发展),已经成为比较行政法的一个新的重大课题。本书探讨的主要是常态社会条件下各国的行政法制度,这些制度虽然大多也适用于疫情蔓延条件下和其他非常态社会条件下对公权力行为的规范和公共治理,但这些制度对于疫情蔓延条件下和其他非常态社会条件下规范公权力行为和公共治理是远远不够的。因此,本书虽然即将付梓,但对各国行政法比较研究的任务还远没有完成。如果此次疫情过去后或告一段落,本人身体条件尚允许继续做研究的话,笔者将推出本书新版,增设专章研究各国防控新冠疫情的经验,探讨非常态社会条件下的行政法治及其对公权力运作的规范和制约的规律。当然,笔者更希望年轻一代的学者加强对这一重要课题的研究,能在不久的将来写出一本或一个系列的有关"非常态行政法比较研究"的专著,作为对本书缺陷的补充。

姜明安

于北京海淀区八里庄公寓

2022年7月25日

① 资料来源:央视新闻客户端2022年7月6日播报。

目　　录

CONTENTS

第一章 绪 论

第一节 比较行政法研究的主要目标和任务

广义比较行政法的“比较”，包括循三个不同视角的比较：一是循横向视角的比较，即对当代世界不同国家和地区行政法制度模式进行的比较研究；二是循纵向视角的比较，即对世界或一国一地区不同时代的行政法制度模式进行的比较研究；三是循中外视角的比较，即仅以中国为比较的制度模式主体，对现代中国和外国行政法制度模式进行的比较研究。中外比较实际上也是一种横向比较，但与一般的横向比较不同：一般的横向比较是将世界不同国家和地区的行政法制度区分为若干种模式，分别研究和探讨这些不同模式的特征，比较其异同；而中外比较则是以中国行政法制度作为一种比较制度模式的比照物，将世界其他国家和地区的制度模式与之进行比较，探究和发现其异同。本书研究比较行政法，所采用的视角主要是一般横向比较视角，但同时兼采纵向比较，较少作中外比较。①

一、横向比较的目标和任务

行政法的横向比较研究旨在了解和把握当代世界各国和地区行政法不同制度模式的概貌、特征和运作方式，探寻具有一定共性的行政法制度、原理、原则和具有不同国家特色、不同地区特色的行政法制度、原理、原则。

---

① 因为笔者对中国行政法制度模式的研究已出版专著《行政法》（第 5 版）和《行政诉讼法》（第 4 版），故本书不再专门介绍中国行政法的制度模式，以避免重复。

从我们的现有资料分析，当代世界各国和地区具有一定共性的行政法制度、原理、原则主要有行政立法制度、行政许可和规制制度、行政征收征用制度、行政给付和公共服务制度、行政裁判制度、行政程序制度、行政救济制度；依法行政原理原则、政府诚信和信赖保护原理原则、合理性和比例原则、行政公开公正的原理原则、正当法律程序原则、控制行政自由裁量权的原理原则，等等。尽管这些行政法制度、原理、原则在各国和地区适用时，均须根据所在国家的国情（政治、经济、文化的历史和现实国情）、所在地区的情况有所变化、改造和发展、创新。

至于具有各个国家和地区特色的行政法制度、原理和原则更是我们进行横向比较研究的重点。从我们的现有资料分析，当代世界各国、各地区特别具有特色的行政法制度、原理、原则主要有：

美国的信息自由制度及其原理、原则（freedom of information），隐私权保护制度及其原理、原则（privacy），正当法律程序制度及其原理、原则（due process of law），阳光政府制度及其原理、原则（government in the sunshine），行政法官制度（administrative law judges）和司法审查（judicial review）等。

英国的行政裁判所制度及其原理、原则（administrative tribunal），法定调查和公正听证制度及其原理、原则（statutory inquiry and fair hearings），自然正义原则（natural justice），法治原则（rule of law），越权制度及其原理、原则（ultra vires），议会主权原则（sovereignty of parliament），文官制度（civil servant）等。

法国的行政法院制度及其原理、原则（conseil d'etat[①]），公立公益机构及其原理、原则（etablissement public），行政合同制度及其原理、原则（administrative contract），行政赔偿制度及其原理、原则（administrative compensation），公用征收和公用征调制度及其原理、原则（l'expropria tion pour cause d'utilité publiqué；la réquisition）等。

德国的行政程序制度及其原理、原则，法律保留和法律优先原则，信赖保护制度及其原理、原则，比例原则，公法合同制度及其原理、原则，从属于司法系统的行政法院制度及其原理、原则（不同于法国从属于行政系统的行政法

---

① 又译作"平政院""国政院""国家参事室"等。

院制度）等。

除上述国家极具特色的行政法制度及其原理、原则外，其他国家和地区亦有一些重要的具有较鲜明特色的行政法制度：如日本的行政指导制度、行政不服审查制度、[1]苦情处理制度；[2]瑞典的议会司法督察专员制度（parliamentary justice ombudsman）；[3]韩国的行政审判制度；[4]日本请愿制度（petition system）；[5]等等。

二、纵向比较的目标和任务

行政法的纵向比较研究旨在了解和把握当代世界各个国家和地区行政法发展的路径、趋势，探讨现代行政法哪些制度、原理、原则是传统行政法制度、原理、原则的传承、沿袭和演进，哪些制度、原理、原则是现代社会、经济、政治、文化发展的产物和创新。从而明了现代行政法哪些制度、原理、原则在今后仍应坚持，哪些制度、原理、原则在今后应予以改革、进一步发展和创新。

从英国宪法行政法史分析，英国现行代行政法制度、原理、原则（如法治原则、自然正义原则等）大多受英国历史上的《自由大宪章》（Magna Carta, 1215 年）、《人身保护令状》（Writ of Habeas Corpus，源于 13 世纪早期）和《人身保护令状修正法》（The Habeas Corpus Amendment Act, 1679 年）、《权利请愿书》（The Petition of Right, 1628 年），以及《权利法案》（The Bill of Rights, 1689 年）等的深刻影响，尽管这些制度、原理、原则也一直是在不断发展、不断演进着的。[6]

其他国家和地区行政法制度、原理、原则的发展也有同样的情况。例如，美国的正当法律程序（due process of law）原则与英国历史上的自然正义（natural justice）原则有着一定的渊源关系；德国的信赖保护原则和比例原则与英美法系的禁反言（estoppel）原则和合理性（reasonableness）原则也有着一

---

① 类似于我国的行政复议制度。

② 类似于我国的信访制度。

③ 类似于我国的监察制度和信访制度的结合。

④ 类似于我国的行政复议制度。

⑤ 指一定群体的公民（一般通过请愿书）向国家机关反映意见、要求（包括立法、修法、制定或改变政策等），提出批评、建议的一种参政和监督政府的方式。

⑥ 参见［英］汤姆·宾汉姆：《法治》，毛国权译，中国政法大学出版社 2012 年版，第 15～37 页。

定的联系；法国的最高行政法院（conseil d'etat）更是从名称上即可溯源法国旧时代的国王参事院，尽管其功能发生了根本性的变化，特别是1872年和20世纪50年代的重大变革。

三、中外比较的目标和任务

行政法的中外比较研究旨在了解、把握中外行政法的异同，探究产生异同的原因：为什么异？为什么同？分析中外制度各自的利弊得失，以借鉴不同国家和地区行政法制度、原理、原则中对我国有用、有利、有益的内容、成分，改进、完善我国现行的行政法制度、原理、原则，构建体现现代民主、法治精神，且具有中国特色社会主义制度优势的新型行政法模式。

从对中国行政法制度与西方国家行政法制度的比较中可知，二者的一个最大的区别就是是否坚持执政党对行政权的直接领导。中国特色社会主义制度的显著优势就是党的领导，集中力量办大事。这种体制特别有利于提高行政效率，保证党和国家高层的重大决策、政策的有效执行。而西方国家的行政权往往是分散的，其行使通常要受到各种制约。不要说联邦制国家，就是单一制国家，地方也不一定服从中央（许多西方国家的地方实行不同程度的自治），下级也不一定服从上级（例如，美国的独立规制机构相对于总统就有很大的独立性，其可实行不同于总统政策的政策），西方国家这种体制往往行政效率低下。

但是，中国高度集权性的行政管理体制虽然有高效率的优势，同时也有容易产生权力滥用和腐败的风险。因此我们在进行中外行政法比较时，也可以发现国外、境外行政法中有许多能为我们所借鉴的制度、原理、原则。我们研究这些制度、原理、原则，即可为改进和尽量消除我国行政法现存的缺陷、弊端，进一步健全和完善我国新型行政法模式获得有益的启示。

综上所述，比较行政法研究通过横向比较、纵向比较和中外比较，可以拓宽我们的视野，以更广的视角来审视我们今天的行政法制度、原理、原则，来探究其利弊得失，推进其民主化、科学化和现代化。

第二节 本书研究的主要课题

本书除绪论外,共设 14 章,研究 14 个课题,即从行政法的 14 个领域对各国和地区的行政法制度、原理、原则进行比较,探讨各种行政法模式的异同,总结、分析和归纳行政法发展、演进的一般规律。

一、行政法的概念、性质、功能与作用(Concept, Nature, and Function of Administrative Law)

对行政法进行比较研究,首先需要比较各国各地区行政法的概念。行政法不同于民法,民法的概念在各国各地区虽亦有一定差别,但基本内涵和外延大体是相同的。行政法则不一样,各国各地区行政法的内涵和外延有很大差别。例如,德国学者毛雷尔指出,大陆法系国家的"行政法是指以特有的方式调整行政——行政行为、行政程序和行政组织——的(成文或者不成文)法律规范的总称,是为行政所特有的法"。[①] 而美国学者伯纳德·施瓦茨(Bernard Schwartz)指出,英美法系国家的"行政法是调整政府行政活动的部门法。它规定行政机关可以行使的权力,确定行使这些权力的原则,对受到行政行为损害者给予法律救济"。[②] 英美法系国家的"行政法更多的是关于程序和救济的法,而不是实体法。由各个不同的行政机关制定的实体法不属于行政法的对象,只有当它可以用来阐明程序法和救济时才是例外。我们所说的行政法是调整行政机关的法,而不是由行政机关制定的法"。[③] 可见,大陆法系国家的行政法和英美法系国家的行政法,二者在内涵和外延方面存在很大的差别,而这种概念的差别,乃是由二者的性质、功能与作用的差别决定的。大陆法系国家的行政法更重视调整和规范行政行为、行政程序和行政组织,提高行政效率;而英美法系国家的行政法更重视对行政程序的制约和对行政相对人的救济,强调控制行政权。所以我们研究比较行政法,首先需要比较的是世界各种模式行政法的概念、性质、功能和作用。只有首先把握了不同模式国家、地区

---

① [德]哈特穆特·毛雷尔:《行政法学总论》,高家伟译,法律出版社 2000 年版,第 33 页。
② [美]伯纳德·施瓦茨:《行政法》,徐炳译,群众出版社 1986 年版,第 1 页。
③ [美]伯纳德·施瓦茨:《行政法》,徐炳译,群众出版社 1986 年版,第 3 页。

行政法的概念、性质、功能和作用,我们才能进而比较全面、深入地探究和认识各国各地区行政法的具体制度、原理、原则的异同和产生异同的原因、缘由。

二、行政法的基本原则(Basic Principles of Administrative Law)

行政法基本原则在整个行政法体系中具有非常重要的地位。行政法不同于刑法、民法,法律规范非常分散,法律渊源非常广泛。许多国家和地区制定和编纂了民法典和刑法典,但几乎没有一个国家制定和编纂出统一的行政法典。在法律规范和法源分散的行政法体系中,主要依靠行政法基本原则维系法的统一体。对于性质、范围和内容均存在极大差别的各个不同领域行政关系,行政法基本原则是各种具体行政法规则的统帅和核心。行政法如果没有基本原则,其各种具体法律规范就会是一盘散沙,很难构成一个有机的统一体系。正因为如此,英国行政法权威学者韦德指出,有关行政法的定义,除关于行政法是"控制政府权力的法"的定义外,其第二个定义即是,行政法是一系列调整公共机构权力行使与义务履行的一般原则(基本原则)的系统。① 然而,行政法究竟有哪些基本原则,这些原则的具体含义如何,各个国家和地区的不同行政法模式并非完全相同。因此,比较世界各个国家和地区不同行政法模式行政法的基本原则即是比较行政法研究的重要课题。

三、行政立法(Administrative Legislation)

比较行政法研究的第三个课题是行政立法。学者们使用"行政立法",在不同时候、不同场合赋予了其不同含义:有时仅指其为议会制定行政法律的活动,这是从宪法立法权意义上界定"行政立法";有时是指所有有权制定各种行政法规范(包括法律、法规、规章等)的国家机关(包括议会、政府和其他行政机构)制定调整行政关系的规则的活动,这是从法的内容上界定"行政立法",也即所谓"实质意义的行政立法";有时则仅指行政机关制定规则(这种"规则"有的国家和地区称"法规命令",有的国家和地区称"规则"或"条例",我国称"行政法规""规章")的活动。② 比较行政法研究的"行政立法"是

---

① 参见[英]威廉·韦德、克里斯托弗·福赛:《行政法》(第10版),骆梅英等译,中国人民大学出版社2018年版,第4~5页。

② 参见姜明安:《行政法》,北京大学出版社2017年版,第257页。

指最后一种含义的行政立法，即从法的制定机关上界定“行政立法”，也即所谓“形式意义的行政立法”。行政立法既属于广义的立法——行政机关的立法，又属于广义的行政行为——抽象行政行为。因此，比较宪法学要研究它，比较行政法学也要研究它。

四、行政行为（Administrative Action）

在行政法学教科书和有关行政法的专门著作中，学者们对“行政行为”有各种不同的界定，其定义有最广义、广义、较广义、较狭义、狭义、最狭义之分。最广义的“行政行为”指行政主体实施的所有行为，包括法律行为和事实行为；广义的“行政行为”指行政主体实施的所有法律行为，包括行政主体实施的行政法律行为和民事法律行为；较广义的“行政行为”仅指行政主体实施的所有行政法律行为；较狭义的“行政行为”则仅指行政主体实施的外部行政法律行为；狭义的“行政行为”只包括行政主体实施的外部单方行政法律行为；最狭义的“行政行为”更是只包括行政主体实施的具体行政行为。[①] 1989 年 4 月 4 日第七届全国人民代表大会第二次会议通过的《行政诉讼法》将“具体行政行为”确定为行政诉讼的受案范围，将行政机关制定行政法规、规章和发布具有普遍约束力的决定、命令的抽象行政行为排除在行政诉讼受案范围之外。这意味着，我国立法者法律意识中的“行政行为”概念是较广义的行政行为，即包括具体行政行为和抽象行政行为，尽管立法者在整个法律中没有使用“行政行为”这一术语。但在 2014 年 11 月 1 日经第十二届全国人民代表大会常务委员会第十一次会议修正的《行政诉讼法》中，立法者将“具体行政行为”修改为“行政行为”，2017 年 6 月 27 日第十二届全国人民代表大会常务委员会第二十八次会议修正的《行政诉讼法》仍采用“行政行为”的表述，这意味着，在立法者的法律意识中，“抽象行政行为”已经不再是“行政行为”。因为

---

① 我国台湾地区的行政法学者通常使用“行政作用”作为对最广义行政行为的表述。“行政作用”包括行政机关的法律行为（广义行政行为）和事实行为；行政机关的法律行为包括公法行为（狭义行政行为）和私法行为；行政机关的公法行为包括法律行为和准法律行为（受理行为、通知行为、证明行为等）；行政机关的法律行为包括单方行为、双方行为、合同行为；行政机关的单方行为包括行政规章（行政命令）行为和行政处分（最狭义行政行为）。参见管欧：《中国行政法总论》（第 19 版），台北，蓝星打字排版有限公司 1981 年版，第 425 页；李震山：《行政法导论》，台北，三民书局股份有限公司 2007 年版，第 225 页。

《行政诉讼法》将“行政行为”确定为行政诉讼的受案范围，而行政机关制定行政法规、规章和发布具有普遍约束力的决定、命令的行为是排除在行政诉讼受案范围之外的。从而，《行政诉讼法》中的“行政行为”概念变成了狭义的，即相当于1989年《行政诉讼法》中的“具体行政行为”，稍有区别的是在行政诉讼受案范围中增加了“行政协议”（行政合同）行为。这样，现行《行政诉讼法》使用的“行政行为”即等于具体行政行为加行政协议。

本书进行的比较行政法研究既然已将“行政立法”和“行政合同”（行政协议）分别作为一个独立的课题进行比较研究，故本书研究的“行政行为”自然仅指或主要指具体行政行为。当然，在引用不同国家和地区的学者的著述时，对于他们对“行政行为”的不同界定，本书在比较研究时亦会尊重其界定。

五、行政规制（Administrative Regulation）

行政规制，或称“规制行政”，实质上是行政行为的一种。传统行政法学很少专门研究行政规制，但现代有些行政法学者从另一种角度——经济学的规制理论角度——研究规制行政行为。英国学者卡罗尔·哈洛（Carol Harlow）、理查德·罗林斯（Richard Rawlings）认为：“规制是一个难以捉摸的概念：由于该词有多重含义，因而对其众说纷纭。有时被随便用来描述任何形式的行为控制，而这实际上是政府的主要职能所在。有时它又处在市场的对立面，被经济学用来描述所有决定或者改变市场运行的国家行为——包括国有化、税收和补贴。”①比较好把握的是菲利普·塞尔兹尼克（Philip Selznick）的表述：“规制是指一个公共机构针对具有社会价值的活动进行的持续、集中控制。”②“‘成熟的’规制常被定义为‘三方面基本元素的结合：制定规则；监督与检查；执行与制裁’。”③日本行政法学者盐野宏指出：“所谓规制行政，是指通过限制私人的权利、自由来实现其目的的行政活动。例如，交通规制、建筑规制、经济

---

① ［英］卡罗尔·哈洛、理查德·罗林斯：《法律与行政》（下卷），杨伟东等译，商务印书馆2004年版，第556页。

② 参见P.塞尔兹尼克：《规制的组织研究》译文。转引自［英］卡罗尔·哈洛、理查德·罗林斯：《法律与行政》（下卷），杨伟东等译，商务印书馆2004年版，第556~557页。

③ 参见C.胡德、C.斯科特：《英国官僚式规制与新公共管理：镜像式发展?》译文。转引自［英］卡罗尔·哈洛、理查德·罗林斯：《法律与行政》（下卷），杨伟东等译，商务印书馆2004年版，第557页。

规制等，这些都是通过规制个人及企业的活动，以维持秩序或者事先防止危险的行政作用。"[①]不管各国学者如何定义"行政规制"或"规制行政"，规制都是现代国家（政府）管理经济和社会的重要手段，都必然是行政法调整的重要对象。因此，它不能不成为比较行政法研究的重要课题。

六、行政裁判（Administrative Adjudication）

在传统的分权体制下，裁判是司法的职能，行政机关的职能只能是执行和管理。但在社会进入"行政国"（administrative state）[②]时代以后，行政机关不仅行使一定的立法职能（行政立法），而且行使一定的司法职能（行政司法）。行政机关不仅通过行政复议、复审等而裁决大量的行政争议案件（行政机关与行政相对人之间因行政管理而发生的争议案件），而且通过行政裁判、行政仲裁等裁决大量的民事争议案件（私人之间因民事权益而发生的争议案件）。因此，行政裁判是现代行政法的重要内容。各国行政裁判的范围有宽有窄，裁判的司法化程度有高有低，行政法关于行政裁判的规则有多有少，但其作为现代行政法的一项基本制度是相同的，故它同样应被列入比较行政法研究的课题。

七、行政合同（Administrative Contract）

"行政合同"，又称"行政契约"。在不同国家和地区的行政法学著作中有不同表述，如"公法合同"或"公法契约"（public law's contract）、"政府合同"或"政府契约"（government contract）。其内涵和外延略有区别。在许多国家和地区，行政合同制度通常都以专章规定在其行政程序法中。如德国《联邦行政程序法》第三章专门规定"公法契约"，共有 9 个条款；[③]葡萄牙《行政程序法》第四编第三章专门规定"行政合同"，共有 12 个条款。[④] 行政合同作为一种特殊的行政行为（行政行为通常都是单方性的，但行政合同是双方行

---

① ［日］盐野宏：《行政法总论》（第 4 版），杨建顺译，北京大学出版社 2008 年版，第 6 页。

② 关于"行政国"，可参见姜明安主编：《行政法与行政诉讼法》（第 7 版），北京大学出版社 2019 年版，第 8～13 页。

③ 参见德国《联邦行政程序法》第 54～62 条。

④ 参见葡萄牙《行政程序法》第 178～189 条。

为)，是行政法的重要调整对象，从而也是比较行政法研究的重要课题。

八、行政指导(Administrative Direction)

行政指导不是严格的行政行为。严格的行政行为是行政主体实施的对行政相对人权利义务产生直接法律效力的行为，但行政指导是以行政相对人自愿接受为前提，如相对人认可行政主体的指导，即依行政主体的指导作出某种行为或不行为；如相对人不认可行政主体的指导，完全可以不遵循行政主体的指导，不作出行政主体指导作出的某种行为或不行为。行政指导没有强制性，没有直接的法律效力，似乎无须行政法的规范和调整。但事实并非完全如此。其一，行政主体因为是法律赋予公权力的机关或组织，具有法律权威和公信力。行政相对人对之有比对其他个人、组织更高的信赖，对其发布的指导，相对人较少会有怀疑而多习惯性地予以遵循。其二，行政指导虽然没有强制效力，但行政主体往往会运用一定的经济手段(如税收减免、降低利率、费用补贴等)或其他政策措施，引导相对人依其指导作出某种行为或不行为。这样，行政指导对相对人权益虽然不直接但会间接产生一定的影响，包括某种不利的影响。正因为如此，一些国家和地区(如日本等)的行政法对行政指导也进行一定程度的规范和调整。从而比较行政法亦有必要将之作为一个课题纳入研究。

九、行政裁量(Administrative Discretion)

“所有的法律权力都不可避免地带有裁量性”，①行政权则是各种权力中裁量性最大的权力。“只要公职人员权力的实际界限允许其在可能的作为或不作为方案中自由做出选择，那么他就拥有裁量……法律终止之处实乃裁量起始之所，而裁量之运用既可能是仁行，亦可能是暴政，既有正义，亦有非正义，既可能是通情达理，亦可能是任意专断。”②为了保证裁量之运用尽量为“仁行”、“正义”和“通情达理”，避免为“暴政”、“非正义”和“任意专断”就必

---

① [英]威廉·韦德、克里斯托弗·福赛：《行政法》(第10版)，骆梅英等译，中国人民大学出版社2018年版，第237页。

② [美]肯尼斯·卡尔普·戴维斯：《裁量正义》，毕洪海译，商务印书馆2009年版，第1~2页。

须以法律对裁量权进行控制,"既控制裁量决定的实体又控制裁量决定据以作出的程序"。[①] 行政法在很大程度上就是控制行政裁量权的法。各国行政法在控制行政裁量权,防止行政裁量权滥用的目的上是相同的,但是,各个国家和地区行政法控制行政裁量权的方式、途径和具体制度设计是不相同或者不完全相同的。因此,我们将各国行政法控制行政裁量权的方式、途径和具体制度设计的异同作为本书比较研究的一项重要课题。

十、议会监察专员(Parliamentary Ombudsman)

西方国家的议会监察专员制度起源于瑞典。1713 年,瑞典国王曾发布一道命令,设置了一个监察专员官署,监督国家公职人员执行法律法令和履行其对国家的义务。从 1976 年起,瑞典设立了由 4 名专员组成的司法监察专员公署,分别主管税收、人事、政府信息公开、司法、监狱、地方政府以及企事业单位和社会福利等各方面事务的监督。20 世纪以后,监察专员制度在英国、法国、澳大利亚、新西兰、丹麦、加拿大、瑞士、奥地利、西班牙等几十个国家和地区流行起来,影响越来越大。[②] 不过,所有这些国家和地区的监察专员虽然都参考借鉴了瑞典的制度,但其职责范围和权限均有很大区别,甚至名称也不完全相同,有的叫"议会监察专员",有的叫"行政监察专员",有的叫"司法监察专员",如英国叫"议会行政专员"(Parliamentary Commissioner for Administration)。因为这些监察专员都有对行政的监察职能,故我们将这一制度作为比较行政法的一个课题放在本书中加以研究。[③]

十一、行政程序(Administrative Procedure)

行政程序在行政法中占有最大的比重,行政程序制度是行政法中覆盖面最广、内容最丰富,对行政相对人权益影响最大,从而具有最重要地位的一项制度。美国著名行政法学者肯尼斯·戴维斯(Kenneth Davis)和理查德·

---

① [美]肯尼斯·卡尔普·戴维斯:《裁量正义》,毕洪海译,商务印书馆 2009 年版,第 14 页。

② 参见龚祥瑞:《比较宪法与行政法》(第 2 版),法律出版社 2003 年版,第 483~495 页。

③ 无论是 2018 年之前的行政监察制度,还是 2018 年《监察法》实施之后的监察制度,我国监察制度与西方国家的监察专员制度均有重大区别,但二者亦有可比较之处。关于我国监察制度,可参见姜明安:《监察工作理论与实务》,中国法制出版社 2018 年版。

J. 皮尔斯(Richard J. Pierce)指出,美国《联邦行政程序法》调整美国绝大多数行政决定(行政行为),是为美国行政法的建立奠定法律框架(就像《谢尔曼法》为反垄断法奠定基本框架一样)的行政法基本法。[①] 可见行政程序法在行政法中的重要地位。在世界许多国家和地区,如美国、德国、西班牙、葡萄牙、奥地利、荷兰、日本、韩国等,都制定了统一的行政程序法,但也有不少国家,如法国、英国、俄罗斯和我国,目前尚未制定统一的行政程序法,行政程序分别由单行法律、法规或规章规定。无论是制定统一行政程序法的国家和地区,还是通过单行法规定行政程序的国家和地区,其程序制度的内容、形式和宗旨均有较大区别。分析和探讨各种不同模式行政程序制度的异同是比较行政法研究的重要内容。

十二、政府信息公开(Openness of the Government Information)

政府信息公开可以认为是行政程序的一项制度,本书比较各个国家和地区行政法制度,已经将行政程序制度作为一项专门课题研究,之所以将政府信息公开制度从行政程序课题中分出,另单独作为一项课题进行研究,是因为政府信息公开制度在行政程序的整体制度中具有特殊重要性,许多国家制定了单独的政府信息公开法律法规,如美国的《信息自由法》(Freedom of the Information Act),我国的《政府信息公开条例》等。王名扬教授指出,行政公开(政府信息公开)是第二次世界大战后行政发展的一个新趋势。行政公开是公众知悉并取得行政机关的活动信息权利(知情权,the right to know)实现的途径。制定政府信息公开法的主要目的有二:一是强化民主政治。“如果一个政府真正地是民有、民治、民享的政治的话,人民必须能够详细地知道政府的活动。没有任何东西比秘密(暗箱操作)更能损害民主,公众不了解情况,所谓自治,所谓公民最大限度地参与国家事务只是一句空话。如果我们不知道我们怎么样受管理,我们怎么能够管理自己呢?在当前群众时代的社会中,当政府在很多方面影响每个人的时候,保障人民了解政府活动的权利,比

---

① 参见[美]理查德·J. 皮尔斯:《行政法》(第 1 卷),苏苗罕译,中国人民大学出版社 2016 年版,第 4 页。

任何其他时代更为重要。”[①]二是防止行政腐败。公开可以作为限制行政的一种手段。“阳光是最好的消毒剂。”一切见不得人的事情都是在阴暗的角落里干出来的。历史经验证明,保密太多的政府腐败就多,政府信息公开,受到公众监督的政府为公众服务就较好。[②] 正因为政府信息公开如此重要,故本书单独设一章节研究。

十三、行政复议(Administrative Review)

行政复议与行政诉讼、行政赔偿一道,共同构成行政法系统中行政救济机制,均是行政相对人权益受到行政主体行政行为侵犯或不利影响时,请求法律授权的国家机关对相应行政行为进行审查,确认其是否违法、不当和侵权,如相应行政行为违法、不当和侵权,即依法给予被侵权人以法定救济。行政复议与行政诉讼、行政赔偿不同的是:行政复议的主管机关是特定行政机关(行为机关的上级行政机关或法律特别授权的其他行政机关),是行政系统内部向相对人提供的救济;而行政诉讼的主管机关是法院(行政法院或普通法院),是行政系统外部的司法机关向相对人提供的救济;[③]行政赔偿的主管机关既包括行政机关,也包括作为司法机关的法院。行政复议和行政诉讼均可在审查确认行政行为的合法性的同时提供行政赔偿救济,行政被侵权人亦可不经行政复议和行政诉讼直接向行政赔偿义务机关申请赔偿救济。行政复议既是一种行政救济制度,同时也是一种对行政的法制监督制度和解决行政争讼的制度,自然是行政法调整和规范的重要对象,从而是比较行政法研究的重要课题。

十四、行政诉讼(Administrative Litigation)

就比较行政法研究而言,该领域的学者的学术著作通常都设专章研究行

---

① 这段话参见王名扬教授引述美国前司法部部长 R. 克拉克(R. Clark)《对美国〈信息自由法〉的说明》一文。参见王名扬:《美国行政法》(下册),中国法制出版社 1995 年版,第 959~960 页。

② 本段关于制定政府信息公开法目的的论述,参见王名扬:《美国行政法》(下册),中国法制出版社 1995 年版,第 953~960 页。

③ 法国行政法院虽在形式上属于行政系统,但实质上完全独立于行政机关,其提供的救济应属外部救济。

政诉讼，比较有关国家行政诉讼［在英美法系国家，行政诉讼称“司法审查”（judicial review）或“对行政行为的司法审查”（judicial review of administrative action）］的主管机关、原告资格、诉讼程序、裁判种类等。如美国学者弗兰克·J. 古德诺（Goodnow Frank Johnson）于 1893 年出版的《比较行政法》即设“英美之行政审判权”“法兰西之行政审判权”“德意志之行政审判权”等数章研究行政诉讼；[①]荷兰学者勒内·J. G. H. 西尔登（René J. G. H. Seerden）、弗里茨·斯特罗因克（Frits Stroink）于 2002 年所著《欧美比较行政法》即分别设专章研究“法国行政诉讼”“德国行政诉讼”“英国司法审查”“美国司法审查”等。[②] 龚祥瑞教授于 1985 年出版的《比较宪法与行政法》也设专章研究法国行政诉讼制度。[③] 可见，行政诉讼是比较行政法研究的必设课题。本书自然也不例外，同样将行政诉讼作为一个重要的比较项目。

第三节　本书研究的方法与路径

本书主要循下述三种方法和路径进行比较研究：其一，依研究目的选择比较样本；其二，依研究对象选择比较素材；其三，依研究方向选择比较重心。

一、依研究目的选择比较样本

目前世界上共有 197 个国家和 36 个地区。[④] 本书进行比较行政法研究肯定不可能涉及所有国家和地区，甚至不可能涉及其中 1/4 以上的国家和地区的行政法制度，而只可能选择其中若干样本国家和地区的行政法制度进行比较研究。那么我们怎么选择这些样本国家和地区呢？我们选择的根据应是凭依我们研究的目的：探讨世界各个国家和地区行政法制度的模式，以及为健全和完善我国行政法制度提供一定借鉴。据此，我们选择进行比较样本的国

---

① 参见［美］古德诺：《比较行政法》，白作霖译，中国政法大学出版社 2006 年版。

② See René Seerden & Frits Stroink, *Its Member States and the United States—A Comparative Analysis*, Intersentia Uitgevers Antwerpen-Groningen, 2002.

③ 参见龚祥瑞：《比较宪法与行政法》（第 2 版），法律出版社 2003 年版。

④ 其中主权国家 195 个，准主权国家 2 个（库克群岛和纽埃，不含马耳他骑士团）。资料来源：百度百科（https://baike.baidu.com/item/%E5%9B%BD%E5%AE%B6/17205?fr=aladdin），2022 年 8 月 10 日查询。

家和地区的标准即应是其行政法制度具有相应行政法模式的典型性、代表性、重大影响性和对我国有一定的借鉴性。我们在前面述及，本书将设立 14 个比较专题对各个国家和地区的行政法进行比较，在这 14 个比较行政法专题领域，哪个国家和地区的某一制度特别具有典型性、代表性、重大影响性，这个国家和地区就是我们选择比较行政法的样本。下面我们略举几个例子予以说明：

美国、德国等的行政程序制度特别具有典型性、代表性、重大影响性和对我国有一定的借鉴性，美国、德国等就将是我们比较行政程序制度时所要选择的样本。

法国、德国等的行政法院、行政诉讼特别具有典型性、代表性、重大影响性和对我国有一定的借鉴性，法国、德国等就将是我们比较行政诉讼制度时所要选择的样本。

英国的行政裁判所制度、美国的行政法官制度特别具有典型性、代表性、重大影响性和对我国有一定的借鉴性，英国、美国等就将是我们比较行政裁判制度时所要选择的样本。

日本的行政不服审查制度（相当于我国的行政复议制度）、韩国的行政审判制度（亦相当于我国的行政复议制度）特别具有典型性、代表性、重大影响性和对我国有一定的借鉴性，日本、韩国等就将是我们比较行政复议制度时所要选择的样本。

同样，瑞典的监察专员制度、英国的行政立法制度、日本的行政指导制度、法国的行政合同制度、美国的信息自由和阳光政府制度特别具有典型性、代表性、重大影响性和对我国有一定的借鉴性，瑞典、英国、日本、法国、美国等就将是我们比较监察专员制度、行政立法制度、行政指导制度和政府信息公开制度时所要选择的样本。

这里需要说明的是，本书各章在比较各个国家和地区较有典型性、代表性、重大影响性的各相应行政法制度时，采取了两种不同的比较方法：一是依相应制度的各项要素逐一对若干典型国家和地区的制度内容进行比较。例如，第四章对行政立法制度进行比较研究，所比较的制度要素主要包括行政立法的概念和范围、程序、效力与监督等，我们即分别设置各节比较这些要素。如第一节比较行政立法的范围，就逐一介绍美国、英国、德国、法国、日本、韩国等国家和地区行政立法的范围；第二节比较行政立法的程序，就逐一介绍美国、英国、德国、法国、日本、韩国等国家和地区行政立法的程序；第三节亦然。二是依相应制度的整体内容，分别对若干典型国家和地区的制度要素进行系统介绍和比较。例如，第十五章对行政诉讼制度进行比较研究，这一制度运作的典型国家是法国、德国、美国、日本，我们即分别设节比较法国、德国、美国、日本四国行政诉讼制度的各项要素。如第一节介绍法国行政诉讼制度，就逐一阐释法国行政诉讼制度的历史发展和演变、行政审判机关、行政诉讼的分类、行政法院的受案范围与管辖、行政诉讼的程序等各个要素；第二节介绍德国的行政诉讼制度，就逐一阐释德国行政法院的历史沿革，行政诉讼的分类、受案范围、管辖、程序及判决等各个要素；第三节、第四节亦然。很显然，第一种方法是按制度要素比较，第二种方法是按制度国别比较。如国别过多，则按法系（英美法系、大陆法系等）比较，在各法系中选择介绍和阐释若干典型国家和地区的典型制度。

二、依研究对象选择比较素材

作为比较行政法研究课题的素材主要有四：一是各个国家和地区行政法学者撰写的行政法著作；二是各个国家和地区立法机关（包括议会和政府）制定的行政法律、法规；三是各个国家和地区法院（包括行政法院和普通法院）审理、裁判行政案件的判例；四是各个国家和地区行政法制度运作的其他文献资料和网络信息。比较行政法研究的素材是大量的，可谓卷帙浩繁，如何取舍，主要根据相应研究对象、研究课题的需要。在一般情况下，首先是需要查阅所在国家、地区的法律规定；其次是了解相应案例、判例；再次是阅读学者的著述；最后是查找其他文献资料和网络信息。当然，这个顺序不是绝对的，对有些制度的比较，可能不需要或不可能有所有这四方面的素材，在很多时候，我们更多地依赖学者的学术著作，根据学者的学术著作探寻所研究对象的国家或地区的相应制度的形式和内容。

作为比较行政法研究素材的学术著作有三类：一是本国本地区学者撰写的研究本国本地区行政法制度的著作；二是他国他地区学者撰写的研究他国他地区行政法制度的著作；三是各个国家和地区学者从不同角度、选取不同范围、运用不同方法撰写的比较行政法著作。

关于第一类著作，我们主要参考的书籍有：英国学者韦德和克里斯托弗·福赛(Christopher Forsyth)的《行政法》(第10版，第1至6版为韦德独著)；美国学者戴维斯和皮尔斯的《行政法》(第5版，第1至3版为戴维斯独著)；德国学者毛雷尔的《行政法学总论》和弗里德赫尔穆·胡芬(Friedhelm Hufen)的《行政诉讼法》(第5版)；法国学者让·里韦罗(Jean Rivero)和让·瓦利纳(Jean Waline)的《法国行政法》，以及古斯塔夫·佩泽尔(Gustave Peiser)的《法国行政法》(第19版)；日本学者盐野宏的《行政法总论》《行政组织法》《行政救济法》和室井力的《日本现代行政法》；韩国学者金东熙的《行政法》(第9版)等。

关于第二类著作，我们主要参考的书籍有：英国学者L.赖维乐·布朗(L. Neville Brown)等人撰写的《法国行政法》；印度学者M.P.赛夫(Mahendra P. Singh)撰写的《德国行政法》；我国学者王名扬撰写的《英国行政法》《法国行政法》《美国行政法》和笔者主编的《外国行政法教程》(分别介绍法国、德国、英国、美国、日本五国的行政法)等。

关于第三类著作，我们主要参考的书籍有五本：一是美国学者古德诺所著《比较行政法》，其比较样本仅限美国、英国、法国、德国四国，比较领域包括分权、中央行政、地方行政、官吏制度、行政作用、对行政的监督六个领域。二是荷兰学者西尔登和斯特罗因克所编《欧美比较行政法》，其比较样本包括比利时、法国、德国、荷兰、英国、美国和欧盟七个主体，比较领域包括行政法的概念(What is administrative law)、行政主体(Who is administrating)、行政手段(Which instruments available to the administration)、行政规则和原则(Which rules/principles govern administrative actions)、行政诉讼(Access to courts against administrative actions/decisions)、行政法现状和发展趋势(Recent and future developments)六个领域。三是德国学者马梯拉·库恩勒克(Martina Kunnecke)所著《行政法的传统和变迁——英德比较》，其比较样本仅为英、德两国，比较领域包括对行政行为司法审查的历史发展、对自由裁量权的司法审查、行政程序和政府责任四个领域。四是美国学者S.R.阿克曼(S.R. Ackerman)和P.L.林德塞思(P.L. Lindseth)所著《比较行政法》，其比较样本有美国、法国、欧盟、英国、瑞典、波兰、南非、乌克兰、墨西哥、韩国等国家和地区，比较领域包括历史纵向比较、宪法结构与行政法、行政的独立性、透明和程序与行政决策、行政诉讼与行政法、行政法与国家疆域六个领域。五是英国学者 J. R. 奥瑞赖拉(J. R. Orellana)、J. R. 缪劳兹(J. R. Munoz)所著《全球行政法》,其比较样本主要为美国和欧洲国家,比较领域包括行政法的原则、行政法的发展趋势、判例法和仲裁、环境法、共同体法、安全法六个领域。

关于比较行政法研究的第二类素材,我们参考的主要有中国行政立法研究组[①]编译的《外国国家赔偿、行政程序、行政诉讼法规汇编》。[②] 该书编译的外国国家赔偿法有美国《联邦侵权赔偿法》、英国《王权诉讼法》、德国《国家赔偿法》、奥地利《国家赔偿法》、瑞士《联邦机构和公务员责任法》、日本《国家赔偿法》、韩国《国家赔偿法》及其 10 个配套法规;该书编译的外国行政程序法有美国《联邦行政程序法》(Administrative Procedure Act)、《行政会议法》、《信息自由法》(The Freedom of Information Act)、《隐私权法》、《阳光下的政府法》(The Government in the Sunshine Act, 或译《阳光法》)、《各州标准行政程序法》,英国《行政法规法》,德国《联邦行政程序法》,西班牙《行政程序法》,意大利《行政程序法草案》,奥地利《行政程序法》,日本《行政程序法草案》;该书编译的外国行政诉讼法有美国《司法审查法》,英国《行政裁判所与调查法》,法国《最高行政法院组织法》,德国《联邦行政法院法》,日本《行政案件诉讼法》《非讼案件程序法》《行政案件诉讼特例法》《行政不服审查法》,韩国《行政诉讼法》,原南斯拉夫《行政诉讼法》等。[③] 另外,在比较行政法的法律法规方面,我们还参考了应松年教授主编的《外国行政程序法汇编》。该书收集了美国、德国、意大利、奥地利、荷兰、日本、韩国、西班牙、葡萄牙、瑞士的行政程序法或行政程序法草案,还收集了法国《行政行为说明理由

---

① 中国行政立法研究组成立于 1986 年,主要由行政法学者、专家组成(笔者是该研究组成员之一)。该研究组成立的宗旨是研究中国行政法治发展的方向、目标及发展途径,为健全、完善中国行政法治向决策部门提出具体运作方案;其工作的主要方式是草拟各种重要的行政法试拟稿,提交立法机关正式起草和立法。该研究组成立之后先后草拟了《行政诉讼法》《国家赔偿法》《行政处罚法》《立法法》《行政许可法》《行政强制法》等法律试拟稿,目前行政立法研究组虽然已经停止运作,但其部分成员仍在草拟"行政程序法"等法律草案。

② 行政立法研究组编译:《外国国家赔偿、行政程序、行政诉讼法规汇编》,中国政法大学出版社 1994 年版。

③ 英国《行政裁判所与调查法》实非行政诉讼法,而应为行政裁判法;日本《行政不服审查法》亦非行政诉讼法,而应为行政复议法,为便于理解,本书统一将该法称为日本《行政复议法》。

及改善行政机关与公众关系法》等3个单行行政程序法。[1]

关于比较行政法研究的第三类素材，我们参考的主要有英国学者J. 比特逊（J. Beatson）和M. H. 马修（M. H. Matthews）编写的《行政法：案例和材料》；美国学者史蒂文·J. 卡恩（Steven J. Cann）撰写的《行政法：原理与案例》；我国学者任东来等人撰写的《美国宪制历程：影响美国的25个司法大案》和应松年、胡建森主编的《中外行政诉讼案例选评》等案例书籍。

三、依研究方向选择比较重点

本书的研究方向是不同模式行政法的制度比较，从而决定了其重心是各国各地区不同模式行政法制度样式和制度运作介绍。在对制度样式和制度运作介绍的过程中，也可能对相应制度稍作评价，但这种评价显然不是本书的重心，不是本书的主要目标和任务。许多学者（包括社会科学的学者）均认为，科学的任务是揭示世间事物（包括制度及其观念）的真相和规律，而不是对相应事物作价值评价。法国公法学者莱昂·狄骥（Leon Deguit）指出："不论我们多么不喜欢这一事实，现有的证据已经断然地向我们表明：以前曾经作为我们政治制度之基础的那些观念正在逐渐解体。到目前为止仍然左右着我们这个社会的那些法律制度正在发生巨大的变化。即将取代它们的新制度建立在截然不同的观念之上。这些观念代表着进步还是倒退？这个问题并不在我们的研究范围之内。这种价值判断在一种科学的社会理论中是没有什么意义的。科学的社会理论只能就重大变化的事实作出描述和解释。"[2]

德国社会学者马克斯·韦伯（Max Weber）以医生治病为例，说明社会科学研究的目的只是探寻制度结构和制度的功能、作用而非制度的意义、价值。他指出，医生挽救的"这条生命是否有价值，什么时候失去价值，这不是医生所要问的问题。所有的自然科学给我们提供的回答，只针对这样的问题：假定我们希望从技术上控制生命，我们该如何做？至于我们是否应当从技术上控制生命，或是否应当有这样的愿望，这样做是否有终极意义，都不是科学所要

---

① 参见应松年主编：《外国行政程序法汇编》，中国法制出版社1999年版。

② ［法］莱昂·狄骥：《公法的变迁·法律与国家》，郑戈、冷静译，辽海出版社、春风文艺出版社1999年版，第7页。

涉足的问题……或者再考虑一下法理学。法律思想的构成部分来自逻辑，部分来自习俗所建立的制度，法理学所要确定的是，根据这种法律思想的原理，什么是有法律效力的。因此它只对具体的法规或具体的解释方式是否可被视为有约束力做出判定。它并不回答这些法规是否一定应当创制的问题。法理学只能这样宣布：如果有人希望成功，那么根据我们的法律体系的规范，这一法规便是取得成功的适当方式”。①

当然，社会科学不完全同于自然科学，研究社会现象的社会科学和研究法律制度的法律科学不仅要研究“是什么”和“为什么”的问题，同时也应该适当研究“应不应该如此”“值不值得这样”等价值问题。但是，价值研究的度应取决于研究的课题和研究的方向。就本书的研究课题和研究方向而言，基本任务自然应是不同模式制度的介绍和比较，对制度的价值评判则会更多地留给读者思考。当然，作者在介绍和比较各种不同制度时，不可避免地会在其中或多或少地赋予一定的价值观念。

① ［德］马克斯·韦伯：《学术与政治》，冯克利译，生活·读书·新知三联书店 1998 年版，第 36~37 页。

第二章 行政法的性质、功能与作用

第一节 各国学者关于不同模式行政法性质与功能、作用的表述

目前各国家和地区的行政法有多种不同模式,其中最主要的模式有五种:第一种是英美法系国家的行政法模式;[①]第二种是法国、德国等大陆法系国家的行政法模式;[②]第三种是日本、韩国等东亚国家和地区的行政法模式;第四种是苏联和原东欧国家的行政法模式;[③]第五种是中国特色行政法模式。[④] 这些不同模式行政法的性质、功能与作用存在重要区别。同时,也正因为这些不同国家、地区的行政法性质、功能与作用存在重要区别而使不同模式的行政法体现出各自的特色。英国行政法学者保罗·克雷格(Paul Craig)教授指出,不同学者有关行政法的性质和目的的观点无疑有着重要差别。有人认为行政法是控制政府权力的法,其主要目标是保护个人权利;有人认为行政法的重心是保证行政效率,使行政机关能有效地执行其任务;还有人认为行政法的基本目标是保证政府责任,促进行政相对人对行政决定程序的参与。[⑤] 这些不同观点显然源于不同国家行政法制度的不同模式和学者本人的主观认识。

---

① 澳大利亚、加拿大等国家均属这种模式。

② 奥地利、意大利、荷兰、西班牙、葡萄牙等国家均属这种模式。

③ 苏联和原东欧国家行政法模式即传统社会主义计划经济时代的行政法模式。中国改革开放前的行政法也属于这种模式。

④ 中国特色行政法模式特指中国改革开放后的社会主义行政法模式,即实行社会主义民主政治和社会主义市场经济相结合的行政法模式。

⑤ See Paul Craig, *Administrative Law*, Sweet & Maxwell, 2008, p. 3.

一、英美法系国家学者关于行政法性质与功能、作用的表述

关于英美法系国家行政法的性质、功能与作用，英国著名行政法学者韦德教授说得最为清楚明白，行政法是控制政府权力的法（the law relating to the control of governmental power）。这是行政法的首要定义，控权是行政法的核心。行政法的主要目的即在于保证政府权力始终在法律的疆域内行使，以保护公民权利免受行政权滥用的侵害。行政法必须阻止行政权“引擎”任意地肆虐咆哮。不过，权力滥用并不必然地带有恶意，政府部门也与其他人一样，也可能误解其法律地位。同时，他们需要遵守和执行的法律往往是复杂的和其含义是不甚明确的。[①] 这些情况都可能导致政府官员滥用权力。

对于英美法系国家行政法的性质、功能与作用，加拿大公法学者盖伊·雷伯尔德（Guy Régimbald）和美国学者欧内斯特·盖尔霍恩（Ernest Gellhorn）也提出了与韦德基本相同的观点。雷伯尔德在其《加拿大行政法》一书中指出，行政法的责任就是控制政府权力，行政法即是一个规范公权力机构行使其权力的基本原则的系统。因为任何公权力机构与自由裁量权都必须由立法授权，议会和立法机关在整个国家体系内是最高的，故保证公权力机构和决策者在权限内行为就是行政法的责任。行政法的主要目标之一是保护相对人的权利，在公权力行使者超出他们权限行为或滥用立法授权时为相对人提供救济（protect individual right and provide a remedy）。[②] 盖尔霍恩在其《行政法与行政程序》一书中指出，行政程序的基本政策目标是怎样设计一套制约机制，使之既能最大限度减少官僚机构专断和超越权限的风险，同时又能保持行政机构有效行动的灵活性。行政法就其基本性质而言，乃是用于控制和限制政府机构权力的法律机制（control and limit the power of government agencies）。[③]

有关英美法系国家行政法的性质、功能与作用，在许多英美法系国家法官的判例和判词中也得到反映和体现。例如，英国大法官爱德华·科克（Edward Coke）在一个涉及英国下水道管理委员会制订排水计划行政自由裁

---

① See H. W. R. Wade, *Administrative Law*, Oxford University Press, 1988, p. 4-5.

② See Guy Régimbald, *Canadian Administrative Law*, LexisNexis Canada Inc., 2009, p. 1.

③ See Ernest Gellhorn & B. Boyer, *Administrative Law and Process*, West Publishing Co., 1981, p. 3.

量权的案件中,主张对行政机关的自由裁量权加以严格的司法监督:“因为自由裁量权是一种明辨真与假、对与错的艺术和判断力……而不以他们的个人意愿和私人感情为转移。”①“如我们说由某当局在其自由裁量之内做某事的时候,自由裁量权意味着,根据合理和公正的原则做某事,而不是根据个人意见做某事……根据法律做某事,而不是根据个人好恶做某事。自由裁量权不应是专断的、含混不清的、捉摸不定的权力,而应是法定的,有一定之规的权力。”②而控制公权力当局自由裁量权,保证自由裁量权合理、公正行使的基本工具即是行政法。美国大法官威廉·奥维尔道格拉斯(William Orville Douglas)在一个判例中指出,司法审查自由裁量权是法治国家的基本特征,“当法律使人们免受某些统治者……某些官员、某些官僚机构无限制的自由裁量权统治之时,法律就到达了最佳状态。……无限自由裁量权是残酷的统治。它比其他人为的统治手段对自由更具破坏性”。③ 早在 1866 年,当时美国首席大法官爱德华·道格拉斯怀特(Edward Douglass White)即在一个案件(Stone v. Farmers' Loan & Trust Co. ,116U. S. 307)的裁判中阐述了正当法律程序和司法审查对于控制行政权力的重要意义:政府部门限制或管理的权力本身不应是无限制的。政府部门如果不考虑公司利润而过度规制,就等于不给予相对人公正补偿、不经正当法律程序而因公共利益剥夺私有财产。之后,在芝加哥、米尔温与圣保罗铁路公司诉明尼苏达州案(Chicago, Milw. & ST. Paul Ry. v. Minnesota, 134 U. S. 418[1890])中,美国联邦最高法院大法官布雷耶和该案多数法官认同和坚持首席大法官怀特应对行政部门管理权力加以控制的观点,要求州法设立的铁路委员会在确定运输价格时应给予运输公司获得通知和听证的权利。④

---

① 1598 年《科克判例汇编》第 5 卷第 99 页。转引自[美]伯纳德·施瓦茨:《行政法》,徐炳译,群众出版社 1986 年版,第 568 页。

② 1598 年《科克判例汇编》第 5 卷第 99 页。转引自[美]伯纳德·施瓦茨:《行政法》,徐炳译,群众出版社 1986 年版,第 568 页。

③ 《美国最高法院判例汇编》第 342 卷第 98、101 页。转引自[美]伯纳德·施瓦茨:《行政法》,徐炳译,群众出版社 1986 年版,第 567 页。

④ 参见北京大学法学院司法研究中心编:《宪法的精神——美国联邦最高法院 200 年经典判例选读》,中国方正出版社 2003 年版,第 154~155 页。

二、大陆法系国家学者关于行政法性质与功能、作用的表述

关于法国行政法的性质、功能与作用，法国行政法学者奥比(Jean-Bernard Auby)指出，法国行政法由特定的公法规则组成并回应特定的行政活动需要。“行政活动什么样的特质使其适用特别规则(公法—行政法规则)并得以正当化？法国法学家给出的传统解释是公共服务理论和公共权力理论：行政活动通常具有提供公共服务(théorie du sevice public)的功能，同时运用公共权力(théorie de la puissance publique)组织并提供借用的法律手段是特别的。”①“公共服务和公共权力的成分存在于各自领域的行政活动中，甚至在那些与私法活动十分相似的领域也存在。实际上在公共经济活动中——如供水、供电等——具有部分公共服务的属性和部分公共权力的属性(如强制收购、作出财政决定等)。这就是在法国任何行政活动一定程度上都受公法支配并适用行政法之特别规范的原因。”②奥比在这里虽然没有否定行政法对行政权的一定的制约和控制作用，但更多的是强调行政法保障和规范行政机构运用公共权力提供公共服务的功能和作用。

沃尔夫等行政法学者对德国行政法的性质、功能与作用的论述也基本同于奥比，但略有区别。他们认为，行政法包括实体行政法和行政程序法与行政诉讼法。实体行政法主要规范高权主体的权利义务，是公权力主体及其机构的“职务法”。实体行政法“只为国家或者某个特定的主体设定权利或者义务，通过国家执行公共事务的活动服务于——超越个人关系的——多数人”。③“实体行政法需要靠行政程序法和行政诉讼法予以贯彻落实，其中特别是基本权利(通过程序的基本权利保护)。离开了行政程序法和行政诉讼法，基本权利就会成为空壳。行政程序法规范行政机关的活动，而行政诉讼法

---

① [荷]勒内·J. G. H. 西尔登、弗里茨·斯特罗因克编：《欧美比较行政法》，伏创宇、刘国乾、李国兴译，中国人民大学出版社 2013 年版，第二部分“法国行政法”，第 64 页。

② [荷]勒内·J. G. H. 西尔登、弗里茨·斯特罗因克编：《欧美比较行政法》，伏创宇、刘国乾、李国兴译，中国人民大学出版社 2013 年版，第二部分“法国行政法”，第 64 页。

③ [德]汉斯·J. 沃尔夫、奥托·巴霍夫、罗尔夫·施托贝尔：《行政法》(第 1 卷)，高家伟译，商务印书馆 2002 年版，第 211 页。

规范法院适用实体行政法和程序(formellen)行政法的行为。"[①]可见,沃尔夫教授等学者既注重行政法(实体行政法)的规范公共事务功能,也注重行政法(行政程序法和行政诉讼法)对行政权的规范和对公民基本权利的保护和救济作用。

大陆法系其他国家行政法学者关于行政法性质、功能与作用的论述大多与德国学者的论述大同小异。例如,比利时行政法学者萨宾·勒斯特(Sabien Lust)指出,"由于历史的原因,比利时的行政法在不同时代有不同的含义。在19世纪和20世纪初,行政权的目标仅仅在于保障人们安宁地生活。但第二次世界大战后,国家转向了福利国家,公权力主体以不同的方式几乎渗透到人们经济和社会生活的各个方面。在这个时代,行政法膨胀且对广泛的领域进行规制。这些规制包括完全不同的情形,并通过不同的组织和制度来实现"。[②] 荷兰行政法学者西尔登、斯特罗因克指出,"(荷兰)行政法的核心是处理国家和公民之间的关系。行政机关具有影响公民的法律地位,在各个领域运用各种行政手段引导和组织社会关系的权力。其中,行政机关可利用的主要手段是受公法调整并能在具体案件中确定当事人权利义务的一个法律概念——行政决定(行政行为)。诸如许可、授予利益、资助、收税和执行命令都属于行政决定(行政行为)的范畴。行政法中更为重要的内容是对行政行为进行控制(申诉、上诉以及向法院提起诉讼)的制度"。[③]

可见,大陆法系国家行政法学者在论述行政法性质、功能与作用时均同时强调行政法对行政行为的规范,对行政效率的促进以及对行政权力的控制和制约两个方面。

三、日本、韩国等东亚国家学者关于行政法性质与功能、作用的表述

日本行政法的性质、功能与作用在第二次世界大战前后有较大的变化。

---

① [德]汉斯·J.沃尔夫、奥托·巴霍夫、罗尔夫·施托贝尔:《行政法》(第1卷),高家伟译,商务印书馆2002年版,第195~196页。

② [荷]勒内·J.G.H.西尔登、弗里茨·斯特罗因克编:《欧美比较行政法》,伏创宇、刘国乾、李国兴译,中国人民大学出版社2013年版,第一部分"比利时行政法",第2页。

③ [荷]勒内·J.G.H.西尔登、弗里茨·斯特罗因克编:《欧美比较行政法》,伏创宇、刘国乾、李国兴译,中国人民大学出版社2013年版,第四部分"荷兰行政法",第157~158页。

第二次世界大战前更多地接近大陆法系国家传统行政法的模式,而第二次世界大战后则因为受美国的影响,较多地吸收了英美法系国家行政法的元素。日本行政法学者盐野宏教授指出,日本在《明治宪法》时代,行政权被置于天皇之下。《明治宪法》第61条规定,因行政官厅的违法处分致权利受到损害的诉讼,属于另以法律规定的行政法院而非司法法院(普通法院)管辖。之所以设置专门行政法院,理由(这些理由即反映了第二次世界大战前日本行政法的性质、功能与作用的特色)有三:一是行政权独立的观念。二是保障行政责任的需要。行政裁量权是行政"固有且必然的权力"。行政如果没有这种权力,受普通法院制约,"行政的效力将会麻痹、耗尽,就不可能履行宪法上的责任"。三是保障公共利益的需要。行政事务具有专业性,且有时为了公益要牺牲私益,普通法院法官是外行,他们"对行政事务不习惯、不熟悉,若将行政事务委任其判决,难免发生危险"。[①] 日本另一行政法学者室井力指出,第二次世界大战后日本宪法"在其基本原则上与明治宪法有着根本性的不同。明治宪法表面上虽采用立宪主义,但其内容实质却规定了天皇制的绝对主义统治结构。为了适应这种表面上的立宪制的统治结构,在该立宪制下的行政法,原则上也保护绝对主义的官僚统治,而主张保障国民在行政方面的权利的观点则是极其薄弱的"。第二次世界大战后日本宪法则"规定了国民主权的统治结构。因此,基本人权的尊重主义、和平主义、议会制民主主义、地方自治保障等宪法的基本原则当然也成为现行宪法下的行政法的基本原则"。此时的行政法,即"调整行政的行政组织及行政活动(行政作用)本身,以及有关围绕这些法律纠纷的法。更简洁地说,它是对行政的授权与治理之法,即在宪法下,规定行政组织的地位、权限和责任等,或具体规定行政机关的各种行政行为,而不问这种行为是权力的还是非权力的,与此同时,广泛规定行政救济的各种方式和程序,据此对行政权加以限制。这里所说的加以限制,意味着对行政权加以拘束,但也意味着它不仅把行政看作是必要的手段限制其活动,而且根据需要,也推动向积极的行政活动方向上的拘束"。[②] 可见,日本现行行政法既吸收了英美法系国家行政法的控权性质的内容,也吸收了大陆法系国家

---

① [日]盐野宏:《行政法总论》(第4版),杨建顺译,北京大学出版社2008年版,第12~13页。

② [日]室井力主编:《日本现代行政法》,吴微译,中国政法大学出版社1995年版,第1~4页。

行政法的促进行政效率,推进积极行政的性质的要素面向。

至于韩国行政法的性质、功能与作用,则主要受大陆法系国家行政法的影响,其不同于日本行政法有第二次世界大战前从属于“明治宪法”、战后受美国行政法影响较大之区别。韩国行政法学者金东熙指出,韩国的行政法基本上是以大陆法系国家的行政法为其模式发展的,至少在现阶段,对德国、法国行政法上的相关法制或法理的理解是不可或缺的。韩国行政法受德国行政法的影响最多。据此,金东熙对行政法做了如下定义:“行政法作为行政所固有的公法,从内容上来说,是指有关行政主体的组织、作用及行政救济的公法。行政法作为关于国家、地方自治团体等行政主体的机关设置及权限,以及各个机关间相互关系的法(行政组织法),关于行政主体与私人之间关系的法(行政作用法),关于对行政作用侵害个人权利救济的法(行政救济法),是行政中固有的公法。”①金东熙的定义兼顾了行政法的授权、规范权力行使和控权的多方面的功能和作用。

四、苏联和原东欧国家学者关于行政法性质与功能、作用的表述

苏联和原东欧国家属于计划经济时代的传统社会主义国家(我国在改革开放前,越南在革新开放前也属于传统社会主义国家阵营),其行政法在性质上属于“管理型”(或称“规制型”)模式,其功能、作用主要不是控制政府权力和规范行政机关行使行政权的行为,而主要是管理行政相对人的经济、社会、文化活动,规范行政相对人的行为,维护社会经济秩序。苏联行政法学者瓦西林科夫指出,“苏维埃行政法可以认为是调整国家管理范围内的社会关系——苏维埃国家机关在组织与实施执行和指挥活动中发生的社会关系——的一个法律部门”。② “行政法首先规定苏维埃国家管理的原则。其次,它规定行政管理机关的建立、变更和撤销的程序、行政管理机关的编制、它们活动的目的和任务,它们的权限和它们法律地位的其他方面、它们的组织结构和活动程序。行政法还规定作为管理对象的企事业单位和组织的建立、变更和撤

---

① [韩]金东熙:《行政法Ⅰ》(第9版),赵峰译,中国人民大学出版社2008年版,第17页。

② [苏联]瓦西林科夫:《苏维埃行政法总论》,姜明安、武树臣译,北京大学出版社1985年版,第1页。

销的程序,调整它们和国家管理机关的相互关系,调整管理对象的许多方面的活动。行政法不仅调整管理者的活动,而且也调整被管理者的活动。例如,交通规则、公共场所行为规则、贸易规则、狩猎和捕鱼规则、教学规则、卫生规则,等等,都是调整被管理者活动的规则。行政管理机关监督人们遵守这些规则,对违反这些规则的人适用国家强制措施。行政法还规定什么样的行为(作为或不作为)属于行政违法行为,规定实施这些行为的行政责任的形式和种类,规定审理这些违法行为案件的程序。"①可见,苏联行政法与英美法系国家行政法有一个重要区别:前者规范(调整)的重点是行政相对人(被管理者)的行为,后者规范(控制)的重点是行政主体(管理者)的行为。

与苏联行政法一样,原东欧国家的行政法的重点也是调整国家行政主体管理行政相对人的活动(执行指挥活动)。原保加利亚行政法学者 П. 斯泰诺夫和 A. 安格洛夫指出:"保加利亚行政法作为统一的社会主义法律的一个特殊部门,根据其调整的社会关系的性质而区别于其他法律部门:行政法调整的是发生在国家执行指挥活动范围内的社会关系。如果某种关系是依命令的程序进行的,一方处在权力的地位,另一方处在被命令、被管理的地位,那么这种关系就是行政法律关系,用以进行调整的法律就是行政法。当然,在行政法律关系中,'权力—服从'的界线仅仅在法律关系发生时具有意义。如果这种关系根据行政文件一经发生,那么它的各方就必须同样遵守相应的法律规范,履行由这些规范产生的义务并确切地符合客观法律规则的要求。行政机关只能适当地作出法律授权它作出的行为,提出法律授权它提出的要求。'权力—服从'关系,或者确切地说,命令关系,仅仅表现为:国家机关不依赖另外一方(公民或社会组织)的同意而作出决定。作为经济基础决定的上层建筑,行政法本身又对经济基础产生影响,它促进我们的经济发展速度,促进我国社会主义建设的迅速发展,保障我们国家的安全和独立。"②

从苏联和原东欧国家行政法学者的论述可见,传统社会主义国家的行政法在性质上是"管理型"的,其主要功能和作用是调整作为管理者的行政机关

---

① [苏联]瓦西林科夫:《苏维埃行政法总论》,姜明安、武树臣译,北京大学出版社 1985 年版,第 1~2 页。

② [保加利亚]П. 斯泰诺夫、A. 安格洛夫:《社会主义行政法的特征、渊源和范围》,姜明安译,载《国外法学》1982 年第 5 期。

与作为被管理者的公民、法人和其他组织的关系，对作为管理者的行政机关的监督、制约和控制是第二位的，且往往是被忽视的。

五、新时代中国学者关于行政法性质与功能、作用的表述

中国特色行政法不同于传统计划经济时代苏联和原东欧国家行政法和中国改革开放前的行政法，其性质更多地具有“平衡型”法的性质：既注重监督和控制行政权，防止作为行政主体的行政机关及其公职人员滥用权力，保护作为行政相对人的公民、法人和其他组织的合法权益，又注重维护行政机关依法行政、依法管理，保障社会秩序和经济秩序。北京大学行政法学者罗豪才教授指出，中国的行政法，“既调整行政关系，又调整监督行政关系，是调整这两类关系的法律规范和原则的总称。……行政法律关系可分为行政实体法律关系和行政程序法律关系，它们是同一行为同时受两种不同的法律规范的调整而形成在两类不同的关系。监督行政关系则是为了监督行政权、解决行政争议而形成的各种关系，其中主要是行政诉讼关系”。关于中国行政法的平衡性质，罗豪才教授指出，“公共利益与公民利益的差别与统一是现代社会最常见最普遍的一种现象，正确处理利益关系应该是统筹兼顾，不可只顾一头，反映在行政法上，其利益主体的权利义务关系总体上应该是平衡的。这种平衡既包括不同主体之间权利义务的平衡，也包括同一主体自身权利义务的平衡。平衡论认为，一方面，为了维护公共利益，必须赋予行政机关必要的权力，并维护这些权利有效地行使，以达到行政目的；另一方面，又必须维护公民的合法权益，强调行政公开，重视公民的参与和权利补救，以及对行政权的监督”。①

第二节　不同模式行政法的性质在实定法上的体现

不同模式行政法的性质不仅反映在各国学者的大量著述之中，而且在各国行政法的实定法中得到体现。

① 本段引文均引自罗豪才主编：《现代行政法的平衡理论》，北京大学出版社 1997 年版，第 11～12 页。

一、英美法系国家实定法所体现的行政法性质

美国的行政实定法最为完善,包括《联邦行政程序法》《信息自由法》《阳光下的政府法》《隐私权法》《司法审查法》《联邦侵权赔偿法》等。这些法律仅从名称看,即可体现出其控权性质。考察其内容,其对行政权的控制、制约则更为明显和具体。例如,美国《联邦行政程序法》第 706 条规定,法院可从六个方面对行政行为进行司法审查:其一,是否专断、反复无常、滥用自由裁量权或有其他违法情形;其二,是否违反宪法规定的权利、权力、特权或豁免权;其三,是否超越法定管辖范围、权限、缺少法定权利;其四,是否违反法定程序;其五,是否缺少实质证据;其六,是否完全没有事实根据等。《信息自由法》第 552 条规定,除法律明确规定的例外,政府的所有行政信息都应在《联邦政府公报》上公开,公众可以查阅政府的所有行政信息。《阳光下的政府法》第 3 条规定,除法律明确规定的例外,政府机构每一次会议,都要至迟提前一周向社会公告会议的时间、地点和会议主题。①

英国的《王权诉讼法》《行政裁判所与调查法》《行政法规法》等同样也体现了对公权力控制的理念和要求。例如,《王权诉讼法》第 2 条第 1~2 款规定,政府应对下述民事侵权行为承担全部责任:其一,由其公务人员或代理人所实施的民事侵权行为;其二,违反普通法上作为雇主应对其雇员或代理人所应尽的义务;其三,违反普通法上隶属于财产所有权、占有权、持有或控制权的责任。但如果上述作为或不作为不属于本法规定的范围,构成应对公务人员、代理人及其财产提起侵权诉讼,则不应对政府提起侵权诉讼。另外,政府和政府官员如果具有一种如同私人一样的法定义务,其未能履行相应义务时,应承担与一个有行为能力的私人一样的全部民事责任。该法第 25 条第 1 款规定,如果在由政府提起或对政府提起的诉讼中,或在王座法庭公诉部进行的诉讼中,或在与政府为一方当事人有关的情况下,法院作出的裁定(包括关于诉讼费的裁定)有利于私人而不利于政府或者政府部门或政府官员。那么,法院的相应官员,应根据当事人的申请,在法院裁定发布 21 天后的任何时间向

---

① 参见行政立法研究组编译:《外国国家赔偿、行政程序、行政诉讼法规汇编》,中国政法大学出版社 1994 年版,第 121 页、第 127 页、第 149 页。

其发布特定格式的、包含该裁定具体要求的支付证书。[①]

二、德国、奥地利、西班牙、葡萄牙、法国等大陆法系国家实定法所体现的行政法性质

在大陆法系国家中,德国、奥地利、西班牙、葡萄牙等国的行政实定法较为完善,而法国行政法的法源主要是行政法院的判例,实定法较少。但是无论法源如何,其实定法和判例都体现出大陆法系国家行政法的两个方面的性质和价值,一方面注重对行政行为的规范,对行政效率的促进,另一方面也注重对行政权力的控制和制约。例如,德国《联邦行政程序法》第一章即规定行政机关的地域管辖和职务协助,显然是服务于行政效率;在第二章第一节规定的行政程序基本原则中,其中则既包括对行政效率的保障条款,又包括对行政权力的制约和对行政相对人权利的保护条款。如第 10 条规定,行政程序的进行应力求简单和符合目的。第 21 条规定,行政公务执行人,有适当理由认为其执行足以让人怀疑偏袒,或相对人提出此担忧,应报告行政机关负责人请求回避,行政机关负责人有此情形而在行政程序中不自动回避的,有关监督机关应命令其回避。第 24 条规定,行政机关在行政程序中依职权调查事实,其调查方式、范围不受行政程序相对人要求的限制;行政机关应收集一切对具体案件有意义的情况,包括有利于相对人的情况;行政机关对在其管辖范围内的声明或申请,不得以不允许或不成立等理由拒绝受理。第 25 条规定,在行政程序中,行政机关应视需要告知相对人享有的权利和应负的义务。第 26 条规定,行政机关可运用其合目的性裁量,确定以调查事实为必要的证明方法;相对人应参与事实的调查;证人和鉴定人进行陈述或作出鉴定的义务,仅以法律有规定为限。第 28 条规定,行政机关在颁布影响相对人权利的行政决定之前,应给予相对人陈述对有关决定所基于的重要事实的机会;听证在无必要举行时,尤其在紧急情况等特定情况下可省去;听证有违重要公益时,也不予举行。第 29 条规定,为保护相对人法定权利,根据其知情权和辩护权需要,行政机关须允许相对人查阅行政行为所涉及的案卷。第 30 条规定,相对人有权要

---

① 参见行政立法研究组编译:《外国国家赔偿、行政程序、行政诉讼法规汇编》,中国政法大学出版社 1994 年版,第 12 页、第 23 页。

求行政机关，未经其许可，不得公开其秘密，尤其不得公开其个人隐私和商业秘密。[①] 奥地利、西班牙、葡萄牙等大陆法系国家的行政程序法大多也有若干相类似的规定。

法国没有制定统一的行政程序法，但也制定了一些单行的行政法律法令，如《改善行政机关与公众关系的多项措施及行政和税务方面的各项规定》《行政行为说明理由及改善行政机关与公众关系法》《行政机关与行政相对人关系法》等。[②] 这些实定法同样也体现了大陆法系国家行政法的性质：既注重控制行政权的运作，保护行政相对人的权益，也注重保障行政效率，维护公共利益。例如，《改善行政机关与公众关系的多项措施及行政和税务方面的各项规定》既规定了行政信息（资讯、文件、档案等）应向行政相对人公开，允许相对人查阅和复制，但也规定了诸多拒绝相对人查阅和复制的例外。如可能泄露政府和行使执行权的行政当局决议的秘密；可能泄露国防、对外政策的秘密；可能损害货币和公共信贷、国家安全和公共安全；可能妨碍司法机关诉讼程序的进行或其预备活动（除非经主管机关许可）；可能泄露私人生活、个人医疗档案中的秘密；可能泄露商业和工业秘密；可能妨碍主管机关调查税务和海关方面的违法行为以及可能泄露法律所保护的其他秘密。又如，《行政行为说明理由及改善行政机关与公众关系法》既规定了行政机关作出对行政相对人不利行政行为应向相对人说明理由，也规定了紧急情况下可不说明理由的例外。该法第1条规定，自然人与法人有权即时知悉与其有关且对其不利的行政决定的理由。行政机关对具有下列内容的决定应当说明理由：(1)限制公众自由的行使或其他警察措施；(2)实施处罚；(3)对行政许可附加限制性条件或强制性命令；(4)撤销或废止创设权利的决定；(5)规定时效、权利丧失或失效；(6)拒绝给予相对人某项作为其权利且符合条件取得的优惠；(7)拒绝给予相对人许可(但其理由依法应保密的除外)。第3条规定，说明理由应以书面形式作出，且应指出构成决定根据的法律理由和事实理由。第4条规定，因紧急情况阻碍行政决定说明理由的，未说明理由并不引致决定违

① 参见应松年主编：《外国行政程序法汇编》，中国法制出版社1999年版，第170~174页。

② 该法被译者译为《行政机关与其使用人关系法令》（1983年），不甚准确和通俗，故改其意译之。译文参见应松年主编：《外国行政程序法汇编》，中国法制出版社1999年版，第571~573页。

法。但行政相对人在行政诉讼期间要求其补充说明理由的,行政机关应在1个月内补充说明理由。[①]

三、日本、韩国等东亚国家和地区实定法所体现的行政法性质

日本、韩国现行行政法既吸收了英美法系国家行政法的控权因素,也吸收了欧洲大陆行政法的促进行政效率,推进积极行政的因素。这两种因素均可从两国的行政程序法、行政诉讼法和国家赔偿法等实定法中得到体现。例如,日本《行政程序法》第1条规定,本法旨在对处分(指行政机关行使公权力的具体行政行为)、行政指导(指行政机关于其职权或所管辖事务范围内,为实现一定行政目的,指导、劝告、建议相对人作出或不作出一定行为等)及申报(指行政相对人向行政机关作一定事项的通知报告行为)之相关程序作共通事项之规定,以确保行政运作之公正及提升其透明性,并据以保护国民权益为目的。第12条至第15条规定,行政机关如要对行政相对人作出不利处分,应制定必要之基准,尽量使之具体化;并遵循正当法律程序,向行政相对人说明作出不利处分的理由(但在紧急情况下,可无须明示该不利处分的理由);听取相对人的陈述和申辩;对具有下述情形者,还要为相对人举行听证(其一,拟撤销行政相对人许可、认可或对之实施其他不利处分;其二,除第一种情形外,直接剥夺相对人资格或利益;其三,相对人为法人时,责令其不得从事相应业务或取消其从事相应业务资格;其四,除前三种情形外,行政机关自认为应举行听证的其他情形)。[②]

与此同时,日本《行政程序法》从维护行政管理秩序,保障特定国家利益和社会公共利益的旨意出发,对行政处分、行政指导适用法定程序也规定了许多例外。例如,国税厅长官、国税局局长、税务署署长、收税官员、关税长、关税职员(及依其他法令规定行使该等职员之职务者)依国税或地方税处罚事项之有关法令(含准用其他法令之情形)所为之处分及行政指导,以及证券交易等监管委员会或其职员(含该等法令中被视为其职员者)、财务局长、财务支

---

① 参见应松年主编:《外国行政程序法汇编》,中国法制出版社1999年版,第563~570页。

② 本节所引日本《行政程序法》条文均引自应松年主编:《外国行政程序法汇编》,中国法制出版社1999年版,第438~452页。

局长,依证券交易或者金融期货交易处罚事项之有关法令所为之处分及行政指导;[①]关于外国人之出入境、难民之认定,或有关归化之处分及行政指导;[②]在发生或可能发生公共卫生、环境保护、防疫、保安,或其他有关公益情事之现场,警察、海上保安官或法律上直接赋予其为确保该公益而应行使权限之其他职员所为之处分及行政指导等。[③]

韩国行政法的实定法与日本行政法的实定法所体现的法的性质、功能与作用大体相同。例如,韩国《行政程序法》第 1 条亦规定,本法之目的在规定有关行政行为之共通事项,谋求国民之行政参与,确保行政之公正性、透明性及可信赖性,保护国民权益。第 4 条专门规定了诚信及信赖保护原则:行政机关执行职务时,应本于诚实信用为之;法令之解释或行政机关之惯例为国民普遍接受后,除非对公益或第三人的正当利益有明显危害,不得以新的解释或惯例而对相对人为不利之处理。第 5 条专门规定了透明性原则:行政机关行使公权力之行政作用,其内容要具体明确,作为行政作用依据之法令,如内容不明确时,相对人可向相应行政机关要求解释。该行政机关如无特殊理由,应予解释。

韩国《行政程序法》的上述规则主要体现了其对行政权行使的制约、规范、控制和对行政相对人权益的保护功能。同时,韩国《行政程序法》亦有相应的规则主要体现其保障行政管理的效能与效率的功能,如第 6 条规定的管辖规则,第 7 条规定的行政协调规则,第 8 条规定的行政协助规则,第 14~15 条规定的送达规则,第 16 条规定的期间、期限规则等。[④]

四、中国特色行政实定法所体现的行政法性质

中国特色行政实定法所体现的行政法性质正如罗豪才教授所概括的"平衡法"特征:体现权利与权力的平衡以及维护公共利益、社会秩序与保护行政相对人权益的平衡。这一特征在我国现行三大重要行政法——《行政处罚法》《行政许可法》《行政强制法》——关于立法目的表述中得以明确反映:

---

① 参见日本《行政程序法》第 3 条第 6 项。

② 参见日本《行政程序法》第 3 条第 10 项。

③ 参见日本《行政程序法》第 3 条第 13 项。

④ 本节所引韩国《行政程序法》条文均引自应松年主编:《外国行政程序法汇编》,中国法制出版社 1999 年版,第 544~561 页。

《行政处罚法》对该法立法目的的表述是“为了规范行政处罚的设定和实施，保障和监督行政机关有效实施行政管理，维护公共利益和社会秩序，保护公民、法人或者其他组织的合法权益”；[①]《行政许可法》对该法立法目的的表述是“为了规范行政许可的设定和实施，保护公民、法人和其他组织的合法权益，维护公共利益和社会秩序，保障和监督行政机关有效实施行政管理”；[②]《行政强制法》对该法立法目的的表述是“为了规范行政强制的设定和实施，保障和监督行政机关依法履行职责，维护公共利益和社会秩序，保护公民、法人和其他组织的合法权益”。[③]

除全国人大和全国人大常委会制定的法律以外，国务院制定的大量行政法规也同样体现了“平衡法”的性质。如《政府信息公开条例》规定，该条例的立法目的是“保障公民、法人和其他组织依法获取政府信息，提高政府工作的透明度，建设法治政府，充分发挥政府信息对人民群众生产、生活和经济社会活动的服务作用”；[④]《重大行政决策程序暂行条例》规定，该条例的立法目的是“健全科学、民主、依法决策机制，规范重大行政决策程序，提高决策质量和效率，明确决策责任”；[⑤]《国有土地上房屋征收与补偿条例》规定，该条例的立法目的是“规范国有土地上房屋征收与补偿活动，维护公共利益，保障被征收房屋所有权人的合法权益”。[⑥]

第三节　不同模式行政法性质、功能与作用的理论基础

作为不同模式行政法的理论基础主要有三种学说：一是基于规范主义的“红灯理论”(red light theory)，即控权论；二是基于功能主义的“绿灯理论”(green light theory)，即管理论；三是基于混合主义的“黄灯理论”(amber light theory)，即平衡论。英美法系国家行政法的理论基础主要是基于规范主义的

① 参见《行政处罚法》第1条。
② 参见《行政许可法》第1条。
③ 参见《行政强制法》第1条。
④ 参见《政府信息公开条例》第1条。
⑤ 参见《重大行政决策程序暂行条例》第1条。
⑥ 参见《国有土地上房屋征收与补偿条例》第1条。

“红灯理论”;苏联和原东欧国家行政法的理论基础主要是基于功能主义的“绿灯理论”;中国特色社会主义模式行政法的理论基础主要是基于混合主义的“黄灯理论”;大陆法系国家和日本、韩国等东亚国家和地区行政法的理论基础则是兼具控权论、管理论和平衡论的一种更具混合性的理论。

当然,以上理论基础模式分类及对相应理论基础评述,只是相对的,是非常粗略的分析和结论。任何类型模式的行政法的特征、共性均只是一种最大公约数式的概括。在实践中,同一模式不同国家的行政法在性质、功能和作用上会存在不同程度的差别;同一模式同一国家的行政法在不同时期,其性质、功能和作用也可能会发生变化,从而存在一定程度,甚至很大程度的差别。下面我们述及的作为不同模式行政法的理论基础的三种主要学说——“红灯理论”“绿灯理论”“黄灯理论”——只是通过“理想类型”方法研究所概括和得出的一般结论,而非可不加分析地和笼统地将各种国家的行政法模式简单“对号入座”。

一、基于规范主义的“红灯理论”——控权论

什么是“红灯理论”? 英国学者哈洛和罗林斯对之进行了详细的阐释。他们认为,该理论最重要的观点是严控国家权力,是“对于干预最少国家的偏爱”。“行政法的主要功能,应当是控制一切逾越国家权力的行为,使其受到法律尤其是司法的控制。”①福赛在他与韦德所合著的《行政法》一书中将他们对行政法所下的定义——“行政法最主要的目的在于控制政府权力”②——称为“红灯理论”的典型代表。“红灯理论”建立在一个平衡的宪政模式的基础上,更倾向于通过司法审查来实现对行政权的控制,防止政府专断。这种理论模式区别于“绿灯理论”,“绿灯理论”更倾向于实用主义和功能主义的法律制度设计,其与所谓的“政府模式”意气相投,寄希望于政治过程,以使行政更加便利、更有效率。③

---

① [英]卡罗尔·哈洛、理查德·罗林斯:《法律与行政》(上卷),杨伟东等译,商务印书馆2004年版,第92页。

② [英]威廉·韦德、克里斯托弗·福赛:《行政法》(第10版),骆梅英等译,中国人民大学出版社2018年版,第5页。

③ 参见[英]威廉·韦德、克里斯托弗·福赛:《行政法》(第10版),骆梅英等译,中国人民大学出版社2018年版,第5页。

"红灯理论"源于规范主义学说，与规范主义有密切关联。关于规范主义，英国公法学者马丁·洛克林(Martin Lowghlin)指出："公法中的规范主义风格的根源在于对控权理想以及使政府服从法律的必要性的信念。这种风格强调法律的裁判和控制功能，并因此而关注法律的规则取向和概念化属性。规范主义基本上反映了一种法律自治的理想。"①此正好区别于功能主义。"公法中的功能主义风格将法律视为政府机器的一个组成部分。其主要关注点是法律的规制和便利功能，并因此而注重法律的意图和目标，并采取一种工具主义的社会政策路径。功能主义体现着一种进化式变迁的理想。"②"对于规范主义者来说，法律先于立法；而功能主义者则视立法为最高级的法律形式，因为它体现着民主意志。类似性质的差异还可见于权利和代表等概念。规范主义者相信权利先于国家，而功能主义者则认为权利来源于国家。在功能主义风格中，民主代表制是正当性的基础，而在规范主义内部，人们对民主代表制的态度则是好恶参半的。"③"……规范主义和功能主义采纳了截然不同的自由、秩序和国家概念。规范主义者视自由为外在约束的缺席，而功能主义者则把自由看作是做某事或享受某事的实际能力。对于规范主义者来说，自由可以被等同于不存在法律控制的状态，而在功能主义者看来，更多的法律控制有时甚至意味着更多的自由。更重要的差异恐怕还存在于社会秩序的概念中。许多规范主义者采纳了一种原子论的观点看待个人与国家之间的关系，而功能主义者们则倾向于将这种关系设想为一种有机主义的关系。最后，能动的国家往往被规范主义者描绘为'培养奴性的国家'，而功能主义者则将其视为对不断增长的社会道德化的一种表达。"④

基于规范主义的"红灯理论"在许多中国行政法学者的著述中即表述为"控权论"。例如，罗豪才教授在其所主编的《现代行政法的平衡理论》一书中，即一直将西方国家学者所提出的"红灯理论"直接称为"控权论"。他指出："控权理论认为权力与权利是对立的，行政法就是控制行政权、保障人权的法。主张对行政权处处加以限制，使行政机关的活动限制在最小领域内。

① [英]马丁·洛克林：《公法与政治理论》，郑戈译，商务印书馆2002年版，第85页。
② [英]马丁·洛克林：《公法与政治理论》，郑戈译，商务印书馆2002年版，第85页。
③ [英]马丁·洛克林：《公法与政治理论》，郑戈译，商务印书馆2002年版，第86页。
④ [英]马丁·洛克林：《公法与政治理论》，郑戈译，商务印书馆2002年版，第86页。

这种理论在早期英美国家比较流行,这与这些国家的国情和历史有必然的关联。早期资本主义时期,主流理论强调由市场即‘看不见的手’来发挥配置资源的作用,提倡自由交易、自由经营、自由贸易,认为‘管得最少的政府是最好的政府’。政府就像一个‘守夜人’,只要管好治安,收取必要的税款,防御外来侵略就可以了。控制行政权力是早期资本主义市场经济在市场经济过程中对行政权提出的要求。控权理论主张通过立法、司法对行政权加以限制,不让行政权扩张。不允许行政机关有自由裁量权。其特点是重权利、轻权力,重民主、轻效率。这种以司法权为中心的理论如今在英美国家还有很大的市场。”①

关于控权论,北京大学曾有两位博士在其学位论文中归纳其主要观点:沈岿博士在其博士学位论文《平衡论:一种行政法认知模式》中将控权论的主要观点归纳为下述四点:(1)行政法的宗旨和作用在于最大限度地保障个人自由权利;(2)行政法最重要的内容是独立的司法权对行政行为予以司法审查,从而达到其最大可能地限制和控制行政权的目的;(3)行政机关权力的范围必须受到严格限制,其管理只限于国防、外交、财政、治安等少数领域,最大可能地排斥自由裁量权;(4)行政法治(依法行政)原则包括对一切行政活动的总括性要求,任何没有法律明确授权的行政行为,都不具有公民必须服从的正统性而归于无效。② 李娟博士在其博士学位论文《行政法控权理论研究》中将控权论的主导观点归结为六项:(1)限制行政权力的范围和防止滥用职权;(2)遵循规则主义的行政法治理想;(3)强调立法对于行政权的严格控制;(4)主张司法审查是行政法最重要的内容;(5)坚持公正优于效率的行政程序;(6)主张个人利益优先于公共利益的价值观。③ 这些概括虽然不是非常全面,但控权论的主要观点基本都归纳进去了。

二、基于功能主义的“绿灯理论”——管理论

关于“绿灯理论”,英国学者哈洛、罗林斯亦对之进行了详细的探讨和阐释:“我们将更仔细地审视另一个传统,我们称之为‘绿灯理论’(green light

---

① 罗豪才等:《现代行政法的平衡理论》(第2辑),北京大学出版社2003年版,第14页。

② 参见沈岿:《平衡论:一种行政法认知模式》,北京大学出版社1999年版,第68~78页。

③ 参见李娟:《行政法控权理论研究》,北京大学出版社2000年版,第42~114页。

theory)。采用这种比喻,我们并不是希望表明绿灯理论者就赞成国家的恣意或者专断行为。一方认为是对专断权的控制,另一方则有可能认为是对前进的阻滞。红灯理论指望平衡宪法模式,而绿灯理论发现'政府模式'(model of government)更为适宜;红灯理论者赞成对行政权的司法控制,而绿灯理论者则倾向寄希望于政治程序。边沁(Jeremy Bentham)认为,政府管理的目的是'满足被管理者的最大幸福'。他认为,积极参与立法以保障功利主义原则通过法律制度而获胜是君主的义务。而且,边沁和奥斯丁(Austin)都不大相信法院能成为法律改良的高效工具,即使对其自身不再使用的那些老掉牙的程序也是如此。绿灯理论者积极地设计与现代行政程序相适应的新的行政程序。他们将对这些程序在其特定的行政背景下进行评价,而不是强制实行分权体制或者按照诸如自然正义等一般性的原则来对其进行衡量。"①

"红灯理论"基于规范主义,与规范主义有密切关联,而"绿灯理论"则基于功能主义,与功能主义有密切关联。关于功能主义,英国公法学者洛克林指出,"如果说规范主义风格的根源在于保守主义和自由主义的话,我们在同样的意义上也可以说功能主义同一种社会主义的政治理论之间存在某种亲和性。不过这一说法需要加以界定,因为功能主义风格的支持者们所信奉的社会主义理论并不统一。因此,更为准确的说法是,功能主义风格的支持者们信奉一种集体主义的社会本体论"。② "这种功能主义风格不是把法律当作一种与政制完全不同的东西,而是将其视为一种作为政制机器的一部分的工具。公法中的功能主义认为这部政制机器乃是用来实现一套特定目的。这些目的是与能动型国家(positive state)的目标紧密相关的目的。"③"功能主义风格倾向于体现一种经验主义的而不是形而上学的法律观。它更关心法律做什么而不是法律是什么。但是,这种哲学立场也很容易被利用于一种政治取向,即试图使政治制度民主化并支持以社会性立法推进政治改革。"④

基于功能主义的"绿灯理论"在许多中国行政法学者的著述中即表述为

① [英]卡罗尔·哈洛、理查德·罗林斯:《法律与行政》(上卷),杨伟东等译,商务印书馆2004年版,第145~147页。

② [英]马丁·洛克林:《公法与政治理论》,郑戈译,商务印书馆2002年版,第146页。

③ [英]马丁·洛克林:《公法与政治理论》,郑戈译,商务印书馆2002年版,第188页。

④ [英]马丁·洛克林:《公法与政治理论》,郑戈译,商务印书馆2002年版,第189页。

“管理论”。例如,罗豪才教授在其所主编的《现代行政法的平衡理论》一书中,即一直将西方国家学者所提出的“绿灯理论”直接称为“管理论”。他指出:“管理理论最基本的思维定式是官民对立,认为行政法是一种工具,行政机关拿这个工具来管老百姓,是管民的工具。或者说,行政法是治民的法。有的国家的学者甚至认为行政法是强者的法,相对方则属于弱者。这种理论认为行政行为最基本的模式是‘命令—服从’式的强制性管理行为。也就是说,行政机关是权利的主体,相对方是义务的主体。这种理论的特点是,重国家权力,轻公民权利;重实体,轻程序;重效率,轻公平;重管理,轻救济。管理理论在早期的德国被称为权力关系或特别权力关系理论,这也是前日本流行的理论。作为传统社会主义国家的苏联,由于推行计划经济,也基本上采取了这种理论模式。苏联的前身沙俄属于欧洲大陆法系国家,强调行政权高度集中。因此,管理理论在苏联是比较流行的。我国改革开放以前,在相当长的一段时间内也基本上采取了这种理论模式。计划经济本身就是一种权力经济,计划就是法律,靠行政权来推行。因此,计划经济体制下的行政权包揽一切,命令一切,不仅一般的社会事务它要管,企业的经营管理它也要管,没有市场,所有的社会机制都靠政府权力支配和指挥。这种理论模式跟我们国家政权的性质存在着内在的矛盾。一方面我们讲人民当家作主,但另一方面处处用行政权来管制。”①

关于管理论,北京大学甘雯博士在其学位论文《行政法的平衡理论研究》中概括了这一学说的四个基本特征:(1)强调行政权力的优越性;(2)忽视个人权利保障;(3)有关行政程序和司法审查的理论相对落后;(4)行政法理论体系和结构具有明显倾向性(以管理法为中心,监督法、救济法在行政法体系中处于非常次要的或者被忽视的地位)。② 当然,甘雯博士上述关于管理论的基本特征的说法只是对管理论基本观点的概括和抽象,而不是对管理论全部学说的概括和抽象。

---

① 罗豪才等:《现代行政法的平衡理论》(第2辑),北京大学出版社2003年版,第13~14页。

② 参见罗豪才主编:《行政法论丛》(第1卷),法律出版社1998年版,第24~29页。

三、基于混合主义的“黄灯理论”——平衡论

关于“黄灯理论”，英国学者哈洛、罗林斯指出：“我们把‘黄灯理论’(amber light theory)描述成借用红灯理论和绿灯理论，向加强行政法的‘防火’和‘救火’功能发展，在法院内外都找到了解决方案的理论。”①他指出，1946年，自封为社会主义者的高尔(Gower)即对行政法新时代的前景作了如下展望：“重点将从私法转向公法——从私人契约转向公共管制——大陆法意义上行政法的成长似乎不可避免，而英国的法律界人士也将不得不使自己接受某些与戴西曾经教导其没来由地予以担心的行政法(Droit Administratif)相类似的东西。”②

哈洛、罗林斯在分析“黄灯理论”时，引述了美国学者G.弗鲁克(G. Frug)依对官僚制的不同关系将行政法分为四种模式的观点，探讨了行政法理论基础从“红灯理论”、“绿灯理论”向“黄灯理论”转化的过程与逻辑。弗鲁克论述的行政法第一种模式是“形式主义模式”，“此种模式视官僚制为执行置其于严格控制之下的缔造者的意旨的机制。这一观点广义上与古典行政法观点相对应，后者以宪法的自由——民主理念和作为‘中立和公平’的公务员理念——任何主人的仆从为前提，并对此作出回应”。③（此模式以“红灯理论”为基础）弗鲁克论述的行政法第二种模式是“专家模式”。此种模式与弗兰克林·罗斯福(Franklin Roosevelt)的“新政”政策联系在一起。“既认可行政裁量的机制，又承认外部控制的无效性，但欢迎把官僚制作为有效政策制定的基本工具。有时其被称为工具主义，因为法律被视为实施政策的工具。”④(此模式以“绿灯理论”为基础)弗鲁克论述的行政法第三种模式是“司法审查模式”。此种模式与英国古典的、实证主义行政法学派相混合，但其与试图限制

---

① [英]卡罗尔·哈洛、理查德·罗林斯：《法律与行政》(上卷)，杨伟东等译，商务印书馆2004年版，第255页。

② [英]卡罗尔·哈洛、理查德·罗林斯：《法律与行政》(上卷)，杨伟东等译，商务印书馆2004年版，第189页。

③ [英]卡罗尔·哈洛、理查德·罗林斯：《法律与行政》(上卷)，杨伟东等译，商务印书馆2004年版，第74~75页。

④ [英]卡罗尔·哈洛、理查德·罗林斯：《法律与行政》(上卷)，杨伟东等译，商务印书馆2004年版，第75页。

法官干预权,把控制主要留给行政部门的理论不同。弗鲁克认为此种模式受到了多方面的挑战,既有来自左派多元主义和批评性法学理论的挑战,也有来自右派的进攻性市场模式(弗鲁克对此行政法第四种模式没有展开论述)的挑战。[①] 正是由于存在这些挑战和不同模式所基于的"红灯理论""绿灯理论"的缺陷和不足,"黄灯理论"才应运而生。

"黄灯理论"是介于规范主义和功能主义二者之间的混合主义。洛克林指出,规范主义和功能主义"这两种风格都缺乏充分的理据。我们无法接受保守规范主义对某种古老的、永恒的秩序的浪漫主义渴求。但我们同样也不能把道德进步与公共部门之规模的不断扩大等同起来。我们既不能把宪法视为正义的直接保障者,也不能认为它仅仅是主权意志的工具。……我们无法面对现代政府的现实而维护戴雪时代的'应然'状态。但是,我们也不能把'应然'从我们对法律的理解中驱逐出去,而仅仅处理关于'实然'的问题。'实然'与'应然'之间的紧张是我们的处境当中无法回避的部分。在规范主义那里,'应然'被过分理论化了,并且未能同实践结合起来;而功能主义虽然植根于实践,但却没有实现充分的理论化。我们应当通过关注实践来矫正理论。同时,我们也应当借助理论来为实践提供信息。与我们迄今为止已经做到的程度相比,我们需要对这种紧张进行更富创造性的思考"。[②]

对上述基于混合主义的"黄灯理论",中国行政法学者在其学术著述中通常使用"平衡论"表述。关于"平衡论",罗豪才教授是这一理论的代表人物,他生前组织出版了一系列全面、深入论述和阐释该理论的著作和文集。在其主编的《行政法平衡理论讲演录》中,他指出,平衡论相对于控权论和管理论,其基本主张有五:其一,从"关系"视角研究行政法。他认为,"行政法关系的核心应当是'权力—权利'关系。这种关系不仅具有时空性,在不同的社会条件下表现出不同的具体形态,如秩序行政与服务行政的表现就有差别而且还具有广泛的关联性,与行政法上的权力/权利关系和权利/权利关系实现多方面的衔接"。其二,重视行政法关系主体的能动性。他认为,"权力或权利

---

① 参见[英]卡罗尔·哈洛、理查德·罗林斯:《法律与行政》(上卷),杨伟东等译,商务印书馆2004年版,第75页。

② [英]马丁·洛克林:《公法与政治理论》,郑戈译,商务印书馆2002年版,第341~342页。

均具有能动性、扩张性的特点。行政法关系主体的能动性、扩张性具有双向性，既有理性也有非理性。原则上，行政权终止于授权，但是在给付行政服务行政的情形下也应该倡导积极行政；权利诉求既可能正当合理，也可能违法违规。行政法机制的特点是双向制约和双向激励，当然这两者侧重有别，前者重点在于制约和惩罚行政主体非理性扩张，后者重点是激励和维护相对方理性扩张”。其三，关注行政法的机制。他提出，“现代行政法的机制是由制约机制、激励机制和协商机制整合而成的。制约机制既制约行政权非理性扩张，以保护相对方的合法权益，又制约相对方滥用权利，以维护行政程序。激励机制既激励行政主体积极行政，以为公众谋求更多的公益，又激励相对方积极实践法定权利，参与行政，以增长其合法个人利益”。其四，关注行政法的结构性均衡。他认为，行政法的“结构性均衡包括权力/权利、制度、利益、规范和价值五个层面，就权力/权利结构而言，行政法规范和调整的社会关系有行政管理关系和监督行政关系，无论是在行政管理关系和监督行政关系中，行政主体和行政相对方的权利义务都是不对等的，如在监督行政关系中，行政相对人居于相对优势的地位。这就是行政法上局部的不对等、不平衡。然而，如果我们从总体上理解行政法关系的结构，将行政实体法律关系、行政程序法律关系、监督行政法律关系，作为一个整体来对待，就可以发现，这些不对等和不平衡并非指向同一方向，恰恰实现了二者的整体平衡”。其五，综合运用多种方法。罗豪才认为，他主张的平衡论的重要特色之一是其研究、分析、考察问题的方法论，即多种方法综合运用，其主要的方法有五：一是统筹兼顾法，强调制度设计上综合考量各种因素；二是结构调整法，强调通过对行政主体与相对方权利义务调整实现权力权利平衡；三是理想类型法，主张将不同特色国家的行政法抽象概括为若干种模式，如控权模式、管理模式、平衡模式，对之进行类型化研究；四是利益衡量法，即在立法、司法、执法过程中探讨各种不同利益（如公益与私益、不同部门、不同地方的利益）的调节与平衡；五是博弈论，即将行政法运作过程塑造为一个各种利益主体博弈的场域，科学设计相应的制度，使各方主体均能表达各自的利益诉求，采取有利于各自利益最大化的策略进行理性博弈，以形成基于合意的均衡。①

---

① 参见罗豪才等：《行政法平衡理论讲演录》，北京大学出版社 2011 年版，第 6～9 页；罗豪才等：《现代行政法的平衡理论》（第 2 辑），北京大学出版社 2003 年版，第 14 页。

第三章 行政法的基本原则

第一节 各国学者关于行政法基本原则的界定和论述

一、法律原则与法律基本原则的含义

西方国家(特别是英美法系国家)通常将法律原则或法律基本原则表述为“principles of law”“legal principles”“doctrines of law”“legal doctrines”“basic principles of law”“general principles of law”。《元照英美法词典》对“principles of law”的释义是:法律的(基本)原则,指不能为个别或具体的法律规则所涵盖,而在司法判决中作为司法推理的权威性起点的一般性原则。法律的基本原则,按照传统的法理解释,往往是法官在个案规则的基础上或者法官在法律学者著作基础上运用归纳法总结而成,但当代的知识论已经批驳了这种机械经验主义的谬见。与具体法律规则相比,法律原则更为抽象、粗泛,因而适用起来更为灵活,原则与原则之间也会出现冲突,这时候需诉诸更为抽象和广泛的原则。法律原则与法律信条(doctrine of law,亦可译为“法律原则”或“法律原理”)的区别更多体现在语义、语汇的不同选择上,而并不存在逻辑或法律基础的差异,因而往往也互为易用。[①]《牛津法律大辞典》对“legal doctrines”、“legal principles”和“legal rules”三个词的释义是:这三个词都是指法律规范的种类,但通常在对法律规范表述的范围和普遍性程度上有所不同。“legal doctrines”(可译为“法律原理”或“法律基本原则”)概括性最

① 参见薛波主编:《元照英美法词典》,法律出版社 2003 年版,第 1091 页。

强,常用来表示实质性的法律规范,包括带有共同主题的、系统的一套处理特殊情况、典型事例和法律秩序的原则、规则和准则,它们在逻辑上相互关联,结为有机的统一体,可以从其基础和逻辑前提进行法律推理;“legal principles”(可译为“法律原则”)一般指对众多较具体的简单陈述、法律适用进行论证、统一和解释,并作为更细一步的法律推理的权威前提的普遍性规范;“legal rules”(可译为“法律规则”)一般指比较专门和具体的规范,用来规定某种法律事实的特定法律后果。[①] 该辞典对“principles of law”的释义是:许多法律推理所依赖的前提,不断地、正当地适用于比较特别和具体的规则解决不了或不能充分、明确地解决的待决案件的一般原则。典型的法律原则有雇主必须合理地考虑雇员的安全、无罪推定等。这些原则对理解和解释大量的具体规则和特殊判决有重要作用。普通法制度中的原则是法庭在大量的具体判决的基础上归纳发展起来的,或是法学研究者总结拟定的。[②]

美国学者迈克尔·贝勒斯(Michael Bayles)在其《法律的原则——一个规范的分析》一书中分析了法律规则与法律原则的区别。他指出:“法律原则是需要去证成的东西。原则和规则可以区别开。一方面,规则是以要么有效要么无效的方式适用的,如果它们适用于一种情况,它们就限定了它的价值。例如,要求一个不是死者亲笔所写的遗嘱需有两个证人的法则就是一个规则。假如,一个遗嘱只有一个证人,它就是无效的。相反,当原则适用的时候,它们并不必然限定一种评价(evaluation)。可能有这样一个原则:人们可以根据自己的意愿以‘遗赠’的方法自由地处分他们的财产,但这并不必然随之要求一个自由订立的遗嘱应当受到保障,因为一个相对的原则(如一个人应当为未成年子女作出适当安排)也将适用。另一方面,因为原则不是以要么有效要么无效的方式适用,并且原则可能互相冲突,所以,不同原则有‘权重’(weight)差别。这就意味着互相冲突的不同原则应予以衡量或平衡,有些原则比另一些原则有更大的分量。而规则是以要么有效要么无效的方式适用

---

① 参见[英]戴维·M. 沃克:《牛津法律大辞典》,邓正来等译,光明日报出版社 1988 年版,第 533~534 页。

② 参见[英]戴维·M. 沃克:《牛津法律大辞典》,邓正来等译,光明日报出版社 1988 年版,第 717 页。

的,故无须相互衡量或平衡。”[①]贝勒斯还指出,基本原则通常用来评价比较具体的原则或规则,“虽然它们也能够被直接用来评价个别的行为或判决。然而,在普通法制度中,是法院的判决建立规则(先例),因而最好把原则想象为是适用于判决之规则的东西。法律原则是‘应当’(should)来表述的,例如,‘非自愿的财产转让应当予以禁止’。这不意味着非自愿转让财产总是无效或错误的,为执行法院判决而进行的非自愿转让财产就不是错误的。它只是意味着在缺少(基于其他原则的)对立考虑的情况下,非自愿转让财产应当予以禁止”。[②]

关于法律规则、原则与基本原则的关系,笔者曾经在所主编和自著的行政法著作中对之做过分析:“法的规范依其对社会关系调整的确定性程度和细密程度,可分为规则、原则、基本原则三类。规则对社会关系的调整最为确定,规范最为具体;原则对社会关系的调整弹性相对较大,规范较抽象;基本原则对社会关系调整的弹性则更大些,规范更抽象。从调整范围来说,规则调整的范围较窄,通常只涉及某种具体的事务;原则调整的范围较广,可适用于较广范围的事务;基本原则调整的范围最广,可适用于一定领域的整个社会关系。从规范的对象来说,规则直接规范社会关系,而规则本身受原则规范,原则又受基本原则规范;基本原则首先通过原则、再通过规则规范社会关系。法的基本原则是法的灵魂,任何国家的法,任何国家的行政法都不可能没有灵魂,从而不可能没有基本原则。但是基本原则不同于法的具体规则、原则,法的具体规则、原则是由成文法的具体条文加以确立和宣示的,基本原则则通常首先以一种观念、一种法理思想存在于各国立法者和国民的法律意识中,然后由本国的学者、法官加以概括、归纳,在其学术著作或法律裁判文书中予以表述和阐释。当然,在现代法治国家,法律基本原则也有逐渐入法(通常在制定法的总则中规定)和逐渐法律条文法的趋势”。[③]

---

① [美]迈克尔·D.贝勒斯:《法律的原则——一个规范的分析》,张文显等译,中国大百科全书出版社1996年版,第12~13页。

② [美]迈克尔·D.贝勒斯:《法律的原则——一个规范的分析》,张文显等译,中国大百科全书出版社1996年版,第13页。

③ 姜明安主编:《行政法与行政诉讼法》(第7版),北京大学出版社、高等教育出版社2019年版,第67页;姜明安:《行政法》,北京大学出版社2017年版,第115页。另参见姜明安:《行政法基本原则法定化研究》,载《湖湘法学评论》2021年第1期。

二、各国行政法学者关于行政法基本原则的界定和阐释

英国行政法学者彼得·卡恩(Peter Cane)使用“general principles of administrative law”表述行政法基本原则。他指出,现代国家的各种活动及其公共行政是特别多种多样的。这种多样性活动受各种不同类别的行政法调整,如移民法、公共住房法、税法、社会保障法等。相对于这些范围不同类别的行政法,“general principles of administrative law”只是为贯穿所有公务活动中的公共行政提供一个框架性准则。行政法某些最重要的基本原则规定在1998年的《人权法》(Human Right Act)中,并被《欧洲人权公约》(European Convention on Human Right)确定为应予遵循的义务。但法院在审查行政行为(行政决定)和裁决公民与公共机构之间的争议过程中发展了行政法的许多基本原则,如政府实施行政行为(作出行政决定)必须遵循公正程序(fair procedures)的原则、公共机构行使职权不得越权和滥用权力(not excess or abuse their powers)的原则等。①

荷兰行政法学者罗布·威德肖文(Rob Widdershoven)使用“leading principles”表述欧盟行政法基本原则。他指出,在欧洲法律秩序内共同体法和国家(行政)法的关系受三个基本原则支配:共同体法至上原则(principle of supremacy,相当于宪法至上原则)、忠诚合作原则(principle of loyal cooperation)、辅助性原则(指共同体只有在成员国因为其行为规模和影响不能充分实现其行为的目标的情况下,才能在其专有权限之外的领域采取行动)。除此三项原则外,威德肖文认为,为保证共同体法的有效实施,另外一些原则也应该具有基本原则的地位,如平等原则(principle of equivalence)、效率原则(principle of effectiveness)、辩护权原则(principle of the right of defence)、法律确定性原则(principle of legal certainty)、适当程序原则(principle of proper conduct of proceedings)等。②

德国行政法学者迈恩哈德·施罗德(Meinhard Schroder)认为,在19世

① See Peter Cane, *Administrative Law*, Oxford University Press, 2011, p. 9.

② See René Seerden & Frits Stroink, *Its Member States and the United States—A Comparative Analysis*, Intersentia Uitgevers Antwerpen-Groningen, 2002, p. 260-263.

纪,德国行政法确立了两大基本原则:合法性原则(principle of legality)和个人权利与自由保障原则(principle of the guarantee of individual rights and liberties)。德国行政法的这两项基本原则源于德国宪法,“从历史来看,德国行政和行政法深受所在时代的宪法的影响。……但是宪法并非影响行政和行政法的唯一法律渊源。行政法如同宪法一样,也受到所在时代的政治、经济、科技以及文化的状况及其发展的影响”。①

德国行政法权威学者奥托·迈耶(Otto Mayer)同样认为行政法的基本原则源于宪法,行政法最基本的原则是法治,“法治是由三部分构成的:形成法律规范的能力、法律优先及法律保留”。② 依据这一基本原则,“合乎宪法的法律的最重要的特征是包含于其中的权力,即作为法律规定实施的能力”;③“以法律形式出现的国家意志依法优先于所有以其他形式表达的国家意志。法律只能以法律形式才能废止,而法律却能废止所有与之相冲突的意志表达,或使之根本不起作用。这就是我们所说的法律优先”;④“法律是司法活动的必要基础,任何裁判都必须以法律规定为依据。没有法律,就没有处罚。行政活动则不具有这样的依附性。因此,合乎宪法的法律只是对一些特别重要的国家事务而言是必要基础。在其他所有方面对执行权则无此限制,行政以自有的力量作用,而不是依据法律。我们把这个在特定范围内对行政自行作用的排除称之为法律保留”。⑤ 迈耶在这时提到的“行政以自有的力量作用”即指行政自由裁量权,不过,行政自由裁量权也不能是完全“自行作用”的,依据现代法治原则,行政自由裁量权的行使也要遵循行政程序法和受合理性原则的限制。

不少行政法学者将行政法基本原则区分为行政法一般原则(general principles)和比一般原则效力更广泛、更具普遍性的宪法性原则。例如,加拿大行政法学者雷伯尔德在其《加拿大行政法》教科书中没有撰写和论述专门

---

① René Seerden & Frits Stroink, *Administrative Law of the European Union, Its Member States and the United States—A Comparative Analysis*, Intersentia Uitgevers Antwerpen-Groningen, 2002, p. 91.

② [德]奥托·迈耶:《德国行政法》,刘飞译,商务印书馆 2002 年版,第 67 页。

③ [德]奥托·迈耶:《德国行政法》,刘飞译,商务印书馆 2002 年版,第 68 页。

④ [德]奥托·迈耶:《德国行政法》,刘飞译,商务印书馆 2002 年版,第 70 页。

⑤ [德]奥托·迈耶:《德国行政法》,刘飞译,商务印书馆 2002 年版,第 72 页。

的行政法基本原则,却专节讨论“宪法性基本原则”(fundamental constitutional principles),如法治原则等。他指出,行政法和宪法都属于公法,行政法调整法律授权的公共当局实施法律的问题,宪法解决公共当局所实施的法律的合宪性或者合法性的问题,二者紧密联系而不易区分。[①] 故行政法的基本原则即是宪法的基本原则,至少行政法基本原则中一部分效力最广泛、最具普遍性的原则属于宪法的基本原则。

英国权威行政法学者韦德在他的名著《行政法》中同样没有以专章专节论述行政法的基本原则,而是以“constitutional foundation of powers of the courts”(法院权力的宪法基础),即宪法性基本原则予以取代,他阐释的宪法性基本原则共有四项:一是法治原则[the rule of law, 又含合法性原则(legality)、法律面前平等原则(equality before the law)等原则];二是议会主权原则[the sovereignty of parliament, 又含立法至上原则(legislative sovereignty)、部长责任制原则(ministerial responsibility)等原则];三是政府服从法律原则[government subject to law, 又含适用普通法原则(application of ordinary law)、司法审查与上诉救济原则(review and appeal)等原则];四是越权无效原则(the doctrine of ultra vires),越权无效原则可称为行政法的核心原则(the central principle of administrative law)。[②]

尽管韦德和其他一些行政法学者在其著述中研究行政法基本原则重点探讨的是作为宪法性基本原则的原则,但不少著述也同时探讨比这些“核心或主导”原则(central or leading principles)位阶较低的一般性基本原则(general principles)。例如,毛雷尔在其所著《行政法学总论》中论述的比例原则、信赖保护原则等;[③]韦德在其《行政法》中阐释的禁反言原则、合理性原则等。[④]

---

① See Guy Régimbald, *Canadian Administrative Law*, LexisNexis Canada Inc., 2009, p. 3-4.

② See H. W. R. Wade, *Administrative Law*, Oxford University Press, 1988, p. 23-48.

③ 参见[德]哈特穆特·毛雷尔:《行政法学总论》,高家伟译,法律出版社 2000 年版,第 64~67 页。

④ See H. W. R. Wade, *Administrative Law*, Oxford University Press, 1988, p. 381-416.

第二节 英美法系国家行政法的主要和常用基本原则

英美法系国家行政法究竟有哪些基本原则,学界尚未有统一共识。就笔者的观察而言,其较重要较常见的基本原则可以归纳为下述五类:

一、法治与合法性原则(the Rule of Law and Legality)

关于法治原则,戴雪(Albert Venn Dicey)和韦德都进行了权威的阐释,戴雪主要是从宪法角度阐释,[①]而韦德则是从行政法角度阐释,并将之作为行政法的基本原则与合法性原则一并论述。故此处仅引用韦德的主要论点。

韦德在其学术名著《行政法》一书中是这样阐释作为行政法的基本原则的法治与合法性原则的:“英国宪法以法治原则为基石,行政法是这一原则最积极的践行者。法治有许多不同的含义和推论。它的基本含义是,任何事都必须依法而行。将此原则适用于政府时,它要求政府的任何行为都必须证明有法律授权的正当性,否则就构成违法或侵权(如征收土地),或构成侵犯人的自由(如不授予规划许可)。任何政府行使权力的行为,包括一切影响人之权利、义务和自由的行为,必须有严格的法律依据。任何受影响的人都可以到法院寻求救济,如果法院发现法律依据不存在或不充分,将撤销该行为,从而消除其法律效力,保护私人权利。”[②]他进而指出,前述即是合法性原则,但法治原则还有比合法性原则更高的要求。因为自由裁量权无处不在,而政府的行为总是被冠之以法律之名作出。为了防止政府以主权意志之名滥用自由裁量权,“政府必须根据法律上一整套限制自由裁量权的规则和原则办事。……行政法的大量规则,都是为了限制议会法律对政府各部及其他机关的宽泛的授权。正是因为如此,内政部长名义上具有吊销任何电视营业执照

① 戴雪认为“法治”的基本含义有三:一是不存在专断权力。凡人民不能无故受罚,或被法律处分。除非由普通法院依法定程序决定,人民的人身或财产不受侵犯。二是普通法与普通法院至上。一国之内,无一人可在法律之上;无论何人,不论为贵为贱,为富为贫,均受制于普通法和普通法院。三是宪法的规则形成于普通法院的判决,人民的权利亦源于普通法院的判决,受普通法院保护。参见[英]戴雪:《英宪精义》,雷宾南译,中国法制出版社 2001 年版,第 232~244 页。

② [英]威廉·韦德、克里斯托弗·福赛:《行政法》(第 10 版),骆梅英等译,中国人民大学出版社 2018 年版,第 15 页。

的不受限制的权力，地方规划部门可以根据其认为合理的条件决定是否颁发建设许可证。但是，法院必须监督权力行使符合议会授权的意图。因而，法治的实质是防止滥用裁量权的一整套规则。……合法性原则是一个内涵清晰的概念，但是，施加于裁量权之上的原则则不尽然。由于现实是，议会可以不顾权力滥用的风险而作宽泛授权，因而法院就必须努力在行政的公平高效与保护公民权利、抵制行政专断之间进行平衡”。[①] 除合法性和控制自由裁量权滥用的要求外，韦德所界定的法治原则还有其他两项要求：一是“政府行为的合法性争议应当由完全独立于行政之外的法院来裁决”；二是“法律必须平等对待政府和公民。……政府不应当在普通法律之外享有不必要的特权和豁免权”。[②]

加拿大行政法学者雷伯尔德在其《加拿大行政法》教科书中对法治原则亦作了与韦德论述大致相同但略有差别的论述。他指出，法治意味着，“政府权力，或者由政府所委授的任何权力，都必须依照由议会(parliament)或者其他立法机关(legislature)直接或间接制定的法律行使。如果政府行使的权力没有经立法授权，权利受影响的相对人可以诉诸法院。法治要求公民、公共机构和政府均平等地受制于法律。而且，法治保护公民不受政府专断或滥用权力的侵犯。同时，法治要创建一个控制和防止自由裁量权滥用的规则系统，法院能据此撤销其认为专断的行政行为，从而使之建立一个自由裁量权适当行使的指南，保证行政部门在法律确定的适当疆域内运作”。[③]

二、裁量正义与合理性原则(Discretionary Justice and Resonableness)

美国权威行政法学者戴维斯对裁量正义原则有较全面深入的研究。他指出：“在我们的政府体制之下，法律终止之处未必就是专制起始之所。法律终止之处实乃裁量起始之所，而裁量之运用既可能是仁行，亦可能是暴政；既可

---

① [英]威廉·韦德、克里斯托弗·福赛：《行政法》(第10版)，骆梅英等译，中国人民大学出版社2018年版，第16页。

② [英]威廉·韦德、克里斯托弗·福赛：《行政法》(第10版)，骆梅英等译，中国人民大学出版社2018年版，第16~17页。

③ Guy Régimbald, *Canadian Administrative Law*, LexisNexis Canada Inc., 2009, p. 3-4.

能形成正义,亦可能产生非正义;既可能体现通情达理,亦可能表现为专断。"[①]因此,关键在于行政法怎么规范和控制裁量权的行使,使之发挥其正能量,避免其负能量,产生正义,避免非正义。戴维斯指出:"裁量是工具,这种工具对个案正义是不可或缺的。历史上所有的政府是兼行法治和人治的政府。在没有裁量调和的情况下,规则本身无法应对现代政府和现代正义的复杂问题。裁量是我们政府和法律中创造性的主要来源。然而每有讴歌裁量的事实,就会伴有裁量危险的事实。只有当正确运用裁量的时候,它才是法治的工具。否则,它可能像一把斧子,成为对人伤害或谋杀的凶器。在兼有人治与法治的政府当中,人治那一部分就像致命的癌症一样,往往会扼杀法治那一部分。或许我们法律制度中百分之九十的非正义都来自裁量,而只有百分之十来自规则。"[②]因此,"既不要过分强调裁量的必要性,也不要过分强调其危险性,要同时强调裁量的必要性和危险性;不要反对裁量权,要反对不必要的裁量权;不要反对通过裁量实现个案正义,要反对在应由规则支配时而进行个案裁量;不要反对与政府所从事的任务相适应的裁量权,要反对超出相应任务所需要的裁量权;不要反对被适当限制、建构和制约的裁量权,要反对未加适当限制、建构和制约的裁量权"。[③]

那么,行政法应如何适当限制、建构和制约裁量权呢?这自然有很多方法和途径,其中之一即是"合理性原则"的适用。韦德指出:"合理性原则已经成为20世纪后半叶以来为行政法注入活力的各原则中最活跃,最引人注目的一项原则。"合理性原则"涵盖了防止权力(主要是自由裁量权)被滥用的数项规则。这些规则首先包括要求作出决定者考虑所有相关因素而将所有不相关因素排除出考虑范畴的规则;其次,包括要求权力行使应出于正当的目的而不能出于不正当的目的的规则……再次,合理性原则还包括这样一条规则,即当一项权力被看起来'如此荒诞以至于任何有理性的人做梦都不会想到属于相应权力主体的权限范围'的事情的时候,或者用另一种表达方式的话来说,当权力的行使导致了一个'与逻辑或大众普遍接受的道德标准如此相悖以至于任

① [美]肯尼斯·卡尔普·戴维斯:《裁量正义》,毕洪海译,商务印书馆2009年版,第1页。
② [美]肯尼斯·卡尔普·戴维斯:《裁量正义》,毕洪海译,商务印书馆2009年版,第26~27页。
③ [美]肯尼斯·卡尔普·戴维斯:《裁量正义》,毕洪海译,商务印书馆2009年版,第27页。

何一个动脑筋对相应问题进行过思考的理性人都不会那样做'的结果的时候,该项权力即被滥用了。第三种滥用裁量权的方式被称为'温斯伯里式'(Wednesbury)不合理"。[①] 韦德在论述了合理性原则的这三条规则之后,还列举了裁量权行使不合理的多种情形,如不连贯与不公平、不考虑相关因素和考虑不相关因素、与议会政策相悖、侵犯基本权利、对无辜者予以处罚、出于财务性动机、同样情况不同处置或不同情况同样处理,等等。[②]

关于合理性原则,美国行政法学者盖尔霍恩和巴里·博耶(Barry Boyer)在他们合著的《行政法与行政程序》一书中阐述的行政程序四项价值标准亦可认为是构成合理性的重要要素。这四项价值标准分别是公正性(fairness)、准确性(accuracy)、效率性(efficiency)和可接受性(acceptability)。公正、准确、效率的含义是明确的。至于"可接受性",其含义是指行政机关作出行政决策和行政行为,不仅要考虑其经济、社会效益,还要考虑行政相对人和社会公众对相应决策、行为的认同和普遍感受。"很显然,如果社会公众普遍感觉政府机构的决策、决定是专断的或不公正的,就会摧毁他们对行政部门的信任,作为行政相对人的企业就会不愿意配合和遵守行政机关的决定。"[③]

二、分权与越权无效原则(Separation of Powers and Doctrine of Ultra Vires)

皮尔斯在其修订戴维斯教授原《行政法论》三卷本基础上所撰著的《行政法》(第5版)中,对美国的分权原则(既是宪法原则,也是行政法原则)做了全面深入的阐释。他指出:"权力分立的政治理论有着深邃和令人印象深刻的历史根基。它可以从亚里士多德(Aristotle)、柏拉图(Plato)、西塞罗(Cicero)、马基雅维利(Machiavelli)、哈林顿(Harrington)、洛克(Locke)、孟德斯鸠(Montesquieu)等人处得到支持,他们都普遍认同这样一种信念,即政府

---

① [英]威廉·韦德、克里斯托弗·福赛:《行政法》(第10版),骆梅英等译,中国人民大学出版社2018年版,第268页。

② 参见[英]威廉·韦德、克里斯托弗·福赛:《行政法》(第10版),骆梅英等译,中国人民大学出版社2018年版,第262~318页。

③ Ernest Gellhorn & Barry B. Boyer, *Administrative Law and Process*, West Publishing Co., 1981, p.5-6.

权力如果集中于某一个人或者某一团体，就势必会导致暴政。”[①]特别是孟德斯鸠在《论法的精神》一书中认为，只有通过分权，自由才能得到有效的保障，主张将国家的立法、行政和司法职能由分立的机构和人行使。虽然孟德斯鸠宣称他的这一观点是基于对英国政体观察和研究的结论，但实际上，英国政体当时和之后均不存在完全的分权。如大法官同时兼任上议院议长和内阁大臣、身为贵族的法官同时是上议院的议员、行政部门享有广泛的立法权。“议会主权原则”和“议会法令不得反对原则”意味着司法判决不能与反映政治行政部门（议会受执政的多数党控制）意志的议会法相抵触，否则，其可以由成文法令追溯既往地宣布无效，而法院判决却不能审查议会法和宣布议会法无效。当然，尽管如此，孟德斯鸠的分权理论还是对许多西方国家（特别是美国）的政体和法治产生了深远的影响，分权原则仍然是许多西方国家宪法和行政法的基本原则。[②]

关于分权原则的含义，美国联邦最高法院曾在 1881 年的一份判决[③]中指出，美国成文宪法体制的一项主要优点就是政府受托行使的所有权力被划分为三大部门——行政部门、立法部门和司法部门。所有这些部门分别行使的职能应当被配置在由公务员构成的各个机构之中。而这一体制要达到完善的程度，就需要清晰地区别和划分这些部门的界限。而这一体制的成功运作，其关键还在于任何这些部门中被委授权力的个人不应被允许僭越已委授给其他人的权力，但是每个人都应当根据其组织法被限制于行使授予其自身部门的权力而非行使授予其他部门的权力。[④]

不过，分权理论尽管看上去很美好，但即使在美国，实践中也难以完全实行。“如果立法权意味着根据对重大政策议题的一致意见制定行为规则以约束任何人的权利，那么许多行政机关都在以颁布‘立法性规则’的形式行使着

---

① ［美］理查德·J. 皮尔斯：《行政法》（第 1 卷），苏苗罕译，中国人民大学出版社 2016 年版，第 39 页。

② 参见［英］戴维·M. 沃克：《牛津法律大辞典》，邓正来等译，光明日报出版社 1988 年版，第 819 页。

③ See Kilbourn v. Thompson, 103 U. S. 168. 190-191(1881).

④ 参见［美］理查德·J. 皮尔斯：《行政法》（第 1 卷），苏苗罕译，中国人民大学出版社 2016 年版，第 41 页。

立法权。”[①]许多行政部门，特别是独立行政规制机构，不仅行使广泛的准立法权，而且行使着大量的准司法权。例如，联邦能源监管委员会（FERC）所制定的规章在《联邦规章汇编》（the Code of Federal Regulations）第18编中的篇幅多达3000页，其每年裁决的纠纷达数百起，所处理的相互冲突的权利请求涉及的资金达数亿美元；卫生和社会服务部（the Department of Health and Human Service）也拥有大量“立法性”和“司法性”职能，其制定的规章在《联邦规章汇编》第42编和第45编中所占篇幅超过3000页，其所雇用的行政法官达1000名（与联邦地区法院法官总数相当），每年裁决案件数量超过32万件（超过联邦地区法院法官每年所裁决民事案件的总数）。[②]

当然，行政部门的这些职能混合均是由法律委授的，行政部门不能在没有法律授权的情况下行使任何“立法性”和“司法性”职能。任何行政机关不仅不能在没有法律授权的情况下行使任何“立法性”和“司法性”职能，而且也不能在没有法律授权或其他行政机关委托的情况下行使法律授予任何其他行政机关的行政职权。韦德指出，行政机关不能越权、越权无效的原则是行政法的核心原则。任何越权的或在管辖权之外的行政行为或行政命令，在法律上都是无效的。任何行政行为，如果不在法律授权的范围内，它在法律上就站不住脚。其结果就是，它即视为在法律上不存在，或者这种违法的行为或命令可能被合法的行为或命令所取代。每一个行政行为都只有两种情况，要么是有权作出的，要么是越权作出的，上议院在几个重要的现代判例中，作了进一步阐释，使越权无效的地位更具毋庸置疑性。在一个涉行政裁判所的案例中，上议院大法官皮尔斯勋爵（Lord Pearce）指出，引发无管辖权问题的情形是多种多样的，可能是裁判所在不具备法定条件时就展开了调查；或者裁判所最后的命令是无权作出的；或者裁判所虽然有权进行调查，但是调查程序偏离了自然正义；或者它问了一个错误的问题；或者考虑了不应考虑的因素；这些都是超出了管辖权疆域的情形。它有可能没有调查议会授权它调查的问题，相反却调查了议会没有授权它调查的问题。上述任何一种情形都可能使相应行政裁决

① ［美］理查德·J.皮尔斯：《行政法》（第1卷），苏苗罕译，中国人民大学出版社2016年版，第42页。

② 参见［美］理查德·J.皮尔斯：《行政法》（第1卷），苏苗罕译，中国人民大学出版社2016年版，第43页。

无效。[1]

对于越权无效原则，也有学者提出一定质疑："一方面，传统的越权无效原则及其根植于立法者主权的基础，另一方面，对同时代的一系列普通法权利的认可，被看成是自由、民主的法律秩序的基本组成，在这两者之间，确实存在着一股无法摆脱的张力。"[2]

四、自然公正与正当法律程序原则（Natural Justice and Due Process of Law）

自然公正原则是英国宪法性文件和普通法确立的基本原则，[3]而正当法律程序原则则是美国宪法[4]和行政程序法确立的基本原则。但美国正当法律程序原则也源于英国古老的自然公正原则。

关于自然公正原则，韦德在他的名著《行政法》（第6版）中做了较深入的阐释："如同合理性原则及类似原则可以用于控制行政决定的实体内容一样，自然公正原则可以用于规范和控制行政行为的程序。这一原则已经存在了多个世纪。它具体有两项规则：任何人不得做自己案件的法官；任何人不得在未先给予他公正听证的机会的情况下而做出对他不利的行为。……根据第一项规则，行政裁判所或其他合议制公共机构作出决定，其参与成员中如有被认为与相应案件有利害关系或是有偏见的，该决定即是无效的。根据第二项规则，任何行使行政权的行为，如果没有先给予行为相对人公正听证的机

---

① 参见［英］威廉·韦德、克里斯托弗·福赛：《行政法》（第10版），骆梅英等译，中国人民大学出版社2018年版，第26～27页。

② ［英］威廉·韦德、克里斯托弗·福赛：《行政法》（第10版），骆梅英等译，中国人民大学出版社2018年版，第29页。

③ 英国关于自然公正原则的宪法性文件规定主要包括：其一，1215年《自由大宪章》第12条规定，"除下列三项税金外，若无全国公意许可，不得收取任何免役税与贡金……"；第39条规定，"任何自由人，如未经其同级贵族之依法裁判，经国法判决，皆不得被逮捕、监禁、没收财产，剥夺法律保护权、流放，或加以任何其他损害"。其二，1628年《权利请愿书》规定，"任何人除经依正当法律程序之审判，不论其身份与环境状况如何，均不得将其驱逐出国，或强使离开所居之采邑，亦不得予以逮捕、拘禁，或取消其继承权，或剥夺其生存之权利"。其三，1689年《权利法案》第4条规定，"凡未经国会准许，借口国王特权，为国王而征收，或供国王使用而征收金钱，超出国会准许之时限或方式者，皆为非法"。参见肖蔚云、王禹、张翔编：《宪法学参考资料》（下册），北京大学出版社2003年版，第931～941页。

④ 参见美国宪法第五修正案和第十四修正案。

会,该行为就是无效的。第二项规则的适用范围是特别广泛的,如不满足相对人申请取得某种财产的机会、拒绝或者撤销相对人某种许可、解除某人公职,等等。自1963年以来,自然公正原则在行政诉讼及其重构中发挥了最积极的作用,成为法院司法政策进步最显著的标志之一。法院自此大大发展和推进了自然公正原则,使之构建为一种为所有公权力机构都要遵循的公正行政程序法典。法院这样做,是以议会授予公权力总是要求公权力得到公正行使的逻辑推理为基础的。"①

关于正当法律程序原则,英国大法官丹宁勋爵(Lord Denning)在其《法律的正当程序》一书中指出:"我所说的'正当程序',指的不是枯燥的诉讼条例,它在这里和国会第一次使用这个词时所指的意思倒极相似。它出现在1354年爱德华三世第二十八号法令第三章中:'未经法律的正当程序进行答辩,对任何财产或身份的拥有者一律不得剥夺其土地或住所,不得逮捕或监禁,不得剥夺其继承权和生命'。我所说的正当程序也和麦迪逊提出美国宪法修正案时所说的非常相似,它已被1791年第五修正案所确认,即'未经正当法律程序,不得剥夺任何人的生命、自由和财产'。我所说的正当法律程序,系指法律为了保持日常司法工作的纯洁性而认可的各种方法:促使审判和调查公正地进行,逮捕和搜查适当地采用,法律救济顺利地取得,以及消除不必要的延误等。基于上述事实,习惯法显示了它无可置疑的创造性。"②

皮尔斯根据美国行政程序法和司法实践对正当法律程序的含义及其适用进行了阐释。他指出,在每年数以百万计的行政案件中,法官所作出的有巨大影响的司法判决,最终会通过下列因素的影响对正当法律程序的形成产生重要作用:(1)立法机关起草法律中的程序性条款(法律);(2)法院对法律中模糊的程序性条款进行的解释(司法解释);(3)行政机关制定的调整不同类型案件的程序性规则(行政法规和规章)。立法机关和行政机关,当然可以选择比正当程序要求更高的程序,它们对正当程序条款所要求的程序的认识,会对它们作出程序选择产生重要影响。行政机关一旦通过制定规则的方式确立了

---

① See H. W. R. Wade, *Administrative Law*, Oxford University Press, 1988, p. 10.

② [英]丹宁勋爵:《法律的正当程序》,李克强、杨百揆、刘庸安译,群众出版社1984年版,第1页。

行政行为的程序,其就必须遵守其自身制定的程序性规则,即使其确立的程序规则超出了正当程序所要求的程度亦然。①

皮尔斯还对美国《联邦行政程序法》所确立的正当法律程序规则及实践中的发展进行了简要的总结和概述。他指出,美国《联邦行政程序法》第 555 条要求的正当法律程序要求有下述三项:(1)允许当事人由律师或者其授权的代理人代理参加行政程序;(2)允许相对人复制任何他所提供的数据或证据;(3)行政机关应对拒绝当事人的申请或者申诉作出简要的理由说明。在实践中,美国联邦最高法院根据《联邦行政程序法》第 706 条第 2 款第 1 项推出另一项默示性要求:行政机关通过非正式裁决所作出的任何行为,如果当事人对该行为提出司法审查的要求,行政机关应当对其行为说明理由。就行政机关而言,其在实践中大多采用比《联邦行政程序法》所规定的程序要求更高的程序,这些程序大多包括下述四项规则:(1)向相对人就行政行为涉及的争议问题发出通知,事先告知相对人;(2)给相对人提供以书面或者口头形式提出其主张及相应资料的机会;(3)对双方的争议由中立裁决者作出裁决;(4)裁决者对裁决说明理由。上述程序,应当认为是行政机关在实践中对正当法律程序的推进和发展。②

五、禁反言与合理预期原则(Estoppel and Legitimate Expectations)

英美法系的禁反言原则在传统上是适用于私法关系的,在 20 世纪中叶后也开始适应公法关系。英国行政法学者彼得·莱兰(Peter Leyland)和戈登·安东尼(Gordon Anthony)在其合著的《英国行政法教科书》中指出,公法上的禁反言原则"事实上是指私法上的禁反言的一种变体。不过,这一衡平救济手段的本质仍然未变,它是指因一方当事人对另一方当事人承诺如符合一定条件,其不得以行使严格的法定权利而不履行承诺。这种条件是:第一,此承诺是基于善意作出的;第二,不履行此承诺将导致对另一方当事人的某种损害。在此情况下,如承诺者坚持其法定权利而不履行承诺,可能对另一

① 参见[美]理查德·J. 皮尔斯:《行政法》(第 2 卷),苏苗罕译,中国人民大学出版社 2016 年版,第 571 页。

② 参见[美]理查德·J. 皮尔斯:《行政法》(第 2 卷),苏苗罕译,中国人民大学出版社 2016 年版,第 572 页。

方当事人造成明显的不公正"。[①] 但是,在公法领域实行禁反言原则必须坚持两项基本规则:一是公权力机关决不能利用禁反言原则而使自己的违法行为合法化,或者授予自己以立法并未明确授予自己的权力;二是如果立法规定公权力机关必须履行某项义务,其不得利用禁反言原则不履行该项义务。由于禁反言原则可能导致的某些弊端,霍夫曼勋爵(Lord Hoffmann)曾经指出,将私法上的禁反言原则引入公法之中,是毫无助益的……私法上的禁反言原则当然与公法上的合理预期有类似性,一旦公共机关的行为产生了合理预期而不履行,即可能构成滥用权力。因此,公法领域运用禁反言原则主要限于一些例外情况。这些例外可以避免公权力机关越权。通过禁反言原则,可以避免因过度僵化适用法律可能给相对人带来的不公正。在公法上滥用权力和合理预期理论尚不发达之时,丹宁勋爵也曾在判例中使用过禁反言原则。英国上诉法院亦曾尽力调和援引禁反言原则与公权力机关不得禁止行使法定裁量权或履行法定义务这一基本原则的冲突,但是结果并没有被普遍接受。[②]

关于禁反言原则,美国行政法学者施瓦茨在其所著《行政法》一书中详细讨论了一个案例——梅里尔诉联邦保险公司案,该案中的联邦保险公司是一家国营的政府公司,其在《联邦公报》(Federal Register,也译作《联邦登记》)上发布了一项规章,规定了保险小麦的条件,其中有一项内容是"在冬小麦耕地上再播种春小麦不予保险"。作为小麦种植者的原告梅里尔等农场主不知道有此规定,他们向被告联邦保险公司在地方的分支机构申请保险,其保险范围大多为在冬小麦耕地上播种春小麦。被告同意并接受了原告的保险。两个月后原告的小麦因干旱而遭受了损失,向被告申请保险赔偿而被拒绝。原告向法院起诉,被告抗辩说,其规章已明确原告所保险的项目不属其保险的范围,它不受其分支机构的承诺受理保险申请行为的约束。联邦最高法院同意了被告的抗辩,认为原告即使不知道被告制定的规章,也应当遵守规章的规定。在《联邦公报》公布规章就是法律公告,不论人们知晓与否,不论人们因为不知晓该规章吃了多少苦头,该规章仍然是有约束力的。梅里尔诉联邦保

---

① [英]彼得·莱兰、戈登·安东尼:《英国行政法教科书》(第5版),杨伟东译,北京大学出版社2007年版,第336页。

② 参见[英]彼得·莱兰、戈登·安东尼:《英国行政法教科书》(第5版),杨伟东译,北京大学出版社2007年版,第336~340页。

险公司案表明,禁反言原则不能用于保护行政相对人对行政咨询意见或承诺的信赖利益,行政相对人不能用禁反言原则对抗政府。因为禁反言原则可能给行政越权行为以事实上的有效性,政府不能对政府官员的越权行为负责。①

但不少学者和法官不认同梅里尔诉联邦保险公司案的判决。施瓦茨指出,梅里尔诉联邦保险公司案的这种推论,虽然具有逻辑的一切光彩,但也具有不公正的一切丑恶。“一个公民的车辆挡泥板被邮局雇员所开的政府的车碰坏了可以获得赔偿,但一个公民被联邦政府公司的雇员捉弄了却得不到补偿,这显然是不公正的。”②再说,梅里尔诉联邦保险公司案中联邦保险公司地方分支机构受理保险申请的行为只是违反了规章而不是法律,从而不存在禁反言会使行政机关扩大自己的法定权力的危险性。规章通常具有法律的法律效力,但这并不意味着规章就是法律。当行政官员改变其咨询意见或承诺会损害行政相对人的信赖利益时,为了防止不公正,法定效力的原则应让位于信赖利益保护。只有行政官员咨询意见或承诺的行为是违反法律的行为才不得适用禁反言原则。美国第九上诉法院即有一个适用禁反言原则的令人耳目一新的判例:原告曾向土地管理局提出向其出租非竞争性石油和煤气的申请,土地管理局办事处错误地认定原告申请表有错漏之处,要求并承诺原告在30天之内重交一份申请表,即有权享受出租优先权。原告根据其要求在30天之内提交了一份修改了的申请表。但是,原告却没有获得行政机关承诺的优先权,该优先权被内务部部长给予了别的申请人。为此,原告依禁反言原则向法院起诉,内务部部长申辩说,行政机关保留优先权的承诺没有法律和规章的根据,从而他可不受此承诺的约束。法院对此申辩不予支持,指出,内务部部长否决原告的优先权违反了正当法律程序,该案应适用禁反言原则。法官对内务部部长说,你是否要对原告说:我们承诺是同你开玩笑,你不应当把我们的话当真。你如果这样说话,会与我们伟大的政府毫不相称。该案之后,负责行政程序工作的第二胡佛特别工作委员会曾建议通过立法规定对行政相对人信赖利益的保护:任何人的作为或不作为如果是真诚地信赖行政机关的书面咨询意见或承诺所为,其后就不得因其作为或不作为对其予以任何制裁。行政

---

① 参见[美]伯纳德·施瓦茨:《行政法》,徐炳译,群众出版社1986年版,第123~125页。
② [美]伯纳德·施瓦茨:《行政法》,徐炳译,群众出版社1986年版,第126页。

机关应和普通公民一样，必须对自己说过的话守信。[①]

关于合理预期原则，[②]莱兰和安东尼在其合著的《英国行政法教科书》中进行了较详细的阐释。他们认为，合理预期有多种表现形式。在广义上，"合理预期是指在某人不享有法定权利的情况下，可能赋予他的某种好处，如咨询权。在本质上，这是对受到某种具体待遇的合理预期。如果这一期待没有实现，可以通过司法审查获得保护。不过，合理预期有多种不同的含义：第一种含义是指公共机关在行使某种裁量权时，承认某人享有比权利程度要高的有利地位；第二种含义更为具体，是指公共机关的承诺或者政策指导，可以证明某人期望受到某种特定方式对待的正当性……第三种含义是指某种权利能否得到认可须视申请人的行为而定，即我们所有人都有合理预期，但某个特定人如法院认定他的行为不再能证明他所享有的合理预期正当时，他就可能要遭遇灾难"。[③] 合理预期这一用语的潜在范围更为广泛。其包括下述四种情形：(1)通过明确承诺形成的合理预期。例如，公共机关在作出决定前，明确承诺听取相对人的意见，或者承诺相对人将得到或继续得到某一好处。在公共机关作出此类承诺后，得到承诺的相对人有权期望公共机关履行承诺，否则，相对人可以诉诸司法审查。(2)通过公共机关公布的政策形成的合理预期。有这样一个案例：内政部以通告的形式发布的行政规则对收养孩子作出了规定，有人依此行政规则规定的条件填写了收养申请书递交给内政部，但内政部根据别的文件规定的条件驳回了申请人的收养申请。该申请人以内政大臣侵犯了其合理预期为由向法院起诉，法院支持了申请人的诉求。法院指出，行政机关只有出于重要公共利益的需要，才可不兑现其对相对人作出的政策承诺。(3)因咨询、听取意见的权利而形成的合理预期。有这样一个案例：内政大臣制定了一项禁止生产使用鼻烟的烟制品的条例，但条例制定过程中没有向生产该种烟制品的烟草公司咨询，听取他们的意见，生产该种烟制品的烟草公司

---

① 参见[美]伯纳德·施瓦茨：《行政法》，徐炳译，群众出版社 1986 年版，第 125~129 页。

② 大多数中国学者将英美法系行政法学术著作中的"legitimate expectations"原则翻译成"合法预期"原则，笔者认为，将之翻译成"合理预期"原则更契合该原则的本意。"legitimate"不同于"legal"，其含义中"合理""正当"的因素更多于"合法"。

③ [英]彼得·莱兰、戈登·安东尼：《英国行政法教科书》(第 5 版)，杨伟东译，北京大学出版社 2007 年版，第 401 页。

以内政大臣侵犯了听取其意见的合理预期为由向法院起诉,法院支持了申请人的诉求,撤销了该条例,指出烟草公司在条例制定时,应有权知悉关于制定条例必要性的相应报告的内容,并对报告发表意见。(4)以享有继续享受某种权益的权利而形成的合理预期。以继续享受权益的权利为根据的合理预期尚未得到判例法的完全确认,但亦存在这样的判例:行政相对人对于某种长期享受的权益存在一定的合理预期,公共机关如未听取相对人意见和申辩即撤销、撤回此种权益,可构成对相对人合理预期的侵犯。①

第三节　大陆法系国家行政法的主要和常用基本原则

大陆法系国家各国各种形式的行政法原则较多,关于哪些属于基本原则,学者们认识不一。笔者根据自己所阅读的法律文献和学术文献,选择下述四项原则作为基本原则予以介绍:依法行政原则、信赖保护原则、比例原则、行政公正与防止偏袒原则。

一、依法行政原则

德国行政法学者毛雷尔在其《行政法学总论》一书中设专章(该书第六章)阐释依法行政原则。他认为,德国的依法行政原则包括两项内容,即两个子原则:一个是法律优先原则,另一个是法律保留原则。“法律优先原则是指行政行为应受现行法律的拘束,不得采取任何违反法律的措施。法律优先原则无限制和无条件适用于一切行政领域,源自有效法律的约束力,此由《德意志联邦共和国基本法》(即德国宪法,以下简称德国《基本法》)第20条第3款予以确定。该款规定:‘立法权受宪法的限制,行政权和司法权受法律和权利的限制’。”②

(一)法律优先原则

根据法律优先原则,违法的法规命令(行政立法)无效,没有约束力,行政

① 参见[英]彼得·莱兰、戈登·安东尼:《英国行政法教科书》(第5版),杨伟东译,北京大学出版社2007年版,第402~406页。

② [德]哈特穆特·毛雷尔:《行政法学总论》,高家伟译,法律出版社2000年版,第103页。

机关不得适用，公民不必遵守。根据德国《联邦行政法院法》第 47 条的规定，任何人认为法规命令侵害其权利或者在可预测的时间内侵害其权利时，均可申请高级行政法院进行规范审查，以确认法规命令无效。但这只适用于州的法规命令而不适用于联邦的法规命令，并且限于事实上属于一般行政审判权主管范围的法规命令。对于联邦法规命令和其他法规命令，只能通过间接的方式诉诸审查，即诉请法院审查和撤销依法规命令实施的违法行政行为。在穷尽了所有法律途径，包括间接审查的途径后，相对人还可向联邦宪法法院提起针对法规命令的宪法申诉，请求其审查法规命令的合法性。

根据法律优先原则，违法的行政行为原则上是无效或可撤销的。违法行政行为依其违法的种类和严重程度，有多种不同的具体法律后果：[①]其一，无效。明显违法或严重违法的行政行为从一开始就不具有法律效力。[②] 其二，可撤销。一般的违法行政行为是可撤销或者可废除的。[③] 其三，事后治愈。对行政行为内容明显没有影响的行政程序违法可适用事后治愈。[④] 其四，撤回。行政机关在特定条件下可撤回违法的行政行为。[⑤] 其五，转换。行政机关有时在特定条件下可将违法的行政行为转换成合法的行政行为。[⑥] 其六，直接更正。行政机关对明显失误的行政行为可以随时直接更正。[⑦] 其七，延长救济期限。行政机关对没有进行救济教示或进行错误救济教示的行政行为，可以延长救济期限 1 个月到 1 年。[⑧]

（二）法律保留原则

根据法律保留原则，[⑨]行政机关只有在议会法律授权的情况下，才能实施相应行政行为。该原则对行政机关的要求比法律优先原则更严格，根据法律

---

① 参见［德］哈特穆特·毛雷尔：《行政法学总论》，高家伟译，法律出版社 2000 年版，第 242～243 页。

② 参见德国《联邦行政程序法》第 44 条。

③ 参见德国《联邦行政法院法》第 40 条第 1 款。

④ 参见德国《联邦行政程序法》第 46 条。

⑤ 参见德国《联邦行政程序法》第 48 条。

⑥ 参见德国《联邦行政程序法》第 47 条。

⑦ 参见德国《联邦行政程序法》第 42 条。

⑧ 参见德国《联邦行政法院法》第 58 条。

⑨ 关于法律保留原则，可参见［德］哈特穆特·毛雷尔：《行政法学总论》，高家伟译，法律出版社 2000 年版，第 104～118 页。

优先原则,行政机关实施行政行为不得违反(消极禁止)现行议会法律,而根据法律保留原则,行政机关实施行政行为必须有(积极要求)现行议会法律根据。在议会法律出现缺位时,法律优先原则并不禁止实施行政行为,但法律保留原则排除实施任何行政行为。

法律保留原则源于德国《基本法》的议会民主原则、法治国家原则和保障公民基本权利原则。

根据议会民主原则,①只有人民选举的,具有直接民主合法性的议会才能够对共同体利益作出重大决定,特别是制定和颁布对公民有普遍约束力的法律规范。这些规范均由议会保留,行政机关只能根据法律的授权进行活动和实施行政行为。因此,法律保留原则同时是宪法分权原则的要求。

根据法治国家原则,②公民之间、国家与公民之间以及国家内部各机构之间的关系均受法律的调整。所有国家权力及其行政规章受法律的约束。法治国家具有形式意义和实质意义之分。形式意义的法治国家以法律为中心,凡涉及公民自由和财产的行为必须有议会法律的授权。只要国家活动形式上符合法律,即视为达到了法治国家的要求。实质意义的法治国家则不仅要求国家受法律的约束,而且要求法律本身具有社会的正当性。实质意义的法治国家是形式意义的法治国家的补充和发展。现代实质意义的法治国家包括下述九项要求:(1)基本权利保护。这是法治国家原则最重要的要求,它同时也是其他宪法原则(保护公民尊严的原则、民主原则和社会国家原则)的基础。(2)分权原则。将国家权力分配给不同的国家机关行使,并使之相互监督和制约,以避免滥用权力和保护公民权利。(3)国家机关遵守法律的约束。立法机关受宪法和宪制的约束,行政机关和司法机关受法律、权利和法治的约束。(4)法律保留。根据相关事项的重要性,即对基本权利的影响和对共同体利益的意义,决定法律保留的强度。(5)法律保护。任何公民在权利受到侵犯时,均可获得公正和有效的司法救济,同时,法律保护应是全面的和没有遗漏的。(6)国家赔偿。公民在受到公权力侵害且不可能通过其他救济途径

---

① 参见[德]哈特穆特・毛雷尔:《行政法学总论》,高家伟译,法律出版社 2000 年版,第 105 页。

② 参见[德]哈特穆特・毛雷尔:《行政法学总论》,高家伟译,法律出版社 2000 年版,第 105~107 页。

避免侵害时,国家应对之承担赔偿责任。(7)刑事诉讼法治。只有法律才能设定刑罚,只有根据法律才能判处刑罚,禁止双重刑罚,刑罚必须以过错为前提,实行无罪推定,禁止自证其罪,疑罪从无,任何人未经法院审判不得判处刑罚。(8)法的安定性。在内容上,法的安定性是指法律规范的明确性,即所有的法律规范都应当明确具体,公民可以明确无误地理解,国家活动因此具有可预测性。在形式上,法的安定性是指法律的稳定性和可靠性,具体表现为法的连续性和信赖保护,法律的溯及力必须予以限制,公民对法律的信赖必须予以保护,行政行为的内容必须明确和确定。(9)比例原则(又称最小损害原则)。公权力行为的目的和手段之间的关系必须具有客观的对称性。禁止任何国家机关采取过度的措施,在实现法定目的的前提下,国家活动对公民权益的侵害应降低到最低限度。

根据保障公民基本权利原则,①公民的自由和财产应得到全面的保护。对公民的自由和财产,只能通过和根据法律加以限制。基本法确立的公民基本权利主要包括两大类:一类是自由权;另一类是平等权。自由权主要包括七项权利:(1)个人自由(含生命、健康、人身自由、良心和信仰自由等);(2)私域保护(含婚姻、家庭、住房和迁徙自由等);(3)通信自由权(含意见表达自由、新闻广播自由、信息自由、集会自由、结社自由、通信自由和通信秘密等);(4)文化自由权(含科学研究自由、文化自由、受教育权等);(5)经济自由权(含保障和促进而组织社团权、择业自由、经营自由、财产自由等);(6)公民权(含选举权、被选举权、任公职权、请愿权等);(7)诉权,即获得公正审判和司法保护权。平等权主要包括四项权利:(1)禁止歧视,即不得因出身、性别、肤色等因素而受到区别对待;(2)确保男女平等;(3)担任公职机会均等;(4)选举权平等。

(三)行政合法性原则

在法国,依法行政原则通常表述为"行政合法性"原则。法国行政法学者里韦罗、瓦利纳在其二人合著的《法国行政法》一书中对法国行政合法性原则进行了较详细的论述。他们指出,行政机关必须服从法律。"很难设想,一个现代社会存在绝对任意而为的行政,亦即行政官员的意愿可以不受任何规则

① 参见[德]哈特穆特·毛雷尔:《行政法学总论》,高家伟译,法律出版社2000年版,第107页。

的节制。……在所有现代民主国家,行政俱已受法律规范约束,这乃是政治自由主义的基本原则之一。1789 年法国大革命的思想家们对此作过详尽阐述,这便是所谓‘合法性原则’合法性指的是全部法律准则,这意味着行政机关必须依法行政。按照传统,行政机关必须遵守的法律规范主要是源自所在国家的法律法规,而今,越来越要遵守跨国规范。”①关于法国行政机关必须遵守的源自所在国家的法律法规的国内法律规范,他们概括为六个类别:第一类是在所有法律规范中位阶最高的宪法规范。第二类是或由宪法明文规定或由法律补充宪法条款的组织法规范。第三类是议会按照立法程序制定的法律。第四类是政府根据法国《宪法》第 38 条制定的法令条例。第五类是由国家或地方一级政府根据法国《宪法》第 21 条和第 37 条制定的规章。第六类是除上述成文法法源之外,由最高行政法院法官通过判例形成的“一般法律原则”,如公民对于国家公用事业使用的人人平等的原则、行政规范性文件无追溯力的原则等。关于法国行政机关必须遵守的跨国规范,他们认为主要有三个类别:第一类是法国签署的国际条约。根据法国《宪法》第 55 条的规定,法国签署的国际条约自颁布之日起,具有高于国内法的权威。第二类是欧盟法。欧盟法不仅包括欧盟各国正式签署的条约(如《罗马条约》《阿姆斯特丹条约》《尼斯条约》)等,而且包括由这些条约产生的“派生法”,即由欧盟各机关制定的条例和规章。第三类是《欧洲人权公约》。②

里韦罗和瓦利纳认为,法国的行政合法性原则产生两种后果:一是行政不得触犯法律,否则无效。行政也要受自身制定的规则的约束,即自限自律,特别是其规则赋予行政相对人权利时更是如此。二是行政在出现突发事件和异常情势时,其可以“危机合法性”取代“常规合法性”。即不遵守常态情况下的法律规范而仅遵守专门针对突发事件和异常情势制定的法律规范。“发生危机时,如果行政机关仍墨守平时必须遵守的各项法律法规,就有使国家陷入瘫痪状态的危险,因为这会妨碍或耽误它采取必要的措施应对危机。在此情况下,行政机关需要在效能和严格守法之间作出抉择,而此时效能或许关乎国家的生死存亡。”③

---

① [法]让·里韦罗、让·瓦利纳:《法国行政法》,鲁仁译,商务印书馆 2008 年版,第 37~38 页。

② 参见[法]让·里韦罗、让·瓦利纳:《法国行政法》,鲁仁译,商务印书馆 2008 年版,第 35~37 页。

③ [法]让·里韦罗、让·瓦利纳:《法国行政法》,鲁仁译,商务印书馆 2008 年版,第 38 页。

关于行政合法性原则,英国行政法学者布朗、约翰·S.贝尔(John S. Bell)合著的《法国行政法》一书认为,合法性原则不仅与制定法有关,行政机关必须尊重其在先前决定或行政法院判决中所创设的个人权利。即使这些行政决定或判决在当时是非法的,但只要在此后未被提起异议就仍具效力。行政机关有尊重法院判决的义务。"虽然法国最高行政法院没有为自己今后的案件创造一个有拘束力的先例,但它对下级行政法院及行政机关处理特定案件有拘束力。"①这意味着,法国行政合法性原则的"合法"在广义上包括合乎最高行政法院的判例及行政机关决定创设的没有被行政法院判决撤销的行政相对人的权利。

二、信赖保护原则

关于信赖保护原则,比利时行政法学者勒斯特指出,信赖保护原则构成更为广义上的法律安定性原则的一部分。根据信赖保护原则,行政机关应当尊重公民对其作出的行政行为产生的合理预期。但其中有一个重要的问题,即信赖保护原则是否可以适用于违法行政行为。长期以来,很多人一直认为,如果违背法律,这一原则即不再适用。因为根据合法性原则,行政行为应当遵循法律规范。但是这种观点在当今不再被普遍认同。归根结底,正义的一般原则是法律秩序的基本规范。如同成文宪法一样,正义的一般原则具有根本性。尽管正义的一般原则没有写入宪法,但实际上属于宪法的一部分。正义的一般原则并不从属于合法性原则,尽管后者在宪法中以基本原则的形式得到确认。两个原则都同样具有宪法上的效力。因此,如果合法性原则与信赖保护原则发生法律冲突,合法性原则并不必然优于信赖保护原则,而应在两者之间进行利益平衡。这种利益平衡可能导致的结果是,信赖利益更值得保护。尽管行政行为违法,但其产生的公民合理预期应当得到保护。②

对于信赖保护原则,德国则通过《联邦行政程序法》的相关条款做了比较详尽和明确的规定:其一,撤销违法行政行为(即使已具确定力),如行为已设

---

① [英]L.赖维乐·布朗、约翰·S.贝尔:《法国行政法》,高秦伟、王锴译,中国人民大学出版社2006年版,第205页。

② 参见[荷]勒内·J.G.H.西尔登、弗里茨·斯特罗因克编:《欧美比较行政法》,伏创宇、刘国乾、李国兴译,中国人民大学出版社2013年版,第一部分"比利时行政法",第31~32页。

立行政相对人某一权利或相当于权利的优惠，或者用以证实行政相对人某一权利或优惠（授益行政行为），其撤销要受信赖保护原则的限制。其二，行政行为如为行政相对人提供一次性或持续性金钱给付或可分物给付，或者行为以此种给付为要件，且相对人已对行为产生信赖，其信赖依照公益衡量需要保护，则该行政行为不得撤销。其三，受益人如已使用行政行为所提供的给付，或对相应财产已作出处分，在需要解除其处分时，不能使受益人遭受不合理的不利，以保护其信赖利益。其四，如受益人有下述情形，则其利益不得以信赖为由寻求保护：（1）行政行为是因受益人欺诈、胁迫或行贿作出的；（2）行政行为是因受益人提供严重不正确或不完整的陈述作出的；（3）受益人明知行政行为的违法性或因重大过失而不知行政行为的违法性。对具有上述情形行政行为的撤销一般具有溯及既往的效力，受益人须归还已取得的行政给付。其归还义务人不得以得利已消灭为依据不予归还。其五，行政机关撤销不属前述三种情形的行政行为，如造成行政相对人因信赖该行为的确定力而致其财产损失，应依相对人的申请而予以赔偿。但其信赖利益应依公益衡量需要保护为限，补偿不得超过相对人财产因行政行为撤销损失的利益值。①

德国行政法学者沃尔夫、巴霍夫和施托贝尔在他们合著的《行政法》（第2卷）中论述授益性行政行为的撤销时，对信赖保护原则进行了专门阐释。他们指出，如果受益人信赖该授益性行政行为的存续（信赖保护的主观要件），并且该信赖利益值得保护（信赖保护的客观要件），则该授益性行政行为，特别是提供金钱或者财产给付或者以此为条件的行政行为，即使违法亦不得撤销。为此应当进行三个阶段的审查：存续信赖审查、信赖行为值得保护性审查和公共利益权衡审查。他们认为，受益人如因放弃诉请撤销违法行政行为而遭受财产损害，可给予金钱补偿。行政机关对其信赖利益保护的根据部分是源于诚实信用原则，部分是源于法律的安定性。他们指出，信赖保护原则也是欧共体法律制度的组成部分。因此，在追回违反欧共体法提供的补贴时，德国法律对正当的信赖予以保护并不违反欧共体法律制度。就此而言，在撤销违反欧共体法的授益性行政行为时，应当审查应在多大范围内予以信赖保护。

① 参见德国《联邦行政程序法》第43～53条。

他们提出,处理信赖保护与行政行为合法性的关系,理论上存在三种相对性:一是信赖保护优先;二是行政合法性优先;三是信赖保护与行政合法性等值。有学者认为,行政合法性不可能低于信赖保护。这种观点不能令人信服,因为这违反法治国家的要求。行政合法性原则虽然反对作出违法的行政行为,但并不要求在任何情况下撤销违法的行政行为,对已经作出的违法行为,法律并不要求硬性地、概无例外地撤销,而是要求区别不同情况作出灵活处理。因此,将信赖保护与行政行为合法性利益对立起来的做法是错误的。正确的做法是联邦行政法院提出的观点:"受法律和法治的约束"是遵守行政法的一般原则,其中包括依法处理违法授益性行政行为(信赖保护)原则,该原则的依据并不限于行政合法性。他们认为,应当区别开来予以权衡的不是信赖保护与行政合法性,而是信赖保护与撤销违法行政行为可能涉及的公共利益。对此应进行个案利益权衡,权衡要考虑各种因素,有些因素是相互交叉的,而且各种因素依不同的角度在不同的部门行政法中具有不同的重要性。这些因素主要有下述九个方面:其一,危险排除和危险预防通常产生优先的公共利益。其二,如果受益人具有过错,以撤销维护公共利益则通常具有优先性。其三,如果造成行政行为违法的情况属于受益人的责任范围,即使关系人不一定具有过错,撤销的公共利益也通常具有优先性;如果行政机关和受益人具有共同过错,或者受益人根本没有过错,则只能撤销违法行政行为向后的效力,而不能前溯。其四,撤销应考虑对利害关系人和社会公众的影响。其五,违法行政行为自作出或者发现其违法性之后的持续期间长短影响撤销的适法性,撤销只能在法定的期间届满之前进行。其六,应优先考虑欧共体法有效执行方面的利益。其七,通过司法性正式程序或者由合议制机关作出的行政行为,其信赖保护利益通常具有优先性,经过了救济程序的行政行为通常不能撤销。其八,出于法的安定性的理由,私权形成性的行政行为不得撤销,其中尤其是以私法行为为有效要件的行政行为,如行政许可行为。其九,具有排他性的狭义权利形成性行政行为,其信赖保护并不总是优先。形成法律地位的行政行为的信赖保护价值最高,但存在多种可能性。①

---

① 参见[德]汉斯·J. 沃尔夫、奥托·巴霍夫、罗尔夫·施托贝尔:《行政法》(第2卷),高家伟译,商务印书馆2002年版,第116~120页。

在法国,信赖保护原则与合理预期原则没有严格的区分。有一个这样的案例:一个叫弗雷默斯(Freymuth)的进口商在1992年以前一直从事从德国进口某种废物到法国的业务。1992年,法国政府作出了禁止该种废物进口的决定。但弗雷默斯此前已和外商签订了购买合同,也获得了法国政府有关部门的进口许可。现在政府依据新的决定禁止他已经订购好的物品进口,他损失惨重,其合理预期(信赖利益)受到了损害。于是,他向斯特拉斯堡法院提起诉讼,法官接受专家的观点,认可其合理预期受损,应对其信赖利益(对政府行政许可行为的信赖)予以救济。①

三、比例原则

比例原则是欧共体法中最重要的基本原则。《欧共体条约》(《马斯特里赫特条约》,Treaty on European Union)第5条第3款规定,共同体的任何行为不得超越为实现本条约目标而需采取的必要手段之范围。威德肖文指出,比例原则的一般含义是:特定手段对一个或多个利益相关人所造成的不利影响不得与该手段所追求的意图或目标不成比例。不成比例的禁止体现了行政克制(restraint)原则:行政对社会生活的干预应是必要和有用的,但同时不应超越必要和合理的方式,以必要和合理的方式服务于普遍利益的范围。②

威德肖文指出,如何评估某一行政行为是否符合比例原则,欧洲法院确定了以下三个要素:其一,所运用的手段对于目标的实现是否合适(适当性原则)。其二,所运用的手段对于目标的实现是否必要,或者说是否有实现相应目标对相对人更小损害的手段(必要性原则)。其三,在利益衡量上是否符合比例(狭义上的比例原则)。对于公权力行为是否符合比例原则,法院的审查强度取决于相应共同体机构所享有自由裁量权的范围。首先,比例原则适用于欧洲法院审查共同体机构立法中确立的手段。共同体机构在立法时一般享有广泛的自由裁量权,欧盟理事会和欧洲委员会在政治上对立法负责。因此,欧洲法院在对这些立法进行审查时保持克制,只有在其设置的手段"明显

---

① 参见[英]L.赖维乐·布朗、约翰·S.贝尔:《法国行政法》,高秦伟、王锴译,中国人民大学出版社2006年版,第225页。

② See René Seerden & Frits Stroink, *Its Member States and the United States—A Comparative Analysis*, Intersentia Uitgevers Antwerpen-Groningen, 2002, p. 280-281.

不合比例"(manifestly disproportionate)时,相应立法才会被撤销。其次,法院在对成员国商品流动自由的所限制的正当性进行审查时,比例原则是一个重要的评判标准。例如,成员国可以被允许对商品流动自由施以限制,只要该限制能够根据《欧共体条约》第 30 条规定的理由(公共道德、公共政策、公共安全;保护人类、动物和植物的生命、健康;保护工业或商业财产)被证明具有正当性。在判断某一具体手段能否基于特定的理由而具有正当性这一问题时,法院对限制的比例性采取严格的审查标准。最后,欧洲法院和成员国法院将比例原则适用于执法行为,特别是适用于对各种处罚的审查。如果处罚由欧共体机构作出,审查由欧共体法院进行;如果违反欧共体法的行为发生在成员国,处罚由成员国机构作出,那么对处罚的诉讼由成员国法院管辖。在上述两种诉讼审查程序中审查的重点均是处罚的严厉程度与违法行为的严重程度是否成比例。法院进行的此种合比例性审查非常严格。①

关于比例原则在法国行政法中的应用,布朗和贝尔所著的《法国行政法》予以了简要介绍。他们指出,比例原则的重要性近些年来在法国呈现增长的趋势。它要求行政机关采取的措施与其达到的结果之间要有一定的比例或均衡。因此,惩罚性的罚款不能超过相对人的违法行为。一项治安管理措施不应对公众的基本自由、迁徙自由或商业活动构成不合比例的限制。根据 1961 年的一项政令,法国文化部长如要禁止一部电影向 13 岁以下或者 18 岁以下未成年人放映,或者完全禁止一部电影放映,必须考虑和遵循比例原则。在 1990 年的 Pichene 案(此案以原告的名字 Pichene 命名)中,文化部长批准放映一部声名狼藉的电影——《耶稣最后的诱惑》。该批准决定被人诉至行政法院,要求撤销该决定。但是行政法院根据比例原则支持了文化部长的决定。判决指出,批准该电影放映并不至于引发"良知受到严重侵害的事实",其对公共秩序造成的危害并不足以导致需要禁止该电影放映。②

法国比例原则与英国行政法中的合理性原则有一些相似之处,但英国上议院认为,这两个原则并不等同。尽管《欧洲人权公约》规定了比例原则,但

---

① See René Seerden & Frits Stroink, *Its Member States and the United States—A Comparative Analysis*, Intersentia Uitgevers Antwerpen-Groningen, 2002, p. 280-281.

② 参见[英]L. 赖维乐 · 布朗、约翰 · S. 贝尔:《法国行政法》,高秦伟、王锴译,中国人民大学出版社 2006 年版,第 223 页。

英国上议院大法官并不准备将之引入英国国内法。在一个具体案例中，英国上诉法院也曾适用比例原则撤销了一项行政决定，该决定取缔了一个市场摊贩赖以谋生的摊位。上诉法院认为该摊贩只是轻微违反了市场规则，取缔其赖以谋生的摊位超出了比例原则而显得过分，故判决撤销了该行政决定。①

德国《联邦行政程序法》和《联邦行政法院法》均明文规定了比例原则。德国《联邦行政程序法》第 10 条规定，行政程序不受某一特定形式的约束，法律对行政行为形式有特别规定者依规定，无特别规定者，其行政程序应力求简便和符合目的；《联邦行政法院法》第 44a 条规定，行政机关在选择适用行政程序时，应考虑所选择适用的行政程序有利于实现目标，具有必要性，并且不给公民造成不合乎比例的负担。② 德国行政法学者沃尔夫等人指出，在行政程序可能给公民造成负担时，比例原则是约束行政程序裁量并且决定其有效性的标准之一，其中尤其是可能侵害公民权利的行为，如调查、传唤、收集信息数据等，特别需要适用比例原则。③

西班牙和葡萄牙的行政程序法亦以专门条文明确规定了比例原则。西班牙 1992 年颁布的《公共行政机关及一般行政程序法》第 131 条对比例原则作了三项专门规定：其一，不管行政处罚是否为金钱性质，在任何情况下，均不得导致人身自由的直接或附加剥夺。其二，对违法者实施金钱处罚，其处罚幅度不得低于违法行为的获利。其三，制定与实施行政处罚规则，处罚的严厉程度必须与违法行为的严重性相适应（成比例），并在确定处罚标准时特别考虑以下情况：(1) 违法人是否故意或重复实施违法行为；(2) 违法行为的社会危害性；(3) 违法人是否一年内有一次以上的同样性质的违法（屡犯）。④ 葡萄牙 1996 年《行政程序法》第 5 条第 2 款亦专门规定了行政行为的适度原则（比例原则）：行政机关的决定与私人权利或受法律保护的利益有冲突时，只可以在对拟达到的目标适当与适度且合乎比例的情况下，作出减损这些权利或利益

① 参见［英］L. 赖维乐·布朗、约翰·S. 贝尔：《法国行政法》，高秦伟、王锴译，中国人民大学出版社 2006 年版，第 224 页。

② 上述法律条文参见［德］汉斯·J. 沃尔夫、奥托·巴霍夫、罗尔夫·施托贝尔：《行政法》（第 2 卷），高家伟译，商务印书馆 2002 年版，第 204~205 页。

③ 参见［德］汉斯·J. 沃尔夫、奥托·巴霍夫、罗尔夫·施托贝尔：《行政法》（第 2 卷），高家伟译，商务印书馆 2002 年版，第 204 页。

④ 参见应松年主编：《外国行政程序法汇编》，中国法制出版社 1999 年版，第 322~323 页。

的行为。[①]

四、行政公正与防止偏袒原则

欧洲各国通常在行政程序法或其他有关行政行为的法律中明确规定行政公正与防止偏袒原则。例如，荷兰《行政法通则》第二章第 4 条规定，行政机关应当无偏袒地履行义务。行政机关应确保其所属人员或为其工作的人员，在相应决定涉及他们的个人利益时，不对行政决定的作出施加影响。第四章第 7 条和第 8 条规定，行政机关作出拒绝行政相对人某个申请的全部或部分的决定前，应为相对人提供陈述和申辩的机会。在相应决定可能影响非申请人的其他利害关系人的利益时，应为其他利害关系人提供陈述意见的机会。第 17 条规定，行政决定应当说明理由。如果公布决定时因情况紧急没有说明理由，应在事后尽快公布理由。第 18 条规定，行政决定如能合理地推测出无须说明的理由，行政机关可不说明理由。但如果行政相对人在合理期间内要求行政机关说明理由，行政机关应尽快告知其理由。[②]

德国《联邦行政程序法》对行政公正与防止偏袒原则有更为详细的规定。其一，该法明确规定了行政程序的回避制度，有下列情形的人员不得在行政程序中为行政机关工作：(1)本人是当事人的；(2)是当事人的亲属；(3)是当事人的法定代理人或指定代理人，在相应行政程序中为当事人的一般或特别代理人；(4)是代理当事人的人的亲属；(5)为获取报酬为当事人服务，或作为董事会、监事会或其他类似机构的成员为当事人服务的人(但聘用的社团参与人不在此限)；(6)在其官方职务范围以外从事鉴定或提供其他服务的人。其二，行政人员有适当理由认为自己执行某一公务足以令人怀疑偏袒，或行政程序参与人提出其有偏袒，应主动向行政机关领导人或其代任人报告，依领导人或其代任人命令回避参加行政程序。如涉嫌偏袒的人是领导人自身，其不自动回避的，由监督机关命令其回避。其三，行政机关在行政程序中，应依合目的性裁量权，采用必要的调查取证方法，收集各种资料，听取当事人陈述，询问证人和鉴定人，调阅书证和案卷进行勘验。其四，在作出影响当事人权利的行

---

① 参见应松年主编：《外国行政程序法汇编》，中国法制出版社 1999 年版，第 322~323 页。

② 参见应松年主编：《外国行政程序法汇编》，中国法制出版社 1999 年版，第 456~471 页。

政行为之前,应给予当事人陈述意见的机会。其五,依保护当事人知情权、辩护权的需要,行政机关应准许当事人查阅行政程序涉及的有关案卷。其六,未经当事人许可,行政机关不得公开其个人秘密,特别是不得公开属于其个人秘密范畴的业务信息及商业秘密。[①]

西班牙和葡萄牙的《行政程序法》亦有与德国《联邦行政程序法》类似的规定。对于回避,西班牙《行政程序法》规定的情形比德国《联邦行政程序法》更全面、更具体,包括:(1)在相应事务或有关的别的事务中有个人利益,后一事务的裁决可能受到前一裁决事务的影响;为企业或有关单位的行政管理人员;或与某利害关系人有未了的诉讼事宜。(2)与任何一位利害关系人、有关单位或企业的行政管理人员以及参与程序的顾问、法人代表或官员有四代血缘关系或二代姻亲关系,与他们合用职业办公室或合伙从事顾问、代表或领导工作。(3)与前一项所列人员中任何一位有亲密友谊或公开敌意。(4)曾作为技术人员或证人参与过相关程序。(5)与事务中直接有关的自然人或法人有服务关系,或在最近两年内无论在何种情形或地方向上述人员提供过职业服务。[②] 另外,西班牙《行政程序法》规定的作为行政相对人的公民在行政关系中的权利也比德国《联邦行政程序法》更全面、更具体,包括:(1)在行政程序中有权在任何时候了解程序的进展情况,并获得程序中的资料复印件。(2)有权了解负责相应程序的行政机关及其工作人员。(3)有权获得向行政机关所呈原始资料的复制件,并有权要求归还原件(除非原件须在行政程序中使用)。(4)有权依法在所在自治区范围内使用各种官方语言。(5)有权在听证前或听证中任何阶段提供证据材料,行政机关在制作决定建议时必须予以考虑。(6)有权不呈交与相应行政行为不相关或行政机关已掌握的材料。(7)有权获得行政行为或向行政机关提交申请所要求的法律或技术手续方面的信息和指导。(8)有权查询行政机关的登记及档案。(9)有权受到行政当局及公职人员的尊重对待,行政当局及公职人员必须为其行使权利、履行义务提供便利。(10)有权追究行政机关及其工作人员的责任。[③]

---

① 参见应松年主编:《外国行政程序法汇编》,中国法制出版社1999年版,第169~174页。
② 参见应松年主编:《外国行政程序法汇编》,中国法制出版社1999年版,第169~174页。
③ 参见应松年主编:《外国行政程序法汇编》,中国法制出版社1999年版,第286~289页。

葡萄牙《行政程序法》则在“一般原则”一章中专门规定了公正与不偏不倚原则及与之相关的善意原则、公益与公民权益兼顾原则、行政机关与私人合作原则、行政相对人参与原则以及行政效率原则。主要内容包括:(1)行政机关进行行政活动,应以公正及不偏不倚方式,对待所有行政相对人。(2)行政机关在行政活动及其所有阶段中,应与私人依善意规则行事和相处,考虑行政行为拟达到的目的和相对人的信赖。(3)行政机关应在尊重公民权利和保护公民合法利益前提下谋求公共利益。(4)行政机关在与私人的关系中,不得因相对人的血统、性别、种族、语言、籍贯、宗教、政治信仰或意识形态信仰、教育及经济状况、社会地位而使之享有特权、优惠,或者剥夺、减损其任何权益或免除其任何义务。(5)行政机关在行政活动中应与私人紧密合作,向私人提供所需的资料及解释,接受私人呈交的建议与资讯。(6)行政机关在作出与私人有关的行政决定时,应依法保证其听证权利,确保其本人以及以维护其利益为宗旨的团体的参与。(7)行政机关应以亲民为目的,以非官僚化的方式建立其组织和开展其运作,以确保其行政行为快捷、经济及有效。①

① 参见应松年主编:《外国行政程序法汇编》,中国法制出版社 1999 年版,第 473~476 页。

第四章 行政立法

第一节　行政立法的概念与范围

行政立法有动态和静态两种形式:行政立法的动态形式(作为动词的“行政立法”)指行政机关“立法”(行政机关制定行政法规、规章和其他规范性文件等规则)的活动;行政立法的静态形式(作为名词的“行政立法”)指行政机关所立之“法”(行政机关制定的行政法规、规章和其他规范性文件等形式的规则)。行政立法动态(动名词)的英语表述有 administrative legislation, delegated legislation, rulemaking 等;行政立法静态的英语表述有 regulations, rules, statutory orders, statutory instruments, bylaws, directions, decisions 等。本节我们先对几个主要国家行政立法的概念和范围进行比较。

一、美国行政立法的概念与范围

美国行政立法称 rulemaking,可译为“制定规章”或“制定规则”,本书暂且将之译为“制定规则”,rules 则统称为“规则”。美国《联邦行政程序法》对 rulemaking 和 rules 的释义分别是“制定规则是指行政机关为创制、修改或废除规则而进行的活动”;“规则是指行政机关为执行、解释、说明法律或政策,或者为了规定行政机关的组织结构、活动程序或活动规程而发布的具有普遍约束力或特定适用力以及对未来具有拘束力的文件的全部或一部。规则也包括规定或批准未来的收费标准、工资、法人和财经体制及其改革、物价、设施、器具、服务费或津贴以及财产估价、成本费用、记账和与上述各项相关活动的文件”。[①] 根据这个定义,我们对美国的“规则”(行政立法)可作以下三点解说:其一,规则从属于法律或政策。规则是行政机关为了执行、解释、说明法律或政策而制定的规范性文件。它不是国会制定的法律,故只能从属于法律而不能超越法律。同时,规则是行政机关制定的,自然要体现和贯彻行政机关决策层确定的政策。其二,规则具有普遍约束力或特定适用力。一般来说,规则具有普遍约束力,它不同于行政机关实施的具体行政行为和作出的具体行政决定。具体行政行为、具体行政决定是针对特定相对人和特定事的,故不具有普遍适用力,而规则通常是针对不特定相对人和特定事作出的,故对一定领域、一定类别的所有人、所有事均具有适用力。但是,美国也有少量规则不具有普遍约束力而仅具有特定适用力,如有关规定物价、收费标准、设施、器具和服务费等事项的规则,它们有时只适用于特定的时空和特定的人和事。在美国《联邦行政程序法》最初起草过程中,对规则只赋予了“普遍适用力”(general applicability)而未包括“特定适用力”(particular applicability)。但之后立法者为使更广泛的规则纳入美国《联邦行政程序法》的调整范围,就将规则赋予广义,即将具有“特定适用力”的文件亦以“规则”对待。其三,规则具有未来拘束力(future effect)。这是规则相对于作为具体行政行为的行政裁决(adjudication)的一个重要特征。行政裁决是行政机关根据法律、规则对人们已经作出的行为、已经发生的事项作出认定和决定,规则则是行政机关根据法律、政策对人们未来的行为、未来事项设定规范、标准,故裁决一般与过去相联系,规则一般与未来相联系。[②]

美国行政法学者施瓦茨认为,从性质上看,行政机关制定的规则具有与法律相同的效力,“它们有和法律同样的制裁措施做后盾,特别是它们具有以强制服从法律的刑事制裁措施。行政立法也许仅仅是准立法或从属立法,因为它的条文必须服从立法机关制定的法律,但这并不能改变行政立法的效用与法律本身相当的事实”。[③]

美国行政立法包括立法性规则[legislative rules,又称实体性规则

---

① 美国《联邦行政程序法》第551条第4项。参见应松年主编:《外国行政程序法汇编》,中国法制出版社1999年版,第40页。

② 参见姜明安主编:《外国行政法教程》,法律出版社1993年版,第249~250页。

③ [美]伯纳德·施瓦茨:《行政法》,徐炳译,群众出版社1986年版,第138页。

(substantive rules)]和非立法性规则[non-legislative rules,又称解释性规则(interpretative rules)]、政策说明(policy statements)、指南(guidelines)。立法性规则是行政机关行使国会授权制定相当于法律的规则,其对所适用的对象、法院和行政机关都有拘束力。非立法性规则则是行政机关向公众说明某一法律或者立法性规则条款的含义的规范性文件。政策说明是行政机关用以宣布其在今后意欲施行或坚持某一特定政策的规范性文件(但相应政策的正式出台和生效还需通过其他程序)。指南是行政机关指导公众如何运用和遵守法律,为之提供相关信息和方法的规范性文件,这类"指南"规则的制定和发布无须遵循一般规则需遵循的"通知—评论程序"和经过 30 天的生效期,但仍然需要在《联邦公报》上公布。

虽然立法性规则和非立法性规则在理论概念上有明确的区分,但实践中二者的区分却不那么严格。行政机关经常以非立法性规则的名义出台立法性规则,以规避适用法律关于立法性规则制定的严苛程序。而在执法和司法实践中,行政机关却仍将这些依非立法性规则制定程序制定的规则作为立法性规则对待,要求法院尊重这些规则的拘束力。因此,法院在司法审查时不得不对这些规则的性质定位进行重新审查和确认。①

二、英国行政立法的概念与范围

关于英国行政立法,韦德指出,没有哪一种行政活动比行政立法更具特色,从数量上看,大部分立法都是由行政机关而非立法机关制定的。除英国国王在立法上仍保留少量特权外,大量的立法均源于议会授权行政机关制定的各种形式的委任立法(delegated legislation)——部长、政府部门和其他公共机构制定的各种政令(orders)、规章(rules)和条例(regulations)。在现代社会,议会不得不将对大量具体事务的立法权授予各个行政机关,而自己仅保留制定具有一定稳定性的基本法律框架的权力。除行政部门外,地方当局、自来水管理机构和国有企业等诸如此类的主体也被授予了立法权。它们有权制定法律细则(bylaws)。在政府之外,立法权还被授予诸如律师协会等行业组织

① 参见[荷]勒内・J. G. H. 西尔登、弗里茨・斯特罗因克编:《欧美比较行政法》,伏创宇、刘国乾、李国兴译,中国人民大学出版社 2013 年版,第七部分"美国行政法",第 359~360 页。

和其他各种机构,它们有权制定保障和规范其自治的法规(statutes)或条例。①

韦德认为,行政立法在传统上被认为是一种"必要之恶"(a necessary evil),是对分权的一种不幸和不可避免的破坏。然而,这是一个过时的理念,因为行政立法在实践中是不可或缺的,这才是问题的关键,而不在于在理论上难以使其合理化。立法与行政之间所存在的只是一个模糊的界限,想当然地认为它们是两种形式上根本不同的权力的看法是错误的。它们之间有些区别是明显的,但是,试图在两者之间划出一条清晰的界限(如同可以较为容易地在立法权和行政权之间划出一条明晰的界限一样)是较早期的政治学理论中的一个不切实际且无法实现的夙愿。显而易见,立法权是一种制定对人们普遍适用的法律规范的权力,而行政权则是一种在特定情形下为人们制定法律和适用法律的权力。在典型的立法行为与典型的行政行为之间有一个由许多兼具两种性质的行为组成的过渡性区间。由于社会情况变化很快,行政立法必须根据变化的情况进行调整。作为行政立法的各种规章、条例的一个重大优越性就是其灵活性,与议会立法比较,其修改变化容易得多。据此,韦德认为,在现代社会,行政立法(授权立法)所提出的真正宪法性难题已经不再是其存在是不是合理,而是由于其立法数量激增而使议会难以对之进行监督。②

三、德国行政立法的概念与范围

在德国,"行政立法"指由行政机关制定和发布"法规命令"。毛雷尔从三个层面解释"法规命令"的含义:其一,在概念上,法规命令只是指行政机关发布的法律规范。但对社会公民来说,作为法规命令的条例的意义一点都不亚于正式法律。其二,法规命令同时也是一种行政手段,而且,法规命令发布机关在行政体制中的主管范围越大,其直接执行的任务就越重。如果行政机关在执行正式法律时不是针对一个特定事项,而是有大量的、数量不可预测的、同类情况的事项需要统一处理,法规命令就是可取的方式。法规命令是伸展空间广阔、针对多数人和可持续一定时期的行政处理行为,是创制性的抽象行

---

① See H. W. R. Wade, *Administrative Law*, Oxford University Press, 1988, p. 847.

② See H. W. R. Wade, *Administrative Law*, Oxford University Press, 1988, p. 847-849.

政行为。其三,法规命令属于法律渊源,但它与作为法律渊源的其他法律规范(如议会法律、自治条例等)不同,其是具有特殊性的法律渊源。同时,法规命令属于行政措施(行政行为),但与其他具体行政措施不同,其属于抽象行政行为。法规命令与具体行政行为的不同之处在于其具有"抽象性"(一般性)的特征,而其与仅具有内部效力的行政规则的不同之处在于其具有外部效力的特征。①

沃尔夫、巴霍夫和施托贝尔在其三人合著的《行政法》一书中指出,法规命令的制定比法律频繁,相对于法律具有下述优势:其一,程序简便,其无须采用制定法律那样的复杂程序。其二,减轻立法机关的负担。有了法规命令,立法机关就只需要制定法律框架法,行政机关可以就具体事项制定实施细则。其三,具有更强的适应性(灵活性)。法规命令可以根据社会调控或再调控的需要而及时提供法的规范(议会制定法律往往耗时过长,难以及时保证社会经济关系调整的需要)。其四,有利于利用行政专业知识和专门经验,创造性地解决复杂的管理问题。②

德国的法规命令可分为下述四种:替代法律的法规命令(替代性法规命令)、补充法律的法规命令(补充性法规命令)、执行法律的法规命令(执行性法规命令)和适用法律的法规命令(适用性法规命令)。③ 为实现特定目的,立法机关通过授权法授权行政机关制定替代法律的法规命令,这种法规命令在内容方面与法律的功能相同。立法机关可以授权行政机关就法律的宽泛规定作出补充性的规定,这种补充法律的法规命令必须符合被补充法律的目的、精神和体系,在此范围之内可以设定新的权利义务。根据德国现行联邦或者州的职能分工制度,只有在宪法明示允许的情况下,法律才能作出这两种授权,行政机关才能制定和发布这两种法规命令。联邦政府或者部长在大多数情况下只能制定执行性法规命令和适用性法规命令。执行性法规命令不得为

① 参见[德]哈特穆特·毛雷尔:《行政法学总论》,高家伟译,法律出版社2000年版,第333~334页。

② 参见[德]汉斯·J.沃尔夫、奥托·巴霍夫、罗尔夫·施托贝尔:《行政法》(第1卷),高家伟译,商务印书馆2002年版,第268页。

③ 有时学者们也将前两种法规命令统称为替代法律的法规命令,将后两种法规命令统称为执行法律的法规命令。

相对人设定新的义务,而只能对授权法律或其他法律已经规定的义务具体化。适用性法规命令是行政机关根据授权在特定条件下以特定的后果和方式,针对不同地域、不同时期的事项,为适用特定的法律而制定的普遍抽象的命令或禁令。对于法规命令,法律只对其目的做一般规定(如排除危险),允许法规命令制定机关裁量设定处理措施的种类。这种对适用性法规命令的授权属于一般授权。采取这种授权的原因是立法机关不可能预见所有的具体危险因素,不可能及时采取最适当的应对措施。①

四、法国行政立法的概念与范围

法国行政立法是指行政机关制定和发布的"有执行力的决定"(有时也叫单方行政法规)。"有执行力的决定"是指由国家行政当局单方面制定和实施,为行政相对人确定权利、义务的法律文件。这种法律文件不同于作为具体行政行为的决定、命令,它可以直接改变法律权利义务关系。②

在一般情况下,"有执行力的决定"都是由政府部门或其他公法人制定的,但某些私法人为了执行政府委托给它们经营的公用事业任务,也有权制定"有执行力的决定"。根据行政法学者里韦罗和瓦利纳的学说,法国的"有执行力的决定"分为两大类——规章条例性文件和非规章条例性文件。规章条例性文件确定普遍性规则,其效力可以涉及千百万人,如公路交通法规,也可仅涉及某一个人,甚至在特定时候不涉及任何人,如确定国民议会名誉议长地位的法规。非规章条例性文件的内容则通常只涉及指名道姓的一个人或几个人,如任命一个公务员的政令文件,但有时也可能涉及大量的人,如行政机关公布参与某一公共项目竞争者名单或公务员晋升名单的文件。"有执行力的决定"除了分为规章条例性文件和非规章条例性文件两大类,现在还出现了一种既非普遍性又非特定性的法律文件,夏普(R. Chapus)建议将之称为"特殊决定",这种特殊规范在于确定基于某种特别形势或某种特别行动的准则,如征调财产时的公益声明、招聘职员时的公开竞争决定、宣布市镇合并而

---

① 参见[德]汉斯·J. 沃尔夫、奥托·巴霍夫、罗尔夫·施托贝尔:《行政法》(第1卷),高家伟译,商务印书馆2002年版,第270~271页。

② 参见[法]让·里韦罗、让·瓦利纳:《法国行政法》,鲁仁译,商务印书馆2008年版,第495页。

在某个地段设立城镇土地使用税的决定等。①

五、日本行政立法的概念与范围

日本行政立法指日本行政机关制定法规命令和行政规则的活动(在静态上指日本行政机关制定的法规命令和行政规则)。“行政机关有时以法条的形式来设置某种规定。日本行政法学过去将此分为两大类型。其分类基准是:相应规定是具有外部效果还是具有内部效果。具有外部效果的规定,即规范相对人私人和行政主体的关系,二者发生纠纷时,由法院予以适用的规定。除此以外的规定,即特别拘束行政机关相互关系,而对于私人无规范效果的,只有内部效果的规定。前者是法规命令,后者是行政规则。”②

日本行政法学者盐野宏认为,行政规则不具有外部效果,从这种意义上讲,它不属于法规的制定。而且,行政规则不一定只限于一般的、抽象的规范,有时也包括个别的具体的规范,故将之纳入“行政立法”的范畴不一定正确。但考虑到法规命令与行政规则的区分并非绝对,行政规则亦有外部化的倾向,故将二者合并起来研究亦是有意义的。此外,日本学者大多将地方公共团体的议会制定的条例纳入“行政立法”范畴进行研究,尽管这些条例不是国家的立法机关所制定的。但盐野宏认为,将地方公共团体的议会制定的条例纳入“行政立法”范畴进行研究是不妥当的,因为这些条例原则上不是基于法律的授权制定的,它们是具有宪法根据的独立的法律形式,其与国家法律的关系不同于根据法律授权制定的政令和省令等法规命令。③

日本法规命令依其权限管辖范围为标准可以分为两类——国家法规命令和地方公共团体的法规命令。国家法规命令包括内阁政令、内阁总理大臣的内阁府令、各主管大臣的省令、④各外局首长制定的外局规则、会计检查院和人事院等独立机关制定的规则。地方公共团体的法规命令包括地方公共团体

---

① 参见[法]让·里韦罗、让·瓦利纳:《法国行政法》,鲁仁译,商务印书馆 2008 年版,第 503～504 页。

② [日]盐野宏:《行政法总论》(第 4 版),杨建顺译,北京大学出版社 2008 年版,第 59 页。

③ 参见[日]盐野宏:《行政法总论》(第 4 版),杨建顺译,北京大学出版社 2008 年版,第 59～60 页。

④ 日本内阁的“省”相当于我国国务院的部委,“省令”相当于我国的部委规章。

的首长令和所属委员会制定的规则。日本法规命令依其与法律的关系为标准可以分为委任命令与执行命令。委任命令是指根据法律的授权所制定的与私人权利、义务内容相关的规范。执行命令是指与私人权利、义务内容无关的保障实现私人权利、义务内容的程序性规范。委任命令由于涉及私人权利、义务的内容,故需要有法律根据;而执行命令由于不重新规定权利、义务的内容而只是规定程序,故不需要有具体的法律根据。[①]

第二节　行政立法的程序

一、美国行政立法的程序

美国《联邦行政程序法》第 553 条规定了行政立法——规章制定(rule making)最一般的程序规则,共有五项内容:

1. 排除适用规章制定程序的事项。这种事项包括两类:一是有关国家军事或外交职能的事项;二是有关行政机关内部管理或人事,或者有关公共财产、贷款、拨款、福利或合同等事务的事项。

2. 规章正式制定前在《联邦公报》上发布公告。除非规章制定计划中已经明确列出与该规章所涉及的有关的个人,而且已将通知分别送达了这些个人,或者他们已事实上依法得到了通知,相应公告应包括下述三项内容:(1)有关该规章制定活动的时间、地点和性质的说明;(2)制定该规章的法律依据;(3)规章草案的条款或内容,或者所涉主题和问题的说明。但这些要求不适用于下述规章,除非法律明确要求这些规章制定要采用通告程序或者听证程序:(1)解释性规章、一般性政策说明,或者有关行政机关本身的组织、程序或实务的规章;(2)行政机关有正当理由认为(并将此理由简要地载入所发布的规章)相应规章制定存在采用通知和公告程序不切实际,或没有必要,或违背公众利益的情形。

3. 行政机关就规章制定在《联邦公报》上发布公告后,应为利害关系人提

---

① 参见[日]盐野宏:《行政法总论》(第 4 版),杨建顺译,北京大学出版社 2008 年版,第 60~61 页。

供参与机会，接收他们提交的书面资料、书面观点、书面或口头辩论意见。在考虑了利害关系人提出的各种相关问题后，行政机关在通过的规章中应附上有关制定该规章的根据和目的的概要性说明。如果法律规定相应规章制定必须经过听证程序和依据听证记录制定，则行政机关制定规章不遵循该项程序[公告—评论(notice-and-comment)程序]，而是应遵循美国《联邦行政程序法》第556条和第557条规定的听证程序(关于美国行政立法和行政行为的听证程序，我们将在本书第十二章“行政程序”中介绍，此处从略)。

4. 行政机关制定的实体性规章，必须在其生效前至少30日依法公布或发布公告。但属于下述情形者除外：(1)该实体性规章的内容是批准或承认对某种限制的取消或免除；(2)该规章是解释性规章或政策说明；(3)规章制定机关有正当的理由作出另外的规定，并且此项理由应附在该规章中。

5. 行政机关应为利害关系人提供要求发布、修改或者废除某项规章的机会，并保障利害关系人此项权利的实现。

美国行政法学者盖尔霍恩和博耶所著《行政法与行政程序》一书，比较详细地介绍了美国规章制定的三种程序以及介于三种程序之间的混合程序(第四种程序)。这四种程序分别是：(1)公告—评论程序，即《联邦行政程序法》第553条规定的程序。(2)审判式听证程序(trial-type hearing)，即《联邦行政程序法》第556条和第557条规定的程序。(3)豁免程序(exempted rulemaking)，即规章制定免除公众参与的程序。虽然《联邦行政程序法》第553条免除了某些规章制定的公众参与程序，但行政机关仍可依自由裁量给予公众一定的参与机会：其可自行决定采用公告—评论程序，可与利益集团进行非正式协商，可就重要的这类规章举行公开听证等。美国行政会议曾建议，当解释性规章或一般政策说明“可能对公众产生重大影响”时，行政机关应当保证公众参与的机会。(4)混合程序(hybrid rulemaking)。由于公告—评论程序对于利害关系人权益提供的保障不够充分，行政机关对于利害关系人提出的意见、证据有时不加考虑，弃置一旁，即使有理也不予采纳，而审判式听证程序又过于正式、烦琐和成本过高，于是在实践中逐渐发展出了一种介于二者之间的混合程序。这种程序尽量吸收二者的长处，克服二者的短处，它缓和了审判式听证程序的过分正式性，在公告—评论程序的基础上提出了下述五个方面的要求：其一，行政机关制定有关各种管理标准的规章，应利害关系人的请求,应向其提供有关确定这些标准的根据和方法的信息。其二,应行政相对人的请求,向其解释在规章制定中采用和不采用有关材料、数据、信息的目的、理由(行政机关制定规章有时所基于的案卷材料可能达几千页或更多,其不可能全部采用)。其三,对行政相对人在规章制定过程中提出的评论(建议意见)予以答复。行政机关如未在《联邦公报》登载的规章说明中作简要说明,则要单独给提出建议意见的相对人予以答复。其四,行政机关制定的规章如果涉及有利益冲突的双方相对人的利益,行政机关不得与其中一方单独接触。其五,行政机关在规章制定过程中,如果出现某种重要争议,行政机关应召集双方当事人进行辩论,澄清事实,得出准确结论。但此种辩论应限定为特定问题,以避免深化为全面审判式听证程序,造成时间和费用的过度耗费。①

二、英国行政立法的程序

英国行政立法的程序的重要特色是听取利害关系人的各种不同意见和履行法定咨询义务。各种立法都对规章、规范性命令及其实施规则的制定,规定了公开听取意见的程序,要求行政立法接受自然正义原则的拘束。英国1992年的《裁判所和调查法》要求行政决定应说明理由,但该要求并不适用于"属于立法性质而非行政性质"的行政立法(法律实施规则的制定)。但在此之后,说明理由的要求已经逐步扩大到了行政立法。②

英国不同于美国,其惯例比法律更重要。"听取那些可能受到行政立法规定影响的个人和组织的意见,被认为是最有力和得到最认真执行的惯例之一。对这项惯例的认可已经达到很难听到异议意见的程度。无论征求意见是否是一项法律要求,行政立法一旦启动,就必须以适当的方式进行。这一惯例要求对正在草拟的法案进行咨询时。就应说明提出此法案的充分理由,以便于咨询和可以提供'有效的回复'。同时应给予充分的征求意见时间并对回复的意见予以适当考虑。非正式的听取意见程序,不受法定程序的约束,因而

---

① See Ernest Gellhorn & Barry B. Boyer, *Administrative Law and Process*, West Publishing Co., 1981, p. 244-257.

② 参见[英]威廉·韦德、克里斯托弗·福赛:《行政法》(第10版),骆梅英等译,中国人民大学出版社2018年版,第680页。

更为自由，相较于拘泥和机械的正式程序而言，有时还更为有效。英国内阁办公室专门制定和发布了有关行政立法听取意见程序的手册，该手册适用于政府大多数立法，包括授权立法。它虽然不具有正式的法律效力，但有助于促使行政立法征求意见的及时、全面和突出重点。”①

英国法律往往授权部长制定实施细则，并要求在制定时征求特定利害关系人的意见；对于规制性规范的制定，还要求应有规制对象参与，或者依法设立一个法定咨询委员会或者顾问小组。咨询组织（咨询委员会和顾问小组的统称）成员通常由各方利益代表组成，且独立于部长，不受部长控制。立法征求意见常常由这类咨询组织去进行。例如，制定法定裁判所程序规则，须征求裁判所委员会（Council of Tribunals）的意见。这些咨询委员会可再向其他利害关系人征求意见、听取和收集证据等，尽管对此没有专门的法定程序要求，但实践中经常是这样做的。②

在法定咨询中，行政机关必须给予被咨询者（个人或组织）以充足的材料和充分的机会，使之能有效表明其观点。基于公正性的要求，咨询者委托独立的专家出具的专业报告应当公开。在这种情况下，自然正义原则也适用于授权立法。行政立法未履行听取意见的程序将被视为一种违反法律强制性规定的行为，将导致相应立法无效。③

三、德国行政立法的程序

根据德国《基本法》第80条的规定，德国联邦政府、联邦部长或各州政府根据法律授权可以颁布法规命令，对此，法律必须规定授权目的、授权内容和授权范围。法规命令必须有法律根据。如果法律规定该项授权可再授权，在再授权时，必须明确其相应的法律根据。另外，参议院可以要求联邦政府向其提交经其批准才能发布的法规命令。在此范围内，联邦参议院享有《法律动

---

① [英]威廉·韦德、克里斯托弗·福赛：《行政法》（第10版），骆梅英等译，中国人民大学出版社2018年版，第680页。

② 参见[英]威廉·韦德、克里斯托弗·福赛：《行政法》（第10版），骆梅英等译，中国人民大学出版社2018年版，第680页。

③ 参见[英]威廉·韦德、克里斯托弗·福赛：《行政法》（第10版），骆梅英等译，中国人民大学出版社2018年版，第680~681页。

议法》第 76 条第 1 款规定的法规命令动议权。联邦政府依此立法一般不存在特别的程序规定,只是依法应有其他国家机关参与或批准的,须有其他国家机关(如参议院、众议院)参与或批准。例如,有的法规命令制定出来后须经参议院批准;联邦众议院也经常在授权法律中保留对相应法规命令的批准权。其程序分为三个步骤:先由联邦参议院授权;然后联邦政府制定法规命令;再由联邦众议院批准。

德国行政立法的另一个重要程序是:在法规命令的制定过程中,根据相应法律的要求,要听取非国家团体、独立专家或者利害关系人的意见。以吸收和利用这些组织或者专业人员的专业知识,给予利益团体表达其成员利益的机会。德国的这种听取意见程序不构成行政立法的程序参与权,相应团体、人员不能据此要求参与法规命令的制定。因此,法规命令制定未听取意见并不影响其效力。不过,在实践中,利益团体可以请求听取其意见,其请求如不被接受可诉诸法院。

行政机关制定的所有法规命令都必须公开发布,一般在《联邦法律公报》上公布。未经公布的法规命令不发生法律效力。①

四、法国行政立法的程序

法国行政法学者里韦罗和瓦利纳在二人合著的《法国行政法》一书中较详细地阐释了法国行政立法的程序。他们指出,这一程序有四项基本要求:其一,行政立法(有执行力决定)必须坚持听取作为立法调整对象的个人、组织的意见和陈述。其二,行政立法必须遵守法定形式。其三,行政立法必须遵守法定期限。其四,作出有执行力决定(动态行政立法)的政府部门有义务对所作决定(静态行政立法)说明理由。②

关于确定第一项程序要求的理由,里韦罗和瓦利纳解释道:“政府部门享有制定有执行力决定的特权,其单方签署的决定,被管理者必须执行。在这种情况下,绝对需要有一种程序,使被管理者的权利得到十分可靠的保障,他们

---

① 参见[德]哈特穆特·毛雷尔:《行政法学总论》,高家伟译,法律出版社 2000 年版,第 337~339 页。

② 参见[法]让·里韦罗、让·瓦利纳:《法国行政法》,鲁仁译,商务印书馆 2008 年版,第 511 页。

在大局已定之前(行政立法正式出台之前),就能向政府部门陈述自己的观点。这是行政立法程序所要达到的目标。这一程序可以定义为'关于制定有执行力决定的形式和程序的全部准则,遵守这些准则是行政立法有效性的前提'。"[①]这一程序包含四项具体要求:一是认真听取相对人意见。听取意见必须采取面对面的方式。政府部门在没有事先征求被管理者意见之前,不得作出对其不利的决定。二是遵循客观公正原则。该原则要求政府部门中与之有利害关系的人回避,与之有利害关系的议员不得参加市镇议会的审议活动。三是贯彻实效原则。该原则要求政府部门不得笼统地作出泛泛的、可操作性不强的决定,其有责任对所处理的相应事项作出具体的、有可操作性的规定。四是政府部门在情况允许时应在作出决定前征求特定利害关系人的意见。[②]

关于第二项程序要求,里韦罗和瓦利纳指出,任何行政立法都应遵循某种形式,采用一定格式,遵守某种程序。政府部门在准备作出有执行力决定和作出过程中,要按照一整套程序,收集社会公众意见,进行相应调查,根据需要进行若干咨询、协商,以把政府之外的各种人士吸收到决定制定过程中来。咨询方式主要有三种:一是任意性咨询,即政府部门根据其自由裁量权自行决定咨询。二是强制性咨询,即政府部门制定某些法规,必须向最高行政法院法规审查部门咨询。这种咨询是必须进行的,但对相应咨询意见却非必须采纳。三是必须接受咨询意见的咨询。这种咨询不仅必须进行,而且对相应咨询意见还必须采纳。当然,适用这种咨询的行政立法的情况极少。至于有执行力决定的形式,则是各种各样的,每个政府部门均有该部门所遵从的形式,对于重要的行政立法,则要遵从法律的特定形式。[③]

关于第三项程序要求,政府部门作出一个有执行力决定,必须遵守法律规定的期限;如果违反法定期限,则要被追究责任;如被诉至最高行政法院,不仅要被责令限期履行,还可能因逾期立法受到罚款处罚。[④]

---

① [法]让·里韦罗、让·瓦利纳:《法国行政法》,鲁仁译,商务印书馆2008年版,第511~512页。

② 参见[法]让·里韦罗、让·瓦利纳:《法国行政法》,鲁仁译,商务印书馆2008年版,第512~513页。

③ 参见[法]让·里韦罗、让·瓦利纳:《法国行政法》,鲁仁译,商务印书馆2008年版,第514~515页。

④ 参见[法]让·里韦罗、让·瓦利纳:《法国行政法》,鲁仁译,商务印书馆2008年版,第517页。

关于第四项程序要求，政府部门作出一个有执行力决定，需要说明理由。在20世纪70年代以前，这一要求并不严格，政府部门往往以保密为由不说明任何理由。1979年7月11日，国民议会通过了一项《行政行为说明理由及改善行政机关与公众关系法》，[①]根据该法，首先，说明理由是针对不利于相对人的决定，如限制个人自由的治安措施、处罚、收回或撤销一项已颁布的法律决定等（该法第1条列举了每一种此类决定的详细清单）。其次，根据该法，政府部门作出一项涉及相对人的违反某一普遍性准则的决定，亦必须说明理由（反之，如果相应行政立法既不涉及对相对人不利，又不违反任何普遍性准则，则可不说明理由）。最后，政府部门行政立法说明理由不能使用空话、套话敷衍塞责，否则，最高行政法院将宣布相应法规无效。当然，行政立法如果涉及国家秘密或情势极端紧急时，自可不说明理由，如属情势紧急不说明理由，在紧急情况消除后应相对人的请求仍应补充说明理由。自1979年的上述法律颁布后，法国行政立法说明理由的程序要求较前大为严格。里韦罗和瓦利纳指出，政府部门"没有什么东西需要遮遮掩掩，在对所作决定说明理由时，应阐释自己所认定立法的必要性，这应该是自然而然的事情。况且，如果它们拒绝这样做，岂不是授人以柄，让人怀疑其有不可告人的动机吗？如果政府提出说明理由会耽误和浪费时间，那纯粹是骗人的托词"。[②]

五、韩国行政立法的程序

韩国行政法学者金东熙教授指出，韩国行政立法包括国家（中央层面的）的行政立法和自治团体的自治立法。而韩国国家行政立法又包括具有法规性质的法规命令和不具有法规性质的行政规则。金东熙教授在其专著《行政法》中具体介绍了韩国法规命令制定的程序。根据韩国宪法和政府组织法的规定，作为法规命令的总统令的制定要经过政府法制部门的审查和国务会议的审议；作为法规命令的总理令和部令的制定要经过政府法制部门的审查。

法规命令的制定或修改如涉及国民的权利义务或与国民日常生活密切相关时，其立法草案应由相关行政厅采用官报、公报或者新闻媒体、广播、网信等

① 参见应松年主编：《外国行政程序法汇编》，中国法制出版社1999年版，第568~570页。

② ［法］让·里韦罗、让·瓦利纳：《法国行政法》，鲁仁译，商务印书馆2008年版，第518页。

方式进行预告,公布其立法宗旨、主要内容或者相应法规命令的全文。如果没有特别事由,其预告的时间应当在 20 日以上。对于预告的立法案,任何国民都可以提出意见。相应行政立法的制定机关对于国民提出的意见应当予以尊重,如无特别理由,应对之进行适当处理。相关行政机关可以举行听证会,对听证会中参加人提出的意见,如所基于的事实是有充分根据的,行政机关应予以采纳。

法规命令应当以法律正式文件的形式制定。总统令中应当记载经过了国务会议的审议、总统签名盖章、编号和日期,还要附上国务总理和相关国务委员的副署。总理令和部令要载明编号和日期、国务总理和相关部的长官的签名盖章。所有法规命令都需要在官报上公布。法规命令的施行日通常在命令的文本中明确规定,如无规定,则自公布之日起 20 日后生效。①

第三节　行政立法的效力与监督

一、美国行政立法的效力与监督

关于美国行政立法的效力,美国行政法学者施瓦茨指出,“从质上说,规章具有与法律相同的效力。它们的规定具有法律效力。它们有和法律同样的制裁措施作后盾,特别是它们具有用以强制人们服从的刑事制裁措施,行政立法也许仅仅是准立法或从属立法,因为它的条文必须服从于立法机关的立法,但这并不能改变行政立法的效用与法律本身相同的事实”。②

规章具有法律效力不仅意味着它对行政相对人具有拘束力和执行力,相对人必须遵守和执行,而且意味着对于法院具有适用力,法院在涉及规章的案件中,要像对待立法机关制定的法律那样适用规章。当然,法院对规章有司法审查权,如果规章是行政机关越权或违反法定程序制定的,或者规章的内容与立法机关制定的法律相抵触,法院自然不会适用相应规章。

---

① 参见[韩]金东熙:《行政法Ⅰ》(第 9 版),赵峰译,中国人民大学出版社 2008 年版,第 103 ~ 110 页。

② [美]伯纳德·施瓦茨:《行政法》,徐炳译,群众出版社 1986 年版,第 138 页。

在19世纪,美国一些法院曾经不承认规章具有法律效力,拒绝适用规章。但20世纪以后,特别是“新政”(New Deal)以后,法院改变了态度,承认了规章的法律效力。有这样一个案例:佛罗里达州一位商人因将某种鱼运出州外而受到刑事控告,控告的根据是该州的行政当局所制定的一项规章禁止将此种鱼外运。对此,联邦法律曾经规定,凡州制定的法律规定不得将鱼外运的,违者可受到刑事控告。受理此案的地方法院裁定,当事人违反的是州的规章,而不是州的法律,故驳回该刑事起诉。控告者不服,告到最高法院。最高法院予以改判,认定州的规章亦为州法,规章具有与法律相同的效力。当然这里的规章是指实质性规章(立法性规章)而不是解释性规章。解释性规章只代表行政机关对法律的认识,其本身并不直接影响相对人的法定权利和义务。法院和诉讼当事人可适当以解释性规章作指南,但解释性规章对法院并无拘束力和执行力。①

在美国,对行政立法进行监督的主要方式是法院的司法审查,但国会对规章也享有一定的监督权:可以通过授权法限制规章调整的范围;可以通过规定行政立法程序保留对规章的审查权;可以通过制定新的法律实际废除某一特定规章;有时甚至可以直接通过决议废除某一特定规章。不过,最后一种直接废除规章的方式很少使用,因为直接废除规章被认为是实际行使一种立法权,而国会行使立法权必须受总统的制约,不受总统制约的直接立法是违宪的。在州一级,议会对规章的监督主要有备案和批准两种方式,有的州还规定议会或议会中的任何一院可以通过决议废除特定规章。

法院对规章的审查主要涉及三个方面:其一,规章的内容是否在相应行政机关主管的事项范围之内,是否存在“越权”问题;其二,规章是否考虑了不相关因素或者没有考虑到相关因素,是否存在“专断”问题;其三,规章是否符合宪法、法律的实体和程序的规定,是否存在侵犯法定权利和违反法定程序的问题。

在1946年美国《联邦行政程序法》颁布后,当事人请求对规章进行司法审查通常有两个途径:其一,向法院提起发布“禁止令”(injunction)或“制止令”(prohibition)之诉。在规章已经颁布,但尚未正式实施或尚未造成相对人

---

① 参见姜明安主编:《外国行政法教程》,法律出版社1993年版,第252~253页。

实际损害之前,相对人认为规章越权、违法,将导致其权益重大损害时,可请求法院发布禁止令。但是,根据司法审查“时机成熟原则”(ripeness),相对人提出的可能损害必须是重大的和紧急的。否则,法院将不会启动对相应规章的司法审查。其二,向法院直接提起司法审查之诉。当规章已经颁布,并已实施和已实际造成了相对人权益的损害时,相对人可诉请法院对规章进行审查,宣布被指控的规章无效或撤销该规章。

在司法实践中,相对人根据第一个途径获得对规章的司法审查是相当困难的,法院往往以“时机不成熟”为由拒绝审查。只是到了1976年,最高法院才在一个案例中改变态度,提出规章一经发布即可提出异议和请求审查,除非法院有拒绝审查的某些特别理由(如需要有规章在实际执行中加以澄清的某种事实问题等)。

国会的法律对规章审查标准和审查范围未作明确的规定。在实践中,法院对依“审判式听证”程序制定的规章往往适用“实质证据”(substantial evidence)标准(又译作“可定案证据”标准)。因为行政机关制定此种规章,必须举行正式审判式听证,制作有详细记录的案卷。法院只能根据案卷中所收录的各种证据、资料、当事人的陈述和辩论等,审查规章的制定是否合法、是否越权和规章制定是否有“实质证据”。法院对依公告—评论程序制定的规章通常适用两种审查标准——“正当法律程序”(due process of law)标准和“专断与反复无常”(arbitrary and capricious)标准。因为行政机关依公告—评论程序制定规章通常不举行口头辩论,不制作详细记录,没有详细案卷,而且行政机关对规章中的许多问题是根据自由裁量权和政策考虑处理的,故法院对这种规章审查的范围要小于依审判式听证程序制定的规章。法院适用“正当法律程序”标准审查规章,指法院仅审查规章的制定是否遵循了法律规定的最起码的程序:事前是否进行了公告和通知,是否为公众提供了适当的参与机会,对公众的评论意见是否进行了适当的考虑等。法院适用“专断与反复无常”标准审查规章,指法院重点审查规章制定所依据的事实是否存在必要的证据,规章的内容是否参照了前例,行政机关根据相应事实所作出的结论是否合理和符合逻辑等。“正当法律程序”标准和“专断与反复无常”标准主要是审查行政规章的合理性,而不是审查其正确性。行政机关制定相应规章只要遵循了正当法律程序,且收集和考虑了有关证据和前例,就是合理的,法院即承认相应规章是有效的，而不管该规章规定了什么样的政策，和它所基于的是什么事实和证据。有这样一个案例：1976年，联邦环保局发布了一项规章，规定有关交通工具必须减少使用某种汽油添加剂。理由是这种汽油添加剂将导致人体损害。该规章被提起司法审查。地区法院部分法官认为，该规章的证据存在瑕疵。他们要求环保局说明汽油中的化合物怎样从油箱中散发出来和通过环境进入人体，怎样给人体健康造成损害和造成怎样的损害。由于行政机关不能释明这整个因果关系的链条，他们主张法院应该撤销该项规章。但地区法院的多数法官认为，有些行政规章所根据的是某些新的科学领域的知识，其所作出的规定具有预防的性质，对此，要求行政机关严格举证是困难的。只要行政机关的决定不是基于预感或任意推断，法院一般应予维持。巴兹伦(Judge Bazelon)法官指出，法院对事实的司法审查应严加限制。由技术上外行的法官对数学上和科学上的证据进行实质审查是不现实和危险的。审查法院最多能通过审查行政机关是否严格地遵守法定程序要求和是否向公众说明它的事实根据而评价规章制定的合理性。①

法院根据“实质证据”标准对依审判式听证程序制定的规章进行审查，因为有详细行政案卷，其难度相对要小一些。但是，当案卷中的事实争议与政策考虑混合在一起时，问题也会显出其复杂性。例如，行政机关制定一项最低工资和最高工时的规章，既依据了解决劳资关系问题的政策考虑，也依据了对有关企业、公司的调查中所获得的资料。如果作为相对人的原告对后者提出异议，并向法院提交他们调查所获得的不同于行政机关的材料和结论，问题就变得相对复杂一些。此外，行政机关有时难于或者不可能收集到足够的事实证据，因为这样做成本太大并造成时间耽误，或者因为现代科学技术尚不足以向人们提供完全满意的结论，而相应规章的制定又是必需的和不能拖延的。在这些情况下，均会给法院的审查带来较大的困难。针对这些情况，法院现在审查规章时往往对行政机关所作的事实分析和结论采取较大限度尊重的态度。例如，联邦职业安全和卫生管理局发布了一个关于石棉灰尘散发标准的规章，被规制的企业不服，在石棉灰尘对工人的危害程度以及企业执行该规章的

---

① See Ernest Gellhorn & Barry B. Boyer, *Administrative Law and Process*, West Publishing Co., p. 269-270.

可行性问题上与行政管理机关有着重大的技术争议。法院在审理这一争议时指出,某些事实结论需要建立在对广泛情报资料的收集、分析和评价的基础上。这种收集、分析、评价主要是行政机关的任务。某些争议属于科学知识领域,而现在的科学知识又尚不足以支持行政机关的决定。在这种情况下,行政机关所依据的政策考虑和权衡是重要的。当然,现在司法审查的"实质证据"标准并不允许行政机关完全不要事实支持而仅根据主观评判制定规章,只是法院采取了对行政机关的事实分析及结论比过去更加尊重的态度。

20世纪70年代以后,美国对行政立法的监督,除国会和法院(主要是法院)仍是基本监督主体以外,行政系统也开始构建一定的监督机制。在卡特(James Earl Carter)政府时期,曾在白宫成立了一个行政管理分析审查处,由有关行政部门和独立规制机构的负责人组成。其职能之一是审查行政机关制定的重要规章的合法性与合理性。相对于司法审查来说,行政审查更注重于规章的政策根据。但总的来说,由于美国人对于司法审查情有独钟,故行政审查和立法审查在美国均不具有重要地位。①

二、英国行政立法的效力与监督

英国行政立法的效力的最重要的特色在于,行政立法可以一定程度地、有限地修改议会的立法。韦德和福赛合著的《行政法》(第10版)就行政立法修改议会立法举了三个典型例子:第一个例子是1972年的《欧共体法》授权行政机关可以通过枢密院令和部门规章的形式规定在英国适用欧盟法,并确定欧盟法的效力高于英国议会立法的效力。同这种授权相伴的,是英国对欧盟承担的需要通过此类授权机制使欧盟法和欧盟指令在英国国内生效的广泛责任(当然,随着现在英国退出欧盟,这种广泛责任即不再存在)。第二个例子是2006年的《立法与规制改革法》。该法规定,部长基于避免"任何不利负担"的目标,可以修改任何立法(包括《议会法》)。尽管这一权力如今被加以限制,部长只有在为了确保其"监管职能"以"透明、负责任、合比例、前后一贯"的方式实施时,且只有在"必要时",方能行使该权力。此外,部长对立法的修改还须满足以下六项条件:(1)政策目标意在确保该修改条款不会以非

① 参见姜明安主编:《外国行政法教程》,法律出版社1993年版,第260~263页。

法的方式实施;(2)修改相应立法条款的实施效果应与政策目标合乎比例;(3)将法律作为一个整体来看待,修改条款并不会对公共利益和受不利影响之个人的利益两者间的平衡产生影响;(4)修改相应立法条款不应消减任何法律上的必要的保护机制;(5)修改相应立法条款不应妨碍任何人继续行使其合理期待享有的任何权利和自由;(6)修改相应的立法条款不具有宪法的属性。第三个例子是1998年的《人权法》。该法第四节规定了一项"不相容性宣告"(a declaration of incompatibility)制度。依此制度,某一议会制定法条款一经被宣告同《欧洲人权公约》的权利不相容,则相关部长可以颁布"补救性命令"(remedial order)对先前的议会立法进行必要的修正——包括对该法未被宣告不相容的条款规定进行修正,这些命令具有溯及力。当然,"补救性命令"的颁布需经上下两院共同批准。

行政立法修改议会立法的权力,特别是"特定或必要"情形之外的修改,使部长们拥有了特殊的权力,这也就引发了与议会最高地位(议会主权)相关的宪法问题。对此,法院秉持"限缩且严格解释"的原则,对关于授权条款适用范围的任何争议,都必须在控权的立场上解决。法院要求对议会立法的任何修改都必须有明确的制定法根据,而不能仅通过制定法的表述来推断。①

英国法院控制和监督行政立法的基本依据和标准是越权无效原则,部长发布的命令或地方当局制定的地方规章都不能超越他们的管辖权限,违背议会立法的授权。例如,法院曾宣布劳动部长发布的一项对俱乐部征收劳工培训税的命令无效,因为1964年《劳工培训法》对此未作授权;又如,法院撤销了国务大臣制定的一项限制机场每日降落飞机数量的规章,因为法律授权国务大臣制定旨在降低机场噪声的规章,但国务大臣制定限制机场每日降落飞机数量的规章无助于降低机场噪声,故超越了立法授权的目的;再如,法院还确认一项监狱过分干预罪犯通信自由的管理规定无效,因为该规定超越了法律的授权;复如,一项地方政府关于禁止人们在公共场所赌博的规章被法院确认无效,因为该规章的规定修改和扩张了议会立法对地方政府授权的规定。

---

① 参见[英]威廉·韦德、克里斯托弗·福赛:《行政法》(第10版),骆梅英等译,中国人民大学出版社2018年版,第654~657页。

除越权以外,法院控制和监督行政立法的根据和标准还包括“不确定性”(uncertainness)、“不合理”(unreasonableness)、违反“自然正义”(natural justice)和“程序错误”(procedural errors,即违反法定程序)。一项行政立法如果不具有符合常理的确定性,即可被法院确认无效。例如,一部地方当局制定的规章因规定“任何人不得在大街上随意骚扰路人”,被法院认为具有“不确定性”而确认无效;一部禁止在游乐场飞行滑翔机但没有详细规定应在多少高度下禁止飞行的行政规章,亦被法院认为具有“不确定性”而确认无效。法院以“不合理”为由撤销行政立法的例子更多。以地方当局制定的实施规则为例,如果其对于不同阶层的人们规定了不平等待遇或对特定人存在偏袒,如果有对相对人严重的不公正要求,如果规章的内容表现出恶意,如果规章限制了适用对象的权利或者给予了某些对象以常人所不能享有的特权,那么,法院就会认为,议会绝不会授权地方当局制定这样的规则,这些规则是“不合理”的,也是“越权”的。例如,有的城市规定,非经市长明确许可,禁止人们在任何街道上演奏乐曲、唱歌或者演说;有的城市规定,人们不得在海滩上兜售贝壳;或者禁止人们在公共市场内流动售货等。这些地方行政立法都被法院认定为“不合理”,从而被法院确认无效。至于自然正义原则,主要是适用于行政行为而不是适用立法行为的。但在行政立法中,遵循自然正义原则也得到了广泛的承认,如确定律师收费的委员会发布或废止律师分阶段收费的规定时应咨询律师协会,并听取其意见。有些法律也对这种听取意见的义务加以了规定,有一个案例:法律要求部长在制定一项劳工培训规则前须听取其认为有代表性的组织的意见,该部长邀请了许多组织就一项农业产业领域的劳工培训规则提出意见,但有一封邀请信误寄给了别的组织,本应听取其意见的组织因没有收到邀请信而未能提出意见。从而导致相应规则对该组织的成员不发生效力。自然正义原则包含的另一项规则是任何人不得做自己案件的法官。有一项行政规章授权一个保险委员会裁决对其自己保险基金提出的索赔请求,该规章即因授权保险委员会做自己案件的法官而被宣告无效。至于法院依“程序错误”(违反法定程序)标准审查和监督规章,则应区分法定程序是强制性的还是指导性的:如果法定程序是强制性的,违反此种程序导致相应行政立法无效;如果法定程序仅仅是指导性的,违反此种程序则不影响相应行政立法的效力。①

在英国,议会对行政立法的监督也是行政立法监督的一种形式,但是一种不很重要的形式。议会监督主要有两种方式:一种是“批准”方式(通常适用于增加税收或公民负担的行政立法);另一种是“否决”方式。根据第一种方式,行政立法制定后,必须送交议会两院批准(如果行政立法涉及的是财政性内容,则只需下议院批准)。未经议会两院批准,相应行政立法无效。根据第二种方式,行政立法制定后即提交议会,议会在 40 日内可启动审查程序并作出决定。如议会作出“否决”决定(但不能修改),相应行政立法即无效;如议会在 40 日内不作出“否决”决定,相应行政立法即生效。议会对行政立法的监督还有一种“备案”的形式。议会对备案的行政立法没有特别的监控手段,“备案”只是让议会议员们知晓有这项行政立法。如果他们有异议,之后可以向相应部长提出质询。1973 年,议会两院设立了一个审查监督行政立法的联合委员会,由两院各 7 名议员(如审查涉财政性内容的行政立法时,则只由下议院的 7 名议员参加)组成,委员会主席通常由下议院 1 名反对党议员担任。联合委员会的审查主要集中于行政机关行使授权立法的方式、形式和各种技术层面的问题,其基本目标是保证行政立法符合依法行政的标准,而不关注和重视行政立法所涉政策问题。联合委员会经过审查,决定是否将相应行政立法提交议会辩论和作出处理。②

三、德国行政立法的效力与监督

德国行政立法——法规命令——只要符合德国《基本法》和法律的规定,遵守相应授权法的要求,其制定符合法定程序和形式,即具有法的效力,属于重要的法律渊源。

在德国,享有对行政立法进行审查和监督的主体主要有行政法院、宪法法院和行政机关(包括法规命令制定机关的上级机关和其他法律监督机关)。根据德国《联邦行政法院法》第 47 条的规定,任何人认为法规命令(限于州法

---

① 参见[英]威廉·韦德、克里斯托弗·福赛:《行政法》(第 10 版),骆梅英等译,中国人民大学出版社 2018 年版,第 664~673 页。

② 参见[英]威廉·韦德、克里斯托弗·福赛:《行政法》(第 10 版),骆梅英等译,中国人民大学出版社 2018 年版,第 682~685 页。

规命令而不及于联邦法规命令)侵害其权利或者在可预测的时间内侵害其权利时,均可向高级行政法院申请规范审查,请求其确认相应法规命令无效。另外,行政相对人在提起对行政行为的行政诉讼时,亦可附带提起对行政行为所依据的法规命令的异议,请求行政法院撤销相应法规命令。行政相对人认为法规命令违宪时,在穷尽了其他法律救济途径后,可以向联邦宪法法院提出申诉,请求其撤销或确认无效。①

行政相对人向行政法院申请审查和确认行政立法无效或部分无效的时效为两年。享有申请权的主体包括因法规命令内容本身和其适用而致其权利或可预期的权利受到侵害的自然人、私法人和公法人。可被申请审查的行政立法规范主要是法规命令(含乡镇条例)、特别条例、自治规章和公法协议。被申请审查的这些行政立法规范必须具有外部效力和行政立法形式,对采取行政行为形式但内容是行政立法的文件,只能提起撤销之诉。对于机关组织章程,只有在其内容包含法规范的情况下才能诉诸行政立法规范审查;对于内部行政规则,只有具有一定外部化效果和补充法律制度的内容和作用时,才能诉诸行政立法规范审查。申请人不得对行政立法草案申请规范审查,但对已经发布但尚未生效的行政立法可申请审查。对不成文的法规范,特别是法律位阶之下的习惯法(如地方习惯),申请人可申请审查。另根据德国《联邦行政法院法》第40条的规定,申请人申请对行政立法进行解释和适用的争议,只有相应争议属于普通行政法院的管辖范围的,才能诉诸规范审查。规范审查的被申请人是制定所讼争的行政立法规范的机关、团体、设施和基金会(及其权力承受人),其有陈述和表达意见的权利。法院审查的标准包括联邦法律及基本法。经审查,如果申请人的申请理由成立,行政立法规范内容违法、形式违法或者程序违法,法院应确认和宣告行政立法的相应规范无效或整个行政立法无效。如果经审查,法院认为行政立法的瑕疵可以补正,法院也可以判决其补正。行政法院对行政立法的审查判决不能上诉。如果高级行政法院认为相应案件具有特殊重要意义,或者其判决与联邦行政法院或最高法院联席会议的判决不一致,高级行政法院应将其判决意见移送联邦行政法院裁决。

---

① 参见[德]哈特穆特·毛雷尔:《行政法学总论》,高家伟译,法律出版社2000年版,第338~341页。

另外,如果被审查的行政立法规范可能对当事人造成严重不利或有其他重要的急迫理由,当事人可以向行政法院申请临时法律救济。①

另外,行政机关在履职过程中如果发现法律或者上级机关制定的法规命令有违宪违法情形,可向上级行政机关或者专门法律监督机关提出异议。如果其异议不被采纳,行政机关仍然应适用其认为有问题的法律或法规命令而无“拒绝适用权”,除非相应法律或法规命令明显违宪或违反刑法(对此种法律或法规命令有“拒绝适用权”)。行政机关对其认为有问题的法律或法规命令提出异议以后,其对执行相应法律或法规命令即无责任,而由受理异议的上级行政机关或者专门法律监督机关负责。②

四、法国行政立法的效力与监督

关于法国行政立法的效力,里韦罗、瓦利纳在其合著的《法国行政法》一书中指出:“有执行力的决定不仅享受先决特权,而且,倘有必要,政府可以强制执行自己的决定。”③所谓“先决特权”,是指在未经法官进行任何审查之前,有执行力决定就被推定为合法。这意味着:(1)立即承认该决定确立的相对人的法律地位,相对人即具有了该决定所赋予的权利义务,必须作出相应作为或不作为;(2)相对人可通过行政诉讼,向法官提出证明相应有执行力的决定违法的证据(承担举证责任),请求法院撤销该决定;(3)相对人提起诉讼不停止相应决定的执行,直至法官确认相应决定违法并撤销该决定。

法国行政立法的执行有三种情况:(1)对全部或者部分应由政府自己执行的决定,政府为执行可采取任何必要的措施。(2)对授予相对人某种权利或资格的决定,其权利由相对人自己行使,政府不得阻挠。(3)对赋予相对人某种义务责任的决定,原则上是由相对人自行履行;相对人如不履行,可能受到刑事法官的传讯和被依法追究刑事责任;或者依政府部门制定的行政处罚办法予以行政处罚。此外,政府部门还可以采取强制执行措施保障相应决定

---

① 参见[德]汉斯·J.沃尔夫、奥托·巴霍夫、罗尔夫·施托贝尔:《行政法》(第1卷),高家伟译,商务印书馆2002年版,第306~311页。

② 参见[德]汉斯·J.沃尔夫、奥托·巴霍夫、罗尔夫·施托贝尔:《行政法》(第1卷),高家伟译,商务印书馆2002年版,第300~301页。

③ [法]让·里韦罗、让·瓦利纳:《法国行政法》,鲁仁译,商务印书馆2008年版,第526页。

的执行。采取强制执行措施的条件有三:其一,所执行的决定必须有法律根据;其二,决定的执行已遇到了积极或消极的抵抗;其三,用其他办法已无法排除抵抗。在出现紧急情况时,即使不具备上述三项条件亦可强制执行(且无须求助于刑事制裁)。这正如法学学者罗密欧(Levasseur)所说:"火上了房,无须法官批准,即应往那里派遣消防队员。"①紧急情况发生时甚至允许政府直接采取行动,不必事先作出执行决定。当然,政府采取强制执行措施也不能为所欲为,而必须遵守比例原则,执行措施的强度不应超出执行所追求的目标,应局限在必不可少的最低限度内。

法国对行政立法的监督有四种方式:一是由政府部门自行审查和撤销。政府部门通过自行审查,发现其行政立法存在瑕疵,可自行撤销或废止相应行政立法(亦应遵循信赖保护原则)。二是行政立法的调整对象(相对人)向相应行政立法机关提出"异议申诉",或向其上级机关提出"越级申诉",相应行政立法机关或其上级机关对被申诉的行政立法进行审查,并决定是否撤销或废止。三是相对人向行政法院提出确认相应行政立法违法或无效的诉讼请求,要求行政法官撤销该行政立法。依此种方式起诉最常见的是由相对人提出越权指控,法院对此作出的判决具有追溯力和普遍效力(对所有人有效)。四是相对人向行政法院提出"违法抗辩",行政法院据此不是判决撤销废除相应行政立法,而是剥夺其引起争讼的效力,即确认相应行政立法无效(绝对无效②)。绝对无效的行政立法具有特别严重的瑕疵,实际上只有法规的外表,而没有政府法规的真正内容。因此,法院对这种行政立法没有什么需要撤销和废除的(法官不能撤销、废除实际上不存在的东西),法官只能确认相应法规无效(绝对无效)。③

五、韩国行政立法的效力与监督

关于韩国行政立法——法规命令——的效力,韩国学者金东熙指出:"由

---

① 参见TC,1954年5月12日关于法国广告社案的裁定,(载JCP,1954,Ⅱ,n°8382)。转引自[法]让·里韦罗、让·瓦利纳:《法国行政法》,鲁仁译,商务印书馆2008年版,第530页。

② "绝对无效"是相对于"相对无效"而言。行政立法的内容某一成分或要素违法和存在瑕疵可能构成"相对无效"。行政立法"相对无效"的情形较少。

③ 参见[法]让·里韦罗、让·瓦利纳:《法国行政法》,鲁仁译,商务印书馆2008年版,第526~541页。

于法规命令具有法规的性质，违反法规命令的行政机关的行为是违法行为，可以作为无效或撤销的原因。国民因行政机关违反法规命令的行为致其权益受到侵害的可以提起行政争讼（行政争讼含行政复议和行政诉讼），请求确认相应行为无效或撤销相应行为，而且可以通过提起损害赔偿诉讼，请求赔偿自己受到的损失。"①

关于韩国对行政立法——法规命令——的监督，金东熙列举了三种监督方式。

（一）政治监督

政治监督包括议会监督和民众监督。议会监督又分为间接监督和直接监督。前者指国会通过预算案审议，国政监督调查，对国务总理、国务委员解任的建议、弹劾追诉等途径对法规命令进行监督；后者指国会通过保留对法规命令的"最终同意权"或"承认权"对法规命令进行监督。根据韩国《国会法》第98条的规定，总统令、总理令、部令、训令、例规、告示等法规命令的制定、修改和废止应向国会所属常任委员会提出。常任委员会定期召开委员会或常设小组委员会，研究检讨总统令、总理令、部令（训令、例规、告示等除外），如认为这些法规命令与法律的宗旨和内容不符时，可通报给相应中央行政机关的负责人。民众监督的内容包括：起草法规命令案应向国民预告或举行听证会，听取相对人的意见；听证会上相对人的意见应在相应法规命令中有所反映和体现。

（二）行政监督

对于法规命令，上级官厅对下级官厅可行使指挥和监督权。上级官厅通过训令，可指示下级官厅确立行政立法的基准、方向，并监督和防止其违法进行行政立法。另外，法制处作为国务总理的直属机构，能够审查各部、处向国务会议提交的法规案。韩国《行政程序法》第41条规定，各部、处凡计划制定与国民权利、义务和日常生活密切相关的法规命令，行政厅都要对之进行预告。②

（三）司法监督

司法监督包括法院的监督和宪法裁判所（宪法法院）的监督。韩国法院

---

① ［韩］金东熙：《行政法Ⅰ》（第9版），赵峰译，中国人民大学出版社2008年版，第104页。

② 参见应松年主编：《外国行政程序法汇编》，中国法制出版社1999年版，第558~559页。

不对法规命令进行抽象的规范审查,只在审理具体案件时对法规命令作为先决问题进行间接审查。如果法院通过间接审查,确认法规命令的特定条款违宪、违法,该法规命令只在该案中无效和排除适用,法院并不能撤销该法规命令,终止其之后的效力。不过,法院确认相应法规命令在具体案件中违宪、违法后,应将之通报给行政自治部长官,行政自治部长官应当立即将其刊登在官报上,这自然会导致法院在其他案件中也不适用该法规命令。此外,当法规命令直接影响国民的法律地位且在相关法规命令中认可了其处分性时,法院可以直接撤销,实现直接监督。

关于对行政立法的宪法裁判所监督,根据韩国《宪法》第 107 条第 2 款的规定,当命令、规则等是否违宪、违法成为案件审判的前提时,大法院具有进行最终审查的权限。而以韩国《宪法》第 111 条第 1 款第 5 项为根据制定的韩国《宪法裁判所法》第 68 条第 1 款规定,宪法裁判所享有对国民提起的除法院行使司法权力以外的其他公权力机关行使和不行使公权力行为的宪法诉讼的审判权。有韩国学者认为,这一条款即赋予了宪法裁判所对法规命令是否合宪、合法的审判权(但也有学者不认可这种观点)。宪法裁判所自己认为,行政立法的相关规定如果直接侵害相对人的基本权利时,相对人可对此提起宪法诉讼。①

---

① 参见[韩]金东熙:《行政法 Ⅰ》(第 9 版),赵峰译,中国人民大学出版社 2008 年版,第 104~114 页。

第五章 行政行为

第一节 行政行为的概念与范围

一、德国行政行为的概念与范围

根据德国《联邦行政程序法》第 35 条的规定，行政行为是行政机关为处理公法领域的具体事项而作出的具有直接对外效力的处分、决定或其他官方措施。行政行为的作出主要应符合下述要求：(1)行政行为的附款必须合法且符合行政行为的目的。(2)行政行为在内容上必须全面和确定；行政行为可以书面、口头或其他方式作出，但对于口头行政行为，相对人适时提出有正当理由的请求时，应为之以书面方式证实；书面行政行为必须署名，应有相应行政机关负责人或代任人或代理人签名或复制的署名(盖签名章)；但借助自动设备作出的书面行政行为可省略签名或复制署名，行政行为(行政决定)的内容可采取摘要形式表示。(3)行政机关欲作出未来将实施某一行政行为或不作为的允诺，需采用书面形式，如法律有相应要求，其许诺应在听证参与人、其他行政机关或委员会共同参与下作出。(4)书面行政行为或书面证实的行政行为须书面说明理由，含重要事实根据和法律理由；如属裁量行为，应说明其行使裁量权所基于的考虑。(5)行政机关依授权实施裁量行为，应符合授权目的，遵守法定裁量界线。①

德国行政法学者毛雷尔指出："在法律上，行政行为长期以来表现为命

① 参见应松年主编：《外国行政程序法汇编》，中国法制出版社 1999 年版，第 177 页。

令、决定、许可、豁免等。但自 1945 年以后,其被纳入了一个统一的、广泛的概念,特别是根据第二次世界大战后通过的《行政法院法》,法律保护的保障和调整针对所有的'行政行为'。"①毛雷尔认为,德国行政行为具有下述五项特征。

其一,行政行为具有处理行为的属性。处理行为是一种具有法律约束力的命令,是一种以实现某种法律后果为目的的意思表示(或相互协调一致的多个意思表示)。其法律后果表现为法律权利或者义务的设定、变更、解除或具有法律约束力的确认,或者——如果承认对物的行政行为——确定某个财产的法律归属。处理行为具有两层含义:一方面是指作出行政行为的活动;另一方面是指这种活动的结果,即已经作出的行政行为及其因此产生的法律后果。由于行政行为具有处理行为的属性,故下列行政活动不属于"行政行为":(1)纯事实性的行政活动(事实行为)。除事实性的日常工作(如警察清除交通路障、城市露天游泳池的养护等)之外,事实行为主要指仅具有通知或评估性质而不直接产生法律效果的宣告行为。(2)准备行为和阶段性行为。但不包括部分许可行为和临时决定行为。(3)具有法律意义,但没有命令特征的意思表示行为。如撤销某一声明、指定行为日期、在行政法上债务关系的范围之内允许延期履行债务、行使对偿还债务的抗辩权等行为。

其二,行政行为具有主权性。行政行为(尤其是执行公法规范的行为)由于是处理行为,属于公法行为范畴,必然具有主权性。故下述行为不属于行政行为:(1)所有私法上的法律行为都不是行政行为。如行政机关解除私法租用合同、对公共必需品采购的分配等。"行政私法"措施应归入私法,不能采取行政行为的形式作出。(2)宪法、诉讼法、教会法及国际法等其他公法上的行为。由于这些公法行为不具有行政法上的处理行为性质,亦不属于行政行为。

其三,行政行为是处理具体事项的行为。行政行为的这一特征使它与行政立法行为区别开来,故法规命令不属于德国行政行为的范畴(在其他一些国家,法规命令等行政立法行为亦属于广义行政行为的范围:属于广义行政行为中的抽象行政行为)。与行政立法比较,行政处理行为只指向特定的个人

---

① [德]哈特穆特·毛雷尔:《行政法学总论》,高家伟译,法律出版社 2000 年版,第 181~182 页。

或针对具体事项；有时行政处理行为针对的不是某一个人，而是针对特定的多数人或者可以确定的人群。个别与一般的区别不应根据相对人的数量确定，而应根据相对人的范围是否明确来确定——视其范围是封闭的还是开放的（如警察解散集会，集会参加人的范围是确定的，故解散集会行为是行政行为）。有时，行政行为虽然指向数量不确定的人，但针对的是特定的事项，如警察禁止人们参加今后某日举行的示威集会，或者禁止人们进入某个有安全隐患的房屋，这些行为指向的都是数量不确定的人，但针对的是特定的事项，故也都是行政行为。

其四，行政行为是行政主体实施的行为。虽然德国《联邦行政程序法》没有使用“行政主体”而使用的是“行政机关”，但该法规定，行政机关是“执行公共行政任务的任何机构”，不仅包括纳入国家行政系统的行政机关，而且包括被授权执行行政任务的组织，如宪法机构（联邦总统、联邦议会机构、联邦部长）、乡镇机构、有关独立机构（如考试委员会）等。行政行为不包括立法行为、统治行为、私人行为和行政合同行为（行政行为是行政主体的单方行为，行政合同行为是一种合意行为）。

其五，行政行为是直接产生外部法律效果的行为。行政行为是超越内部行政领域，影响外部公民、法人权利义务的行为。行政行为是以直接产生外部法律效果为指向，不仅对外产生事实上的效果，而且对外产生法律上的效果。因此，上级行政机关对下级行政机关或者公务员发布的有关机构和公务活动方面的指令不是行政行为。至于上级对下属公务员发布的其他指示、命令，则应该区别对待：如果对公务员以其公务身份发布指示、命令，则是内部性质的，不是行政行为；但如果对公务员以其个人（相对人）身份发布指示、命令，所作出的行为就不完全具有内部性，因为影响公务员个人的权利义务，过去，德国将这种关系视为特别权力关系（特别法律关系还包括教育关系、公共设施使用关系等），不适用行政救济。但德国《联邦行政法院法》通过和实施以后，这类行为均开始逐步被视为行政行为，权利受到所属行政机关决定、命令侵害的公务员以及受到学校教育处罚的学生等，均可请求行政法院救济。①

---

① 德国行政行为的上述特征参见［德］哈特穆特·毛雷尔：《行政法学总论》，高家伟译，法律出版社 2000 年版，第 183～195 页。

二、法国行政行为的概念与范围

法国行政法学者佩泽尔在其所著《法国行政法》一书中认为，法国行政法可依据组织概念和功能概念两个标准加以界定和阐释。依据组织概念标准，行政行为是指行政机关、行政组织实施的行为。有些组织机构就其本身而言即具有公共性质，如公共机构；而另一些组织机构则具有私人性质，如公益机构、根据法律成立的协会、混合经济公司、行业工会等。原则上，一个行为是由行政组织（公共机构）作出的即为行政行为，一个行为是由私人性质的组织或个人作出的即是非行政行为。但实际上，这种区别通常是十分微妙的，这主要是因为公共权力机关并不总是在名称上明确指明它们是公共机构还是公益机构。

依据功能概念标准，行政行为是指行使公共权力，履行公共管理与公共服务职能的行为，即为行政法所调整的行为。依此标准，并非所有出自私人性质的组织或个人的行为均非行政行为，不受行政法调整；当某些私人性质的组织或个人的行为与履行公共服务职能相关，并享有公共权力的特权时，它们即被认为是行政行为。法国最高行政法院自 20 世纪 40 年代以后有多个判例确立了这一原则，如其在 1961 年 1 月 13 日所作出的油业全国联合会案判决即认定负责管理工商领域中公共服务业的油业全国联合会的行为为行政行为。①

佩泽尔根据他关于行政行为的概念，进一步对行政行为与立法行为、司法行为的区分进行了阐释。他指出，区分行政行为与立法行为有两个标准：一是形式标准；二是实质标准。根据形式标准，议会按照立法程序制定法律的行为是立法行为；行政机关实施的受行政法调整的行为是行政行为。他认为，这种区分有重要意义，因为立法的法律制度是非常特殊的，不受行政法官的监督（法国《宪法》第 37 条规定的自治规则除外），法律效力高于行政行为。根据实质标准，一些学者（如狄骥、热兹等）认为，所有具有普遍意义的行为（制定法律、行政法规）是立法行为，而所有具有个别意义的行为则属于行政行为。区分行政行为与司法行为同样有两个标准：一是形式标准；二是实质标准。根

---

① 参见［法］古斯塔夫·佩泽尔：《法国行政法》（第 19 版），廖坤明、周洁译，国家行政学院出版社 2002 年版，第 25~26 页。

据形式标准，行政机关实施的行为是行政行为，司法机关以及那些有司法特征的机关（如最高行政法院、行政上诉法院、行政法庭、审计法院等）实施的行为是司法行为。当行为机关的性质不能确定时，依此标准区分行政行为与司法行为就十分困难。根据实质标准，实施公共管理和公共服务的行为是行政行为，解决争议的行为是司法行为。司法行为与行政行为的法律制度（如二者的程序、管辖权等）是非常不同的。但许多司法组织，在司法活动之外还实施一些纯粹行政的活动，行政机关也会进行一些裁决纠纷的活动。此外，一些专业性组织有时会扮演一种司法角色（如行业协会对会员做出纪律处分的决定等），有时又会扮演一种行政角色（如行业协会对会员进行注册登记等）。[①]

三、日本行政行为的概念与范围

日本行政法学者南博方教授指出，在日本，“行政行为”并非法律用语，而是一个学术概念，是对行政活动中区别于其他活动且服从特殊规律调整的行为所作的概括。在法律上，根据不同情况，通常使用“许可”“禁止”“命令”等表示具体措施的用语。作为这些行为的总称，不称为“行政行为”而使用“行政机关的处分”或“行政处分”。[②] 据此，南博方教授给行政行为下了一个定义：“所谓行政行为，是指行政机关为了调整具体事实，作为公权力的行使，对外部采取的产生直接法律效果的行为。”[③]他认为，行政行为具有下述四项特征：其一，行政行为是行政机关的行为，行政机关以外的机关的行为不构成行政行为。其二，行政行为是调整具体事实的行为。因此，一般性、抽象性的行政立法（如政令、府令、省令等）及条例、规则等不是行政行为。关于行政计划的性质，学说上众说纷纭，但日本最高法院的判例确定其不是行政行为。[④] 其三，行政行为是作为公权力的行使所采取的行为。所谓“公权力的行使”，是指行政机关单方面地认定事实，解释和适用法律的行为。因此，缺乏单方面性的私法行为（如国有财产的拍卖等）及行政契约等不是行政行为。其四，行政

① 参见［法］古斯塔夫·佩泽尔：《法国行政法》（第19版），廖坤明、周洁译，国家行政学院出版社2002年版，第27~28页。

② 分别参见日本《行政复议法》第1条和《地方自治法》第242条第2项。

③ ［日］南博方：《日本行政法》，杨建顺、周作彩译，中国人民大学出版社1988年版，第33页。

④ 参见《日本最高法院民事判例集》第20卷第2号，第271页。

行为是对外部采取的产生直接法律效果的行为。首先,行政行为是对外部(对国民)采取的行为,因此,上级行政机关对下级行政机关的监督、命令等行政机关的内部行为不是行政行为。其次,行政行为必须产生直接法律效果,即依据法律形成国民的权利义务或确定其权利义务范围,因此,不产生法律效果的报告、通知及工程建设等单纯的事实行为不是行政行为。最后,行政权的行为中,关系国家存亡及国家统治之根本的高度政治性的最高国家机关的行为(如缔结条约、解散国会等)称为"统治行为"。对于这种行为,排除法院的司法审查。①

南博方教授认为,行政行为与私法行为在性质上主要有三点区别:其一,私法行为是体现行为人内心意志的外部表示,不能单方面地约束对方,而行政行为是对法律的执行,可以单方面地具体体现法律的内容。其二,在私法行为中,意志具有优越地位,甚至可以订立与法律(任意法)内容不同的契约,而在行政行为中,则是法律优先,不得实施与法律(强行法)相抵触的行为。其三,在私法行为中,由于重视内心意志,其效力便始终取决于意志与表示的关系,而行政行为的效力则取决于法律的规定,原则上排除适用民法中关于意志表示的诸项规定。

在日本《宪法》之下,虽然一切行政法上的争议都服从法院的终局裁决,但在行政活动中,国民只有对行政行为才能提起行政不服申诉(包括异议申诉、行政不服审查请求②等)或者抗告诉讼(包括撤销处分的诉讼、撤销裁决的诉讼、无效确认的诉讼以及确认违法不作为的诉讼等③)。且国民对行政行为提起行政不服审查或诉讼时,实行不停止执行原则,④同时不能请求民事诉讼法上的临时处分。⑤ 此外,行政行为还具有"不可争力"和"行政自执行力"的特征。"不可争力"是指行政相对人一旦超过不服申诉期限和起诉期限,就不能对行政行为效力进行争讼。"行政自执行力"是指当行政行为规定的义

---

① 参见[日]南博方:《日本行政法》,杨建顺、周作彩译,中国人民大学出版社 1988 年版,第 33~34 页。

② 行政不服审查请求相当于我国的申请行政复议。

③ 撤销处分的诉讼、撤销裁决的诉讼、无效确认的诉讼以及确认违法不作为的诉讼等均是日本抗告诉讼的不同形式,而抗告诉讼又是日本行政案件诉讼的一种类型。

④ 参见日本《行政复议法》第 34 条第 1 款和《行政案件诉讼法》第 25 条第 1 款。

⑤ 参见日本《行政案件诉讼法》第 44 条。

务得不到履行时，行政机关可以自行（无须申请法院）执行行政行为的内容。①

行政行为的内容非常广泛，形式多种多样。室井力教授在其主编的《日本现代行政法》一书中列举了下述四种主要形式。

（一）下令、禁令（义务设定行为）

下令是指要求行政相对人为一定作为、给付或接受义务的行为，如要求改善或拆除违法建筑物的命令、要求缴纳租税和负担金的命令、要求接受健康医疗诊断的命令等。禁令是要求相对人履行不为一定行为的义务的行为，如要求停止营业活动的禁令、禁止道路通告的禁令等。下令与禁令均为设定义务的行为，这些行为也可称为权利自由限制行为的“延长线上的行为”，还包括剥夺权利和废止权利的行为，如征用土地的裁决行为、对小块土地的收买行为等。

（二）许可、免除（义务解除行为）

许可是指在特定场合解除基于法令的相对禁止（不作为义务）的行为，如颁发汽车驾照、营业许可证、行医执照等。免除是指在特定场合解除基于法令的作为、给付或接受的义务的行为，如纳税义务的解除等。许可行为的目的在于恢复被法令禁止的行为的自由，而不产生权利。因此，被许可人即使有可能从许可中得到利益，也无权为了维护该利益而请求许可机关不将相应许可再给予第三人，或要求取消对第三人的许可。但是，如果被许可的利益是属于其作为国民本应具有的自由，那么其行为自由权应得到保障。相对人应获许可方可实施而未获许可而实施的行为，基于法令，可能要依法受到处罚或行政上的强制执行。

（三）认可（补充相对人行为法律效力的行为）

认可是补充相对人行为法律效力的行为，如土地规划调整的认可、公共企业合并的认可、建筑协议与绿化协议的认可等。认可是行政介入的一种手段，主要是在立法政策上使其他法律主体相互间发生的行为的效力与行政的意思相联系。因此，相对人应获认可而未获认可的行为一般被视为无效行为（最高法院的判决有时也有例外）。

---

① 参见日本《行政复议法》第 14 条和《行政案件诉讼法》第 14 条。

(四)特许(设定权利的行为)

特许是对相对人设定权利或权利能力的行为,如矿业权的设定、公有水面填土造地的特许、河川区域内土地占用的特许等是设定权利的特许情形;而市镇村的分立、分割,公益法人设立,公企业设立的特许是设定权利能力的特许情形。依特许设定的权利作为一种特权,不具有如一般许可那么强的权利地位,一般被认为是一种自由裁量行为,其裁量权的超越和滥用属于司法审查的范围。①

四、韩国行政行为的概念与范围

韩国行政法学者金东熙教授在其所著《行政法》一书中阐述了行政行为概念的内涵和外延及韩国学者对行政行为的一般理解和认识。他指出,在韩国,与学术研究上的“行政行为”相对应的“行政机关的行为”在现行法中被称为认可、许可、免除、特许、决定和裁决等。在韩国《行政审判法》(《行政复议法》)和《行政诉讼法》中,这些行为被称为“处分”,但“行政处分”与“行政行为”并非完全的同义词。行政行为与其他行政作用(如公法契约、事实行为等)不同,行政行为是由行政机关单方面掌控的具体变动或确定国民权利义务的权力行为,其具有公定力、强制力、确定力等类似的优势力量,其救济制度(行政争讼、损害赔偿等)与私法的救济制度相比亦具有特殊性。

韩国行政法学者对“行政行为”的使用与许多国家学者的使用亦有类似之处,分别在最广义、广义、狭义、最狭义的含义上使用。最广义的行政行为是指“行政机关实施的所有的行为”,包括事实行为、法律行为(行政立法、行政处分、行政机关的私法行为)以及统治行为。这种最广义行政行为的概念很少使用。广义的行政行为是指“行政机关实施的所有公法行为”,不包括事实行为和私法行为,但包括行政立法行为、权力性行为、非权力性行为以及统治行为。这种广义行政行为的概念也较少使用。狭义的行政行为是指“行政机关在法律范围内针对具体事实实施执法的公法行为”。与广义的行政行为相比,这一含义去除了行政立法行为和统治行为,但包括公法契约和公法上合同

---

① 参见[日]室井力主编:《日本现代行政法》,吴微译,中国政法大学出版社 1995 年版,第 82~84 页。

行为。公法契约行为属于非权力性行为,与作为权力性行为的行政处分有很大区别。最狭义的行政行为是指"行政机关在法律范围内,对具体事实实施执法的权力性单方行为,即公法行为"。与狭义的行政行为相比,这一含义又去除了公法契约和公法上合同行为,这是目前学界使用最多的"行政行为"的含义。①

金东熙认为,行政行为作为公权力行为,属于行政机关单方性权力行为,与民事法律行为相比,具有以下五项特性:(1)法的适合性。因为行政行为是以行政机关名义实施的赋予权利或加予义务的权力性行为,故它的启动必须有法律依据并符合法律,从原则上讲,作为行政行为依据的法必须是立法机关所制定的法律。(2)公定性。行政行为在成立时即使存在瑕疵,除非这种瑕疵非常重大、明显,构成无效,否则均认定其有效;在有权限的机关撤销它之前,该行为对相对人、其他国家机关(包括其他行政机关、法院)以及第三人都具有约束力。(3)实效性。当行政行为相对人没有履行行政行为为之设定的义务时,行政机关可依法强制其履行义务,可以对义务违反者实施制裁(行政处罚),以确保其履行义务。行政行为可依靠行政机关自力强制和制裁手段,保障其内容的实现。(4)确定性。即使行政行为是违法的,诉讼时效经过后,除非违法重大、明显,相对人不能再质疑其效力,此谓"不可争力"。另有一些行政行为,基于其性质和法的安定性考虑,一经作出,即使是行政机关自身也不能将之撤销、变更或撤回(如准司法行为),此谓"不可变力"。不可争力和不可变力合称"确定力",是行政行为确定性的体现。(5)救济制度的特殊性。行政行为侵权救济制度的特殊性表现在两个方面:其一,行政争讼制度的特殊性。由于韩国采取的是司法国家主义,行政案件一般由法院管辖,但考虑对行政行为相对人权益救济的特殊性和确保公共利益的实现,行政诉讼在审查违法和不当行政行为的效力时,其制度设计有诸多特殊之处。其二,行政赔偿和补偿制度的特殊性。韩国《宪法》和《国家赔偿法》规定了因违法行政行为导致的国家赔偿责任和因合法行政行为导致损失的补偿责任,这种国家

---

① 参见[韩]金东熙:《行政法Ⅰ》(第9版),赵峰译,中国人民大学出版社2008年版,第174~175页。

赔偿责任和损失补偿责任亦有别于民法上的侵权损害赔偿责任。①

五、荷兰行政行为的概念与范围

荷兰行政法学者研究行政行为，主要研究由公法调整的单方具体行政决定。西尔登和斯特罗因克指出，行政机关实现其公法职能、履行公法职责的最重要的方式是行政决定，其中最为重要者又属具体行政决定。他们认为，广义的行政行为包括行政机关实施的法律行为和事实行为，狭义的行政行为则包括具体行政决定，抽象行政决定，具有普遍约束力的条例，关于批准、废止、实施普遍适用的抽象决定的行为，特定规划，具体规范和政策规则。（见图 5-1）②

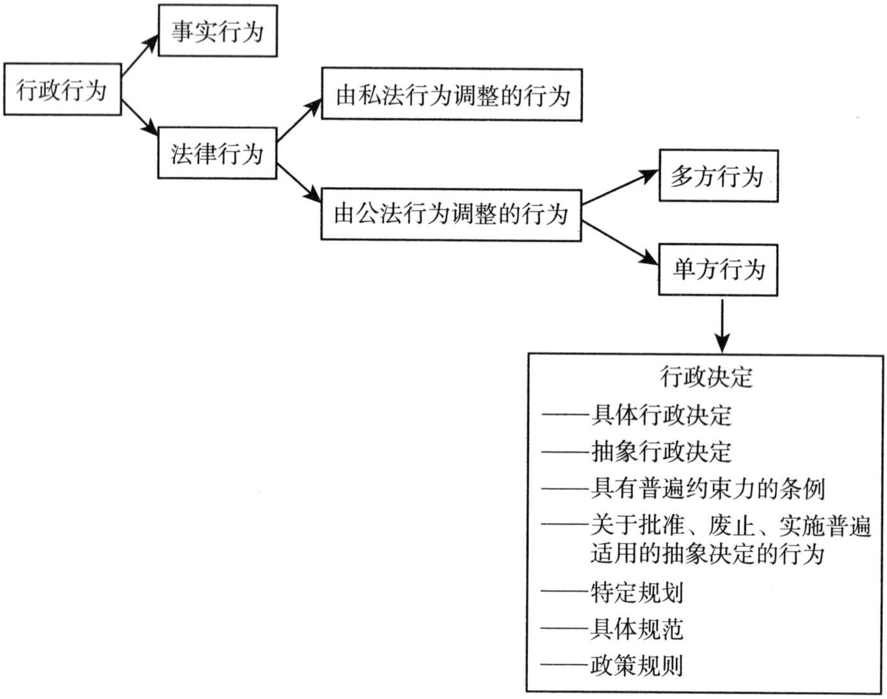

图 5-1　荷兰行政行为概念和范围

① 参见［韩］金东熙：《行政法Ⅰ》（第 9 版），赵峰译，中国人民大学出版社 2008 年版，第 177～179 页。

② 参见［荷］勒内·J. G. H. 西尔登、弗里茨·斯特罗因克编：《欧美比较行政法》，伏创宇、刘国乾、李国兴译，中国人民大学出版社 2013 年版，第四部分“荷兰行政法”，第 169～174 页。

在荷兰，行政行为中的“具体行政决定”具有重要地位。具体行政决定的范围大致包括下述八个类别：(1)具有占有和处置目的的决定，如征收决定、对染病的家畜强制扣留并销毁的决定；(2)设定经济负担的决定，如征收税款的决定；(3)有关许可、豁免的决定，如颁发许可证、特许和免税、免除义务的决定；(4)授予利益、提供经济支持的决定，如根据《社会保障法》为相对人提供社会保障的决定；(5)提供财政资助的决定，如为具备法定条件的企业、组织提供财政资助的决定；(6)赋予受到行政侵权损害的相对人赔偿金的决定，如为违法行政执法行为的受害人提供损害赔偿的决定；(7)赋予公民某种地位的决定，如任命公务员的决定以及授予个人、组织某种资格的决定；(8)其他涉及相对人权益的决定。

第二节 行政行为的种类与形式

一、德国行政行为的种类与形式

德国行政法学者毛雷尔依不同标准将行政行为分为五类。

(一)命令性行政行为、形成性行政行为与确认性行政行为

这是以行政行为内容为标准所作的分类。命令性行政行为是以命令或禁令的形式要求相对人履行特定义务(作为、容忍或不作为的义务)的行为，如警察命令、道路交通标志、《联邦集会法》规定的集会禁止令、《联邦职业法》规定的执业限制等。形成性行政行为是指建立、改变或消灭某种具体法律关系的行为，如入籍登记、公务员录用、入学注册、不动产登记、许可与特许等。确认性行政行为是指确认某人权利或具有法律意义的资格的行为，如选举权确认、支薪工龄确认、免服兵役确认、给付请求权(抚恤金、救济金、助学金、津贴等)确认等。

(二)授益行政行为与负担行政行为

这是以行政行为对相对人的法律效果为标准所作的分类。授益行政行为是为相对人设定某种利益，或者证明其存在某种权利或者具有法律意义的利益的行为，如发放建设许可证、批准培训资助、录用公务员等。负担行政行为是指对相对人作出不利决定，或对其权利实施侵害，或对其申请作出拒绝等行

为，如命令、禁令行为，驳回许可证申请或驳回其给付申请的行为，开除公务员的行为等。有的行政行为对同一相对人可能同时具有授益和负担的性质，如对受益人颁发许可，同时附带要求履行某种义务；或者对其给付申请批准一半，拒绝一半。

（三）控制性许可行为与特别许可行为

这两种行为都是对法律禁止的解除，批准特定行为或者特定的计划。二者虽在法律规范上有所不同，但实践中并没有截然的区别。控制性许可即一般许可（区别于特许）。立法机关设定许可，其旨意不在于禁止特定行为或者特定的计划，而是要使特定行为或者特定的计划在相对人实施前让行政机关先行审查，保证其符合法律规定的条件和要求。符合的即予以许可，不符合的就不予许可。例如，相对人要进行建设必须取得建设许可，行政机关在许可前需要审查相对人的建设行为和建设计划是否符合法律规定的为保护公共利益和相邻人利益所设定的各项条件。控制性许可在形式上是一种授益的、权利形成性行政行为，在实体上恢复相对人一般的行动自由（如建设自由、经营自由等）。此与批准给付并据此扩大公民权利范围的行政行为不同，控制性许可只是恢复公民原有的法律权利。拒绝相对人的许可申请形式上是对授益行政行为的拒绝，实体上则是对公民自由和财产的侵害（尽管这种侵害可能是合法的也可能是违法的），因为它将临时禁止转变为最终的禁止。特别许可是法律在将某种行为作为具有社会危害性或者不符合社会理想的行为（如赌博）予以普遍禁止，但又确定在具备某种条件下可以许可特定相对人实施相应行为。例如，根据德国《联邦集会法》第 16 条和《联邦禁区法》的有关规定，在联邦议会周围一定区域内不得举行露天集会，但是，如果有《联邦禁区法》第 3 条规定的特定情形，则可以特别许可举行露天集会。控制性许可是恢复出于预防性控制的需要而予以临时或普遍限制的活动自由，而特别许可则是扩大了公民权利的范围。公民据此可以从事法律禁止但例外情况下可予以准许的行为。因此，特许在形式上和实体上都是授益行政行为。

（四）对人的行政行为与对物的行政行为

以行政行为针对的对象为标准，行政行为可以分为对人的行政行为与对物的行政行为两种。前者是针对人的行为或法律地位（如确定难民身份、授予某种资格等），后者是针对人所属的物（如颁发建设许可证、拆除违法建筑等)。虽有学者做此分类,但实际上,这两者都是针对特定人的行政行为,如建设许可证实际针对的不是不动产,而是建设不动产的人。它们之间虽然存在一些区别,但这些区别并不构成对行政行为进行基本分类的充分理由。不过,对物的行政行为作为独立的法律概念有其相应的法律规则,可将其限于仅与财产有关的行政行为,以明确其法律属性和法律地位。从这个意义而言,将之作为独立一类行政行为研究也有其意义。所以,德国《联邦行政程序法》第35条使用了这一分类,将行政行为分成针对依一般特征确定或可确定范围的人的行政行为与涉及物的公法性质或公众对物的使用的行政行为两类。

(五)许诺或保证、答复、临时决定、部分许可、临时行政行为、预备性行政行为

这是行政机关实施行政行为的一些具体形式或过程性行为,其本身并不一定能构成独立的行政行为。

1. 许诺或保证。许诺或保证[①]是行政机关作出的采取或不采取特定措施的、具有法律约束力的承诺。德国联邦行政法院认为,许诺是行政机关以有约束力的意思表示对将来的作为或不作为自我设定义务的行为。德国行政法学界对许诺是否是行政行为存在争议:一种观点认为许诺设立义务,具有处理性,应属行政行为;另一种观点认为许诺没有包含处理行为,而只是答应实施处理行为,故不宜归入行政行为的范畴。根据德国《联邦行政程序法》,许诺或保证具有约束力的条件是:(1)由主管行政机关作出;(2)以书面方式作出;(3)不具有无效的情形。违法的许诺或保证应依法撤销,但必须遵守信赖保护的原则。许诺或保证的相对人可以诉请兑现保证。如果行政机关已经许诺或保证作出某项行政行为而不作出,相对人可提起履行之诉;如果行政机关违反许诺或保证作出其承诺不作出的某种行政行为,相对人可提起撤销之诉;如果许诺或保证侵害第三人的权利,第三人可提起撤销之诉。另外,根据通行的一般行政法原则,口头许诺亦具有适法性和约束力。对于违法的许诺,只有在

① 许诺和保证含义相近,许诺通常是向相对人承诺作出某种行政行为,有时也可能是承诺不作出某种行政行为;保证则既可能是向相对人保证作出某种行政行为,也可能是保证不作出某种行政行为。保证通常较许诺更为正式,更多采用书面形式。

相对人信任许诺会得到遵守,并且不遵守许诺会给关系人造成重大不利的情况下,该违法许诺才具有约束力。

2. 答复。与许诺不同,行政机关的答复没有自我设定义务的意思,而只是单纯地、信息性地通知某种事实状况或法律状态。作为纯粹的通知,答复不是法律行为,更不是行政行为。如果答复不是导致相对人对行政机关的履行请求,而是导致相对人对行政机关的赔偿请求,此种答复是事实行为。但行政机关对是否答复所作的决定,可以是行政行为。

3. 临时决定。临时决定与建设工程、企业设施和类似计划的许可有关。许可针对的是一个总项目,只有在所有的法律条件都经过审查合格的条件下才能发放。临时决定则仅限于其中个别许可条件,只对该条件具有确定力和约束力。与许诺和保证不同,临时决定作为一个先行决定,本身就是一个行政行为。

4. 部分许可。与针对个别先决问题的临时决定不同,部分许可是针对总计划的一部分所作的决定。例如,相对人申请建住宅楼的建设许可,由于总体工程设计尚未全部完成,其可先申请地下工程建设的许可,以便开始施工,然后再申请地上部分的建设许可。

5. 临时行政行为。这种行为的例子很多,如在税法领域,根据纳税义务人的申报,在纳税额没有最终核定之前,采取临时性征税措施;又如,在社会法领域,如果相对人的金钱给付请求具有一定的理由,但最高数额尚不能确定,行政机关可以临时决定先行给付,但附加多退少补的保留。

6. 预备性行政行为。这是德国联邦行政法院近年发明的一个概念。其不同于临时行政行为,此种行为为其他主管行政机关的行为提供预备性条件,该行为之后需要其他主管行政机关继而作出某种行为。如甲行政机关确认相对人残疾及残疾等级的行为,此行为即构成乙行政机关给予相对人抚恤或救济、补助等行为的预备性行政行为。

二、法国行政行为的种类与形式

根据法国行政法学者佩泽尔对行政行为的研究,行政行为分为单方行政行为和行政契约(双方行政行为)。单方行政行为又分为具体行政行为(个别决定)和抽象行政行为(规范性决定,或称普遍性决定)。行政行为主要指单方的具体行政行为,包括行政警察行为和公共服务行为。行政警察行为是指行政机关为了维护法律范围内的公共秩序、公共安全和公共卫生而对公民的权利和自由加以限制的行为。作为行政行为的公共服务是指行政机关为了满足社会普遍利益而实施的行为。行政警察行为只能由行政机关实施,而公共服务除了可由行政机关提供外,许多其他公共团体亦可提供。行政公共服务遵循连续性原则(不能任意中断)、适应性原则(适应情况变化)、平等原则(所有公民在公共服务面前一律平等)和免费原则(这一原则是相对的,有法定例外)。①

我国行政法学者王名扬教授在他对法国行政法的研究中,对法国行政行为采取了三种分类的方法。②

(一)单方行为、双方行为与多方行为

这种分类以行政行为成立时意思表示的主体数量为标准。单方行为仅依行政机关单方面的意思表示而成立,无须相对人的同意。虽然有时行政机关作出决定前需要相对人的申请,但申请不能决定行政行为的成立,行政机关是否作出相对人申请的行政行为,无须与相对人协商和征得其同意,而由行政机关单方依法决定。双方行为是指两个主体为实现不同的目的而互为意思表示,双方通过协商达成一致而成立的行政行为(行政合同行为)。多方行为是指由两个以上的主体意思表示结合而成立的行政行为,这种行政行为是多个主体意思表示共同实现一个目的,结合成为一个集体行为。

(二)普遍性行为与具体行为

这种分类以行政行为的适用范围为标准。普遍性行为是指行政机关制定普遍性规则(行政法规、行政规章等)的行政行为;具体行为是指行政机关对具体事件进行处理和作出决定的行政行为。

(三)规则行为、主观行为与条件行为

这种分类以行政行为的实质,即行政行为所产生的法律效果为标准。所谓"规则行为",是指创设、变更或取消人们普遍的和客观的法律地位的行政

① 参见[法]古斯塔夫·佩泽尔:《法国行政法》(第19版),廖坤明、周洁译,国家行政学院出版社2002年版,第56~77、180~196页。

② 参见王名扬:《法国行政法》,中国政法大学出版社1988年版,第133~134页。

行为(如行政立法行为)。所谓“主观行为”,是指创设、变更或取消特定相对人主观法律地位的行政行为(如行政合同行为)。所谓“条件行为”,是指将已创设的普遍的和客观的法律地位归属于特定人,或剥夺特定人的客观的法律地位的行政行为(如任免官员的行为)。

三、日本行政行为的种类与形式

日本行政法学者盐野宏分别依五项标准(行为效果、行为内容、行为效果意思、行为功能和行为受法的拘束程度)分类法阐释日本行政行为的种类与形式。①

(一)授益处分与侵益处分

行政行为以行为对相对人的法效果为标准,可以分为授益处分行为和侵益处分行为。前者如营业许可、补助给付等;后者如拆除违法建筑物、要求补缴税金等。对于行政行为的此种分类,不仅要注意行政行为与相对人的关系,而且要注意行政行为与第三人的关系。如进行建筑物确认,对相对人来说是授益处分,而对于相邻的第三人来说,则具有侵益效果。这称为复效性处分或二重效果的行政行为。对于这种行政行为,第三人在行政过程中应如何定位,是否应作为听证的对象,是否具有撤销诉讼的原告资格,都是应该研究的问题。

(二)命令性行政行为与形成性行政行为

行政行为以行为的内容为标准,可以分为命令性行政行为和形成性行政行为。命令性行政行为是对人的自然自由的规范行为。依此标准,命令性行政行为进而可以分为:下令、许可和免除。下令是指对人本来的自由活动作出作为、不作为的命令;许可是指对人本来的自由活动领域事先设置禁止,一旦具备一定的要件,基于申请而解除禁止,使自由得以恢复;免除是指在一定情况下解除作为、给付、忍受的义务。与此相对应,形成性行政行为是直接对相对人设定或者剥夺权利或设定某种法律关系的行为,如填水造地的许可、公务

---

① 参见[日]盐野宏:《行政法总论》(第4版),杨建顺译,北京大学出版社2008年版,第74~79页。其中第四种分类另参见[日]南博方:《日本行政法》,杨建顺、周作彩译,中国人民大学出版社1988年版,第35~36页。

员任命等。此外,作为对公企业的特许,如关于煤气、电等公益事业的特许,以及使私人相互间某种法律行为得以完成而实施的认可,如农地转移的认可、公共收费的认可、河川水面占用权转让的认可等,也可归类为形成性行政行为。

(三)法律行为和准法律行为

行政行为以行为的效果意思为标准,可以分为法律行为和准法律行为。准法律行为包括确认、公证、通知、受理等。确认是指存在特定的事实关系或法律关系的行为,如对税的申报的更正、决定,对是否享有抚恤金权的裁定等。公证是指向公众证明特定的事实关系或法律关系是否存在的行为,如选举人名册登记等。通知是指向特定人或不特定的多数人告知某种事情的行为,如土地细目公告、代执行的告诫等。受理是指将相对人的行为作为有效的行为而受领的行为,如各种登记表及相应材料的受理。这类行为的共同点在于,其发生或者不发生何种效果,不是根据行为人的意思表示,而完全依据法的规定来确定。

(四)羁束行政行为和裁量行政行为

行政行为以行为受法的拘束程度为标准,可以分为羁束行政行为和裁量行政行为。羁束行政行为是指由法律对行为各要件作出明确具体的规定,行政机关只能严格依法律的规定作出的行政行为。裁量行政行为是指法律仅对行为的目标和范围作出原则性的规定,其行为的具体内容、方式等均由行政机关自行裁量决定作出的行政行为。不过,行政行为区分为羁束行政行为和裁量行政行为只是相对的。羁束行政行为亦存在裁量因素,裁量行政行为同样存在羁束因素,二者的区分只是何种因素占主导地位而已。法律本身就是抽象的规定,不可能包罗万象、事无巨细地均加以规定。行政的使命要求其必须根据具体情况采取适当措施。就立法而言,法律上经常使用不确定的概念,给行政机关留下要件判断的余地(要件裁量);或者给予其选择是否采取行为以及采取何种行为的自由(行为裁量)。就司法审查而言,对于羁束行政行为,行政机关违反羁束规定即构成违法,法院可予以撤销。而对于裁量行政行为,裁量范围内的过失只是适当与否的问题,不构成违法,法院不能撤销。但是,行政机关如果超越裁量范围,滥用裁量权,则构成违法,相应行为可为法院撤销。

(五)命令行为、形成行为和确认行为

行政行为以行为的功能为标准,可以分为命令行为、形成行为和确认行为。命令行为是指行政机关命令相对人作为或不作为的行为。例如,命令违法建筑人拆除违法建筑物、命令服务质量下降的电信企业改进其通信服务、命令食品销售企业不得销售不符合质量标准的食品等。形成行为是指行政机关为相对人设定某种法律地位的行为。例如,为相对人颁发驾照、医师执照或其他许可证照,赋予其某种执业资格或者给各种企业颁发营业许可等。确认行为是指行政机关确认某种法律关系的行为。例如,为纳税人确认应缴纳税额,确认某人为抚恤金、救济金或某种补助金的领取人等。

四、韩国行政行为的种类与形式

韩国行政法学者金东熙根据行政行为的主体、构成要素、性质和形式等诸多标准对韩国行政行为进行了多达十一种方式的分类。①

(一)国家行政行为、公共团体行政行为与被赋予公权力的私人行政行为

行政行为以行为主体为标准,可分为下述三类:国家的行政行为、公共团体(地方自治团体、公共组合等)的行政行为,以及被赋予公权力的私人的行政行为。

(二)法律行为与准法律行为

行政行为依行为是否依当事人意思表示作为构成要素为标准,可分为法律行为与准法律行为。法律行为是指其法律效果随行政机关的意思表示而发生的行为。准法律行为是指其法律效果非随行政机关的意思表示,而是依据法律规定而发生的行为。由于准法律行为不是根据行政机关的意思表示发生法律效果的,故行政机关不具备有关其内容的判断权(裁量权),此外,在准行政法律行为上不能添加附款。

(三)羁束行政行为与裁量行政行为

行政行为以行为受法律约束的程度为标准,可分为羁束行政行为与裁量行政行为。如果法律对行为的要件、内容及方式作出比较严格的规定,行政机关只能依法实施这一行政行为而没有独立判断的余地,这种行为称为羁束行政行为。如果根据法律规定,行政机关对行为的要件、内容及方式有一定的裁

---

① 参见[韩]金东熙:《行政法Ⅰ》(第9版),赵峰译,中国人民大学出版社2008年版,第179~190页。

量权,即对之有一定的独立判断余地,行政机关实施的这种行为称为裁量行政行为。

(四)授益性行政行为、侵益性行政行为与复效性行政行为

行政行为以对相对人利益的不同影响为标准,可分为下述三类:授益性行政行为、侵益性行政行为与复效性行政行为。授益性行政行为是指行政机关向相对人赋予权利和利益的行为,此种行为需要相对人申请方能启动,行政机关对之有一定的裁量余地。侵益性行政行为是指行政机关要求相对人履行一定义务或侵害、限制其权利、利益的行为,此种行为由行政机关单方依职权启动,且一般为羁束行为,行政机关仅具有较少的裁量空间。复效性行政行为有狭义和广义之分。狭义的复效性行政行为是指相应行为在给相对人带来收益的同时会给第三人带来侵害,或者相反,在给相对人带来侵害的同时会给第三人带来收益。广义的复效性行政行为是指相应行为(如有附款的行政行为)在给相对人带来收益的同时又会给相对人带来侵害,或者相反,在给相对人带来侵害的同时又会给相对人带来收益,同时还可能给第三人带来收益或损害。

(五)双方行政行为与单方行政行为

行政行为以是否要有相对人合作为标准,可分为两类:双方行政行为与单方行政行为。双方行政行为中有的需要相对人申请,如许可、认可、批准等行为,也有的需要对方同意,如公务员任命的行政行为。而单方行政行为无须以相对人合作为要件,而只由行政机关依职权实施即可,如行政处罚、行政强制。

(六)对人的行政行为、对物的行政行为与混合性行政行为

行政行为以行为的直接对象是人或物为标准,可分为下述三类:对人的行政行为、对物的行政行为与混合性行政行为。对人的行政行为是指相应行为完全着眼于人的学识、技术、经验等主观情况而实施,如医师执照、司机驾照等。对物的行政行为是指相应行为仅着眼于物的客观情况而实施,如建筑物竣工验收、产品质量检验等。混合性行政行为是指相应行为既考虑人的主观情况,又考虑物的客观情况而实施,如城市煤气经营许可等。

(七)对人进行处分的行政行为、对物进行处分的行政行为与对物件利用有关的行政行为

行政行为以处分的对象和内容为标准,可以分为以下三类:对人进行处分的行政行为、对物进行处分的行政行为与对物件利用有关的行政行为。对人

进行处分的行政行为是指以具体事项或案件为规范对象所实施的行政行为,如在特定日期、特定时间及特定场所禁止举行集会、在特定区域内一定时间后禁止人的通行等。对物进行处分的行政行为是指其处分内容不直接针对人的权利义务(间接针对人),而是针对物的法性质或地位及物的使用所实施的行政行为,如在道路的一定区域内设置限速或单向通行标志等。对物件利用有关的行政行为是指相应行为的内容是确立有关公众对物件利用关系的规范。这种处分在德国表现为与营造物及其他公共设施利用有关的规范行为,在韩国则一般被理解为行政规则,从而很难与前两种类型的一般处分行为并列。

(八)要求相对人受领的行为与不要求相对人受领的行为

行政行为以是否要求相对人受领为标准,分为下述两类:要求相对人受领的行为与不要求相对人受领的行为。行政行为一般要在送达相对人由其受领后才生效。但当行为对象是不特定的多数人,或虽为特定人,但其住址及居所不明时,有时就用公示、公告替代送达,在这种不要求相对人受领的行政行为中,只要发出了公示、公告行为即生效力。

(九)要式行政行为与非要式行政行为

行政行为以是否要求一定形式为标准,可分为下述两类:要式行政行为与非要式行政行为。在很多情况下,相关法律法规都要求行政行为按照一定格式或签名、盖章等形式作出。但如果法律法规没有对行政行为作出的形式作出规定,行政行为的形式即可由行政机关自行裁量决定。

(十)积极的行政行为与消极的行政行为

行政行为以是否给现有法律状态带来变动为标准,可以分为下述两类:积极的行政行为与消极的行政行为。积极的行政行为是指能给现有法律状态带来变动的行为,如命令、许可、特许等;消极的行政行为是指行政机关意图不给现有法律状态带来变动的行为,如拒绝相对人申请,对相应事项不予处理的行为。拒绝可以采取明示的方式,也可以是一种暗含拒绝意思的表示。对相对人申请不予答复一般视为“不作为”,如果法律有规定,亦可视为拒绝。

(十一)普通行政行为与自动化的行政行为

行政行为以是否由自动化机械装置完成为标准,可分为两类:普通行政行为与自动化的行政行为。普通行政行为即传统行政行为,指不运用电脑和其他自动化机械装置而实施的行政行为。自动化的行政行为是指由自动化机械装置来完成同一或同种类事项处理的行政行为。其典型的例子有:通过自动机器运作的交通信号、停车收费计算、税收处分等。在计算机技术高度发达的今天,自动化行政呈日益增长的趋势。自动化的行政行为虽然是自动化机械或计算机运作的结果,但其行为内容是由公务员制作和输入程序来实现的,故自动化的行政行为仍具备行政行为的性质。不过与此相关的是,对是否允许使用电脑等进行裁量处分似有疑问。依据相关法律作出裁量处分,将处分基准(裁量标准)编程输入电脑,然后生成处分决定。行政机关如果根据编程后的标准进行千篇一律的处分而不考虑个案的具体情况,可能会导致行政机关不行使裁量权而使相应处分违法。但行政机关如果在对裁量基准编程过程中设定不同的变数和参数来进行操作,可以使自动生成的处分决定考虑个案的尽可能多的特殊情况,或者通过相关设计,使自动化决定的结构能够根据相应行政领域的特殊性弹性运作。这样,自动化的裁量处分就可以获得合法性认定。在行政处理过程中,一般不允许将裁量处分过程的所有阶段设置为自动化操作,或者以自动化完全替代裁量处分中人进行思考和判断的要素。

五、荷兰行政行为的种类与形式

在荷兰,对于行政行为,根据不同的标准,可作以下九种分类。①

(一)依申请的行政行为与依职权的行政行为

行政行为以是否需要相对人申请为标准,可分为下述两种。依申请的行政行为是荷兰《行政法通则》第四章第 1 条②规定的“依利害关系人请求作出决定”的行政行为,最常见的例子是对相对人申请建设许可和申请社会福利所作决定的行为。依职权的行政行为是行政机关主动作出的行为,如对相对人实施行政制裁的行为和征收税款的行为等。

(二)针对具体人的行政行为与针对具体物的行政行为

绝大多数具体行政行为都是针对具体人作出的,如颁发许可证和给予行

---

① 参见[荷]勒内·J. G. H. 西尔登、弗里茨·斯特罗因克编:《欧美比较行政法》,伏创宇、刘国乾、李国兴译,中国人民大学出版社 2013 年版,第四部分“荷兰行政法”,第 171~173 页。

② 参见应松年主编:《外国行政程序法汇编》,中国法制出版社 1999 年版,第 467 页。

政资助、估税收税等。针对具体物的行政行为的一个典型例子是荷兰行政机关根据《住房法》的规定宣告建筑物存在安全隐患的行政行为。

(三)以人为根据的行政行为与以物为根据的行政行为

“以人为根据的行政行为”是指行政机关作出决定在很大程度上取决于相对人自身的素质和条件,如给相对人颁发驾照的行为。“以物为根据的行政行为”是指行政机关作出决定主要不取决于相对人的素质条件而取决于物的条件的行为,如给相对人颁发建设许可和环境许可决定的行为等(依这种分类可决定相对人所取得的相应许可是否可转移他人:相对人对“以人为根据取得的行政许可”不能转移他人;对“以物为根据取得的行政许可”则可以转移他人)。

(四)宣示性行政行为与形成性行政行为

“宣示性行政行为”是指行政机关以此决定证实某种具有特定法律效果的事实的行为。“形成性行政行为”则指行政机关以此决定创制某种新的权利或义务的行为。这种分类标准不是绝对的,行政机关通过宣示性行政行为证实某项权利义务的存在实际也有形成性因素。

(五)形成性行政行为与执行性行政行为

这两种行政行为在实践中有着密切的联系。行政机关进行行政立法(形成性行政行为)需通过各种行政强制、行政制裁手段(执行性行政行为)保障行政立法的执行。

(六)裁量性行政行为与羁束性行政行为

这两种行政行为的划分是相对的,而不是绝对的。某种行为要么裁量性多些,要么羁束性多些,而无绝对的裁量和绝对的羁束。此种区分的意义在于确定司法审查的强度,对于裁量性较强的行政行为,法官原则上必须尊重行政机关的裁量自由权。

(七)肯定性行政行为与否定性行政行为

“肯定性行政行为”主要指批准行为、许可行为等。不过,附加条件的批准、许可行为也具有一定否定性因素。“否定性行政行为”主要指拒绝批准、许可的行政行为。行政行为的这种区分与其在司法审查中的可撤销性、可补救性或者可溯及既往性相关联。

（八）持久性行政行为与临时性行政行为

许多行政行为仅在特定时段内有效，如游行示威许可决定、建设许可决定，这些决定在相对人行为实施后即失效。持久性行政行为的典型例子是大多数情况下的环境许可，尽管这类许可也可根据外部条件的变化进行调整，但其许可期限往往是不确定的。这种区分的意义在于，持久性行政行为通常可以撤销，而临时性行政行为一般不能撤销（可确认违法）。

（九）免予处罚的行政行为与不免予处罚的行政行为

免予处罚的行政行为是指行政机关作出的事后免予对被许可人处罚的某种行为（被许可人的行为不会对第三人造成损害），不免予处罚的行政行为则是指行政机关作出的事后可能对被许可人科处处罚的某种行为（被许可人的行为可能对第三人造成损害）。这种分类主要与被许可人在许可设定的范围内从事活动是否可能构成对同业者（民事）侵权有关。此取决于多种因素，如许可的性质、内容、法律依据、立法目的以及案件的外部条件。例如，在一个关于环境许可的案件中，荷兰最高民事法院主张房屋相邻人必须容忍许可给其所有权带来的某种限制与立法目的并不相符。这个案件还涉及相应许可是否属于一个长久性许可的问题。由于许可证本质上具有持续性，许可机关因而无法正确评估在未来很长一段时期内可能涉及的各方利益，并且许可机关的裁量自由在授予许可的过程中也发挥很重要的作用。在羁束性较强的许可（如建筑许可）中，第三方的利益应在据以作出许可的规划、计划和当地建设法规确定的规则层面加以考虑（行政机关作出许可时不能轻易免除被许可人的法律责任）。

第三节　行政行为的效力

一、德国行政行为的效力

德国《联邦行政程序法》第43条至第53条以十一个条款的篇幅详细规定了行政行为的效力规则。[①] 审视和分析这些条款，我们可概括出下述七类

---

① 参见应松年主编：《外国行政程序法汇编》，中国法制出版社1999年版，第170～185页。

规则。

(一)行政行为的确定力和存续力

行政行为自通知送达相对人之时生效。生效的行政行为只要未被撤销、废止或以其他方式终止或消灭效力,或者有效期限届满,即持续有效,具有存续力。

(二)行政行为的无效

行政行为具有重大、明显瑕疵则无效。虽无重大、明显瑕疵,但具有下列情形者,亦无效:(1)书面行政行为未明示行为主体;(2)依法应以书面形式作出的行政行为未以书面形式作出;(3)相应行政行为超越管辖权且未获得授权;(4)相应行政行为基于事实理由不能作出和实施;(5)相应行政行为构成要件违法,且该违法要件构成犯罪或罚款的事实根据;(6)违反公序良俗。

具有下列情形的行政行为虽有瑕疵,但不构成无效:(1)行政行为未遵守地方管辖权的规定,但获得有权机关授权;(2)实施行政行为时具有德国《联邦行政程序法》第20条第1款第2项至第6项规定的应回避情形未回避的;[①](3)依法应由委员会集体作出的行政行为,未发布相应行为决议,或发布的决议是不具资格的;(4)相应行政行为应有其他行政机关参与但该机关未参与的。

无效的行政行为自始无效。行政行为部分无效的,如无效部分十分重要,且与整个行政行为紧密构成一体,则整个行政行为无效。

行政机关可随时依职权确认其行政行为无效,也可应与之有利害关系的人的申请确认行政行为无效。

(三)行政行为的补正

行政行为违反法定程序或形式,如不构成无效,可通过以下手续补正:(1)事后提交补正申请;(2)说明提出补正的理由;(3)补作行政行为参与人的听证;(4)原为委员会作出的行政行为,由委员会作出补正的决议;(5)原为

① 德国《联邦行政程序法》第20条第1款第2项至第6项规定的应回避情形是:作为行政程序工作人员是当事人的亲属、法定代理人、指定代理人、其他代理人、代理人的亲属、为获报酬而为当事人服务的人,或者作为董事会、监事会或其他类似机构的成员为其服务的人,在其官方职务范围以外提供鉴定意见或提供其他服务的人。德国《联邦行政程序法》第20条第1款第1项规定的应回避情形是:作为行政程序的工作人员本人是当事人的。显然,如果属于这种应回避情形的人,其未回避而实施的行政行为构成无效。参见应松年主编:《外国行政程序法汇编》,中国法制出版社1999年版,第169~170页。

其他行政机关参与的行政行为,由其补作重新履行参与的程序。

补正程序应在相对人申请行政救济前或未申请行政救济而提起行政诉讼前实施。

行政行为如应说明理由而未说明,应听取相对人意见而未听取,致使相对人不能及时对相应行政行为表示异议的,相对人可不受原救济期限的限制,要求行政机关补充履行原未履行之程序。

(四)行政行为的转换

行政机关作出一项有瑕疵的行政行为,如该行为与另一行政行为目的相同,且依原有瑕疵行政行为作出的形式和程序,可使另一行政行为合法而无瑕疵,行政机关可在听取相对人意见后,将原行政行为转换成另一行政行为。但是,此种转换如明显违反行政行为的初衷,或给相对人造成较原有瑕疵行政行为更大的不利,则不得转换。另外,对于受法律严格羁束的行政行为,行政机关也不得转换。

(五)行政行为的撤销

行政行为违法,即使已具确定力,仍可依法全部或部分撤销。但是,撤销对相对人授益的行政行为,要受信赖保护原则的约束。行政机关为相对人提供金钱或物的给付,或实施以给付为要件的行政行为,如受益人已信赖相应行政行为的存在,且其信赖依利益衡量需要获得保护,则该行为即使违法,也不得撤销。如受益人已使用已提供的给付或对相应财产已作出处分,使行政机关不能解除该给付行为,或虽可以解除,但解除会给受益人导致不合理的不利,则受益人信赖利益一般需要保护。但受益人如有下述情形,则其利益不受保护:(1)行政行为是因受益人欺诈、胁迫或行贿作出的;(2)行政行为是因受益人提供严重不正确或不完整的陈述作出的;(3)受益人明知行政行为的违法性或因重大过失而不知行政行为的违法性。对具有上述情形的行政行为的撤销一般具有溯及既往的效力:受益人须归还已取得的行政给付。对归还的范围,准用德国《民法典》返还不当得利的规定。归还义务人不得以得利已消灭为依据不予归还。行政机关撤销不属前述三种情形的行政行为,如造成行政相对人因信赖该行为的确定力而致其财产损失,应依相对人的申请而予以赔偿。但其信赖利益应受公共利益保护的需要限制,补偿不得超过相对人财产因行政行为撤销所受损失的利益值,补偿请求的时效为1年。

(六)行政行为的废止

合法、非授益的行政行为即使已具确定力,行政机关仍可依法全部或部分废止;对于合法、授益的行政行为,在下列情形下,行政机关亦可全部或部分废止:(1)法律法规允许或行政机关行为时保留了对相应行政行为的废止;(2)行政行为附有某种义务,相对人没有履行或没有在规定期限内履行该义务;(3)行政机关基于事后出现的情况,认为具有不作出该行政行为的正当性,且不废止相应行政行为就会危害公益;(4)行政机关基于新修改的法律法规,认为具有不作出该行政行为的正当性,且受益人尚未收受或使用相应行政行为所提供的利益,以及不废止相应行政行为就会危害公益;(5)不废止相应行政行为将会对公共福利带来严重不利。废止的行政行为自废止之时或行政机关另确定的日期失效。对上述第3项至第5项情形中行政行为的废止,应相对人的申请,行政机关应对其信赖利益损失予以补偿。

(七)行政行为的变更

在下列情况下,应相对人的申请,行政机关可对已获确定力的行政行为予以变更(或撤销):(1)原行政行为所依据的事实或法律法规已发生对相对人有利的变化;(2)出现对相对人有利的新证据;(3)出现重新受理和处理相对人申请的理由。相对人应在其得知上述情况后3个月内向行政机关提出变更(或撤销)相应行政行为的申请。申请人申请变更(或撤销),本人应无重大过失,且不能在原行政行为的程序中通过法律救济途径解决相应行为对其不利的问题。否则,行政机关将不接受其申请。

二、西班牙行政行为的效力

西班牙《行政程序法》第56条至第67条①的规定均涉及行政行为的效力问题。审视和分析这些条款,我们可概括出下述五类规则:

(一)行政行为的生效

行政行为原则上自作出之日起生效,除非行政行为另确定生效日期。如相应行政行为确定其生效取决于另行通知、另行公布或上级的批准,行政行为的生效时间则由此后的通知、公告或批准确定。行政行为一般不具有溯及既

① 参见应松年主编:《外国行政程序法汇编》,中国法制出版社1999年版,第299~303页。

往的效力,但是,如果后行政行为取代前行政行为,前行政行为的事实根据依然存在,且后行政行为取代前行政行为不损害其他人的合法权益,可以例外地赋予其追溯力。行政行为生效应以通知行政相对人为前提,如无法直接通知相对人,可送达任何能表明与相对人有利害关系的人或相对人代表接收。如行政行为有不确定的多数相对人,或者行政机关认为仅仅通知利害关系人不能保证所有相对人受领,则应通过公告形式送达,公告可以公布整个行政行为的内容;如果认为公布全部内容会损害相对人的权益,也可仅对其内容予以简要说明,告知相对人前来行政机关所在地了解行政行为的全部内容。

(二)行政行为的无效

行政行为具有下述情形时构成无效:(1)行政行为的基本内容损害公民受宪法保护的权利;(2)相应行政机关对行政行为所涉及的事项在地域上或事务上无管辖权;(3)行政行为含有不可能实施的内容;(4)行政行为的内容违反刑法或是以违反刑法的方式作出;(5)行政行为完全背离法定程序或者合议制机关违反合议规则作出行政行为;(6)在缺少合法权力或权利的情况下,通过非法手段取得权力或权利而作出的行政行为;(7)法律明文规定行政行为无效的其他情形。此外,行政法规如果违反宪法、法律或上位阶行政法规,规定法律保留领域的事项,或者规定不利于或限制个人权利的有追溯力的处罚措施,亦构成无效。

(三)行政行为的撤销

任何违法的影响权力公正行使的行政行为均可以撤销。对于行政机关工作人员在规定的公务时间以外实施的行政行为,如果法律对相应行政行为的期间或期限有明确的规定,属于可撤销的行为范围。但是,具有形式瑕疵的行政行为如果不影响实现行政行为的目的或者妨碍行政相对人保护其权利实现的途径,则可不予撤销。

(四)行政行为无效、撤销对其他相关行为的影响或行政行为部分无效、撤销对相应行政行为其他部分的影响

一个行政行为的无效、撤销不影响其他相关但独立于该行为的行政行为的效力。行政行为的部分无效、撤销不影响行政行为独立于该部分的其他部分的效力。但是,如果行政行为被确认无效或撤销的部分在整个行政行为中具有非常重要和决定性的地位,则该部分无效、撤销会导致整个行政行为的无

效或撤销。

(五)行政行为的补正

行政机关对有瑕疵可撤销的行政行为可通过补正而维持其效力。如果作出对有瑕疵行政行为补正的行政机关无权决定该行为的效力,可由其上级行政机关确认其效力。如果行政行为的瑕疵是源于缺少某种职能部门的批准,则由该职能部门补充批准而确认该行为的效力。行政行为补正后自确认其效力之日起产生效力,但法律规定的有追溯性的行政行为除外。

三、葡萄牙行政行为的效力

葡萄牙《行政程序法》第 120 条至第 157 条①的规定均涉及行政行为的效力问题。审视和分析这些条款,我们可概括出下述六类规则。

(一)行政行为的生效

行政行为一般自作出之日起生效,但具有下列情形的行政行为具有追溯效力:(1)该行政行为仅用以对先前作出的行政行为进行解释;(2)该行政行为被法院判决撤销(但法院判决重新作出行政行为的除外);(3)该行政行为被法律赋予追溯效力;(4)行政行为赋予其本身追溯效力,这种追溯效力对行政相对人有利,且不损害第三人的权利或受法律保护的利益;(5)作为声明异议或诉愿的后果,行政机关对该行政行为作出了废止性决定;(6)法律允许赋予行政行为追溯效力的其他情形。在下列情形下,行政行为延迟产生效力:(1)行政行为须经核准或副署。(2)行政行为具有停止条件或停止期限的附款。(3)基于行政行为的性质或因法律的规定,行政行为必须符合某种特定要件后才生效。(4)依法必须公开的行政行为,相应行为公开后才产生效力。(5)为相对人设定义务或负担的行政行为,自将该行为通知相对人时起,或自以其他方式使相对人正式知悉该行为时起,或者自开始对该行为的执行时(仅在执行开始产生任何对相对人不利效果时方视为"执行开始")起生效。如相对人参与行政程序,且在该程序中显示其已完全知悉该行为的内容,则推定其已正式知悉。

---

① 参见应松年主编:《外国行政程序法汇编》,中国法制出版社 1999 年版,第 505~514 页。

（二）行政行为的无效

行政行为欠缺任何主要要件，或者具有法律明文规定的无效情形，即属无效。具有下列情形的行政行为均是无效的行政行为：（1）具有越权瑕疵的行为；（2）不属行政主体职责范围内的行为；（3）行为标的属于不能或不可理解的行为或者构成犯罪的行为；（4）侵犯公民基本权利的行为；（5）受胁迫作出的行为；（6）根本违反法定方式作出的行为；（7）合议制机关违反合议规则作出的行为；（8）与法院生效判决相悖的行为；（9）依据已被撤销或废止的行政行为而作出的行为。

无效的行政行为自始无效，无论是否宣告无效，均不产生任何法律效果。任何利害关系人可随时主张行政行为无效；任何行政机关或法院可随时宣告行政行为无效。但行政行为的无效不妨碍因时间经过以及根据法律的一般原则，对从无效行政行为中衍生的事实情况赋予某些法律效果的可能性。

（三）行政行为的撤销

行政行为如违反应适用的法律原则或法律规定，对这些行为，法律如无其他处理措施，则均可撤销。行政机关可依其权限主动撤销违法的行政行为；行政相对人对可撤销的行政行为，亦可依法向法院提起行政诉讼请求撤销。

（四）行政行为的追认、纠正与转换

对于可撤销的行政行为，可依法追认、纠正及转换。对于无权限的行政行为，有权限作出该行政行为的行政机关有权追认该行为的效力（但对于无效或不存在的行政行为，不允许追认、纠正及转换）。只要法律没有另外的规定，行政行为追认、纠正及转换的效力溯及至被追认、纠正、转换的行为作出之日。

（五）行政行为的废止

行政行为可由有权限的行政机关主动废止，也可通过行政相对人声明异议、行政诉愿（行政复议）或行政诉讼的途径废止。行政机关可依职权废止合法有效的行政行为，但下列情形除外：（1）法律规定相应行政行为不得废止；（2）行政行为已为相对人设定权利或受法律保护的利益（但相应行为中有不利于相对人利益的部分可以废止；如行为有多个相对人，所有相对人都同意废止该行为，且行为不涉及不可处分的权利或利益，亦可废止）；（3）行政行为已使行政机关负有法定义务或具有不可放弃的权利。此外，下列行为不得废止：（1）无效行为或不存在的行为；（2）经诉讼而被撤销的行为；（3）已被具有追溯效力的行为所废止的行为。

除作出相应行政行为的机关有权废止其作出的行政行为以外,其上级机关也有权废止相应行政行为,除非相应行政行为属于下级机关的专属权限。获授权或转授权而作出的行政行为,授权或转授权机关可以废止相应行政行为;获授权或转授权的机关在授权或转授权期间内可废止其所作出的行政行为;其他监督机关只有在法律有明文授权的情况下,才能废止被监督机关所作的行政行为。

行政行为的废止一般只对未来产生效果,不具有追溯效力。但是,当赋予追溯效力对相对人有利时,或者行政行为所针对的多个相对人均赞同其废止具有追溯效力,且该追溯效力不牵涉不可处分的权利或利益时,相应行政行为的废止亦可具有追溯效力。

(六)行政行为的执行力

行政行为生效后即具有执行力。只要行政行为是依法作出的,行为机关即可强制相对人履行因行政行为产生的义务而无须求助于法院。凡行政行为确定的金钱给付义务,相对人在规定期间内不履行的,行为机关可移送义务人居所或住所所在地的税务部门,依税务执行程序执行;行政行为确定的物的交付义务,相对人在规定期间内不履行的,有权机关可采取必要的措施强制相对人履行;对于可由他人替代的义务,相对人不在规定期限内履行的,行政机关或行政机关可雇用第三人代义务人履行,履行费用和其他开支均由义务人负担;对于不可由他人替代的义务,相对人不在规定期限内履行的,行政机关在尊重公民基本权利和人格的前提下,可依法直接强制相对人履行。

某些行政行为不具有执行力。这主要包括下述四种情形:(1)效力被中止的行政行为(有权废止行政行为的行政机关、法律赋予中止行政行为权力的监督机关以及法院均可依法中止行政行为的效力);(2)已被提起具有中止效力的诉讼的行政行为;(3)须经有权机关批准的行政行为;(4)对具有执行力的行为加以确认的行政行为。

四、日本行政行为的效力

日本行政法学者南博方在其所著的《日本行政法》一书中从下述六个方

面(原书包括八个方面,笔者将之归纳为六个方面)阐释了日本行政行为的效力:①

(一)行政行为的公定力

行政行为的公定力是指行政行为一旦付诸实施,除无效的情况外,在被有关机关撤销之前,不仅行政相对人,而且国家机关、其他第三人也都必须承认其效力(有效性的推定),并服从之。日本法律没有对公定力的明确规定,但依法之原理,日本行政机关具有事实认定和法律适用的首次判断权。此外,国民在实体法上没有否定和撤销行政行为的权限,如要否定违法行政行为的效力,必须经过法定的争讼程序。行政行为不同于私人的意思表示,是作为行政权担当者的行政机关对法律的执行,其权威源于法律。因此,从授益行政行为获得直接利益的相对人对行政行为的信任,以及从侵益行政行为中获得间接利益的社会公众对行政行为的信赖,都必须得到严格保护。如果允许随意否定行政行为的效力,将会严重危及和损害对行政行为信任者的权益。从保护行政相对人和社会公众对行政行为的信赖利益出发,必须确定行政行为的公定力。

(二)行政行为的不可争力和不可变更力

行政行为的不可争力是指除无效的情况外,超过不服申诉的期限或起诉期限,行政相对人就不得再对相应行政行为的效力提起争讼。行政行为的不可变更力是指根据行政行为的性质,行政机关对某些行政行为(如争讼裁决行为)不能依职权对之撤销和变更(行政机关在一般情况下可对行政行为进行撤销和变更)。不可变更力是对行政机关自行撤销、变更行政行为权的限制,以保护行政相对人对行政行为的信任。

(三)行政行为的拘束力和执行力

行政行为的拘束力主要是指行政行为一旦付诸实施,行政相对人必须受相应行为的约束,履行相应行为为之设定的义务或限制。除此之外,其他第三人也不得否认相应行政行为的效力,行为机关和其他国家机关也必须承认其效力在形式上的存在。行政行为的执行力主要是指行政行为生效后,行政相对人应当自行履行相应行为为之设定的义务或限制;如其拒绝履行,行政机关在通常情况下无须诉诸法院判决,只需以行政行为自身为依据,即可依法采取

① 参见[日]南博方:《日本行政法》,杨建顺、周作彩译,中国人民大学出版社1988年版,第41~43页。

行政强制执行措施,实现相应行政行为的内容。

(四)行政行为的无效

行政行为的无效是指行政行为重大明显违法,全然不发生法律效果。根据行政行为的公定力,行政行为即使违法,亦推定其有效,以保护行政相对人和第三人对行政行为的信赖利益。但是,行政行为如果存在重大违法,并且其违法表面上和客观上一目了然,则应认定其无效。因为行政行为的违法是重大且明显的,认定其无效也不会损害行政相对人和第三人对行政行为的信赖利益。所以,在一般情况下,行政行为必须同时具备重大违法和明显违法两个条件,才能被认定无效。但是,对于行政机关课税、征税的行政行为,只要存在重大违法一个条件即可认定其无效,明显违法不作为认定税收行政行为无效的必要条件。

(五)行政行为的撤销

行政机关对于违法、不当的行政行为具有撤销权,这种撤销权不取决于法律有无明文规定。而监督机关对于行政行为的撤销,必须有法律的明文规定;在没有法律明文规定的情况下,其只能责令行为机关撤销行政行为。法院在诉讼过程中可以撤销违法的行政行为,但这种撤销与行政机关的依职权撤销有性质上的不同。

行政机关对于违法、不当的侵益行政行为,无论是否有法律明文规定,无论是否超过争讼期限,均可依职权予以撤销。但是行政机关依职权撤销授益行政行为,从保护行政相对人的信赖利益出发,则有诸多限制:其一,这种撤销必须出于公共利益需要,即因维护公共利益不得不撤销相应行政行为。其二,必须对无过错行政相对人因撤销而遭受的损失予以补偿。如行政相对人对行政机关作出相应行政行为有过错,如其以欺诈、强迫、贿赂等不正当手段促成行政机关作出行政行为,或者其以不适当或不完全的申请材料引导行政机关作出行政行为,或者其明知行政行为违法或虽不知行政行为违法但因其过失应知而未知等,则其因行政行为获得的利益不受保护。其三,如行政行为的内容同时具有授益性和侵益性,对授益性内容的撤销,亦要受信赖保护原则的限制。其四,有撤销权的行政机关长时期不行使撤销权,使行政相对人对相应行政行为产生了信任,以为之后再不至于被撤销。在这种情况下,行政机关则不得再撤销相应行政行为。

行政机关依职权撤销行政行为一般不溯及既往。但如果不撤销行政行为在过去形成的法律关系或法律事实即不能实现撤销的目的,则撤销可具溯及力。

(六)行政行为的撤回

行政行为的撤回是指行政机关根据事后的情况变化,解除原合法行政行为的效力。撤销与撤回的区别是:撤销是使原违法或不当的行政行为失效,而撤回是因事后情况发生变化使原来合法、无瑕疵的行政行为失效。撤回适用于下述情形:(1)侵益行政行为原则上可以任意撤回。但法律如有明示或暗示相应行政行为不得撤回时,即不得撤回。(2)授益行政行为原则上不允许撤回。但法律如规定可撤回或相应行政行为保留了撤回权时,则可以撤回。(3)对附有负担的行政行为,相对人在规定期限内不履行行为附加的负担义务,或者相对人具有某种责任事由时,行政机关可以撤回原行政行为。(4)行政行为作出后情况发生变化,如继续使之存在已不适当,而且可能严重危害公共利益时,行政机关可以撤回原行政行为(但此种撤回如使相对人蒙受损失应对其予以补偿)。(5)因法律的改废,相应授益行政行为如不撤回可能危害公共利益,且相对人尚未获得相应行为赋予其利益或者还未享受该行为的内容,行政机关可以撤回原行政行为(如相对人已经获得相应行为赋予的利益或者已经享受该行为的内容,行政机关则不得任意撤回;如必须撤回,则应对相对人利益的损失予以补偿)。

行政行为的撤回只能由原行为机关为之(监督机关一般不具有撤回权,但其可责令行为机关撤回行政行为)。撤回一般属于行政机关的裁量范围,只是其行使撤回裁量权不得超出裁量的合理界限。只要法律没有特别的规定,行政机关撤回行政行为不需要经过特别程序。但新近法律为了保护相对人的利益,确保公正,对有些行政行为的撤回,开始要求需经听证程序,为相对人提供陈述意见和辩论的机会,或者规定听取特定机关的意见的程序等。撤回行政行为原则上只向未来生效,个别情况下也有溯及既往的例外,如税法规定的批准税务申报的撤回等。

第六章

行政规制

第一节 行政规制的概念与理论根据

一、行政规制的概念与范围

规制的英语表述形式是“regulation”。而“regulation”在中文中则有多种译法，如规章、规则、条例、法规、调整、调节、校准、管理、控制、管制等。在经济学和法学译著中，“regulation”多翻译成“规制”或“管制”。20世纪80年代前多译为“管制”，20世纪80年代以后多译作“规制”。经济学著作中多用“管制”，法学著作（特别是行政法学著作）中则多用“规制”。行政规制的英语表述形式包括“administrative regulation”或者“governmental regulation”（政府规制）。在各国行政法教科书中，一般很少使用“行政规制”这个概念，行政规制的内容通常分别在行政法教科书中有关行政立法（主要涉及规制经济活动和规制社会活动的立法）、行政行为（主要涉及对人们在经济、社会领域的行为目标、方式及标准等的规制）等章节中论述和阐释。在20世纪中叶以后，许多学者在有关行政、行政管理、行政法的专门性著作中，开始集中研究和探讨各个国家和地区的政府对经济和社会的各种规制行为及其制度。对于规制、行政规制、政府规制的概念和范围，不同国家和地区的法律和不同学者的界定有较大差异。

韩国《行政规制基本法》第2条为“行政规制”下了一个明确的定义：行政规制是指国家或地方自治团体（各级地方政府）为实现特定的行政目的，限制国民权利或增加国民义务的法令（包括法律、总统令、总理令、部令和受其授权制定的指令等)或条例、规章所规定之事项。①

英国公法学者哈洛和罗林斯认为:"规制是一个难以捉摸的概念:由于该词具有多重含义,因而对其众说纷纭。有时被随便用来描述任何形式的行为控制,而这实际上是政府的主要职能所在。有时它又处在市场的对立面,被经济学用来描述所有决定或者改变市场运行的国家行为——包括国有化、税收和补贴。比较好把握的是塞尔兹尼克(Selznick)的表述:规制是指一个公共机构针对具有社会价值的活动进行的持续、集中控制。……首先,规制不同于通常与刑事司法制度相关联的对反社会性质行为的控制。用马佐尼(Majone)的话来说,只有在认为市场行为于其自身有价值并因而需要保护和控制的社会中,才能对市场行为进行'规制'。其次,规制远非仅仅通过一部法律那样简单。强调持续、集中控制……'成熟的规制'常被定义为三方面基本元素的结合:制定规则;监督与检查;执行与制裁。……规制通常与作用于私营企业的外部控制相关联,也就是所谓的'政府规制'或'公共规制'。反过来,'行政部门模式'规制(在此模式下,公共规制属于中央或者地方政府的直接责任)可能会与'规制机构模式'的规制形成对立(在此模式下,由身处传统的承担政治或者民主责任这一体系之外的机构实施控制)。因此,也就有了私营部门的'自我规制'。……作为一种规制类别,不太为人所熟知的是'官僚式规制',是指由其他政府机构对政府机构本身进行规制。官僚式规制将行政法的众多制度(审计、检查、督察专员和规制机构等)融汇在一起。"②哈洛和罗林斯在这里对各种规制——一般广泛意义的规制、市场规制、成熟的规制、政府规制、公共规制、行政部门模式的规制(由各级政府实施的规制)、规制机构模式的规制(由相对独立于政府的独立规制机构实施的规制)、自我规制(由私营企业、私营部门自己对自己实施的规制)、官僚式规制(由其他政府机构对政府机构本身进行的规制)的内涵和外延均进行了简要的分析和阐释。很显然,这些不同类别的规制其内涵有很多交叉和重叠,而不是截然独立的。

英国经济学家安东尼·奥格斯(Anthony Ogus)指出:"'规制'基本上是

---

① 参见《韩国行政规制基本法》,李秀峰译,载《行政法学研究》2002年第3期。

② [英]卡罗尔·哈洛、理查德·罗林斯:《法律与行政》(下卷),杨伟东等译,商务印书馆2004年版,第556~558页。

一个政治经济学词汇,正因为如此,只有联系不同经济组织及维持这些经济组织的法律形式的分析,才是了解规制的最佳途径。”[①]他认为:“第一,规制包含了一个更高主体的控制这一理念,它具有指导的功能,为了达到预想的结果,私人受制于一个更高的主体——国家——并被要求按照特定的方式行为,如果违反规则,则以惩罚为后盾。第二,国家及其代理机构运用的主要工具是公法,实施已不能通过私主体间的私合同来达到。第三,因为国家在法律的形成及实施中扮演了最基本的角色,因此该法律体系是‘集中化’(centralized)的。”[②]

美国联邦最高法院大法官布雷耶在其专著《规制及其改革》一书中没有专门对“规制”下定义,其所讨论的主要问题和实例属于广义上的“经济性规制”,不仅涉及价格与市场准入,也涉及健康、安全与环境,但对于那些不具有明显“规制性”的领域(如福利金的发放)或者直接促进经济因素之外的社会领域(如反歧视)等,则较少涉及。他认为,要努力在智识上将这些领域与“规制”加以区分——事实上就是要在政府的“规制”行为与政府活动的整个范围之间进行明确的区分——不仅困难重重,而且聚讼纷纭。[③]

二、行政规制的理论根据

美国政治学家肯尼思·沃伦(Kenneth Warren)在其《政治体制中的行政法》一书中较详细地分析和阐释了规制的各种理论根据。笔者将沃伦论述的这些理论根据概括为以下八项。[④]

(一)维护社会经济秩序、保护公共利益的需要

沃伦指出:“今天,没有一位美国人能真正想像生活在一个不存在政府规

---

① [英]安东尼·奥格斯:《规制:法律形式与经济学理论》,骆梅英译,中国人民大学出版社2008年版,第1页。奥格斯的这句话实际是对马佐尼关于“规制”的观点的引述。

② [英]安东尼·奥格斯:《规制:法律形式与经济学理论》,骆梅英译,中国人民大学出版社2008年版,第2页。

③ 参见[美]史蒂芬·布雷耶:《规制及其改革》,李洪雷等译,北京大学出版社2008年版,第10页。

④ 以下关于规制理论根据的内容均参见[美]肯尼思·F.沃伦:《政治体制中的行政法》(第3版),王丛虎等译,中国人民大学出版社2005年版,第127~149页。凡属引述沃伦本人的观点,不另加注,如属沃伦引述其他学者的观点则另注。此外,此书的译者将“规制”一词译为“管制”,笔者为统一本书的概念表述,将之改为“规制”,但其意不变。

制的社会里的情况将会怎样。政府规制是有序社会的普遍要求,这一要求会引起政府规制的增加。在任何缺乏国家规制的社会里,所有的人都会理性地得出结论:一个社会将处于永无休止的混乱状态。明显地,政府规制服务于公共利益的程度和对公共利益的增进是表明国家规制活动正当性的最根本原因。"

(二)弥补开放自由市场缺陷的需要

什么是政府规制,政府规制的目标是什么?沃伦指出,政府规制是由任何旨在解决开放自由市场缺陷的行为构成。政府规制尤其关心保护商业免于无情的、你死我活的竞争,阻止垄断的出现,保护消费者不被"敲竹杠"(特别是由生产者和销售者定价的商品),也保护商业免于不安全产品和不公平的非法商业手段,但是,所有的政府规制在某一种程度上都指向社会体系中私人部门的私人利益,以使较重要的公共利益不会被置于危险境地。在美国的权利法案中,没有绝对的不受政府干预的私人行为的自由。尽管政府规制局限于对所有权和私人财产的控制,但实际上所有的社会活动已在政府规制的影响之下。

(三)保护社会公众知情权的需要

沃伦在这里引述的是布雷耶的观点:规制是迫使私人企业披露信息,保障公众知情权的必要手段。布雷耶认为,信息有助于公众评估竞争市场中不同的服务和产品。信息的披露有助于市场保持竞争力,并产生更多的理智的消费行为;反过来又压低物价,对于防止销售商故意误导消费者特别有用。信息可以被要求以某种特定方式公布,使它更容易理解。布雷耶指出,与权力相伴而生的就是对信息的控制,只有打破权力控制,才能保障社会公众的知情权。①

(四)防止短期行为、保护生态环境的需要

沃伦在这里引述的是盖尔霍恩的观点:我们不可能心安理得地让市场自发调节社会的最大利益。可怕的过去提醒我们,特殊利益者怎样自我行事,违背国家整体福利,如不计后果地倾倒有毒废物,露天开采矿藏破坏环境引发矿

---

① 参见[美]肯尼思·F.沃伦:《政治体制中的行政法》(第3版),王丛虎等译,中国人民大学出版社2005年版,第132页。

灾矿难。私营企业通常集中在短期利益，而行政规制者思考行动则多集中在长期结果上。盖尔霍恩强调，我们不应忘记，商业主要关心的是获取高额利润。露天采矿不应该任凭邪恶的人运作。为了控制短期商业投机行为，政府规制是非常必要的。我们不能让自私的商业动机来决定国家未来的生态环境，规制对于防止生态环境遭到不可弥补的损害是必需的。①

（五）维护社会和谐，建立和谐社会、平安社会的需要

在人们的社会活动和社会交往中，几乎每个人的活动都有可能侵害到另外一些人。从世界历史考察，随着国家在不同时代的发展，政府总是要不断增加和完善规制来应对和处理社会日益增加的复杂性。尤其是现代国家，无论人们喜欢与否，都不能没有必要的政府规制。古希腊哲学家柏拉图曾在《理想国》一书中向我们展示了一个极为精辟的观点："如果政府想至少获得一定程度重要性的社会和谐，就一定需要政府规制，国家的各个部分必须为整体利益（公共利益）而合作。"②

（六）防止"横财"式利润、保证社会公正的需要

沃伦引述布雷耶的观点："横财"式利润是市场行情因某种偶然因素变化的产物，这种变化便利商品所有者获得超乎平常的超高利润。如石油输出国组织显著地提高原油价格，使石油储备商获得高额利润。这种高额利润通常是允许的，但当它们数量很大且不能反映出生产者、经营者的特定知识、才能和努力时，就构成"横财"并需要被规制。规制的目标即要把这些"横财"式利润从稀缺资源所有者、生产经营者手中通过税收等方式转移为一般纳税人享有。这种资源不应完全由私人公司拥有和控制，政府应采取措施规制，进而保护公共利益。③

（七）防止和避免"道德危机"的需要

当买主购买商品或服务由他人（政府）为之付款时，极容易产生"道德危

---

① 参见［美］肯尼思·F. 沃伦：《政治体制中的行政法》（第3版），王丛虎等译，中国人民大学出版社2005年版，第130～131页。

② 关于柏拉图观点的译文，转引自［美］肯尼思·F. 沃伦：《政治体制中的行政法》（第3版），王丛虎等译，中国人民大学出版社2005年版，第129页。

③ 参见［美］肯尼思·F. 沃伦：《政治体制中的行政法》（第3版），王丛虎等译，中国人民大学出版社2005年版，第131～132页。

机”：既然由他人（政府）付款，就尽量多买，且不管自己是否真正需要相应物品和服务。如公费医疗就是这样，国家狂增的医疗费在很大程度上是因为人们不负责任地滥用公共医疗服务，其他社会保险、社会救济也存在这种“道德危机”。为防止和避免这种“道德危机”，政府对之加以规制是必要的。

（八）调整和刺激产业结构合理化的需要

沃伦关于规制的这一理论根据也是引述了布雷耶的观点。布雷耶认为，政府通过规制性的监督和协调能调整和刺激产业结构的合理化。政府对产业结构的干预和引导，能促进合理的合作、协调计划的形成与发展，从而有助于效率的提高和成本的降低。[①]

关于规制的理论根据，除了沃伦在其《政治体制中的行政法》一书中提出或引述的上述观点，史蒂芬·布雷耶在《规制及其改革》一书的第一章还提出了六项“规制的正当化根据”（部分内容与上述根据重合，只是论述的角度不同）：[②]一是控制垄断权力。二是控制“租或过度利润”。布雷耶认为，“租与垄断利润是非常不同的。如果一家企业控制着一个比当时市场价更为便宜的供货来源，它即能获得一种经济租。如果这种更加便宜的货源无法满足整个市场的需要，则企业由此所获得的就是经济租而不是垄断利润”。[③] 三是对溢出（外部性）的补偿。布雷耶指出，真实的社会成本与不受规制的价格之间的差异就是“溢出”成本（或收益，其通常被经济学家称为“外部性”）。例如，一列火车火花偶尔点燃了附近农民的庄稼，农民被损害的庄稼的成本就是火车运行强加给农民的溢出成本。[④] 四是解决信息不对称的问题。五是防止过度竞争的危害。六是其他正当化根据（如解决不平等讨价还价能力、鼓励行业重组、避免“道德风险”、推行“父爱主义”、解决“稀缺”或“短缺”问题等）。[⑤]

---

① 参见［美］肯尼思·F. 沃伦：《政治体制中的行政法》（第3版），王丛虎等译，中国人民大学出版社2005年版，第134页。

② 参见［美］史蒂芬·布雷耶：《规制及其改革》，李洪雷等译，北京大学出版社2008年版，第20～54页。

③ ［美］史蒂芬·布雷耶：《规制及其改革》，李洪雷等译，北京大学出版社2008年版，第31～32页。

④ 参见［美］史蒂芬·布雷耶：《规制及其改革》，李洪雷等译，北京大学出版社2008年版，第34～35页。

⑤ 参见［美］史蒂芬·布雷耶：《规制及其改革》，李洪雷等译，北京大学出版社2008年版，第49～52页。

第二节　行政规制的形式与手段

英国学者奥格斯在其所著的《规制：法律形式与经济学理论》一书中将规制分为社会性规制和经济性规制。社会性规制是指适用于安全与健康、环境保护、消费者保护等领域的规制。“其公益正当性理由，一般集中于两种类型的市场失灵。第一，与提供商品或服务的企业存在现实的或潜在的合同关系的个人，能够获得的产品质量信息总是不充分的。结果是，不受规制的市场很难满足他们的偏好。第二，即使信息不对称问题不存在，市场交易的溢出效应（外部性）将对交易之外的第三人产生不利的影响。”①经济性规制调整的范围较社会性规制调整的范围要小，它主要适用于具有垄断倾向的产业。“垄断总体上是不被肯定的。但是，在特定条件下，当经济偏好只允许存在一家供应商时，就可能存在‘自然垄断’。如果，在这种条件下，一个企业被赋予了垄断权，它将不受竞争的约束，结果是可能对产品价格作出过高的定价，难以达到消费者对该产品质量的偏好，从而导致低效率。经济性规制的基本功能是：为‘自然垄断’提供一种替代性竞争。”②

一、社会性规制的形式与手段

社会性规制主要包括下述五种形式与手段：信息规制、标准规制、事前批准、经济工具、私的规制。

（一）信息规制

信息规制主要包括两类手段：第一类是强制信息披露；第二类是控制错误的或误导信息。强制信息披露是指强制要求商品生产者、经营者提供有关商品的价格、身份、成分、数量、质量等方面的信息。有关价格的信息或者说透明价格，对于消费者对商品的选择和保证市场的有效竞争是至关重要的。但价格与数量、质量密切相关，对大多数商品而言，没有数量、质量为参考的价格没

① ［英］安东尼·奥格斯：《规制：法律形式与经济学理论》，骆梅英译，中国人民大学出版社 2008 年版，第 5 页。

② ［英］安东尼·奥格斯：《规制：法律形式与经济学理论》，骆梅英译，中国人民大学出版社 2008 年版，第 5~6 页。

有丝毫意义，例如，消费者对几种包装的洗衣粉进行选择，他不仅必须知道每袋洗衣粉的价格，还必须同时知道每袋洗衣粉的重量和质量指标（如产品原料、成分和有关构成比例等）。另外，商品的身份（如产地、生产企业、商标等）对于消费者选择商品也是重要的信息。在证券与金融业领域，强制企业（特别是上市公司）披露相关信息（如企业的资产与债务、财务状况、利益和损失、发展前景等）更具有重要意义。关于信息规制中的控制错误的或误导信息，其意义同样不可小视。无论是自动披露还是强制披露信息，都可能存在错误的或误导性信息，这些信息的披露可能比不披露危害更大，因此，行政机关必须对之采取审查、监管、责令更正、处罚等各种相应的规制手段。①

（二）标准规制

标准规制的干预强度处于信息规制和事前审批规制之间，其干预强度高于信息规制而低于事前审批。信息规制要求生产、经营者披露特定事实，但行政机关并不对相对人的行为进行强制。而事前审批则要求生产、经营者必须满足特定条件，否则，行政机关对其实施特定行为不予批准或授权，相对人即不能实施相应行为。对相对人来说，标准规制可使其省去事前审批的麻烦，其行为或产品只需符合行政机关事前制定的技术标准即可。如其行为不符合标准即构成违法，其产品不符合标准即不得进入市场交易。

标准规制依行政干预强度又可细分为三类：第一类是目标标准（target standard），此类标准不对生产、经营者生产、经营过程作出具体规定，但若出现某种特定损害后果，生产、经营者则需承担法律责任；第二类是性能（产出）标准[performance（output） standard]，此类标准要求进入供应阶段的产品或服务必须满足特定的质量条件，生产、经营者可自由选择满足这些条件的途径、方法；第三类是规格（输入）标准[specification（input） standard]，此类标准又有积极和消极两种形式：前者要求生产、经营者采取某种特定生产、经营方式或使用某种特定原材料，后者禁止生产、经营者采取某种特定生产、经营方式或使用某种特定原材料。很显然，在这三类标准中，第一类标准干预强度最弱，第三类标准干预强度最强，第二类标准干预强度则介乎二者之间。

---

① 参见[英]安东尼·奥格斯：《规制：法律形式与经济学理论》，骆梅英译，中国人民大学出版社2008年版，第123～151页。

各种不同的规制形式分别适用具有不同程度风险的领域。例如,信息规制适用的典型领域是烟草:香烟盒上必须贴示健康警示;事前批准规制适用的典型领域是药品制造领域:药品制造者在药品上市前必须获得行政机关的批准;目标标准适用的典型领域是玩具制造领域:其设计必须"不会因吞食、吸入或者皮肤接触而导致任何健康风险或者身体损伤……";性能标准适用的典型领域是铅笔制造领域:禁止任何画图原料包含超过0.025%的可溶性锑或铅金属;规格标准适用的典型领域是机动车制造领域:如汽车轮胎必须是充气轮胎。①

(三)事前批准

事前批准指个人或企业从事某种特定活动必须事前向规制机构申请执照或者许可。事前批准作为规制手段,包括两种类型的控制:第一种控制的目标是根据公共利益的需要,审查和确认申请人是否满足某种最低限度的质量标准而决定是否给其颁发执照或者许可。这种控制显然有利于防止和避免人们行为的灾难性后果,如核事故等。事前审批的成本远小于事后惩罚的损失。第二种控制是从符合资格要求的申请人中选择特定数量的申请人,给其颁发执照或者许可,其目的在于保护有限的资源,限制过度竞争,以及对自然垄断领域的控制。

事前审批许可主要包括四个类型:一是专门职业许可,如医师、律师、注册会计师、药剂师等专门职业的许可。二是其他职业许可和商业活动许可,这种许可的范围在各国有很大不同:在比利时,从事零售业或摄影师等需要许可;在美国一些州,从事美容师、文身师、丧礼承办人等需要许可;在英国,从事武器、烈酒销售,出租车租赁,经营屠宰场、博彩会所等需要许可。三是产品许可,如航空飞机、客轮、公务用车以及药品等的许可。四是土地利用许可,人们需要在土地上进行建筑、挖掘或其他类似活动,或者需要改变土地利用性质的,需要获得地方政府规划行政机关的许可。②

---

① 参见[英]安东尼·奥格斯:《规制:法律形式与经济学理论》,骆梅英译,中国人民大学出版社2008年版,第151~216页。

② 参见[英]安东尼·奥格斯:《规制:法律形式与经济学理论》,骆梅英译,中国人民大学出版社2008年版,第217~247页。

(四)经济工具

经济工具作为规制方式,相较于传统的"命令—控制型"规制方式具有多种优势:其一,有利于降低规制者和被规制企业的成本。其二,有利于激发被规制企业发展技术的动力。其三,因为经济工具主要涉及金钱,具有相对确定性。其四,有些经济工具(如收费)征集的资金可以用来补偿因某些经济活动的"外部性"而受到损害的受害者。经济工具主要包括下述三种形式:一是费和税。费和税是行政规制中运用最广泛的经济工具。为了纠正"外部性"产生的资源错误不当配置,税费征收的总量应当相当于相应企业或个人给他人造成的边际损失。因为由造成"外部性"的企业或个人来承担相应成本,可使竞争性市场确保生产和消费的分配效率。二是补贴。补贴的作用刚好与费和税相反,是向相应企业或个人支付一定金钱,使之消除或减少法律所禁止的行为,以消除或减少"外部性"给他人造成的损害。三是排污权交易。规制机构根据其对最佳周边环境的观察,对气域和水域的排污量设定绝对限度,然后通过拍卖程序来转让污染排放总额度,由出价最高者得。一旦企业获得了排污额度,这一额度(权利)即可在企业间相互交易,如此,排污额度在拍卖中即由最能发挥其价值的企业获得,因为他们能达到最大限度地减少污染的成本和实现相对较高的效率。之后,这些企业因其最大限度地减少了污染即可将其通过拍卖获得的排污额度(排污权)再出售获益。而那些不愿在减污方面花费成本的企业,最终不得不向减排做得好的企业购买排污额度(排污权),他们会发现其成本会比自己采取措施减少排放的成本更高。[①] 行政机关正是通过此种经济手段(而非行政处罚手段),促使所有企业自觉采取措施减少排放,改善环境。

(五)私的规制

私的规制分别适用于私人可转让的权利和不可转让的权利。

对于可转让的权利,此种规制可通过立法或者某种司法的方法修改或变通相关私法规则来实现公共利益的目标,如为了矫正市场失灵或避免财富过度两极分化,可能对私人权利进行一定调整,如在侵权法上对某些特殊的损害

① 参见[英]安东尼·奥格斯:《规制:法律形式与经济学理论》,骆梅英译,中国人民大学出版社2008年版,第248~259页。

行为用严格责任(无过错责任)代替过错责任(一方当事人行为致另一方当事人损害,即使其无任何过错,致害方也要向受害方承担赔偿或补偿责任)等。

对于不可转让的权利(指某些私权利不能通过协议改变或推翻),行政规制主要存在三种法律技术形式:其一,法院基于公共政策的需要,可能确认或宣告某些涉及财产权或人身自由权的合同(如私人将自己卖身为奴隶或者准奴隶的合同)无效或违法。其二,立法可以规定侵权责任优于合同责任的适用,如个人因他人过错而遭受伤害或死亡,其赔偿请求在某些情况下可不受合同限制或不被合同条款排除。其三,立法者可以在某些特殊类型的合同中规定强制性条款,如规定通过商业途径向消费者出售的商品必须达到合格的质量;消费信贷合同中的债务人只要偿还了借款并正式通知了银行,就可以在任何时候解除合同;在雇佣合同条款的设置上,女人应当享有与男人同等的待遇等。①

二、经济性规制的形式与手段

经济性规制主要包括下述三种形式与手段:公有制、价格控制和公共特许分配(public franchise allocation)。

(一)公有制

公有制即国有化,不同于传统的规制形式,它不是通过对私主体实施外部法律控制,而是通过对资源直接行使财产性权力来实现的。国有化代表了规制最完全也最为彻底的形式,它将生产和分配方式直接从私人手中剥离,直接消除了以往的规制形式在迫使或试图迫使私人利益服务于公共目标时存在的内在矛盾。

公有制可以区分为三种主要形式:其一,企业受作为政府部门的中央各部直接控制,如 1969 年以前的英国邮政局(the Post Office);其二,企业按照公司法注册为公司,从而受公司法各项原则的调整,其资产全部或大部属于国有,如英国核燃料公司(British Nuclear Fuel Ltd.);其三,通过立法建立法定的

---

① 参见[英]安东尼·奥格斯:《规制:法律形式与经济学理论》,骆梅英译,中国人民大学出版社 2008 年版,第 260~265 页。

公有企业,其功能和权力由议会决定。[①]

(二)价格控制

价格控制作为现代规制工具可以划分为两种基本类型:第一种类型是普通竞争市场中的价格控制,其基本目标是分配正义,旨在使低收入阶层也能负担得起特定商品的消费,或者是为了实现某些宏观的经济目标,特别是控制通货膨胀;第二种类型是非竞争性市场中针对垄断企业实施的价格控制,此种价格控制的作用随着公用企业,尤其是公用事业的民营化而日益突出,这些领域仅靠市场力量往往无法产生充分的价格竞争,从而有赖于行政规制。

价格控制有许多种形式,广义上可以分为两种模式:第一种涉及供应商的合理回报率(fair rate of return, FRR),即考虑生产产品的必要投入的回报比例;第二种经常被称为"历史方法"(historical method, HM),即考虑生产商能够控制的成本范围,将价格增长限制在成本增加的合理的范围内。这两种模式紧密联系而不能完全分离,因为在实践中,FRR 需要考量通货膨胀和不可控制的成本两项因素,而 HM 有时则需要决定什么是合理回报的问题。另外,价格控制还需要与税收、补贴等其他规制工具共同对市场发力,以保障公平与效率的平衡。

(三)公共特许分配

公用特许权的授予不同于作为事前批准性质的许可:事前批准性质的许可的目的不在于限制竞争,而是在于确保所有的生产者、经营者及其产品或服务能够满足最低限度的标准;而公用特许权的授予虽然也包含要求被特许企业遵守对其产品或服务的质量、价格的强制性条件,但被特许企业在市场上一般遭遇不到普通许可的被许可人所遭遇到的竞争。由于被授予公用特许权的企业在市场中竞争的相对缺位,故对之构建价格和质量规制体系非常重要。

至于公用特许权的分配,一般需要通过一套适当的竞争性招投标程序进行。竞争性招投标可以作为传统市场方法的替代:为了事后能够享有垄断性权力,欲取得特许权者必须事前参与竞争性招投标程序,其中标的各项条款,尤其是其中影响价格和质量的条款,最后应通过特许合同使之成为特许的

---

① 参见[英]安东尼·奥格斯:《规制:法律形式与经济学理论》,骆梅英译,中国人民大学出版社 2008 年版,第 269~299 页。

条件;获得特许权的企业在今后的生产、经营中均必须遵守这些条件,否则,政府可以以其违约解除特许合同,收回其特许权。

第三节　行政规制改革及其原因

如前节所述,规制对于维持社会经济秩序、解决现代社会“市场失灵”的种种问题是必要的,但是规制本身也会发生“失灵”的问题,特别是规制过度,还可能导致政府滥用权力等种种弊端。所以规制需要改革,如控制规制、减少规制、放松规制等。

一、规制失灵及其负作用

沃伦和奥格斯二人分别在其著作《政治体制中的行政法》和《规制:法律形式与经济学理论》中引述了若干学者反对规制、取消规制的部分观点。这些观点有的过于极端或者具有一定片面性。笔者从这些观点和这两位作者本人关于规制在实际运作中所产生的弊端的论述中,归纳出规制失灵及其可能的诸种负作用。这些负作用也正是规制需要改革的原因,说明必须通过规制改革限制或减少规制的负作用。

规制可能的负作用主要包括以下六个方面:

(一)可能侵犯私人权利,威胁个人自由

由于规制的不断发展和强化,20 世纪后期,行政权力大为扩张,已经出现了侵犯民主政府原则和个人自由的现象。一些学者极力反对政府过多过滥的规制,认为政府规制侵犯了公民被宪法保护的财产权利,对个人自由构成了严重威胁。当然,这些学者反对的是过多过滥而非必要的规制,公民的权利和自由因为规制对公民的社会经济活动“施加了太多的无意义的、无关联的、重复性的、矛盾的和不连贯的”①干扰而受到侵犯。因此,规制必须改革而不是完全废除。

(二)可能被规制对象“俘获”,导致腐败

奥格斯指出,20 世纪 70 年代引起广泛关注的规制失灵理论,激化了“俘

① ［美］肯尼思·F. 沃伦:《政治体制中的行政法》(第 3 版),王丛虎等译,中国人民大学出版社 2005 年版,第 134 页。

获”(capture)一词。其来源是基于这样一种看法:“即规制机构在满足公益目标上的低效,很可能是由于来自保护被规制者利益方面的压力、影响和贿赂。根据一个著名的论点,规制机构显然也有应对政治环境的‘生命周期’。其建立初期,它承载着公众强烈的关注并因此而积极地作为。但当这种关注转移到另外的主题时……规制机构就可能难以抵制规制利益的诱惑,其所需要的信息往往掌握在受规制的行业手中。其专业知识的缺乏还可能导致其要从被规制行业中招录行政人员。”①由于这些原因,规制机构就可能被迫与受规制的企业合作,而不是受规制的企业根据规制的需要与规制机构合作。从而一些学者认为,由于受规制的企业常常能俘获和支配规制机构,这样,政府规制就可能为特定利益团体服务,并且往往是服务于力量最强大的利益团体,而不是服务于普通公众的利益。

(三)可能影响和限制市场自发调节作用的发挥

不少经济学家认为,自由市场是经济最好的调节者,而规制则可能影响和限制市场自发调节作用的发挥。例如,阿尔弗雷德·卡恩(Alfred E. Karn)在《航空运输的非规制——来去自由》②一书中认为,政府规制难以增进效率,至少在航空业上是这样。航空资源配置流动性大,最适宜于灵活多变的、有活力的市场环境和市场体制。政府规制反而会使这种市场调节的灵活性失去,从而不利于该行业的发展。③ 不过,也有学者有不同的看法,认为即使是航空业,适度的规制也是必要的。

(四)规制的实施费用高、成本大

沃伦在《政治体制中的行政法》一书中指出,即使正面的价值在规制中得到体现,但批评者仍常指责规制费用太高,不认为它是合理的和有效的。“商业部门往往通过它们的律师利用政府规制规则中的每一个漏洞,因而导致了政府部门年复一年制定更详尽的规则努力弥补这些漏洞。例如,1992 年美国

① [英]安东尼·奥格斯:《规制:法律形式与经济学理论》,骆梅英译,中国人民大学出版社 2008 年版,第 58~59 页。

② 关于该书的信息详见[美]肯尼思·F. 沃伦:《政治体制中的行政法》(第 3 版),王丛虎等译,中国人民大学出版社 2005 年版,第 156 页。

③ 阿尔弗雷德·卡恩的上述观点引自[美]肯尼思·F. 沃伦:《政治体制中的行政法》(第 3 版),王丛虎等译,中国人民大学出版社 2005 年版,第 137 页。

政府对非规制政策下狂升的有线电视费用感到难堪,因而决定制定新的法规来规制有线电视费用增加的现象。然而,有线电视业利用规则漏洞,通过更多增加电视费用等办法,让大部分用户感到震惊。作为回应,1994 年,规制机构制定和公布了更详尽的规则来堵漏洞,以阻止过高的费用。”①这样,显然就大大增加了规制的成本。

(五)规制可能“窒息”企业家的创造性和革新精神

许多经济学家和其他领域的专家认为,自由市场的竞争能最有效促进企业家的创造性和革新精神。而规制则可能“窒息”企业家的创造性和革新精神,影响和阻碍经济的发展。“赞同非规制的一个最流行也是最基本的观点是:完全的市场竞争必然会给消费者提供优质产品和优质服务,而同时又引导企业以最低竞争性价格进行最有效的生产。1958 年,在‘北太平洋铁路公司诉美国案’中,布莱克法官撰文捍卫自由市场体制,他说自由市场的存在取决于以下方面:不受限制的竞争能最好地分配我们的经济资源,提供最低的价格,给予最大的物质进步。而同时,提供一个有益于我们民主制度、政治制度和社会制度存在的环境。”②

(六)规制本身可能失灵、无效和产生负作用

各种规制项目本来是为应对“市场失灵”而设立和创制的,但规制本身也可能失灵、无效和产生负作用。“1965 年至 1970 年期间,社会性规制和经济性规制大大增强,行政机构和政府部门被授予广泛的裁量自由。根据公共利益理论,法院通过司法审查可以约束裁量权的行使,使其服务于追求的公益性目标。”但是,“现有的正式法律构造能否足以实现规制体系所宣称的公益目标,而与这相伴的还有对这些规制体系的实践成效的失望。……这些规制体系不仅不能成功实现所宣示的目标(一般是纠正市场失灵),而且是如此无效率:它们引起了其他经济部门的错误配置,或者纠正措施的行政成本超过了其所产生的社会收益。……因此,政策分析不佳可能是由于信息的缺乏,或未能预见规制工具重要的副作用并合理予以预防。这在出现重大事故和危机事件

① [美]肯尼思·F. 沃伦:《政治体制中的行政法》(第 3 版),王丛虎等译,中国人民大学出版社 2005 年版,第 134~135 页。

② [美]肯尼思·F. 沃伦:《政治体制中的行政法》(第 3 版),王丛虎等译,中国人民大学出版社 2005 年版,第 136 页。

引起了公众的普遍关注并进而要求政府和国会迅速采取应对措施时，尤其可能发生。另外，合理的规制设计也可能因执行不力而失效，这或许是因为相关机构缺乏足够的资源，或许是因为对于矛盾采取了消极、妥协的态度”。①

二、规制改革的进路

正是由于规制在实际运作中可能存在和发生上述弊端，因此，各国在推进各种规制政策及相应措施时，也在大力推进相应的规制改革。美国学者布雷耶即提出了美国规制改革的下述四大进路：②

（一）引进更胜任的人员

规制人员的素质是避免规制失灵，实现规制目标的重要因素。为此，詹姆斯·兰迪斯（James Landis）在向肯尼迪总统提交的报告中说，改善行政规制的首要之道在于遴选更胜任的人才；善人可以使恶法运作良好；恶人即使适用良法也可能带来严重的破坏。1970 年，美国参议院贸易委员会（the Senate Commerce Committee）抱怨说，过去 25 年内对联邦贸易委员会（the Federal Commission）和联邦通讯委员会（the Federal Communication Commission）的很多任命是源于强硬的政治关系而非业务能力，规制机构并没有参与选择最适于承担规制责任的人任职。在大多数时间里，无论是白宫还是参议院，都没有显示出选择高质量的能胜任规制任务人选的持久信念。但胜任的规制人才对于规制成功是极为重要的，有时对某个具体人选的任命会导致重大改变。例如，卡特总统 1977 年任命阿尔弗雷德·卡恩担任民航委员会（Civil Aeronautics Board）主席时，他知道卡恩主张放松航空规制，了解他的素质与能力。之后，卡恩在《联邦航空法》的宽泛措辞间大展身手，在对航空领域放松规制方面做出了重要贡献。据此，有人建议在白宫设立一个办公室，由其负责制定规制人员的选择标准，建立咨询顾问委员会提供咨询，真正根据候选人的能力、经验和品质选人，而不是根据政治倾向选人。

---

① ［英］安东尼·奥格斯：《规制：法律形式与经济学理论》，骆梅英译，中国人民大学出版社 2008 年版，第 556~557 页。

② 参见［美］史蒂芬·布雷耶：《规制及其改革》，李洪雷等译，北京大学出版社 2008 年版，第 484~519 页。

（二）改革规制程序

美国规制程序大多源于美国《联邦行政程序法》。大多数重要的规制政策都是通过正式的（有时也通过非正式的）规章制定程序而形成，这些政策再通过正式的或非正式的司法裁决而被应用于具体的个案。有人认为，这种规制政策的制定和实施程序存在弊端，应进行改革。改革的目标首先是追求公平和效率的统一。过去多年的程序改革主要是通过司法方式强行要求行政机关遵守日益严格的正式程序要求，在不断扩张适用宪法的“正当程序”条款的过程中，法院要求行政裁决必须以越来越严格的法律形式作出。正当程序的扩张主要适用于涉及福利、公共雇佣、公共住房、教育和监禁案件。这种扩张一度意味着，行政机关在裁决具体个案时，必须使用那些具有司法正当程序所具有的传统法律特征的程序，如公开通知、增强对决定的司法审查等。然而，为保证公平、公正、公开，规制程序日益增强的正式性和严格性是以需要牺牲一定的行政效率性、灵活性为代价的。例如，正式听证和严格的记录、案卷要求可能限制行政机关获取、考虑和运用更广泛信息的机会；更多的利害关系人和公众参与要求可能导致规制决定的拖延、耽搁。因此，规制程序的改革必须兼顾公平与效率，必须根据不同规制行为设计其正式性和严格性程序不同的规制程序，如公告—评价程序、非正式听证程序、审判式听证程序、混合程序等。

（三）结构改革

关于结构改革，学者和实务界提出了各种不同的主张：①第一种主张是改革独立规制机构，使其管理职能和裁决职能适当分开；大多数独立规制机构应由委员会制改为首长负责制，即由单一的行政首长直接向总统负责。因为共同执掌权力的组织对于以合乎时宜的方式形成并执行具体政策来说，是无效率的机制。单一的行政官员对于所有利害关系人将更具可见性，并因此更容易为行政机关的运作负责，行政机关的政策和方向将更可能符合公众、国会和行政部门的利益，并且将导致对受规制行业的更加快捷而公平的回应。关于结构改革的第二种主张是重组国家机关内部关系，赋予国会，或者总统，或者

① 参见［美］史蒂芬·布雷耶：《规制及其改革》，李洪雷等译，北京大学出版社 2008 年版，第 501～502 页。

法院更多的监督规制机构绩效的权力。这一主张又包括三种不同意见:第一种意见是建议在行政机关公布但尚未实施任何重大规制规则之前,应该使国会一院或两院有机会否决该规则;或者进一步加强国会专门委员会(如预算委员会、拨款委员会,或者新设立一个专门的国会规制监督办公室)对规制机构实施更加严密的监督(特别是预算监督)。第二种意见是建议允许总统指导规制机构在指定时间内实施并决定任何一个规制问题,在遵守特定程序的前提下,总统可修正或取消任何准则或政策。第三种意见是建议由法院更审慎地审查行政机关关于规制的规则、准则和决定。如果行政决定恣意、越权,法院应更积极地进行司法审查,撤销这些恣意、越权的决定。关于结构改革的第三种主张是设立各种新机构,如行政法院、技术审查委员会、督察专员、消费者保护机构等,试图通过这些新机构克服规制的困难,解决相关问题。但是这些主张大多没有能付诸实践。

(四)鼓励实体改革

布雷耶提出的规制改革的第四大进路是鼓励实体改革,这主要包括两个方面的措施:一是强行要求规制机构提供"影响声明"(Impact Statement),以促使其采纳更富竞争或更少限制的规制建议;二是通过"日落法"(Sunsct Act)对规制机构的规制权进行限制和促进国会、总统逐个审查规制机构的规制方案,以保规制取得更好的效果。这可以以《国家环境政策法》为例。该法要求在规制机构采取可能给环境造成严重危害的行为之前提供环境影响声明。由于该法是通过法院执行的,它就使行政机关对于环境问题非常重视,从而可能阻止相当多会给环境造成危害的行政项目。《国家环境政策法》的成功鼓励规制改革机构要求相关行政机关在推进相关项目时均提供"影响声明"(如对公平竞争的影响声明,对通货膨胀的影响声明,对其他社会风险、经济风险的影响声明等),以此左右行政机关制定实体政策的方向。根据"日落法",规制机构及其规制行为自特定时间自行终止,除非国会通过立法延长其存续。"日落法"提供了一套完备的标准,供国会在调查之后据以决定是否延长相应规制的生命。美国一些州法即规定了"日落法",美国国会在一些新设立规制机构的法律(如设立联邦能源局的《联邦能源法》)中也规定了"日落条款"。关于促进国会和总统逐个审查行政机关的规制方案,有国会议员曾提出包含三个要素的建议:一是要求总统研究特定行政机关及其规制改革方案,向国会提交报告;二是在总统所辖行政部门设立一个委员会进行具体审查工作;三是从司法部、经济咨询委员会、工资与价格稳定委员会和联邦贸易委员会等机构选择人员组成行政分支委员会,去研究和解决各种相应规制方案中的具体问题。①

第四节　行政规制立法及其调整范围

各国行政规制立法一般均采取单独立法模式,即推行一项规制就制定一项专门法律或法规,对该项规制的主体、对象、内容、程序等进行规范和调整。但是,韩国的实践与此种模式不同,其对行政规制的规范和调整不仅有单独立法,而且另制定统一立法对行政规制的整体性事项进行宏观和系统的规定。故本节拟对韩国行政规制整体专门法——韩国《行政规制基本法》和韩国《行政规制基本法施行令》进行专门介绍和阐释。

韩国《行政规制基本法》共设五章 37 条,包括两个附则;韩国《行政规制基本法施行令》设五章 31 条,包括两个附则。其主要内容包括下述五个方面。②

一、行政规制的含义、范围、目的和原则

关于行政规制,韩国《行政规制基本法》第 2 条曾下过一个明确的定义。③依此定义,该条将行政规制的范围确定为下述四类:第一类是由行政机关制定许可、认可、承认、指定、认证、考试、检查、鉴定、确认、证明等的必要条件和标准,并根据国民的申请进行处理的行政处分或类似事项;第二类是为确保履行取消许可、登记、消除登记、报告、改正命令、确认、调查、管制、征收罚款等行政义务,行政机关给予行政处分或监督之事项;第三类是在雇佣、举报、报告、供

---

① 参见[美]史蒂芬·布雷耶:《规制及其改革》,李洪雷等译,北京大学出版社 2008 年版,第 518~519 页。

② 为了保证规制改革的顺利进行,韩国于 1997 年制定了《行政规制基本法》。该法由总则、规制审查、规制修改、规制改革委员会和补则五个部分组成,对韩国的规制改革的成功实施起到了重要的推进和保障作用。同年,韩国还制定了《行政规制基本法施行令》。韩国《行政规制基本法》和《行政规制基本法施行令》中文译本,载《行政法学研究》2002 年第 3 期。

③ 见本章第一节。

给、禁止出资、禁止名义贷款及其他营业相关领域，赋予一定的作为或不作为义务之事项；第四类是有关限制国民权利或增加国民义务的其他行政行为（包括事实行为）之事项。

关于规制和进行规制立法的目的，韩国《行政规制基本法》第1条明确其旨在通过规定有关行政规制的基本事项，废除不必要的规制，抑制制定不利于提高效率的新的行政规制，以刺激社会、经济活动的自律和创造性，并持续提高国民生活质量和国家竞争力。据此目的，该法第4条和第5条设定了规制的下述五项原则：其一，规制法定主义原则。此原则包含三项内容：（1）创设规制应有法律依据，其内容要具体明确，术语要简单易懂。（2）规制可以由法律直接规定，但其具体内容可以在法律或上位法令规定的具体范围内，也可以由总统令、总理令、部令或条例、规章的形式规定。因业务的专业性、技术性或非重要性的原因，通过授权，在法令规定其范围的前提下，规制亦可由通告等规范性文件的形式规定。（3）行政机关不得运用无法律依据的规制，限制国民之权利或增加其义务。其二，尊重国民的自由和创意原则。国家或地方自治团体应当尊重国民的自由和创意，制定规制时不得歪曲其本质内容。其三，实效性原则。国家或地方自治团体制定的有关国民之生命、保健及环境保护的规制应当有实效性。其四，比例原则。设定规制的对象和手段，其范围应控制在实现其目的所需的最小范围内。其五，客观性、透明性和公正性原则。规制应以最有效的方法保证其客观性、透明性和公正性。

二、规制改革委员会

为了审议和调整整个政府的规制政策，综合推进规制审查和整改等事项，中央政府成立直属总统的规制改革委员会（以下简称规制委员会）。

（一）规制委员会的职权

规制委员会行使下列职权：

1. 审议规制政策的基本方向和规制制度发展的事项；
2. 审查中央机关新制定规制或强化现行规制的事项；
3. 审查现有规制整改计划的制订和施行的事项；
4. 主管规制登记、公布等事项；
5. 主管有关规制改进的意见征集和处理的事项；

6. 对各级行政机关规制改进情况进行检查、评价；

7. 委员会认为需要其审议、调整的其他事项。

（二）规制委员会的组成

规制委员会由包括2名委员长在内的15至20名委员组成。两名委员长一名由国务总理担任，一名由总统任命的学识和经验丰富的人士[①]担任。两名委员长因故不能履行职务时，由国务总理指定一名委员代理其职务。委员由总统任命的学识、经验丰富者和总统令规定的公务员[②]担任，非公务员应占委员总数的半数以上。非公务员的委员任期2年，只能连任一次。委员具有身份保障，非法定原因不得免职或解聘。委员会为有效开展业务，可以下设若干分科委员会。委员会为承担专门性调查研究业务，可设若干专门委员和调查委员。为处理日常事务和为专题审议准备材料，委员会下设相应的专门事务机构和专门研究机构。

（三）规制委员会的运作

规制委员会为履行职能，必要时可采取下列措施：（1）要求行政机关提供说明或相关资料、文件等；（2）要求利害关系人、参与人或有关公务员出席会议陈述意见；（3）对有关行政机关进行实地调查。委员会审查期间，有关行政机关的首长可以让所属公务员或有关专家出席委员会会议陈述意见或提交必要资料。

规制委员会委员长负责召集委员会会议并由其担任会议主席。委员会的会议是公开的，但出于保护公共利益的理由，如委员长认为有必要，经委员会表决可以不公开。与委员会审议事项有关的中央行政机关首长可以出席委员会会议并发言。委员会会议的决议须半数以上委员投票赞成方能通过。委员长或委员认为自己参加某一事项审议或投票可能影响公正时，可以申请回避。

委员会对有关行政机关进行实地调查时，应提前向该行政机关发出通

---

① 所谓“学识和经验丰富的人士”，是指符合下述条件之一的人士：（1）现任或曾经在大学或公认的研究机构任副教授以上或同等职务者；（2）具有律师、注册会计师等资格证书者；（3）现任或曾任社会、经济团体的高级职务者；（4）一级以上公务员或曾任相当于一级以上公职的人员；（5）其他在规制领域具有丰富的学识和经验者。参见韩国《行政规制基本法施行令》第18条第1款。

② 所谓“总统令规定的公务员”，是指财政经济部部长、行政自治部部长、产业资源部部长、国务调整室室长、公平交易委员会委员长和法制处处长。参见韩国《行政规制基本法施行令》第18条第2款。

知,告知其调查目的、调查时间、调查地点及调查人员的基本情况等,但如有紧急情况或者事前通知会妨碍调查目的时可以不通知。

三、规制创设和审查的程序

（一）规制影响分析

行政机关[①]新制定或者强化(包括延长有效期)规制,应进行规制影响分析,并起草影响分析书。影响分析应包括下述内容:

1. 新制定或者强化相应规制的必要性。包括所要解决的问题及问题发生的原因;为解决问题的新制定或者强化规制的必要性;规制确定的目标。

2. 规制目的实现的可能性。包括国民、企业、团体的异议;其他社会性制约因素;技术水平及其他行政环境对可能性的影响。

3. 是否有其他替代手段以及是否与现有规制重复。包括是否可以以现有规制代替;是否可以用非规制的其他方法达到其目的;是否与现有类似规制重复。

4. 规制施行后,受规制的集团或国民所负担的成本和所获收益之比较。包括规制的经济、社会性成本分析;规制的经济、社会性收益分析;成本收益的比较及检讨。

5. 相应规制是否含有限制竞争因素。包括是否含有限制公平竞争市场的因素;是否包含阻碍企业活动的因素。

6. 规制内容的客观性和明确性。包括规制标准和程序的明确性、一贯性和易解性;规制的法律依据及有效期限是否妥当。

7. 新制定或者强化相应规制所需要增设的行政机构、人力及预算的支出。包括判断规制执行所需的组织、人力及预算;是否可以以现有组织、人力及预算代替。

8. 有关民意事务的具体文件、处理程序等是否合理。包括文件和处理期限的适当性;处理机构及处理程序的适当性。

相应行政机关进行规制影响分析时,应尽可能使用量化的资料。当无量化的资料可使用时,可采用定性的叙述性方法。行政机关根据规制影响分析

---

① 韩国《行政规制基本法》调整的对象仅限中央行政机关。

的结果，决定规制的对象、范围和方法。在这一过程中，应收集有关专家的意见，并反映在其自我审查中。规制影响分析的方法、程序和规制影响书的起草指南等事项均由总统令规定。

（二）征求意见

行政机关新制定或者强化相应规制，应举行听证会、行政立法预告等，以充分听取各行政机关、民间团体、利害关系人、研究机构和专家等的意见。

（三）申请审查

新制定或者强化相应规制，相关中央行政机关应先向规制委员会提交有关相应规制的法令案的审查要求，并附相关材料：规制影响申请书、自我审查意见书、各行政机关和利害关系人等提出的意见摘要。然后，相应行政机关还应向中央政府法制处提出审查要求。

（四）预审查

规制委员会自接到审查申请之日起 10 日内应进行预审查，根据规制对国民日常生活及社会、经济活动的影响及其效果，决定相应规制是否应属于“重要规制”并进入正式审查。如认为属于“非重要规制”，即视为已经规制委员会审查并通知申请审查的行政机关。

（五）审查

规制委员会对于其认为属于“重要规制”的规制应自接到审查申请之日起 45 日内完成审查。如必须延长审查期限时，只能延长一次，并不得超过 15 日。委员会进行审查，应审查规制制定机关在自我审查时所依据的材料是否真实可靠，是否遵守了正当程序。如认为规制制定机关所提交的材料不全面，可要求其补充提交。规制委员会审查完成后，应及时向申请审查的行政机关通知其审查结果。

行政机关如有紧急制定或者强化规制的需要，可先不经规制影响分析、征求意见等程序，直接向规制委员会提出审查要求，但必须说明理由。规制委员会如认为理由成立，应自收到要求之日起 20 日内完成审查，并向提出审查要求的行政机关通报审查结果。提出审查要求的行政机关接到审查结果通报后，应在 60 日内向委员会提交规制影响分析书。规制委员会如认为相应行政机关紧急制定或者强化相应规制的理由不成立，应自收到要求之日起 10 日内，要求相应行政机关按一般审查申请程序申报。

规制委员会经对相应行政机关制定或者强化相应规制的申请的审查,如认为必要,可向相应行政机关提出撤回或改进其拟制定或强化的规制的劝告(劝告书应包括下述内容:规制的内容、委员会的审查意见、撤回规制或改进规制的事项、撤回规制或改进规制的处理期限)。相应行政机关如无特殊情况,应依据总统令及时向规制委员会提交对劝告的处理结果。

(六)再审查

行政机关对规制委员会的审查结果有异议,或者认为很难按照规制委员会的劝告采取措施时,可依据总统令要求规制委员会再审查。规制委员会应自收到再审查要求之日起15日内完成再审查。

行政机关未经规制委员会的审查,不得制定或者强化规制。其向中央政府法制处提出制定或者强化规制的法令案审查申请时,应附规制委员会的审查意见;其向国务会议提交法令案时,也应附规制委员会的审查意见。

(七)规制有效期的明示

行政机关制定或者强化规制,对没有明确长期保留的规制,应通过法令明定其有效期限。规制的有效期限应是为实现规制之目的所需要的最短时间,这个时间原则上不超过5年。相应行政机关如认为有必要延长规制的有效期,应在有效期限到期前1年内向规制委员会提出审查要求。规制委员会对行政机关制定或者强化规制的申请进行审查时,如认为必要,可向相应行政机关提出明示规制的有效期限的建议。

(八)规制的登记和规制事务目录的公布

行政机关制定或者强化规制,应在规制委员会对下列事项进行登记:(1)规制的名称;(2)规制的法律依据及内容;(3)规制处理机关;(4)有关规制施行的下位法等内容;(5)规定规制的法令等的公布日及施行日;(6)规制的有效期限;(7)规制委员会规定应登记的其他事项。

新制定的规制变更、废除已登记的规制,行政机关应自有关规制的法令公布之日起30日内在规制委员会进行登记。

规制委员会对行政机关登记的规制事项目录及变更内容,应在每年2月底前,在官方公报上发表,并通过互联网公布于众。

四、对现行规制的整改(包括废除或改进)

(一)规制整改的启动

任何人(可通过行政机关、公共团体、民间团体)都可以向规制委员会提出废除或改进现行规制的建议意见。提出建议意见可采用书面、图文传真、口述、电话等各种方式,意见内容应包括意见提出者的姓名、住址,规制的内容、所存在的问题及整改方案,其他建议参考材料或考虑的其他事项。

(二)规制委员会审查

规制委员会在下列情况下可对现有规制的整改情况进行审查:(1)规制委员会认为有必要对整改建议提出人的意见进行审查;(2)接受企业活动规制审议委员会依韩国《放松企业活动规制特别措置法》移交过来的有关现有规制的整改事项;(3)规制委员会在收集、分析利害关系人和专家意见后,认为有必要对特定的现有规制进行审查。

(三)现有规制的自我整改

行政机关在听取利害关系人、专家对其所制定、施行的规制的意见后,应对相应规制进行自我整改,并于每年1月1日前向规制委员会提交自我整改结果报告。

(四)规制整改综合计划的制订

规制委员会每年应规定重点推进的规制领域或应特别改进的现有规制,并制定对现有规制的整改指南(内容包括规制整改的基本方向、现有规制的整改标准、重点推进的规制领域或应特别改进的现有规制、规制委员会认为的现有规制的有效整改必要的其他事项),经国务会议审议,在每年10月31日前,向中央各行政机关通报。如有必要,规制委员会在整改指南中可明确相应的整改期限。中央各行政机关根据规制委员会的整改指南,应制订本年度的规制整改计划,并于每年12月31日前提交规制委员会。规制委员会在综合各行政机关规制整改计划的基础上,制订政府规制整改综合计划,经国务会议审议和总统批准后公布施行。

(五)规制整改综合计划的实施

规制整改综合计划制定和公布之后,中央各行政机关应对其所主管的现有规制进行整改,并依总统令的规定向规制委员会提交整改结果报告。各行政机关还应向规制委员会提交由规制委员会确定了整改期限的特定现有规制的整改结果报告。如行政机关未能按期完成此种规制整改，应及时向规制委员会说明理由，并提交推进计划，待计划最终完成后及时向规制委员会报告整改结果。

五、对规制改善的检查和评价

为有效改善规制，规制委员会应对各级行政机关规制的运作和改善情况进行检查和评价。检查、评价前，应向相应行政机关发出通知，告知拟检查、评价的事项、日程计划和检查者的基本情况。规制委员会认为有必要时，可成立由规制委员会所属职员和相关行政机关所属公务员组成的联合调查组。规制委员会还可委托有关的专门机构进行舆论调查。检查、评价结束后，规制委员会应向国务会议和总统汇报检查、评价结果。对规制改革消极或改善结果不佳的行政机关，规制委员会可向总统提出要求改进或采取必要措施的建议。

规制委员会每年应编制和出版有关政府主要规制改革情况的白皮书。白皮书应包括下述主要内容：(1)前一年政府规制的基本情况；(2)前一年政府规制改革推进的成果及其评价；(3)其他与规制改革有关的事项。规制改革白皮书应于每年3月31日之前公布。

第七章
行政裁判

第一节 行政裁判的概念与制度起源

一、行政裁判的概念

关于行政裁判的概念,各国法律的规定和学者的论述略有区别。

美国《联邦行政程序法》第551条第7项将"裁判"(行政裁判)定义为作出"裁决令"(order)的活动。所谓"裁决令",该法第551条第6项对"裁决令"的定义是:行政机关对制定规章以外的,但包括核发许可证在内的事项作出的,最终处理决定的全部或一部,其形式可以是肯定的、否定的、指令性的或者宣告性的。美国《联邦行政程序法》关于"裁判"的定义所涉及的范围是极为广泛的,实质上几乎包括整个具体行政行为的范围。甚至与抽象行政行为也存在一定重叠的情形。①

作为比较行政法,本书研究的"行政裁判",显然不包括这么广泛的范围,而仅限于美国《联邦行政程序法》第554~557条规定的必须根据行政听证记录作出对特定事项、特定争议裁决的活动。这种裁判在美国法律文献中一般称"正式裁判"(formal adjudication),所适用的程序是"审判式听证"程序,或称"完全听证"(full hearings)程序、"取证式听证"(evidentiary hearings)程序。适用这种程序的裁判主要指在美国行政机构内任职的行政法官

① 参见[美]理查德·J.皮尔斯:《行政法》(第1卷),苏苗罕译,中国人民大学出版社2016年版,第542页。

(administrative law judges, ALJ)或听证审查官(hearing examiners)所进行的裁决特定事项、特定争议的活动。①

英国的行政裁判仅指英国各种行政裁判所(administrative tribunals)裁决特定争议案件的活动。韦德指出,英国作为福利国家,设立了许多不同类别的行政裁判所。"诸如旨在解决根据社会保障立法提出的权利争议的地方裁判所,以及解决有关雇主与雇员之间的并且往往也涉及国家的许多权利争议的劳资裁判所等。其他还有一些处理税收、财产权、移民、精神健康和小学生的学校分配等问题的裁判所。各种权利争议的很大部分都属这些裁判所管辖,而绝不仅限于公共机构的纠纷。房客甲能否不服房东的退房通知或者要求减少房租?工人乙可否申请获得失业救济金、退休金或者其他额外救济金?巴基斯坦人丙是否应该被拒绝入境?医生丁是否应该被免除保健服务?能否禁止公民开办一所独立的学校?行政裁判所需要处理诸如此类的许多问题。普通守法公民很可能会发现他们不得不更多地同这些裁判所打交道,而不是诉诸普通法院。"②

二、行政裁判的制度起源③

美国是实行较严格的三权分立制度的典型国家,本来其宪制是不允许行政机关行使裁判权的,不应该有行政裁判存在的空间。但是,随着资本主义社会经济的发展以及随之而来的大量社会矛盾和社会问题,如经济危机、通货膨胀、企业破产、工人失业、环境污染、生态灾难等,资本主义国家不得不由早期对社会经济生活采取不干预政策转为实行积极干预的政策,由"管事最少的政府是最好的政府"向"多管事的规制型政府"转化。由于国家和政府对社会经济生活的干预,行政管理领域开始出现大量的、各种各样的争议案件。这些争议案件数量多,涉及范围及领域广泛,包括贸易、金融、证券、交通运输、劳资

---

① 关于美国行政法官和听证审查官及进行行政裁判(听证)第556~557条和第1305条的规定,可参见美国《联邦行政程序法》,引自应松年主编:《外国行政程序法汇编》,中国法制出版社1999年版,第79~82、87页。

② [英]威廉·韦德:《行政法》(第6版),徐炳等译,中国大百科全书出版社1997年版,第617~618页。

③ 关于"行政裁判制度的起源",其资料参考和引用了笔者所著的《行政法》第15章"行政司法的历史发展"中的相关内容。参见姜明安:《行政法》,北京大学出版社2017年版,第312~315页。

关系、环境保护、消费者保护等。解决这些新型争议案件需要具有各种专门技术、专门知识,还特别需要熟悉行政管理的有关规则、标准等。由谁来承担解决这些新型争议案件的任务呢?普通法院日益显示出力不胜任的一面:大量案件一拖再拖、一搁再搁,当事人的争议长期得不到解决,这给经济和社会的发展带来了严重影响,给社会秩序和社会稳定也带来了威胁。于是,行政裁决制度应运而生。自1887年州际商业委员会成立以后,特别是自20世纪40年代罗斯福实行"新政"以后,所谓"三权分立"的严格性逐渐降低:行政规制机构不仅行使行政权,而且开始大量制定规章,裁决争议和具体案件,广泛行使行政立法和行政裁判权,如州际商业委员会等独立规制机构,它们管理国家各种特定的社会经济事务,如运输、煤气、电信、投资市场、劳资关系、公用事业等。为了实现其管理职能,它们既制定有关这些社会经济事务管理的规章,又裁决因这些社会经济事务管理而发生的争议案件。独立规制机构每年审理的争议案件的数量大大超过法院每年审理案件的数量,是美国行使行政裁判权的主要机构。20世纪以前,美国联邦仅有10多个独立规制机构,但到了20世纪80年代,则发展到60多个,如联邦贸易委员会、联邦电信委员会、联邦动力委员会、原子能委员会、劳资关系委员会、环境保护局、国内税收局等。除了独立规制机构,美国政府的很多部(如农业部、劳工部、内务部等)也行使一定的行政裁判职能,有些部设立相对独立的局或所,承担行政裁判职能。美国行政机关行使行政裁判权和审理争议案件,过去通常是由行政首长临时指定行政工作人员主持,后来审理人员相对固定,由行政首长加以委任,称"审查官""主审官""仲裁官"等,一个案件由三个审查官组成的审理庭审理,或者由一个审查官独任审理。在美国《联邦行政程序法》制定之前,联邦审查官完全隶属于行政首长,他们由行政首长随意任命和撤免,因此其裁决案件(只能作建议性裁决)不能不服从于行政首长。1946年制定的美国《联邦行政程序法》规定,各行政机关根据行政裁判的需要委任"审查官"(examiners)或"听证审查官",审查官和听证审查官专门负责审理案件,不得履行与之不相干的职责;非有正当理由并经文官委员会审理决定,审查官和听证审查官不得被免职。后来文官委员会解释,美国《联邦行政程序法》的保护不仅适用于审查官和听证审查官的免职,还适用于对审查官和听证审查官的降级、停职或他们不自愿的其他地位变更。这样,审查官和听证审查官主持争议案件审理时基本上不受行政首长意志影响。1972 年,文官委员会又颁布一项规章,将审查官和听证审查官这一名称改为“行政法官”,使之具有了更独立的地位。1978 年,美国国会修改《联邦行政程序法》,正式在法律上确立了行政法官的地位,规定行政法官的专门职责是审理案件,非有文官功绩制保护委员会规定的正当理由并经其审理决定,行政法官不得被免职、停职、降级、降薪和临时解雇。而且,行政法官的薪俸由法律规定,行政首长不得任意变更。根据 1978 年修正的美国《联邦行政程序法》,行政法官应独立、不受外部影响、不偏不倚地行使职权。在行政裁判中,他可以签发传票、接受证据、掌握审讯进程、主持辩论、依法作出初审裁决或提出建议性裁决(对于初审裁决,如果当事人未提出异议或行政首长未予复议变更,初审裁决即终审裁决;对于建议性裁决,行政首长须作出最终裁决,但行政首长一般会确认、维持行政法官作出的建议性裁决,很少变更),以及采取美国《联邦行政程序法》规定的其他行为。作为独立规制机构的各种委员会,除了行政法官主持案件审理,很多时候还由委员会的一个或几个委员主持案件审理。

虽然美国在 20 世纪中期以后已经形成了较完善、发达的行政裁判制度,但现代行政裁判制度并非始于美国,而是始于英国。英国的行政裁判所制度是最典型、最正宗的行政裁判制度。本来,早期的英国人是最反对行政法和行政裁判制度的,以戴雪为代表的英国早期法学精英认为,司法只能是普通法院的事,一国之内,无论何人,无论何事,均应受制于国家统一的法院和统一的法律,即普通法院和普通法。如果在普通法院外还设置隶属于行政系统的裁判机构,普通法外还有行政法,那就无法治可言,就会导致专制。他们指斥法国的行政法院和行政法为“专制之物”,是对法治的破坏。然而,到了 19 世纪末和 20 世纪初,英国人开始放弃他们原来对行政法的偏见,修改戴雪等人的法治理论,提出法治并非排斥行政法,并非排斥行政机关行使具有准司法性质的行政裁判权。法治要求的是依法行政,行政机关的行为,无论是行政执法行为还是行政司法、行政裁判行为,只要不超越议会的授权并符合法定程序和“自然公正”原则,就不与法治冲突。基于现实的迫切需要和对“法治”理论的修改,设置于普通法院之外、行使行政司法职能的行政裁判所通过议会授权的方式在英国一个接一个地出现了,且越来越多。1908 年,英国根据《国家退休法》,建立了退休金委员会,解决有关退休金方面的争议。1911 年,根据国家保险法,建立了国家保险仲裁法庭,解决有关保险方面的争议。之后,根据各种有关法律,大量的行政裁判所相继建立,如土地裁判所(Land Tribunals)、租金裁判所、工业伤害裁判所、医疗上诉裁判所、交通运输裁判所、矿山纠纷裁判所、劳资关系裁判所、专利裁判所、商标裁判所等。20 世纪 50 年代,英国行政裁判所种类超过 50 种,总数超过 2000 个。21 世纪,英国对行政裁判所制度进行改革,大大减少裁判所数量,以保障法制的统一性。

英国行政裁判所虽然从属于行政系统,但其成员并不是政府官员。裁判所主席一般由受过法律教育的人担任,裁判所的成员通常由对立利益双方的代表担任。例如,工业伤害裁判所成员分别为雇主组织和工会组织的代表,农用土地裁判所的成员分别为土地所有者组织和承租者组织的代表。某些裁判所的成员由专家组成,如医疗上诉裁判所、税收裁判所、专利裁判所等。在裁判所里,虽有一个政府文官担任秘书,但其职责是帮助当事人、向当事人说明裁决程序和解答当事人的一些问题,而不能参与对案件的裁判或对裁决施加影响。行政裁判所裁定案件适用三项基本原则:公开、公平、公正。"公开"指程序公开,当事人有权了解案卷材料、证据及裁判所作出裁决的依据、理由;"公平"指裁判所公平地听取当事人双方各自的陈述,审查他们各自提出的证据;"公正"指裁判所不受政府部门和其他外部组织、个人的影响,根据法律和事实作出裁决。

英国的行政裁判所和美国的行政法官可以说是现代行政裁判制度形成和发展的最具代表性的例子。20 世纪中期以后,具有各国特色的各种不同形式的行政裁判制度在世界许多国家发展起来,这主要基于社会、经济和政治等多方面的原因:第一,在现代社会,随着科技和社会经济的迅速发展,各种社会矛盾、争议、纠纷不断出现和增多,普通法院不具有处理大量新出现的反映这些新的社会矛盾的争议案件的能力,为了保障和维持社会经济的发展和社会秩序,国家行政机关不得不分担、执行一部分司法裁判职能;第二,国家对社会经济生活干预的增加导致了行政机关职能的扩大,而行政机关为了有效地行使社会经济管理职能,其不仅要求具有发布行政命令、采取行政措施的权力,而且要求具有自己裁决因行政管理而发生的纠纷和争议案件的权力;第三,因行政管理而发生的各种争议案件大都具有较强的技术性,而普通法院的法官通常不具有处理这些争议案件所需要的相应的专门知识,为了不造成办案的困难和案件的积压，普通法院也乐于将这些争议案件交由行政机关裁决或交行政机关先行审理；第四，行政司法较普通司法办案迅速、费用低、手续简便，且办案人员对处理特定种类的争议案件具有专门知识或专门经验，当事人在遇到相应争议案件时通常也乐于选择行政裁判这一途径。

第二节 行政裁判的运行机制

一、美国行政裁判的运行机制

美国联邦行政机关每年要处理数百万件裁决案件。仅社会保障局一年就要裁决超过 100 万件涉残疾人的社会福利纠纷案件。如果联邦行政机关的裁决案件再加上各州和地方政府行政机关的裁决案件，美国整个行政机关裁决各种争议案件的数量可能达到每年数千万件。这远超法院裁决案件的数量，行政机关裁决案件的数量让法院相形见绌。行政机关裁决的事项涉及政府人事、移民、福利、学校处分、税收、职业许可、土地利用、环境许可、违反法律和规章的制裁、对私人劳动关系的规制，以及其他数以百计各不相同的情形。①

与司法审判相比，行政裁判程序更为简略。② 试想，如果行政裁判要适用法院司法审判那样复杂、昂贵和耗时的程序，美国联邦行政机关每年要完成数百万件争议纠纷案件的裁决是完全不可能的。当然，行政裁决也与一般的单方行政行为不同，其程序须包含一定的司法要素：少量案件的裁决需遵循美国《联邦行政程序法》第 554 条规定的正式听证程序；大量案件的裁决亦要遵循美国《联邦行政程序法》第 555 条规定的有一定司法要素的程序，如允许当

---

① 参见[美]理查德 · J. 皮尔斯：《行政法》（第 1 卷），苏苗罕译，中国人民大学出版社 2016 年版，第 544 页。

② 例如，美国民事诉讼司法审判的程序包括下述十项环节：(1)及时和充分告知当事人争点和主张；(2)提供与对方证人对质的有效机会；(3)当事人口头陈述其主张；(4)当事人口头提交证据；(5)与对方证人交叉质证；(6)对各方证据的披露；(7)当事人获得律师代理；(8)法院完全基于审理过程中采纳的证据作出判决；(9)基于事实认定和法律结论作出判断；(10)由中立的裁判者作出判决。参见[美]理查德 · J. 皮尔斯：《行政法》（第 1 卷），苏苗罕译，中国人民大学出版社 2016 年版，第 544 页。

事人由律师或者其他得到授权的代理人代理,允许当事人获得与相应争议案件相关的任何数据或者证据的副本,就拒绝当事人申请或者请示的事项简要说明理由等。①

在行政裁判中,行政机关的首长很少聆听证人作证,甚至也很少阅读证据。证据通常是提交到听证官(听证官有的是行政法官,有的不是)。事实调查通常首先由听证官完成。听证官的初步裁决或者建议裁决作出后即送达给当事人。然后,案件会交由行政机关内具有相应领域专业知识的工作人员进行研究。在当事人对听证官的初步裁决或者建议裁决提出异议和法律意见时,行政首长会审阅行政机关工作人员对案件的研究分析意见,并可自由征求任何工作人员的意见。行政首长通常会研究各种相关主张、工作人员的备忘录以及当事人的法律意见,然后作出行政裁决。这种行政裁决可以认为是行政首长和听证官以及工作人员观点的综合,其裁决质量通常要高于行政首长(即使有很强的能力)或者法官在没有专家建议的情况下所作出的裁决。行政裁判的这种程序是运用了大型医疗诊所的工作原理:大型医疗诊所通常可以提供比任何个体全科医生更全面的医疗服务,因为它整合了各种类型的专科医生,并进行规划以便最有效地发挥每个人的专业能力。行政机关的整体心智所具有的洞见相比任何个人都更为深刻,并且可能要全面得多。因为各种相应专家通过考虑各自的判断进行合作,其成果(最终裁决)包括了各位专家所特有的知识和技能。②

在实行委员会制的行政机关进行行政裁决时,其作出最终裁决不同于实行首长制的行政机关,它们是通过投票以多数票作出最终裁决,而不是由行政首长作出最终裁决,尽管如前所述,首长制行政机关的行政首长在作出最终裁决前,一般需要由听证官(通常是行政法官)先作出初步裁决或者建议裁决,并听取行政机关内具有相应领域专业知识的工作人员对案件的研究分析意见,而非完全由其个人作出。

---

① 参见[美]理查德·J.皮尔斯:《行政法》(第1卷),苏苗罕译,中国人民大学出版社2016年版,第545页。

② 参见[美]理查德·J.皮尔斯:《行政法》(第1卷),苏苗罕译,中国人民大学出版社2016年版,第562页。

二、英国行政裁判的运行机制

英国行政裁判的基本特点是采用裁判所运行机制。此不同于美国，美国行政裁判主要是通过行政法官（或非行政法官的听证官、审查官）和作为独立规制机构的委员会进行的。英国行政裁判所在20世纪上半叶之所以迅速发展，是因为它能提供较普通司法更快捷、更经济、更易于接近正义的争议处理机制。韦德认为，对于涉及大量有关行政福利的小额争议纠纷案件而言，行政裁判尤为必要。而司法程序是烦琐的、缓慢的、代价高昂的，但司法的这些缺陷也正是它的价值所在，因为司法的目标就是提供更大程度的正义。如果当事人为要获得更多的正义而选择司法，就需要准备为之付出（时间、金钱、精力等）更大一些代价。但是，人们在进行争议解决途径选择时，各人情况不同，目标也就会有所不同。不是所有人都愿意选择不惜一切代价去追求最大可能的正义，多数人会追求正义与效率相一致的路径。争议纠纷的解决既要有必要的公正，又要有适当的快捷与经济。这既是公共利益的需要，也符合当事人利益的需求。行政裁判所制度正是实现二者目标和利益平衡的产物。

韦德指出，英国行政裁判所的另一特点和优点是专业化。"土地裁判所里坐着具有相应资质的勘验员，税务裁判所里坐着税务专家作为所得税特别专员（Special Commissioners of Income Tax）。……即使没有专门的技术专家，专业化的裁判所也能在它自己的领域内快速组建起一支专家队伍。只要它们处理的特定类型的案件源源不断，其专门管辖制度就会凸显出其优越性。"①

但是，英国行政裁判制度也存在一定的负面问题。韦德指出："裁判所受制于不断进化的法律体系，而正是进化造就了其种类的多样性。每一个裁判所都是为了某部特定的立法而设计的，此也即意味着，每一个都是量身定做的。当一项新的社会福利计划或者行政法规被引入时，往往设立一类新的裁判所而不是重组改建已有的裁判所。这样，裁判所就越来越多。这种不受控制的增长导致50多种不同类型裁判所的产生。如果进一步统计地方分支机

① [英]威廉·韦德、克里斯托弗·福赛：《行政法》（第10版），骆梅英等译，中国人民大学出版社2018年版，第690页。

构,则总数(包括苏格兰)超过2000所。它们情形各异,有的极其繁忙,如社会保障、就业、估价上诉、租金评估裁判所等,有的则门可罗雀,业务很少,如矿藏和采石裁判所。因此到20世纪后期,要求改革的呼声越来越高。"①

2005年,英国议会通过了《行政改革法》,推进裁判所的行政因素向更多的司法化因素转化。相应的改革白皮书指出:"在一个现代民主社会,由政府的部长完全掌握此种司法(裁判所)任命权这种做法已经不能被人所接受。据此,我们建议设立司法任命委员会(Judicial Appointment Commission),由该委员会负责推荐裁判所的裁判官专家组候选名单。"②2007年,英国议会又通过了《裁判法庭和强制执行法》(Tribunals Courts and Enforcement Act),该法明确规定裁判所不是行政系统的一部分,而是司法系统的组成部分。从而将裁判所与相应行政机关的职能分离,裁判所管辖的案件不再必然与相应行政机关的职能相联系,行政机关职能行使产生的争议不再是相应裁判所受理案件的唯一来源。根据该法律,裁判所的裁判官不再由相应行政机关的部长任命。初级裁判所(First-tier Tribunals)的成员由大法官任命,高级裁判所(Upper Tribunals)的成员经大法官推荐由女王任命。而且,这些任命都只能在司法任命委员会(Judicial Appointment Commission)提名的基础上进行。该法律还赋予大法官一项职责,即为裁判所提供"保障其高效和正常运行的支持",这进一步要求裁判所可以雇佣行政人员来承担日常工作,可以为举行听证等申请场地。同时,司法部成立了裁判所服务局(Tribunals Service),作为管理裁判所的执行机构。此外,该法律还规定建立一个裁判所高级总裁办公室(Office of Senior President Tribunals),由一名裁判官担任高级总裁,该高级总裁是对裁判所履行司法职能进行管理的总负责人,统一管理初级裁判所和高级裁判所,向各裁判庭(Chambers)分配裁判人员,他有权签发操作指令和工作手册。该高级总裁向议会负责。③

---

① [英]威廉·韦德、克里斯托弗·福赛:《行政法》(第10版),骆梅英等译,中国人民大学出版社2018年版,第690~691页。

② [英]威廉·韦德、克里斯托弗·福赛:《行政法》(第10版),骆梅英等译,中国人民大学出版社2018年版,第693页。

③ 参见[英]威廉·韦德、克里斯托弗·福赛:《行政法》(第10版),骆梅英等译,中国人民大学出版社2018年版,第694页。

三、法国行政裁判的运行机制

法国没有既裁决行政争议又处理特定民事纠纷的行政裁判所和行政法官。法国的行政裁判主要指法国最高行政法院、上诉行政法院和地方各省行政法庭以及海外领地行政裁判庭裁决行政争议案件的活动，这种行政裁判实质上就是行政诉讼。由于我们在"行政诉讼"制度比较一章（第十五章）中将详细介绍法国最高行政法院和上诉行政法院的运行机制，故本节仅简要介绍一下地方各省行政法庭（包括本土行政法庭与海外设省的领地的行政法庭）和海外领地（指海外不设省的领地）的行政裁判庭的运行情况。法国现有本土行政法庭 28 个，海外省行政法庭 9 个，每年作出行政判决约 12 万至 13 万件。①

法国地方各省行政法庭都下设分庭，一般省设 2 至 8 个分庭，巴黎设 17 个分庭，每个分庭由 3 名法官组成。必要时，行政法庭或"全员参加庭审"即所有分庭的法官一起参加审理某一案件。有些案件则由行政法庭庭长单独审理，或者由他委派的一名法官审理，从而呈现行政审判越来越多采用独任制而非合议制审理的趋势。行政法官审案保持独立性。为此，其终身任职，未经其本人同意，可不接受其职位的任何调动。②

行政法庭实行属地管辖制，即各行政法庭一般只管辖本辖区发生的行政案件（行政契约案件除外）。属地管辖是维护公共秩序的需要，只要不与公共利益相抵触，当事人即不得违反这种管辖规则。行政案件一般由作出行政决定的机关所在地的行政法庭管辖。但是，涉及不动产的争议案件可由不动产所在地行政法庭管辖；涉及致害索赔的案件可由致害行为发生地行政法庭管辖；涉及公职人员申诉的案件可由其任职地行政法庭管辖。③

法国行政争议庭是法国海外没有建省的领地内受理行政争议案件的机

---

① 参见［法］让·里韦罗、让·瓦利纳：《法国行政法》，鲁仁译，商务印书馆 2008 年版，第 774～776 页；［法］古斯塔夫·佩泽尔：《法国行政法》（第 19 版），廖刊明、周洁译，国家行政学院出版社 2002 年版，第 233～244 页。

② 参见王名扬：《法国行政法》，中国政法大学出版社 1988 年版，第 603～612 页。

③ 参见［法］让·里韦罗、让·瓦利纳：《法国行政法》，鲁仁译，商务印书馆 2008 年版，第 774～777 页。

构。行政争议庭的前身是1825年成立的总督枢密院,其成员包括领地上行政部门的负责人,以总督为主席。1881年,总督枢密院改称行政争议庭,增加2名法官成员,仍以总督为主席,直至1921年,改由1名高级法官担任主席。行政争议庭除主席外,还包括2名法官、2名候补法官、1名政府专员,由行政官员组成书记处。行政争议庭对其管辖区域内的行政争议案件有一般管辖权,而对管辖区域内的国家行政争议案件,只有特定管辖权。其特定管辖范围仅包括:国家行政机关与其供应商或承包人之间的行政合同争议案件、有关公共工程的损害赔偿争议案件、公产特许利用方面的争议案件、道路保护违警案件等。除上述争议案件外,管辖区域内其他类型的国家行政争议案件均由最高行政法院管辖。20世纪中期以后,由于海外领地或者已经独立,或者已经建设为海外省,现在这种行政争议法庭越来越少。①

第三节　行政裁判的程序

一、美国行政裁判程序

美国行政裁判根据行政争议案件的性质和内容,分别采用三种不同的程序:普通程序、审判式听证程序、快捷程序。

(一)普通程序

美国行政裁判普通程序的步骤和要件如下:②

1. 通知和答辩

行政机关依法决定就相应争议案件进行行政裁判后,应在裁判程序启动前一定期间内给案件当事人送达通知。通知内容包括裁判举行时间、地点、基本案情、案件所涉及的主要事实问题和法律问题、裁判的法律根据和管辖权等。通知通常要直接送达当事人,不能直接送达当事人时也可通过邮寄送达或采取其他送达方式。

通知一般要在裁判举行前10日内送达,以使当事人有可能充分了解和研

① 参见王名扬:《法国行政法》,中国政法大学出版社1988年版,第610~612页。
② 参见姜明安主编:《外国行政法教程》,法律出版社1993年版,第277~281页。

究案情。在一般情况下,行政机关给当事人送达通知时,即要告知作为争议案件裁判被申请人一方的当事人进行答辩和提交答辩书的期限,该当事人如不在规定期限内提交答辩书,行政机关可推定其同意作为争议案件裁判申请人一方的当事人提出的案件事实及其证据。

2. 调解和协商

行政机关在举行正式裁判前,要为当事人双方提供了解和研究对方观点、主张的机会,使他们能相互提出与案件相关的事实、证据和解决争议的办法、方案。经当事人同意,行政机关可对双方当事人进行调解,使之通过协商方法解决争端。如果经调解、协商,双方仍达不成解决争议的协议,行政机关即对争议案件举行听证和进行裁判。

3. 审理与听证

除了案件涉及法律规定的保密事项,行政裁判的审理与听证一律公开进行。无论是行政机关,还是当事人,如果不能提出明确的法律根据,均无权主张或要求不公开进行审理与听证。

在行政裁判的审理与听证中,当事人享有下述权利:(1)聘请律师或非律师的其他人作为代理人、顾问陪同出庭,如其聘请非律师的其他人作为代理人,需事先取得行政机关的同意;(2)向行政机关提交案件材料、证据,从行政机关那里了解案情,在依法交付一定费用后,可从行政机关那里取得有关案件材料、证据的复印件;(3)就案件有关的争议问题,向行政机关陈述观点、理由和提出处理意见;(4)与对方当事人辩论、对质,反驳对方当事人提出的事实、证据、主张和理由;(5)与对方当事人协商,达成解决争端的协议;(6)在行政机关作出初步裁决、建议性裁决、临时性裁决或终局裁决之前,可向行政机关提出自拟的裁决,并附结论和理由,供行政机关参考;(7)在行政机关作出初步裁决、建议性裁决、临时性裁决之后,可向行政机关提出对裁决的异议,并要求复议;(8)在行政机关作出终局裁决之后,可依法向法院请求司法审查。

4. 行政机关及其主持行政裁判的主持人在行政裁判中的权力和责任

在整个行政裁判中,行政机关及其主持行政裁判的主持人(听证主持人)享有下述权力:(1)依法作出举行行政裁判的决定。(2)要求当事人答辩和提交案件材料、证据和其他有关信息。(3)依法进行调查、检查,主动收集证据和有关信息。(4)在当事人、证人拒绝提交证据、材料或拒绝出庭时,可依法签发传票,强制其提交或出庭。(5)行政机关如就证据、信息的范围或者证据与案件的关联性问题与当事人、证人发生争议,可请求法院裁定确认。法院在确认行政机关的传票合法后,可命令当事人、证人在合理时间内提交证据材料,要求其出庭。收到传票的人不执行法院命令,法院可以"藐视法庭罪"对之予以处罚。(6)主持听证和就当事人之间的争议作出裁决。

在整个行政裁判中,行政机关及其主持行政裁判的主持人应履行下述责任:(1)及时给当事人送达裁判通知,并为其提供查阅案卷,了解案情的机会。(2)如拒绝当事人的裁决申请,应尽快通知当事人,并简要向其说明理由。(3)不得单独(在一方当事人不在场的情况下)向一方当事人就有争议的案件事实征询意见,听取陈述。(4)听证主持人不得接受行政机关中负责调查和提起控告的官员或者其代表的指示,或受其监督和对其负责,负责调查和提起控告的官员或者其代表不得参与案件的裁决,或者对裁决提出建议性意见或主持复议。行政机关的调查、控告职能与裁判职能应予分立,不能由同一机构和人员行使,仅有个别案件(如申请原始许可证案件)例外。(5)行政机关的任何工作人员、行政法官或其他可能参与行政裁判的官员,不得就案件的是非曲直问题、向行政机关以外的任何与案件有利害关系的人单独表示意思或促成这种意思的表示。如行政机关任何工作人员接到了与案件有利害关系的人的这种意思表示,则应在案卷中记载意思表示的全部和对他们的答复。(6)不得在法律赋予的管辖权限以外实施任何制裁。(7)依法及时作出裁决。

5. 裁决

行政法官或行政机关的其他裁判主持人经对案件的审理听证,即应对案件作出裁决。行政裁决包括三种形式:初步裁决、建议性裁决和临时性裁决。初步裁决适用于行政机关审理的当事人之间的一般争议案件;建议性裁决适用于行政机关审理的涉及行政政策问题的案件;临时性裁决适用于行政机关审理的涉及规章制定和决定颁发原始许可证问题的案件。

行政法官或行政机关的其他裁判主持人作出裁决后,即将裁决书和整个案卷提交行政首长或合议制机关的委员会,行政首长或合议制机关的委员会对于行政法官或其他裁判主持人作出的初步裁决,如果当事人没有提出上诉,通常作为行政机关的终局裁决予以发布和送达当事人;如果当事人提出上诉,则由行政首长或委员会进行复议和重新作出裁决。对于行政法官或其他裁判主持人作出的建议性裁决和临时性裁决,行政首长或委员会一律在审阅裁决书和全部案卷后,再作出终局裁决。

行政机关的裁决,无论是初步裁决,还是终局裁决,都必须制作裁决书。裁决书必须载明:(1)案由,即案件所涉事实问题、法律问题(含可能的自由裁量权问题);(2)裁决的结论;(3)裁决的根据和理由;(4)可能的制裁和救济途径。

裁决书之所以必须详细载明裁决的根据和理由,其意义有四:其一,有利于行政机关及其裁判主持人认真和全面审理案件,公正合理作出裁决;其二,有利于行政机关及其裁判主持人公开对其裁决负责;其三,有利于当事人分析和了解裁决的公正性、合理性;其四,有利于法院对裁决进行司法审查。

行政裁判必须制作案卷,整个行政裁判过程可以说是不断形成和完善案卷的过程。美国《联邦行政程序法》第556条规定,作为行政裁判的案卷,应包括所有言证、物证、案件文书以及裁判过程中当事人提出的申请书;第557条规定,作为审判式听证的案卷,还应当包括当事人提出的各项自拟裁决、结论和当事人提出的异议,以及行政机关对此自拟裁决、结论和异议所作的裁定;裁判主持人所作的初步裁决、建议性裁决、临时性裁决,以及行政首长或合议制机关委员会所作的终局裁决。

行政裁判制作完善的案卷是非常重要的,因为法院对行政裁决案件的司法审查完全是以案卷为根据的。法院不接受、不考虑案卷以外的任何证据。对于案卷内的证据,则只审查证据来源的合理性,即相应证据是否通过合法程序所取得,以及审查裁决有无"实质证据"(可定案证据),即案卷中所载证据是否能"使一个理智的人能够作出与行政机关在案卷中所作的结论相同的结论"。[①] 如果行政裁判没有案卷或者没有完善的案卷,法院就无法进行司法审查。对无案卷的正式听证裁决,法院可直接予以撤销,而无须再有其他撤销根据。

---

① See Ernest Gellhorn & Barry B. Boyer, *Administrative Law and Process*, West Publishing Co., 1981, p. 59.

(二)审判式听证程序①

美国《联邦行政程序法》规定的正式行政裁判(在行政机关举行正式听证之后根据听证记录作出的裁决)所适用的程序一般称为"审判式听证"程序,有时称"完全听证"程序或"取证式听证"程序。美国行政裁判"审判式听证"程序除需要适用普通程序的有关程序要求外,还需要遵循一些特殊程序的要求。这些要求主要体现在下述三个方面:

1. 审判式听证的主持人

审判式听证一般由相应行政机关的行政法官主持。行政法官不受外部影响,由其独立地、不偏不倚地行使职务。其在裁判中的职责是:(1)主持宣誓;(2)依法律授权签发传票;(3)决定一方当事人可否拒绝对另一方主张的答辩,接收有关证据;(4)主持证人作证和接受证言;(5)掌握裁判进程;(6)经当事人同意,主持召开简化争端解决的会议;(7)决定有关裁判程序上的问题;(8)根据美国《联邦行政程序法》第557条的规定作出初步裁决或提出建议性裁决。

根据行政裁判的实践和美国《联邦行政程序法》的规定,行政裁判除由行政法官主持外,行政首长和合议制委员会的委员也可亲自主持,但由他们亲自主持的情况极少。凡是设有行政法官的行政机关,审判式听证一般都由行政法官主持。

2. 审判式听证的范围

要明确审判式听证的范围,首先要明确行政裁判的范围,因为适用审判式听证程序的行政裁判是整个行政裁判的一部分。美国行政裁判的范围在总体上是由美国宪法第五修正案和第十四修正案确定的。根据这两个宪法修正案的规定,未经正当法律程序,不得剥夺任何人的生命、自由和财产。这里所谓的"正当法律程序",包括但不限于英国"自然正义"的内容:自己不做自己案件的法官(建立完善的回避制度);做出对他人的不利行为,必须听取相对人的申辩。"正当法律程序"要求,公权力机关做出影响相对人权益的行为,首先要通知相对人,向其说明理由,听取其陈述、申辩,并给予其提出证据、对质

① 参见美国《联邦行政程序法》第556~557条。引自应松年主编:《外国行政程序法汇编》,中国法制出版社1999年版,第79~82页。

和辩护的机会。在行政法上,凡涉及行政相对人人身自由和财产权益的行政行为,行政机关都必须遵循正当法律程序。当然,正当法律程序不等于审判式听证程序。根据美国《联邦行政程序法》的规定和行政裁判的实践,涉及下述情形的行政行为不适用审判式听证程序。

其一,美国《联邦行政程序法》第554条规定的六种情形:(1)行政裁判之后须由法院重新进行审理的事项;(2)涉及公职人员(但不包括行政法官)的录用和任期的事项;(3)通过检查、检测或选举即能作出裁决的事项;(4)涉及军事或外交职能的事项;(5)行政机关履行法院判决、裁定、决定的事项;(6)涉及工人代表资格证明的事项。

其二,立法性事实。行政裁判的对象只应包括裁决性事实,而不能包括立法性事实。所谓"裁决性事实",是指有关特定争议案件的事实,涉及特定个人以及有关这些特定个人的工作、活动和财产情况等;所谓"立法性事实",是指不与特定当事人相关,而具有普遍性的事实,是可以推而广之的事实。① 行政裁决排除适用于"立法性事实",但不意味着排除对一切行政规章制定相关事实的适用。行政规章如果是针对特定相对人或其结果导致对特定相对人权益的影响,那么,这种制定规章的行为属于"裁决性事实",而非"立法性事实",仍然可通过审判式听证程序对之进行行政裁判。

其三,数字计算性事实或纯行政手续事项。前者如依法定税种税率计算税额,依法定标准计算福利或救济款额等;后者如对设备设施的性能、安全质量的技术鉴定,对人员的业务知识、技能的考核等。

其四,紧急行为或可事后裁判的事项等。所谓"紧急行为",是指行政机关为了消除某种对于公众或个人的紧急危害,及时保护公众或个人的生命健康或财产,需要立即采取某种行动。如要通过行政裁判,等待裁决结果再行动,就可能贻误时机,导致重大损害或损失。如行政机关命令立即停止销售或销毁正在销售中的有毒有害的食品、药品;排除公共场所或交通工具中隐藏的爆炸物或放射性危险物等。所谓"可事后裁判的事项",是指行政机关因其某种特殊需要不能及时举行行政裁判,但在事后举行裁判也并不会给当事人造成不可弥补的损害,或者其行为只有进入实施时才能确定对相对人权益的影

① 参见[美]伯纳德·施瓦茨:《行政法》,徐炳译,群众出版社1986年版,第183页。

响,或者其行为可以在以后的司法审查中一并审理而无须先举行行政裁判,从而行政机关可以不经先行裁判而作出决定和实施决定,直到决定实施以后再依法进行裁判,或者等到法院司法审查时再由法院一并裁判。

其五,特权行为。传统行政法理论认为,行政机关给申请人办理行政许可、移民、福利、救济事项,或者政府与私人企业签订合同等行为,是政府对相对人的赏赐,相对人对之享有的是一种特权(privilege),而非涉及生命、自由、财产的权利(right)。因此,对这些特权的赋予、增减或取消,不适用正当法律程序,无须举行审判式听证。但是,这种理论在现代受到了越来越多的批评。许多论者认为,职业许可证或商品生产、经营许可证实际上涉及个人的生计,涉及个人和家庭生活费用的来源,从而与个人的生命、财产有关;行政机关是否批准出入国境实际涉及个人的迁徙和居住自由,从而与个人的自由有关;社会救济和社会福利是现代社会一部分人(如残疾人、失业者、退休者、穷人等)生活费用的基本来源,行政机关是否给付实际上影响这些人的生命和财产权利。因此,对行政机关的这类行为,不应排除适用正当法律程序,当事人请求审判式听证的,不应一律拒绝而只应予以适当限制。

其六,政策行为。涉及行政机关政策行为的争议排除适用审判式听证程序。但是,政策争议与事实争议在实践中有时界限不那么明确,难以区分。在这种情况下,法院的解释往往起决定性的作用。此外,有些行政机关和法院在裁判标准上,还区分申请行为和收回行为、取消行为(如收回许可、取消批准)、减少行为(如减少救济、补助)和终止行为:对申请行为、减少行为排除适用审判式听证程序;而对收回行为、取消行为和终止行为,则适用审判式听证程序。不过这种区分并未得到广泛承认。

其七,当事人放弃。行政裁判的当事人请求获得审判式听证程序的机会是其一项权利,其可以放弃。在很多时候,当事人考虑到审判式听证程序费时、费钱、费力,会主动放弃审判式听证而选择较简便的程序解决问题,如果简易程序能同样实现他们的权益的话。

3. 审判式听证程序中的证据规则①

一般来说,审判式听证程序中适用的证据规则与法院在司法审判中适用

---

① 参见美国《联邦行政程序法》第 555~556 条。引自应松年主编:《外国行政程序法汇编》,中国法制出版社 1999 年版,第 78~80 页。

的证据规则大体类似,但不及法院严格。这可以从以下四个方面审视。

其一,提供证据的权利与举证责任。根据美国《联邦行政程序法》第 556 条的规定,在行政裁判中,当事人有权提交语言证据或文书证据,或对裁判申请方的请求提出抗辩,对其证据提出反证或与之对质。当事人提供证据的权利是相对于行政机关来说的,行政机关在行政裁判中,有义务接受当事人提交的各种证据。行政机关所作裁决如果不考虑当事人提出的有证明力的、与案件有关的、有实质意义的证据,则构成司法审查中法院发回重审或撤销裁决的根据。在行政裁决中,当事人享有提供证据的权利,同时也具有提交证据的义务。他们请求行政机关为其争议举行裁判,自然应该向行政机关提交他们掌握的有关证据材料。如果他们不提交他们应提交的证据材料,他们就可能得到不利的裁决结果;如果他们在请求法院司法审查时再提交这些证据材料,法院将不接受、不考虑这些在行政案卷以外的证据材料。

作为申请方当事人提交证据材料的义务不同于作为被申请方行政行为机关的举证责任。根据美国《联邦行政程序法》第 555~556 条的规定,行政裁判中的举证责任一般由实施行政行为的被申请人承担,除非法律有另外的规定。例如,行政机关对行政相对人作出行政处罚决定,相对人不服,申请行政裁判,行政机关即负有提出相对人实施了违法行为的事实根据和应予以处罚的法律根据的举证责任;行政机关拒绝为相对人颁发某种许可证,相对人不服,申请行政裁判,行政机关即负有提出相对人不具有授予相应许可证条件的事实根据和拒绝颁发相应许可证的法律根据的举证责任;行政机关降低相对人残疾抚恤金或失业救济金的标准,相对人不服,申请行政裁判,行政机关即负有提出此种降低的事实根据和相应法律根据的举证责任。行政机关如果不能完成上述举证责任,其就将在行政裁判中承担不利后果:在司法审查中败诉。

其二,对质。根据美国《联邦行政程序法》第 556 条的规定,行政裁判中一方当事人有对他方当事人提供的证据提出反证和进行对质的权利。所谓"对质"(cross-examine),是指当事人就对方证据当面辩论,相互盘问,以弄清事实的真相。对质通常从下述十个方面就证据的准确性、可靠性、全面性相互质疑、反驳和辩论:(1)证人是否诚实;(2)证人记忆力是否正常;(3)证人是否与案件处理结果有利害关系;(4)证人是否因强烈的意识形态而影响证言的客观性;(5)证人证言是否出自本人,是否受到了某种外部压力的影响;(6)证人是否缺乏作证的能力;(7)证人的证言是否前后矛盾;(8)证人是否经验不足、材料不足、了解他所证明的事件机会不足,从而其证明结论是不可靠的,根据是不够的;(9)所辩论的问题是属于事实争议,还是属于政策争议;(10)证人所使用的概念、规则、标准是否准确、适当等。对质对于审查和检验证据的准确性、可靠性和全面性,从而保证查明案件的真实情况和正确作出裁决是完全必要的。但是,对于质证也应该加以必要的限制,无限制的对质会造成时间和金钱的过度浪费,有时对质耗费的价值会远远超过案件本身的价值。

其三,对证据的接受、审查和评价。根据美国《联邦行政程序法》第556条的规定,在行政裁判中,"任何口头或文件的证据均可接受。但作为一种政策,行政机关应不接受与案件无关的,或无关紧要的,或过于重复的证据"。这一规定不及司法审判中的证据规则严格。在司法审判中,绝大部分案件的事实问题由陪审团审理,他们往往对所接收的证据不加区分地予以采用,这样可能导致审判的不公和对当事人权益的损害。因此,在证据规则上,法律一般排除其接受"传闻证据"(hearsay evidence)。而对于行政裁判,法律却一般允许其接受有疑问的、有异议的"传闻证据"。因为行政机关工作人员具有专门知识和经验,有能力鉴别证据和从所接收的证据中选择采用有证明价值的证据。行政裁判虽然可以接受包括传闻证据在内的各种证据,但这并不意味着其会采用所有证据。行政裁判只采用对案件事实有证明价值的证据。行政机关不能仅仅依据传闻证据这类证明力较弱的证据对案件作出裁决,而必须通过有较强证明力的证据证实、确认、印证传闻证据等证明力较弱的证据。

从法律上讲,行政机关可以接受除"与案件无关的"、"无关紧要的"和"过于重复的"证据以外的任何证据,但在行政裁判中却只能采用具有实际证明力的证据。这样,其对所接受的证据加以审查和正确评价就是一件极为重要的工作,在审查和评价证据时,行政机关通常需要考虑下述要素:(1)证据的可靠性。证据的不同来源(如证人的陈述、企业营业记录、行政报告、统计资料等)可能决定证据的不同可靠性,同一个来源的证据因为各自的情况不同也可能具有不同的可靠性。因此,对一个证据,要同时分析其来源和有关的各种情况。(2)证据的有效性。确定证据的效力首先要考虑证据的可靠性,但又不能仅限于考虑证据的可靠性,同时还要考虑所证明的问题的重要性。要证明一个争议价值很大的很重要的问题，只有具有高度证明力的证据才是有效的，哪怕取得此种证据需要有很大的花费。而如果要证明的只是一个争议不大，对于相对人权益影响很小的问题，则某一间接证据或传闻证据也可被认为是有效的，如果取得更直接的证据需要花费比争议案件价值高出几倍甚至几十倍的价值的话。(3)证据的明确性。证据的明确性指证据的清楚、明了、不含糊和无疑点。证据的明确性与证据的有效性相联系。而有效性除了取决于可靠性，还取决于明确性。从而不同案件对证据明确性的要求也和对有效性的要求一样会存在区别。在某些案件中，某种证据只有经过辩论、对质，才能认为是明确的；而在另一些案件中，某种证据依靠行政专家依专门知识推论判别即可认为是明确的。(4)行政政策对证据的要求。行政机关在审查评价证据时，必须结合考虑行政政策对证据有什么要求。对于某些管理领域的问题，政策可能要求行政机关考虑当事人提出的所有证据；而对于另一些管理领域的问题，政策可能只要求行政机关只考虑经过当事人辩论和对质，载入行政听证记录案卷中的证据。因此，对不同案件中的证据，要根据有关政策的要求，对其可靠性、有效性和明确性进行相应的审查和作出相应的评价。

其四，证据的采用。行政机关采用证据，通常遵循以下规则：(1)行政机关不得强制相对人提供证明自己有罪的证据。这一证据豁免规则不仅适用于法院，也适用于行政机关。(2)行政机关不得采用通过非法手段取得的证据。对这一规则，施瓦茨在其论著《行政法》中曾经指出："不论非法搜查到的东西是用于定罪量刑还是用于刑事诉讼中剥夺个人权利，定罪量刑总是对当事人个人秘密权的侵犯。……法律不应允许行政机关成为赃物的受益人。"① (3)行政机关在审判式听证程序中裁决争议，不得考虑听证记录案卷以外的任何材料。"案卷排他性原则"是行政裁判质量的重要保障，是公正裁判的核心。② 没有这一原则，听证就可能成为骗局：行政机关可能走形式，在明面上接纳当事人和证人大量的证言及书证、物证，但在作出实质裁决时却将其弃置一旁，而依据未在听证中出示和质证的其他材料作出裁决。厚厚的案卷成了掩盖真相的"假面具"。通过长时间审判式听证、辩论、质证得出的事实结论

---

① ［美］伯纳德·施瓦茨：《行政法》，徐炳译，群众出版社1986年版，第326页。

② 参见［美］伯纳德·施瓦茨：《行政法》，徐炳译，群众出版社1986年版，第329页。

即可能被各种从听证外渠道获取的材料或一方当事人秘密提交的虚假证据所推翻。因此,只有把行政裁判所依据的证据材料限于听证案卷中,才能保障公正,才能使当事人相信,他在听证中的陈述、辩论、对质对于其获得公正的裁决是有意义的。(4)对于某种常人皆知的明白无误的事实或某种特定专业知识,或者通过百科全书等工具书、行政档案材料等易于证明的事实,行政裁判官员可以不经审判式听证而加以认定。根据美国《联邦行政程序法》第557条的规定,行政裁决所依据的基本事实,可以是裁判官员用其专业知识所认定的,但必须在案卷中加以记载。如果案卷中没有记载,当事人有权质疑和要求对质,裁判官员必须以公正和恰当的方式为当事人提供质疑和对质的机会,并对其质疑予以解释,以保证认定事实的准确性,保护当事人权益不因此受到侵犯。①

(三)快捷程序

行政裁判的听证程序,特别是审判式听证程序,耗时费力,代价昂贵,有时还不一定能实质性化解争议、解决当事人之间的纠纷。于是,许多行政机关力争通过一些替代性的快捷程序避免争议的发生,以及在争议发生后通过某种简易和即决方式化解矛盾、解决问题。美国行政法学者盖尔霍恩和利文在《行政法和行政程序概要》一书中介绍了三种主要的替代性解纷快捷程序方式。

1. 制定立法性规则

行政机关通过制定立法性规则,明确当事人的权利义务关系,避免相应争议的发生和避免过多地举行听证。盖尔霍恩指出:"多数行政机关根据准许它们发布立法规则(主要指实体法性质的规则)的法定方案运作。一俟颁布了此类规则,私人当事人在规则阐述的问题方面即不再享有在相应行政机关得到听证的权利。除非当事人能够证明规则本身无效。否则,那些问题即属于已解决的问题。"②

2. 即决裁判

行政机关得以避免不必要的听证的另一个途径是采取即决裁判程序。这

---

① 参见应松年主编:《外国行政程序法汇编》,中国法制出版社1999年版,第80~82页。

② [美]欧内斯特·盖尔霍恩、罗纳德·M. 利文:《行政法和行政程序概要》,黄列译,中国社会科学出版社1996年版,第180页。

一程序在很大程度上类似于民事诉讼的相应规则:当没有真正的事实争议需要审理时,可直接作出有关是非曲直的裁断而无须进行听证。在这方面,行政机关拥有比法院宽泛得多的实体裁量权。行政机关有时可利用这一权力重新界定基本的法律标准,然后进行即决裁判。对此,行政相对人可提起司法审查,法院的态度是:如果行政机关认为,相对人质疑的问题从常识角度看,在是非曲直上根本没有胜诉的机会,进行听证毫无意义,则会驳回相对人的审查请求。不过,法院会要求行政机关提供明确的证据材料,使法院相信行政机关进行即决裁判有正当的理由,案件确实不存在可审理的事实争议问题。这样,行政相对人亦有公平机会对之作出反应。①

3. 寄送官方通知

行政机关及其裁判人员、行政法官可以利用他们的专门知识、专门技能和专门经验,对相对人申请裁判的事项不经听证,直接向相对人寄送官方通知,告知他们对有关事项、有关问题的意见、看法。不过,为保护行政相对人的正当程序权利,法律对寄送官方通知的方式规定了两项限制性要求:其一,被通知的材料必须经过明确的识别鉴定。行政机关不得依据含糊的观点自诩为专家的主张,而必须详细解释信息的来源。其二,行政机关必须向当事人提供提出异议和反驳通知所述观点、意见和信息的机会,以及提出对其有利的事实线索与论点论据的机会。②

行政裁判的上述快捷程序显然有利于提高行政效率,如果运用得当,也有利于保护当事人的合法权益。但行政机关必须依法定条件和规则运用这些程序,而不得滥用和损害行政相对人的正当法律程序权利。

二、英国行政裁判程序③

英国行政裁判所没有统一的程序规则,每个裁判所都根据自己管辖案件

---

① 参见[美]欧内斯特·盖尔霍恩、罗纳德·M. 利文:《行政法和行政程序概要》,黄列译,中国社会科学出版社 1996 年版,第 180~184 页。

② 参见[美]欧内斯特·盖尔霍恩、罗纳德·M. 利文:《行政法和行政程序概要》,黄列译,中国社会科学出版社 1996 年版,第 184~187 页。

③ 这部分内容参见姜明安主编:《外国行政法教程》,法律出版社 1998 年版,第 206~211 页;[英]威廉·韦德:《行政法》(第 6 版),徐炳等译,中国大百科全书出版社 1997 年版,第 654~673 页。

的性质制定自己的程序规则。但是,根据英国《裁判所和调查法》的规定,裁判所制定程序规则必须经过向裁判所理事会咨询。裁判所理事会提供咨询的方式包括:审查裁判所制定的程序规则,对之提供修改意见;直接为裁判所草拟程序规则,供裁判所正式制定规则时参考;在裁判所草拟程序规则之前或在草拟过程中,提供咨询意见和建议。

裁判所理事会依据法律赋予的对各裁判所程序规则的咨询监督权,在促进各裁判所程序规则相对统一和保障程序公正、规范方面做了大量工作。下面我们即介绍各种不同裁判所的一般程序规则。这些规则应是裁判所理事会在这一领域多年努力的结果。

(一)对抗程序(adversary procedure)

英国行政裁判所与英国普通法院一样,审案采用对抗式而非审问式(inquisitorial)程序。裁判所开庭要求双方当事人出庭,审理过程中双方当事人可相互举证、相互辩论、相互对质;裁判者只听,不卷入争议,完全根据当事人双方在开庭中提供并经过辩论、对质的事实和证据进行裁决。英国行政法学者认为,对抗式程序是英国行政裁判最重要的程序规则。没有这一规则,当事人就可能失去对裁判所公正的信任,裁判所就可能失去存在的基础。当然,裁判所在庭审中对于当事人的陈述、辩论也不是完全消极的:它要积极地、机智地组织和引导当事人陈述事实和进行辩论;当事人的陈述、辩论偏离案件主题时,它要进行适当干预,以保证裁判的顺利进行。另外,法律有时也赋予个别裁判所主动调查的职权。例如,法律授权财政事务裁判所、家庭开业者破产裁判所在办案时,可以主动调查事实和收集证据。但这种情况只是个别的例外。

(二)听证、证据和先例(hearings, evidence and precedent)

裁判所审理案件一般举行口头听证。依据自然正义的原则,当事人享有陈述案情,出示证据,与当事人辩论、对质,以及要求传唤证人、询问评价和质证的权利。在审理中,裁判所通常都为当事人实现这些权利提供保障。不过,有些裁判所的程序规则也会规定某些例外。例如,移民上诉裁判所在审理上诉案件时,如果上诉人及其代理人不在国内,可书面审理;社会保障裁判所在当事人不主动要求口头听证的情形下,可进行书面裁决。该裁判所每年要处理近 10 万件社会保障、福利方面的案件,大部分是书面审理和裁决的。另外,某些裁判所如认为举行口头听证和言词辩论不适当,也可书面审理。不过,从整体上说,英国行政裁判所审理案件实行口头听证和言词辩论是原则,书面审理是例外。

在证据规则方面,行政裁判所不及普通法院严格。第一,它不受法院证据规则的约束,可以接受传闻证据,尽管允许利害关系人有机会对传闻证据提起异议。第二,它可以超出当事人提供的证据的范围而依据裁判所自己的专门知识、技能和经验及相关专家的报告来对案件进行评判。不过,这些专门知识、技能、经验及相关专家的报告需要在开庭程序中予以出示并允许当事人提出异议。而且,上诉裁判所可以拒绝接受未在原裁判所听证程序中出示的证据。第三,裁判所裁判程序可以是非正式的,不要求证人宣誓,但裁判所如认为必要,也有权要求当事人和证人对证据宣誓。第四,法律授权某些裁判所(如工业裁判所、土地裁判所等)可以传唤证人和责令证人提供证据材料,如其不服从,裁判所可对之科处罚款或其他处罚。不过,大多数裁判所无此权力,其必须申请高等法院发布传票。第五,某些裁判所的程序规则规定,裁判所在开庭审理前,可以对案件进行事前预备性审查和评价,以使开庭审理更顺利,更节约时间。

在遵守先例方面,行政裁判所也不同于法院。法院判决案件,必须遵守先例。而裁判所裁决案件则要求根据每个案件当时的情况作出裁决,不受先例的约束,以保证其自由裁量权的有效行使。当然,裁判所行使自由裁量权必须遵循合理性原则,不能反复无常,其裁决也应有一定的连续性,因此,对以前的裁决也不能完全不加考虑,只是不受先例的硬性约束而已。

(三)开庭、公开和裁判所成员出席人数(sittings, publicity and membership)

英国行政裁决所基本属于司法性质,其裁判案件一般公开开庭进行。不公开开庭审理的案件主要限于涉及公共安全、个人隐私的案件和当事人要求书面审理的社会福利案件。受理这类案件较多的裁判所主要有精神健康审查裁判所、家庭开业者裁判所、社会保障裁判所等。对于不公开的开庭审理,裁判所理事会通常派员出席监督,有时还派遣研究人员等出席。

裁判所审理案件,裁判所所有成员一般必须全部出席。审理时如果有成员缺席,当事人可及时提出异议;如不及时提出异议,事后提出异议不影响裁决的效力。裁判所审理涉及技术性问题的案件时,可聘请技术顾问审查鉴定有关证据,所聘技术顾问必须出席相应技术问题的庭审。

裁判所为查明案件事实,可进行现场勘验。进行现场勘验时,应通知当事人到场。裁判所在现场取走证据时,应将取走的证据向在场的人出示。

(四)藐视法庭、传票(contempt of court, subpoena)

裁判所对于不遵守裁判规则,妨碍裁判进行,或者殴打、辱骂、侮辱裁判人员的当事人或其他人员不能自行适用藐视法庭罪和予以处罚,而只能交由刑事法院依法惩罚。但高等法院对于某些行使"国家司法权"的裁判所(如运输裁判所、钢铁业仲裁裁判所、土地裁判所等)给予特殊授权,它们可对违反其裁判所规则和侮辱其裁判人员的当事人直接予以藐视法庭罪处罚。

至于颁发传票权,少数裁判所可以直接行使,直接颁发传票强制证人出庭或强制其提交证据材料。大多数裁判所则只能申请高等法院颁发而不能自行直接颁发。

(五)法律代理、法律帮助和费用负担(legal representation, legal aid and costs)

除了极少数限制,绝大多数裁判所均允许当事人自由委托律师或其他人代理参加裁判。对于社会保障和福利案件的裁判,当事人通常委托有经验的工会代表或社会工作者代理,因为他们的代理常常是最有效的。在某些领域,如家庭医生执业案件裁判领域,裁判所规则不允许(付报酬)聘请律师出庭辩护,其理由是防止职业律师和职业医师的对抗。在某些裁判所(如土地裁判所、精神健康裁判所、就业上诉裁判所等),当事人享有获得法律帮助的权利。裁判所应当事人的要求,可为之提供有关法律问题的咨询、解释、建议,或者在书写或记录方面提供帮助。

当事人参加裁判的费用通常由双方各自负担,裁判所一般不能作出有关一方当事人为另一方当事人负担费用的裁决。只有土地裁判所能像法院一样,责成败诉一方当事人为胜诉一方当事人承担裁判费用。

(六)裁决和裁决理由(decision and reasons of decision)

行政裁判所作出裁决如同法院合议庭作出判决一样,需裁判所成员多数通过。这一规则无论是否为各裁判所的规则明确规定,只要法律没有相反的规定,各裁判所均予适用。

裁判所一旦正式作出裁决,除非为高等法院所撤销,均具有"既判力"(res

judicata)，当事人不得就相应问题申请重新裁决，裁判所也不得自行重新审理和裁决。但作为例外，裁判所的裁决如果是由于对案件事实的误解而作出的，有时可以应当事人申请重新审理该案。此外，社会保障裁判所和工业裁判所有权重新审查其自己作出的已发生法律效力的裁决。

裁判所作出裁决必须说明理由。[①] 说明理由可以是在送达或宣告裁决之时，也可以是在这之前。说明理由可以是书面的，也可以是口头的。裁决理由应作为裁决的一部分，置于案卷之中。法院在对行政裁决进行司法审查时，如裁决未说明理由，或理由不适当、充分，可撤销裁决或发回裁判所重新裁判。不过法律对说明理由也规定了某些例外，其中包括：(1)事涉国家安全利益的，可不说明理由；(2)如说明理由有损当事人利益(如有损其精神健康)的，可不说明理由；(3)案涉非行政性事项(如有关立法、计划的制定、年终奖等)的，可不说明理由；(4)大法官在与裁判所理事会商量后，认为说明理由是不必要或不可行的，可免除裁判所说明理由。另外，在某些情况下，法律虽然不免除裁判所对其裁决说明理由，但允许其仅仅简要地说明理由。例如，农用土地裁判所就农用土地或农用建筑物的价格作出裁决所根据的只是专家的意见，对此，裁判所就可仅以“根据专家的分析、评价”为裁决理由；移民裁判所作出拒绝移民入境裁决的理由可以只是这样简单的一句话：“我们不认为你在这个期间内要求入境是真诚的。”当然，法院对这些简略的说明理由可以审查。如其认为裁判所没有根据地、不合理地、不适当地这样做，可以撤销裁判所的裁决或发回裁判所重新裁判。

(七)对裁判所裁决的上诉(avenues of appeal from tribunals)

在2007年行政裁判所制度改革之前，当事人对裁判所的裁决不服，除非法律规定相应裁决为终局裁决，通常有各种上诉途径，如向上诉裁判所上诉、向部长上诉、向法院上诉等。对部长的裁决不服，除法定终局裁决外，还可向上诉裁判所上诉、向法院上诉等。当事人的上诉可能是基于法律问题，也可能是基于事实问题，或者二者兼有。英国议会通过立法创设了各种各样不同的

---

① 参见英国《行政裁判所与调查法》第12条。该条第2项规定，行政裁判所或部长有义务以书面或口头说明裁决的理由。如当事人请求，应在作出裁决时或在作出裁决前说明理由。参见行政立法研究组编译：《外国国家赔偿、行政程序、行政诉讼法规汇编》，中国政法大学出版社1994年版，第327~328页。

上诉程序,没有一个基本统一的固定模式。这种上诉制度的乱象可以认为是一种“大杂烩”,迫切需要加以改革。

2007 年行政裁判所制度改革对之前混乱的上诉制度进行了变革,简化了繁杂的途径。其基本路径是:对初级裁判所裁决所涉“任何法律问题”,均可上诉至上诉裁判所,但是必须获得初级裁判所或者上诉裁判所的许可。对上诉裁判所裁决所涉“任何法律问题”均可上诉至上诉法院(Court of Appeal),这同样要获得上诉裁判所或者上诉法院的许可。

2007 年行政裁判所制度改革的另一个创新是正式确立了行政裁判的“内部审查”(internal review)制度。如果裁判所裁定不受理或不审理某一案件,上诉裁判所有权复审这一裁定。程序的启动可以基于其自身决定启动,也可以基于当事人的申请。这种“内部审查”制度有利于纠正裁判所偶然的失误,自己主动撤销其错误的裁定或改变错误裁定的理由,或者重新作出裁定。但这种“内部审查”仅限于启动一次,而且,裁判所程序委员会(Tribunal Procedure Committee)可以排除对一些类型案件的“内部审查”。①

---

① 参见[英]威廉·韦德、克里斯托弗·福赛:《行政法》(第 10 版),骆梅英等译,中国人民大学出版社 2018 年版,第 695~696 页。

第八章

行政合同

第一节　行政合同的概念与种类

一、法国行政合同的概念和种类

行政合同制度最早产生和形成于法国。王名扬教授在所著《法国行政法》一书中对法国行政合同制度有较详细的介绍。① 他指出，在法国，行政机关除依单方面的意思表示决定当事人的法律地位以外，也经常和当事人协商，依双方意思表示的一致而在行政机关和当事人之间，创设变更或消灭某种权利和义务，此即为合同行为。合同关系可以发生在不同的行政主体之间，也可发生在行政主体和行政相对人之间。从法律关系角度讲，法国行政机关签订的合同包括两类：一类是私法上的合同，称为“民事合同”或“私法合同”；另一类是公法上的合同，称为“行政合同”或“公法合同”。

行政合同适用的事项有的由法律规定，如公共工程承包合同、公共工程捐助合同、公务特许合同、独占使用共用公产合同、出卖国有不动产合同等。大多数行政事项是否运用行政合同，是由行政机关根据实际情况和需要决定，例如，行政机关对于物资供应、运输、雇佣人员等事项，既可采用私法合同，也可采用行政合同。究竟采用何种合同，通常由行政机关根据当时的情况自由裁量决定。

20 世纪中期以后，行政合同广泛应用于法国经济发展和资源开发方面。

---

① 本节内容参见王名扬：《法国行政法》，中国政法大学出版社 1988 年版，第 178～195 页。

政府在执行经济计划时,尽量避免采取行政命令的方式,而多与企业签订合同。政府往往给企业提供一定资金或其他利益,吸引企业承担相应的政府计划任务。在科研、教育等事项方面,政府也往往和私人企业、组织签订合同,通过招投标等方式委托私人企业、组织完成一定的公共事业项目或任务。

法国行政法学者里韦罗和瓦利纳在他们二人合著的《法国行政法》一书中指出,政府部门使用着两种截然不同的合同形式:其一,政府部门签订的与《民法典》界定和调整的那些由私人签订的同样的合同,如买卖、租赁、雇佣、保险合同等。政府部门依靠私法合同来推行政务是司空见惯的,这是工商性公用事业经营的通行规则,也是私人经营公用事业方式的特征。在这些情况下,除了公法人表示同意的方式和权限应遵循公法准则外,均适用私法合同规则,相关争议由普通法院审理。其二,政府部门签订的,与对方当事人自愿达成一致的,但适用与普通合同不同规则的合同。因这些合同发生的争议由行政法院管辖。政府运用行政合同方式开展的活动均具有经济上的重要性,其法律制度具有显著的实用价值。①

里韦罗和瓦利纳在其合著的《法国行政法》一书中将法国主要的行政合同分为四大类:第一类是传统典型的行政合同;第二类是新型行政合同;第三类称"无名契约";第四类称"契约行政"。

(一)传统典型的行政合同

对于传统典型的行政合同,里韦罗和瓦利纳列举了五种:

1. 公共合同

"公共合同是有偿契约,是公法法人……为了适应对劳动、服务、必需品的需要,而与公法人或私人缔结的"合同。这些公共合同适用法国《公共合同法典》确立的规则。公共合同主要包括:(1)公共工程承建合同。这是政府部门用以委托私营承包商建造或维修公益性楼房或建筑物而与之签订的合同。(2)供货合同。这是政府部门用以购买各种动产而与供货商签订的合同。(3)劳务合同。这是政府部门旨在实现各种公共服务而与劳务提供者签订的合同。(4)运输合同。这是政府部门为运输物资或人员而与运输公司签订的

---

① 参见[法]让·里韦罗、让·瓦利纳:《法国行政法》,鲁仁译,商务印书馆 2008 年版,第 542~543 页。

合同。(5)公共保险合同。这是政府部门为对公物或公职人员购买保险而与保险公司签订的合同。

2. 公用事业特许经营合同

政府部门通过这种合同将经营公用事业(如自来水、电、燃气的供应等)的任务,委托给某个私人,或者例外地委托给一个公立公益机构,经营者从该项公用事业的用户处获取报酬。

此种合同的承包人如果还同时负责建造为公用事业运作所必需的设施(如有轨电车路网),其政府部门还得与其签订公共工程特许经营合同。

3. 公债

政府或其他公法人通过这种合同形式向私人借款。

4. 公私合作合同

政府通过这种合同,获得私人资金或物质上的合作,以完成某一公共工程的建造。

5. 公用事业委托合同

这种"公用事业委托合同"不同于"公用事业特许经营合同"。公法人(如公产租赁业、官办专卖企业)通过"公用事业委托书",将自己负责的公用事业委托给公法受托人或私法受托人管理、经营,受托人的报酬大体上与其经营该事业的效益挂钩。

(二)新型行政合同

"新型行政合同"主要指科技研发合同(公法人用以委托某一专业机构或某一研究人员进行某一科学技术探索的合同)、工业合同(旨在进行高科技产品或工艺研发的合同)、智力活动资助合同等。

(三)无名契约

"无名契约"是指政府与企业、个人签订的除上述传统典型的行政合同和新型行政合同等专门性和类型化的合同以外的其他行政合同的统称。

(四)契约行政

"契约行政"是指政府部门通过合同方式改变行政相对人活动的方向,使之符合公共利益。作为对相对人付出的回报,政府给相对人以各种相应的好处和利益。如政府通过资助私立学校的契约引导其办学方向。特别是在经济领域,政府与经济行业组织或私营企业签订各种协议,通过灵活定价,使其经营活动符合国土整治和国家规划的要求。“契约行政”的方式还被用于国家与国营企业、大区、地方行政区集团、个别市镇的关系中。新近出现的劳资协议,性质模糊,很可能也要具体化为新型合同。人们从各种各样的合同方式中看到,缔结协议在行政活动中的地位日益提高。①

二、德国行政合同的概念和种类

德国在《联邦行政程序法》中设专章规定“公法合同”(行政合同)。德国行政法学者毛雷尔在其所著《行政法学总论》中指出:“行政合同是指设立、变更和终止公法上的法律关系的合同。”②沃尔夫等学者在其所著《行政法》中指出,行政合同是指“一个公共行政主体与另一个公共行政主体或者行政相对人具有共同或者互补的利益时签订的合同。合同当事人的意思表示等值,公共行政主体的优越性不起作用,行政相对人也不是‘行政客体’,行政机关的优越地位变成了平等的合作伙伴身份。行政法合同是单方性措施的替代和补充,在单方性措施不适合时,即可采用合同方式,因此,行政法合同是处理具体事件的,稳定性和灵活性兼备的替代性活动方式”。③

沃尔夫等学者对行政合同与行政行为进行了区分。他们认为,区分两者的关键在于当事人是否将打算并且能够将自己作为对方的伙伴,共同受协商一致的意思表示这一法律行为的约束(一致原则)。对该问题的判断应当根据案件的具体情况进行,不能拘泥于“协议”的表面形式。当事人对处理内容的有效性产生同样的影响,并不是关键所在。因为需附款的行政行为也是如此。关键在于合同的内容(权利义务)是否根据双方一致的意思表示确立。这种行政合同与需附款的行政行为的根本区别在于:对后者而言,行政相对人只能影响处理的内容;对前者而言,行政相对人与行政机关共同确定法律关系的内容。在给付行政行为中,行政机关可通过行政行为的附款将行政相对人的对待给付作为采取行政措施的先决条件。行政机关的这种法律义务是其单

---

① 参见[法]让·里韦罗、让·瓦利纳:《法国行政法》,鲁仁译,商务印书馆 2008 年版,第 544~546 页。

② [德]哈特穆特·毛雷尔:《行政法学总论》,高家伟译,法律出版社 2000 年版,第 348 页。

③ [德]汉斯·J. 沃尔夫、奥托·巴霍夫、罗尔夫·施托贝尔:《行政法》(第 2 卷),高家伟译,商务印书馆 2002 年版,第 147~148 页。

方面为行政相对人设定，而在行政合同中，行政机关的这种法律义务则是由其与行政相对人协商一致确定。①

关于行政合同的种类，沃尔夫等学者首先区分了对等权合同、合作权合同以及主从权合同，然后专门论述了主从权合同的具体类别。

（一）对等权合同与合作权合同

对等权合同是指行政机关以相互平等地位签订的行政合同，或者行政相对人之间签订的有关（通常是具有财产价值的）公法权利义务关系的合同。②而合作权合同的概念可能适用于任何类型的合同，因为合作是任何合同签订的基础所在。作为一个特定法律术语，合作权合同一般是指行政机关不能对行政相对人作出单方行政行为时，而与之以协商方式签订的合同。如有关利益团体的协议、有关行政共同体的协议、有关收集和处理垃圾的协议、有关建立劳动共同体的协议、有关建立委托关系的协议、有关共同维护道路和桥梁的协议等。

（二）主从权合同

所谓“主从权合同”，是指公共行政主体与行政相对人签订的合同，其中尤指行政机关为替代行政行为而与行政相对人签订的合同。德国《联邦行政程序法》规定，公法范畴的法律关系可以通过合同（公法合同）设立、变更或撤销，但以法律无相反规定为限。行政机关可以通过与行政行为的相对人签订公法合同取代行政行为。③ 据此，行政机关对高权性的行政行为，可以以签订合同的方式实施。但是，如果法律明确排除适用合同方式，或者相应事项从性质上只能采用行政行为的方式，或者采用合同方式可能损害值得保护的第三人的权益或者损害公共利益，则不得以签订合同（主从权合同）的方式代替行

---

① ［德］汉斯·J. 沃尔夫、奥托·巴霍夫、罗尔夫·施托贝尔：《行政法》（第2卷），高家伟译，商务印书馆2002年版，第150～151页。

② 有人认为行政合同的当事人必须至少有一方是公共行政主体，对双方均为行政相对人的当事人之间能否签订行政合同表示怀疑。但沃尔夫等人认为，行政合同不应单纯依双方当事人性质认定，而应当根据公法上的实质关系认定。如下述合同均应认定为行政合同：征收程序当事人之间的协议、某一行政相对人接受另一行政相对人维护水流义务的协议、行政相对人之间有关划定狩猎区的协议、行政相对人之间有关转移道路养护义务的协议等。参见［德］汉斯·J. 沃尔夫、奥托·巴霍夫、罗尔夫·施托贝尔：《行政法》（第2卷），高家伟译，商务印书馆2002年版，第152～153页。

③ 参见德国《联邦行政程序法》第54条。引自应松年主编：《外国行政程序法汇编》，中国法制出版社1999年版，第185页。

政行为。

主从权合同包括三种类别：

1. 双务合同

双务合同是指设定对待给付义务，其中特别是行政机关的对偿给付义务的合同。其目的是保护行政相对人的权益，防止行政机关出售公权力和不正当的利益联结。就法律规定的给付而言，行政机关只有在提供给付的要件成就时，才能以合同方式为所属的行政主体设定相应的给付义务；对只有通过议会的意思表示（如在预算计划中拨款）才能合法给付的情形，在法律没有明确规定时，行政机关不能设定该义务。对于裁量性的给付义务，行政机关在具备下述条件时即可通过合同设定给付义务：(1)目的明确。法律排除宽泛的、无具体内容和无具体目的的对待给付义务。(2)为了执行公共行政任务。对待给付必须与特定行政任务有关，而不能仅仅只是为了单纯的财政利益。(3)行政任务与行政机关的合同给付具有实质的关联性。(4)给付关系适当（合比例性要求）。

行政相对人如果对行政机关确定的给付享有请求权，那么，只有在法律明确授权或者对待给付本身是行政机关提供给付的法定条件时，行政机关才能为行政相对人设定对待给付义务。

2. 和解合同

和解合同是指双方当事人通过相互让步以消除有关对事实或者法律状态判断存在争议和分歧而签订的合同。行政机关在不违反法定职责和义务的裁量权范围内可以通过让步消除有关对事实或者法律状态判断存在的“不确定性”，与行政相对人签订这种合同。所谓“不确定性”，是指不能查明或者非经不合乎比例的重大代价即不能查明的状态。这种合同的目的是程序的经济性，以避免漫长的程序和巨大成本支出的风险。

关于和解合同的合法性，德国行政法学者有不同意见。第一种观点认为，和解本身就具有不合法的潜在可能性。第二种观点认为，和解合同可签，但应是有条件的：一是不能违反实体法；二是行政机关对相应和解事项享有处分权。对处分权可作形式意义的理解：如果行政机关可以作出与和解相应的行政行为，其即享有处分权。第三种观点认为，行政机关只有在和解不违反法律硬性规定和一般公法原则的情况下，其才享有处分权。对行政裁量范围内的事项,行政机关通常享有处分权。根据德国《联邦行政程序法》的规定,行政机关签订和解行政合同,应注意遵守合法性要求和行政裁量合目的性要求。尤其是根据调查原则和证明责任原则,行政机关不宜草率使用和解合同方式。

3. 主从权合同的其他形式

主从权合同除了双务合同与和解合同外,还存在其他的形式,如委托关系合同、勤务合同(如有关高校专员法律关系的合同)等。[①]

三、日本行政合同的概念和种类

日本行政法学者盐野宏认为,行政上的契约(合同)既包括公法契约,也包括私法契约。公法契约主要适用于政府和私人间在规划领域的权利义务关系以及行政主体之间的可用契约调整的关系;而私法契约适用政府和私人之间广泛的权利义务关系。例如,为了建设道路、公园、水库需要用地,其不通过征收而通过民法上的买卖契约进行;自来水供给、公营电车、公共汽车经营等及政府工程建设亦可通过民法上的承包合同进行。[②]

盐野宏在其《行政法总论》中没有对行政合同(盐野宏称为"行政上的契约")的内涵予以明确的界定,而只是对其外延加以列举,其种类包括:

(一)准备行政中的合同

准备行政中的合同主要包括民事土地买卖合同、行政法土地征收合同、公用建筑设施承包合同等。

在实施公共行政时,完善、充实其物的手段的行为称为"准备行政"。传统上日本在该领域是运用民法上的手段进行的,建设所需土地只是偶尔才有基于日本《土地征收法》通过征收方式取得的,一般情况下均是基于民法上的买卖合同获取。此外,用于政府机关事务的各种各样的物品在法律上也都是通过买卖合同购买。当然,对于国有、公有财产的管理,为了保障公正,国家制定了相应的特别法律,如日本《会计法》《国有资产法》《物品管理法》《地方自

---

① 参见[德]汉斯·J. 沃尔夫、奥托·巴霍夫、罗尔夫·施托贝尔:《行政法》(第2卷),高家伟译,商务印书馆2002年版,第153~157页。

② 参见[日]盐野宏:《行政法总论》(第4版),杨建顺译,北京大学出版社2008年版,第125页。

治法》等。但是,这些法律尚没有形成与民法合同不同的公法合同制度体系。

将"准备行政"领域的活动置于民法调整的传统做法,虽然在抑制行政主体不合理的特权地位方面有其积极意义,但是,合同当事人在形式上的平等并不一定能保障公正的结果。并且,"准备行政"必然伴随着公共资金的支出,为了确保公正,健全和完善"准备行政"领域的公法合同制度非常必要。①

(二)给付行政中的合同

给付行政中的合同主要包括电气、通信、煤气、自来水供应等公用事业使用合同等。

在给付行政领域,虽然制定法有积极采用合同方式的趋向。但是,某些特别法有时并非首先规定合同方式,而是首先规定行政行为方式。例如,依日本《补助金法》给相对人发放补助金的制度所采取的就是行政行为的方式;关于地方公共团体文化会馆等公共设施的利用,《地方自治法》确定的制度亦被认为采取的是行政行为的方式。关于社会保障的给付,基于其数量庞大,及要求标准统一,故在制定法上广泛采用行政裁决方式而非合同方式。在福利行政领域,在服务行政主体、服务提供者和服务的关系方面,法律上出现了采用行政合同、行政行为、行政基准混合使用制度的趋势。

在日本,对于国民生活所必需的服务的供给义务,服务主体并不限于国家及公共团体,当私人企业成为相应服务的垄断者时,亦有此供给义务。此外,在给付行政中,行政主体有时不是自己直接向服务对象提供服务,而是委托给民间私人企业进行,这种委托也是通过行政合同的方式进行的。②

(三)规制行政中的合同

规制行政中的合同主要包括公害防止合同、地域环境整备合同等。

规制行政与给付行政不同,一般不适用合同形式而通常采用行政行为方式。根据依法行政原理,有些行政领域(如税务行政)原则上不适用与当事人合意缔结合同的方式。但是,这并不是说规制行政完全不适用行政合同,在某些领域,行政合同仍然可取代或补充行政行为而作为履行公务的方式。在防

---

① 参见[日]盐野宏:《行政法总论》(第4版),杨建顺译,北京大学出版社2008年版,第126~127页。

② 参见[日]盐野宏:《行政法总论》(第4版),杨建顺译,北京大学出版社2008年版,第127~129页。

止公害行政领域,地方公共团体(地方政府)在法制不健全的时代,即与企业签订公害防止协议,以补充法律规制的欠缺。在公害法律规制健全以后,地方公共团体仍与企业签订相应协议,在企业自愿的基础上,对企业规定制定法上没有规定的某些义务,或者规定某些比制定法规定得更为严格的义务。但是,这种合同不得规定地方公共团体对行政相对人企业的现场行政检查权、行政处罚权乃至刑罚,这些只能通过法律或者条例而不能通过合同规定。

此外,在规制行政领域,行政合同也适用于地域环境整备事务。此种行政合同,其当事人不仅限于行政主体和地域居民,而且也包括双方当事人均为私人的情况。不过,这种双方当事人均为私人的合同必须经过行政机关的审查认可。另外,在宅基地的开发许可方面,行政机关就开发协力金或者负担金与当事人之间依法签订的协议也可归入规制领域行政合同的范畴。[①]

(四)私人财政投资公共事业项目合同(Private Finance Initiative,PFI)

私人财政投资公共事业项目合同主要指公共设施的设计、建造、管理等方面的合同。

日本《关于通过民间资金等应用促进公共设施的整备法》实际是对英国PFI法的移植和借鉴。这种合同的特征在于,对于公共设施建设的个别环节,如政府机关大楼的设计、建造、管理,给付行政中的公共设施的设计、建造、管理等,不是以分割的形式,而是采取从设计、建造到管理"一揽子"合同的形式委托给民间企业进行。

关于公共设施的管理者与民间企业的关系,日本《关于通过民间资金等应用促进公共设施的整备法》本身没有予以明确的规定,以前是通过民事合同进行外部委托和确定公共设施的管理者与民间企业的关系。现在,PFI形式的合同适用领域限定在准备行政和给付行政领域,但包括航空规制在内的空港管理也适用PFI形式的合同,即PFI形式的合同亦可适用规制行政领域。[②]

(五)行政主体间的合同

行政主体间的合同主要有公共事务委托合同等。例如,甲地儿童居住的

---

① 参见[日]盐野宏:《行政法总论》(第4版),杨建顺译,北京大学出版社2008年版,第129~131页。

② 参见[日]盐野宏:《行政法总论》(第4版),杨建顺译,北京大学出版社2008年版,第131页。

村落，离乙地学校较近，在乙地学校上学更具合理性。在这种情况下，甲、乙两地的地方公共团体基于相互间的合意，即可通过事务委托合同，解决甲地儿童在乙地学校上学的问题。这种委托合同与民法上的委托合同不同，涉及相应的行政法律关系。当然，在行政主体之间，除了可成立行政合同关系之外，也可成立纯粹的民法上的合同关系，如两个行政主体间对动产或不动产的买卖而形成的合同关系。①

四、韩国行政合同的概念和种类

韩国学者金东熙指出，韩国行政法上的合同"是指行政主体相互间及行政主体和国民相互间为了达成一定的行政目的而缔结的契约。这种意义的合同，从内容上包括以产生公法效果为目的的公法合同和以产生私法效果为目的的私法合同"。② "公法合同也可以称为是通过多个当事人之间的意思一致，产生一定法的效果的合同。在这一点上，它基本上与私法合同相同。但是，在公法合同中，双方当事人的意思并不具有对等价值，而且公法合同产生公法上的效果，这不同于私法合同。"③

金东熙将行政合同分成三类：行政主体相互间的行政合同、行政主体与私人间的行政合同和私人与私人间的行政合同。

（一）行政主体相互间的行政合同

这种行政合同又包括两种类别：一种是公共团体相互间签订的合同，如此种主体间依据韩国《地方教育自治法》就教育事务委托签订的合同；另一种是地方自治团体相互间签订的合同，如此种主体间就道路修建、河流治理等的经费分担而签订的合同等。

（二）行政主体与私人间的行政合同

这是行政合同的主要类型，共包括九种类别：

1. 一般政府合同

一般政府合同（如建筑承包合同、财产交付合同等）主要适用私法，但亦

---

① 参见［日］盐野宏：《行政法总论》（第4版），杨建顺译，北京大学出版社2008年版，第131～132页。

② ［韩］金东熙：《行政法Ⅰ》（第9版），赵峰译，中国人民大学出版社2008年版，第163页。

③ ［韩］金东熙：《行政法Ⅰ》（第9版），赵峰译，中国人民大学出版社2008年版，第164页。

适用公法或公法原理。例如,考虑到这些合同事项的公益性,关于缔约的方法(须采取公开招投标原则)、瑕疵保证、契约内容履行的确保措施等均适用有别于私法上的原理、原则。

2. 国家公有财产合同

国家、地方自治团体因对其财产的销售、出让、借贷等而签订的合同可以视为私法合同,但从确保合同的公正性的角度出发,可能要适用公法上的一些特别规定,从而这些合同亦具有一定的公法性。

3. 公物、营造物利用关系的设定合同

公物或营造物(如铁路、电话通信等)的利用关系,在很多情况下是通过合同设定的。

除此以外,有人认为,公民志愿参军或除初等学校以外的国家公立学校的入学亦属公法上的合同关系。但在这些关系中,不存在实质的意思一致的要素,而具有行政主体要求行政相对人协助行政行为的性质。

4. 公务员的聘用合同

公务员任用是行政主体的单方行政行为,一般不通过行政合同方式进行。但是,为提高行政的专门性和确保公务员任用的一定灵活性,在韩国《公务员法》中引入聘任合同制公务员制度以来,采用合同方式聘任公务员的情形越来越多了。

5. 原子能损害赔偿合同

这种合同是政府根据韩国《原子能损害赔偿法》与从事原子能事业的企业签订的合同。

6. 任意(自愿)公用负担合同

公用负担一般通过行政主体单方行政行为责成行政相对人承担。但当负担者自愿进行某种公共事业的情况下,如将自己的私有土地提供给道路、学校、公园使用时,即构成任意(自愿)公用负担合同。从这类合同确定公法上的权利、义务的角度讲,其属于公法合同。

7. 公法辅助合同

行政机关对于私人企业履行辅助金支付义务,通过作出单方支出决定进行。但对支付的具体内容则通过合同确立。从这类合同确定公法上的权利、义务的角度讲,其亦属于公法合同。

8. 行政委托合同

国家或公共团体可通过依法签订的合同委托私人从事某种行政事务。这种委托行政合同具有公法性质,属于公法合同。

9. 环境保护合同

为了防止工厂、事业场所的环境污染和产生公害,地方自治团体往往和私人企业订立合同,规定其公法上的相关权利义务。这种环境保护合同亦属于公法合同。

(三)私人与私人间的行政合同

私人与私人间的合同一般属于私法合同,但在某些情况下,私人与私人之间亦可订立公法合同。例如,当一方私人是行政权力委托的受托者时,其即可与其他私人订立公法合同。根据韩国《土地取得补偿法》的规定,私人进行公益事业需要取得其他私人土地所有者的土地,可与其他私人土地所有者签订土地取得和补偿合同。这种合同如经土地征用委员会确认,可视为行政公法合同(但也有判例将之认定为私法合同的)。

第二节 行政合同的缔结

一、法国行政合同的缔结

王名扬教授在其《法国行政法》一书中详细介绍了法国行政合同缔结的规则和程序。[①]

(一)缔结行政合同的权限

在法国,只有国家、地方公共团体和公务法人等行政主体有权缔结行政合同。而且,每个行政机关只能在其管辖的事务范围内享有缔结行政合同的权限。国家缔结合同由部长作为代表,部长可以把签名权委托部内其他公职人员行使。每个部均设一个合同主管人,其有权签订合同,并监督合同的执行;对于重要的合同,部长可以保留亲自签名的权力;特别重要的合同,需要政府授权才能签订。例如,出卖国有不动产的合同,需要作为中央政府的部长会议

① 本节内容参见王名扬:《法国行政法》,中国政法大学出版社 1988 年版,第 182~186 页。

的授权。

省缔结合同由省议会决定,省议会主席执行;市镇合同由市议会决定,市镇长签订。

国家签订合同的金额达到一定数额以上时,必须就合同草案咨询一个部际专门委员会的意见。在财政部还设有一个中央政府合同委员会,负责拟定政府缔结合同的政策,研究缔结合同的合理化措施以及合同标准化及与有关部门协调的问题。

(二)缔结行政合同的方式

为了防止缔结合同的营私舞弊行为和财政经费的浪费,行政机关缔结合同选择对方当事人有一定的限制,必须遵守公平竞争原则和公开原则。但有些合同关于对方当事人的条件有特别的要求,对此,行政机关有自行选择对方当事人的一定自由。根据法国法律的规定和实践中的做法,法国缔结行政合同主要有下述三种方式:

1. 招标

在法国,缔结行政合同最常用的方式是招标。金额达到一定数额的合同,除紧急情况或对当事人资格条件有特别要求的合同外,都必须采用招标缔约方式。招标一般公开进行,对合同标的有兴趣的企业均可参加投标。但有些招标可以限定只有本国企业才可参加投标。破产企业、受到行政处罚或因其他原因被剥夺营业权利的企业不能参加投标,政府招标办认为不具有投标资格条件的企业也不能参加投标。有些招标是有限制的招标,即只有行政机关指定的企业,经行政机关通知才可参加投标。

行政机关进行招标后,只能和要价最低的企业或出价最高的企业(如出卖国有资产招标)缔结合同,不能在中标人以外自由选择合同对方当事人。如果行政机关对中标企业很不满意,有时可不批准当次招标结果而举行第二次招标。行政机关不能再推翻第二次招标结果,只能与第二次招标的中标人缔约。

2. 邀请发价

邀请发价亦采取公开招标或限制招标方式,但行政机关不一定要与要价最低或出价最高的企业缔结合同,而是在投标的基础上再考虑其他各种条件(如经济的、技术的和政治的因素),与其认为最合适的企业缔约。依据这种选择缔约对象的方式,招标等于邀请当事人发价,不产生自动中标的企业,行政机关在参加投标的企业中有选择缔约对象的自由。

3. 直接磋商

根据这种方式,行政机关可以自由地和任何企业直接磋商和签订合同。但这种缔约方式的应用受到法律的限制。根据法国《公合同法》的规定,直接磋商方式仅用于下列事项:研究、试验和实验合同,招标和邀请发价没有取得结果的合同,情况紧急的合同,需要保密的合同,只能在某一地方履行的合同,需要利用专利权或其他专有权利的合同,需要利用特殊的和高度专门技术的合同等。而且,尽管这些种类的合同依法可以通过直接磋商签订,但法律规定行政机关在运用直接磋商方式时也要尽可能鼓励竞争。

(三)行政合同的形式

通过招投标方式缔结的合同都采取书面形式;通过直接磋商方式缔结的合同,法律规定在一定金额以上时,也要采取书面形式。金额的高低随行政机关的地位不同和各个时期经济状况的不同而不同。一般而言,口头行政合同形式仅用于比较次要的合同,重要的行政合同必须采取书面形式。书面合同的内容,除价金条款由双方当事人共同商定外,其余条款主要由行政机关拟定。书面合同往往包含几个文件。作为合同最重要部分的文件是确定双方当事人权利义务的"合同任务手册",其附于合同正式条款之后。"合同任务手册"又包含两类文件:一般性文件和个别性文件。

1. 一般性文件

一般性文件分为一般性行政文件和一般性技术文件。前者规定适用于某类合同的管理规则,有时由各部制定,适用于该部所签订的某类合同;有时由政府制定,适用于各部所签订的某类合同,如最常见的公共工程承包合同、供应合同的标准等行政规则,都由政府制定;而规定某类合同技术规格和要求的一般性技术文件,则由各部或者政府制定。

一般性文件属于经常性文件,由行政主体单方面制定和修改。这些一般性文件确定的规则的拘束力只有当它包含在合同中时才存在,但合同中所包含一般性文件的条款若日后修改,也不能变更其中包含的一般性文件确定的规则。

2. 个别性文件

个别性文件同样分为个别性行政文件和个别性技术文件。前者规定某一合同的行政管理措施，后者规定执行某一合同的技术措施。个别性文件可以根据每一合同本身的情况变更一般性文件中的规定，指出某一具体合同不适用一般性文件的某一具体条款。

二、德国行政合同的缔结

德国行政法学者毛雷尔在其所著《行政法学总论》中介绍了德国行政合同缔结的规则、形式和合法性要求。①

（一）行政合同的签订和成立

德国行政合同的签订如同私法合同一样，要通过双方当事人一方要约（申请签订合同），一方承诺（同意与之签订合同），从而达成双方意思表示一致方能成立。德国《联邦行政程序法》对公法合同（行政合同）的签订规定了若干要求。其一，公法范畴的法律关系可以通过签订合同设立、变更或撤销，但行政机关对法律规定不能通过合同处理的公共事务不能与对方当事人签订合同；其二，行政机关签订行政合同，须明智考虑合同涉及的事实情况和法律规定，在法律规定的自由裁量权允许的范围内与对方当事人互让互谅，达成协议；其三，行政机关与对方当事人达成合意，签订协议，应有利于行政机关履行公务，其协议内容应符合合同目的且适当。②

（二）行政合同的订立形式

根据德国《联邦行政程序法》第 57 条的规定，行政合同必须以书面形式订立（除非法律有另外的规定）。这个要求比德国《联邦行政程序法》对一般行政行为的要求严格。德国《联邦行政程序法》第 37 条第 2 项规定，行政行为可以书面、口头或其他方式作出。③

根据有关行政合同的司法判决，涉及交付不动产的行政合同需要按照德国《建设法典》第 313 条的规定办理一项法律文书。有的法律规定行政合同可不采取书面形式订立。这种行政合同的典型例子是日常的批发合同。实践

---

① ［德］哈特穆特·毛雷尔：《行政法学总论》，高家伟译，法律出版社 2000 年版，第 343～384 页。

② 参见德国《联邦行政程序法》第 54～56 条。引自应松年主编：《外国行政程序法汇编》，中国法制出版社 1999 年版，第 142～143 页。

③ 该条款同时规定，如果行政相对人对相应行政行为有正当利益，且及时提出请求，行政行为可采口头形式。但相对人请求须以书面形式记载。

中对非书面形式合同存在争议的问题是,行政规章可否规定行政合同的非书面形式。对此,地方行政领域存在这种情况,但联邦法律没有这样的规定。

(三)行政合同的附和

关于行政合同的附和,德国《联邦行政程序法》第58条规定了两项规则。第一项规则是:行政合同可能对第三人权益造成侵害的,须得到第三人的书面同意。否则,即可能导致该合同的无效。第二项规则是:如果行政机关以行政合同替代行政行为,而相应行政行为需要其他行政机关批准、同意或附署的,该行政合同只有得到其他行政机关对所涉相应行政行为的批准、同意或附署后方能生效。该条款的目的是防止行政机关通过行政合同的方式规避法律规定的批准、同意或附署程序。

第三节 行政合同的履行与争议解决机制

一、法国行政合同的履行与争议解决机制

关于法国行政合同的履行与争议解决机制,我们同时援引王名扬教授所著的《法国行政法》以及法国行政法学者里韦罗和瓦利纳合著的《法国行政法》两书中的有关内容。①

(一)行政主体在行政合同履行过程中的特权

法国行政主体在行政合同履行过程中主要享有下述五种特权:

1. 要求对方当事人亲自履行合同义务的特权

一切行政合同,不论缔结方式如何,包括通过招投标方式缔结的合同,行政主体一般都对对方当事人的条件和人员素质有特别的要求。因此,一般都要求对方当事人亲自履行合同义务。非经行政主体同意,不得由他人代为履行。同时,当事人必须按合同的具体规定履行义务。当事人的合同义务只有在不可抗力的情况下才能免除。所谓"不可抗力",是指非当事人本身的原因导致合同不可能履行的外部因素。当事人以此为由要求免除合同义务必须符

① 参见王名扬:《法国行政法》,中国政法大学出版社1988年版,第186~195页;[法]让·里韦罗、让·瓦利纳:《法国行政法》,鲁仁译,商务印书馆2008年版,第567~579页。

合三个条件:其一,构成“不可抗力”的事件完全与当事人本人的行为无关;其二,相应事件的发生是不可预见的;其三,在此种事件发生后,当事人是可以请求行政法院解除合同义务的。

2. 监督和指挥合同履行的特权

在行政合同履行过程中,行政主体不仅享有监督和控制权,而且对具体的执行措施具有直接指挥权。例如,在公共工程承包合同的履行中,行政主体可以对承包人下达职务命令,承包人必须执行此种命令。行政主体指挥权的大小依合同的种类不同而有所不同,一般在合同条款中加以规定。但即使合同中没有规定,行政主体也可以行使这种权力。因为行政合同涉及公共利益,行政主体作为公共利益的代表,有义务和职责保证合同的履行方式不损害公共利益。

3. 单方面变更合同标的的特权

在行政合同履行过程中,为了公共利益的需要,行政主体可以变更对方当事人给付的范围,扩大或者减少其给付义务。对此,对方当事人一般不能拒绝。法国最高行政法院认为行政主体的这种特权是维护公共秩序的需要,行政主体不得在合同签订时自行放弃这种特权。当然,行政主体单方面变更合同标的的权力只能在公共利益需要的限度内行使,其不能变更与公共利益无关的条款。而且,行政主体对当事人因行政合同标的变更而加重的义务和受到的损失应予以补偿。其单方面变更如超过一定限度,接近加予对方当事人一个全新的义务时,对方当事人可以请求另订合同,或者请求行政法院解除合同。

4. 单方面解除合同的特权

行政主体不仅具有单方面变更合同标的的特权,而且在合同履行过程中,因客观情况的变化,根据公共利益的需要,有权单方面解除合同。行政主体单方面解除合同只能出于维护公共秩序的需要,其不得在合同签订时自行放弃这种权力。与单方变更权一样,行政主体单方解除合同的权力也只能在公共利益需要的限度内行使,无公共利益的特别需要,其不得单方面解除行政合同。如因公共利益的需要必须解除行政合同,行政主体对因单方面解除行政合同给对方当事人造成的损失应当予以补偿。

5. 对违约的对方当事人予以制裁的特权

在行政合同履行过程中,行政主体对违反合同的对方当事人有不经法院裁决而自行予以制裁的特权。不过,为了保护行政合同对方当事人的合法权益,法律对行政机关行使此特权加予了一定限制:首先,行政机关对对方当事人的制裁不能采取刑罚的手段,不能为保证行政合同的履行而制定和执行法国《警察条例》规定的措施;其次,行政机关对不履行合同义务的对方当事人实施制裁,先要对其进行催告,只有在当事人经催告仍不履行的情况下,才能对之实施制裁,除非情况紧急或者合同对之另有规定;最后,对方当事人对行政机关的制裁不服,可向行政法院申诉。行政法院经审查,如认为行政机关的制裁措施违法或违反比例原则,可判决责令行政机关赔偿对方当事人因制裁受到的损失。

行政机关对对方当事人的制裁手段主要有以下三种:其一,金钱制裁。主要包括违约金和损害赔偿两种形式。违约金是由合同规定的制裁方式,同时具有处罚和赔偿性质,如合同中规定当事人如果迟延给付则每天罚款多少,在当事人违约时自动生效,无须证明实际损害的存在。损害赔偿则是行政机关责令违约的对方当事人赔偿因其违约给行政机关一方造成的损失。对此,无论行政合同中是否有此规定,行政机关均有这种权力。其二,强制手段。在对方当事人不履行义务且具有重大过错或情况紧急时,行政机关可以通过代履行手段使相应义务得到强制履行。代履行的主体既可以是行政机关,也可以是行政机关委托的第三人,履行费用由拒不履行义务的对方当事人负担。在代履行过程中,如对方当事人自己开始履行合同义务,行政机关或第三人即应停止代履行。其三,解除合同。解除合同不同于行政机关因公共利益需要而单方面解除合同(需给予对方当事人补偿),属于最严厉的制裁(不给予对方当事人任何补偿)。行政机关单方解除合同只有在对方当事人有严重过错时才能采取。行政机关实施这种作为惩罚措施的解除合同,不适用于公务特许合同。公务特许合同只能通过判决解除。

(二)行政合同对方当事人在行政合同履行过程中的权利

在行政合同履行过程中,行政合同对方当事人主要享有下述权利:

1. 取得报酬权

行政合同对方当事人的报酬(主要指行政主体对当事人提供的服务和物资应付的价金)通常在合同中规定,有时也由法律法规规定。除金钱报酬外,行政合同中还可能规定给予当事人利用行政主体的公产、设备、设施等的权利或者给予贷款、津贴、提供担保、减免税等经济利益。至于公务特许合同对方当事人的报酬，则由受特许人向特许项目（如供水、供热、供电、供气等）使用者收取费用来获取。这里需要特别说明，对于行政合同对方当事人的取得报酬权，行政合同中规定的报酬条款不能由行政主体单方面变更。

2. 损害赔偿请求权

在行政合同履行过程中，行政合同对方当事人的权益因行政机关的过错受到损害时，可以请求行政法院判决其赔偿损失。

3. 额外费用偿还请求权

行政合同对方当事人在合同规定以外自动地履行超合同规定的额外义务时，如果这种义务是实现合同目的所必需或对行政主体非常有益时，其可在履行这些义务后请求行政机关补偿相应的费用。但这种偿还请求权只能在行政主体受益的限度内提出。

4. 处理不能预见困难的补偿请求权

行政合同履行过程中，可能出现合同订立时不可预见的困难，导致当事人履行合同负担的增加和费用的提高。例如，当事人在履行公共工程建设合同过程中，遇到合同订立时不可预见的地质结构。在这种情况下，当事人可以请求行政机关相应地变更合同价格条款，对其额外付出予以补偿。

以上四种权利是一般双务合同（包括私法合同）中当事人均可享有的权利。除此以外，在行政合同中，对方当事人还享有另外两种私法合同当事人所不享有的权利（下面介绍的第五种和第六种权利）。

5. 对统治者行为的补偿请求权

行政合同在履行过程中，行政主体根据公共利益的需要，可以单方面变更或者解除合同，或者采取其他增加对方当事人负担或导致当事人利益损害的行为。例如，行政主体命令对方当事人扩大给付的范围或接收某些工作人员，增加当事人履行合同的费用等。尽管这些行为在行政合同中没有规定，但当事人必须接受，因为这些行为属于行政主体的特权，其行为性质属于统治者行为。对于行政主体实施的统治者行为给对方当事人增加的负担，对方当事人具有请求补偿权。补偿的范围以当事人因相应行为遭受的全部实际损失为限，一般不包括可期待利益。

6. 对意外风险的补偿请求权

行政合同在履行过程中,可能出现某种意外风险,如自然灾害、战争、通货膨胀、经济危机等(此不同于第四种补偿请求权中的"不可预见的困难")。合同对方当事人对这种风险请求补偿需具备三个条件:其一,这种风险是合同订立时不可预见的;其二,这种风险的产生与双方当事人的行为无关;其三,这种风险必须导致合同履行的极大困难。此外,对于这种风险补偿,行政主体并不补偿当事人所受到的全部损失,而只是分担当事人所受损失的一部分(在私法合同中,一方当事人完全不分担对方当事人这种意外风险的损失)。

(三)行政合同争议解决机制

行政合同在履行过程中发生争议,其主要解决途径有三:其一,合同对方当事人如认为行政主体在履行合同中有严重过错,或者由于行政主体单方面强制要求其变更合同义务,过分增加其负担,或者由于出现了若干不可抗力,可以诉请法院解除合同。如属第一种情形(行政主体在履行合同中有严重过错),合同对方当事人还可请求法院判决行政主体予以赔偿。其二,行政主体认为有某种原因需要解除与合同对方当事人的合同时,亦可诉请法院解除(除运用特权单方面解除外)。对于公用事业特许经营合同,则必须(而不是"可以")诉请法院解除。其三,在行政合同履行过程中,如果出现不可预见的情况将导致合同项目亏损,双方当事人可协商解决办法,或通过缔结新合同重新确定双方权利义务,亦可诉请法院解除合同。

二、德国行政合同的履行与争议解决机制

德国《联邦行政程序法》第54条至第62条对行政合同(公法合同)在履行过程中权利义务变更、合同撤销、解除或确认无效等事项作了相关规定。[①] 对于德国《联邦行政程序法》中没有规定的行政合同履行事项,可适用德国《民法典》的规定。

(一)行政合同的履行

根据德国《民法典》的规定,合同约定的给付义务应当依法履行。对此,德国《联邦行政程序法》虽然没有明确规定,但依据行政法理,行政合同双

① 参见应松年主编:《外国行政程序法汇编》,中国法制出版社1999年版,第142~145页。

方当事人均有履行合同约定的义务。对于行政合同在实践中出现的不可能履行、拖延履行或者“积极违约”(不切实履行合同主义务或者违反合同从义务)的情况,可参照适用德国《民法典》的相应规定。“参照适用”不是简单地完全依据其适用,而是要根据每个行政合同的具体情况有选择地适用。

行政合同在履行过程中,如果事实根据和法律依据发生重大变化,可分别视情况适用德国《联邦行政程序法》第 49 条、①第 38 条第 3 项、②第 60 条第 1 项③的规定。这些条文采纳了传统的情势变更原则(行为根据消失原则)。据此,如果客观情况发生重大变化,使之不能履行原合同义务的,当事人有权要求变更合同的内容;如果不能变更合同,或者变更的后果对当事人来说亦是不可预知的,则可要求解除合同。变更合同应当采取协议的形式,通过协议变更合同的内容,必要时可通过给付之诉予以执行。解除合同是一种单方意思表示,其效力自对方当事人受领时发生。行政机关解除合同只适用于预防突发事件或消除对公共福祉的重大不利,而且行政机关要依法给予对方当事人补偿。④

---

① 德国《联邦行政程序法》第 49 条规定:(1)合法、非授益行政行为,即使在获得确定力之后,仍可全部或部分废止对将来的效力,除非废止后须重新作出同样内容的行政行为或出于其他原因不容许废止。(2)合法、授益行政行为,即使在获得确定力之后,在下列情况下仍可全部或部分废止对将来的效力:其一,法律容许废止或行政行为保留该废止。其二,行政行为附负担,受益人没有或未在其确定的期限内履行该负担。其三,行政机关如基于事后发生的事实,即有不作出该行政行为的正当性,且不废止该行政行为就会危害公益。其四,行政机关如基于法律的修改,即具有不作出该行政行为的正当性,但限于受益人尚未使用所提供的优惠,或基于该行政行为而尚未受领给付的情况,且不废止即会危害公益。其五,为避免或消除对公共福利的严重不利。(3)拟废止的行政行为在废止生效时丧失其效力,除非行政机关定出另一较迟的时间。(4)已确定的行政行为,由主管行政机关决定其废止,拟废止的行政行为由另一行政机关作出的,亦同。(5)废止第 2 款第 3~5 项的授益行政行为时,应行政相对人的申请,行政机关须对相对人因信赖行政行为的确定力而遭受的财产不利作出补偿但以其信赖值得保护者为限。对补偿的争议,由普通法院管辖处理。参见应松年主编:《外国行政程序法汇编》,中国法制出版社 1999 年版,第 140~141 页。

② 德国《联邦行政程序法》第 38 条第 3 项规定:行政机关作出许诺后,因法律或事实情况发生变化,行政机关如果事先知道会有这种变化,即不会作出相应许诺,行政机关可不受相应许诺的约束。参见应松年主编:《外国行政程序法汇编》,中国法制出版社 1999 年版,第 140~141 页。

③ 德国《联邦行政程序法》第 60 条第 1 项规定:确定合同内容所依据的关系,如在合同成立后发生显著的变化,遵守原合同对对方当事人很不合理,该当事人可要求将合同内容作出符合变化了的关系的调整。如不能调整,则可要求解除合同。行政机关一方为避免公共福利遭受严重不利,也可作出解除合同的通知。参见应松年主编:《外国行政程序法汇编》,中国法制出版社 1999 年版,第 144 页。

④ 参见[德]哈特穆特·毛雷尔:《行政法学总论》,高家伟译,法律出版社 2000 年版,第 380~381 页。

(二)行政合同请求权的实现及争议解决

在行政合同履行过程中,行政机关无权以行政行为的方式确认或者强制实现其合同请求权。如果合同对方当事人拒不履行约定的给付义务,行政机关只能像公民那样,向行政法院提起诉讼,请求行政法院判决合同对方当事人履行。例如,合同约定向行政相对人颁发建设许可证,相对人为此应向行政机关支付 10,000 欧元的许可费。如果行政机关拒绝发放许可证,相对人只能向行政法院提起要求发放许可证的履行之诉;如果相对人不缴纳 10,000 欧元的许可费,行政机关也只能向行政法院提起一般给付之诉。

根据德国《联邦行政程序法》第 61 条的规定,在主从权的行政合同中,合同对方当事人可以在合同中声明接受履行合同义务的即时执行。如果行政合同中有这种声明,行政机关可以此为根据,以行政行为的方式(非诉讼的方式)即时执行合同请求权,使合同规定的目的得以实现。而合同对方当事人在行政机关未按合同规定履行合同义务时则只能通过法院诉讼实现其合同请求权。对于行政机关依德国《联邦行政程序法》第 61 条的规定强制执行,合同对方当事人只能就强制执行行为(而不能针对合同)向行政法院提起异议之诉,但其可以主张需要执行的合同无效,使行政机关的执行行为失去根据。

根据德国《联邦行政法院法》第 40 条的规定,合同履行请求权和违约(不履行和不全面履行合同)赔偿请求权均可适用行政法途径向行政法院提起,对在签约准备过程中或者签约过程中的过错而产生的请求权也可适用行政法途径向行政法院提起。但德国联邦最高法院对《联邦行政法院法》第 40 条第 2 款有关公法合同(行政合同)的规定作了严格的解释,并且确定行政合同的某些争议问题可适用民事法律途径由普通法院解决。除损害赔偿请求权之外,对因违反合同而产生的违约请求权,根据德国《基本法》第 34 条的规定,由普通法院而不是由行政法院管辖。根据 1990 年德国《法院组织法》第 17 条第 2 款第 1 项的规定,普通法院在必要时甚至对两种请求权(履行合同请求权和损害赔偿请求权)均可管辖和作出判决。①

(三)行政合同违法和无效的法律后果

行政合同违法的法律后果是行政合同法上最有争议的问题,立法者试图

---

① 参见[德]哈特穆特·毛雷尔:《行政法学总论》,高家伟译,法律出版社 2000 年版,第 381~382 页。

通过阐释德国《联邦行政程序法》第59条的规定对其规则予以明确。根据德国《联邦行政程序法》第59条的规定，行政合同违法并不必然导致其无效，只有具有法定情形的违法行政合同才无效。但是，根据德国《联邦行政程序法》第60条的规定，行政机关为了预防或者消除公共福利的重大损失，可以解除合同。这主要考虑的是事后发生的事实或者法律状态的变更，也包括合同原始违法的情形。另外，行政合同如果涉及第三人的权利，需得到第三人的书面同意，如未得到其书面同意，则相应合同无效；有些代替行政行为的行政合同需要得到其他行政机关的批准、同意或认可，如未得到其批准、同意或认可，则相应行政合同无效。

此外，行政合同分为对等权合同和主从权合同。对于对等权合同，依德国《民法典》无效即无效；而主从权合同则在下述情形下无效：(1)具有相同内容的行政行为无效的；(2)当事人明知相同内容的行政行为具有违法情形的（除德国《联邦行政程序法》第46条规定的程序违法情形外）；(3)和解合同不具备其法定条件的；(4)双务合同不具备其法定条件的。

根据德国《联邦行政程序法》第59条第1款的规定，行政合同具有德国《民法典》规定的下述相应情形构成无效：(1)合同当事人没有行为能力或限制行为能力；(2)具有内心保留、虚伪行为或缺乏真实意思表示；(3)违反法定形式（如未遵守德国《联邦行政程序法》第57条关于书面形式的规定或德国《民法典》第313条关于公证的规定等）；(4)违反公序良俗；(5)代理人为无权代理；(6)合同标的是不可能履行的给付。另外，参照德国《民法典》的规定，某些行政合同还因撤销而导致无效：如果合同一方当事人因误解、错误通知、欺诈或者胁迫而订立合同，则相应合同因撤销而无效。

行政合同无效的后果包括三种情形：其一，不产生任何法律效果。具体表现为义务合同之给付义务无效，处分合同不再导致法律地位变更；任何行政机关、法院都可以认定行政合同无效，任何公民都可以主张行政合同无效。其二，合同部分无效。如果违法或者无效只涉及行政合同的某一部分而非全部，且行政合同的内容具有可分性，根据合同当事人的意志，相应合同可确认部分无效（部分仍有效和可履行）。其三，退还给付。根据无效行政合同已经履行的给付，原则上必须退还。履行了给付义务的当事人享有公法上的返还请求权。以无效行政合同为根据作出的行政行为是违法的（除非另外具有其他法律根据的支持)，应当按照有关行政行为违法的规则处理。该行政行为原则上是可撤销或可废除的，在法定条件下亦可确认无效。撤销以无效行政合同为根据作出的授益行政行为，需要遵守信赖利益保护原则，对受到损害的值得保护的信赖利益予以补偿。①

① 参见[德]哈特穆特·毛雷尔:《行政法学总论》，高家伟译，法律出版社 2000 年版，第 369~377 页。

第九章

行政指导

第一节 行政指导的概念、意义与功能作用

各国政府对社会经济事务进行管理，除了运用有法律效力的行政行为手段外，通常同时运用不具法律效力的行政指导手段。虽然行政指导是各国行政机关普遍采用的行政管理方式，但是，各国对行政指导的重视程度和运用的广泛性却有很大差别。比较不同国家的情况，日本和韩国（尤其是日本）是对行政指导重视程度最高和运用最广泛的国家。故本章主要对这两个国家的行政指导制度进行介绍和比较。

一、日本行政指导的概念、意义与功能作用

日本著名行政法学者室井力指出："行政指导这一术语，不是法令上的术语，而是行政实务上的术语，是法令上被称为指导、建议、劝告、警告等的总称（日本《生活保障法》第27条第1款规定的'指导'、《城市计划法》第48条规定的'技术建议'、《大气污染防治法》第23条第3款规定的'劝告'、《警官职务法》第4条第1款规定的'警告'等）。因此，学术上的行政指导概念因各论者而异，在此作如下定义：所谓行政指导，是指行政机关为实现一定的行政目的，通过向相对人做工作，期待相对人实施行政机关意图的行为（作为或不作为）的行为形式。因此，它是权力性的事实行为。"①

关于行政指导概念的形成和演化过程，盐野宏教授在其所著《行政法总

① ［日］室井力主编：《日本现代行政法》，吴微译，中国政法大学出版社1995年版，第150页。

论》中有较详细的描述:“作为表示行为之一的行政指导,有人认为在明治宪法下即已作为行政的行为形式使用过。不过,在以构筑完全和民法相并列的公法学体系为目标的当时的行政法学中,并不存在对行政指导的学术性框架结构。并且,进行行政指导的方面自不必说,即使接受行政指导的方面,也没有将其作为法律问题来意识。但是,自日本昭和三十年代(1956~1965年)后期开始,行政指导及其功能受到世间的关注,并且,行政指导本身虽然是不具有法的效果的事实行为,但是,在现实的行政运作上已发挥着重要的功能。同时,法院已开始出现与行政指导相关联的裁判案件,行政法学也开始讨论这个问题。所以,‘行政指导’这个术语本来不是学术上的用语,也不是法令用语,曾经只是大众媒体或者行政实践中的用语。因此,即使在行政法学上论述行政指导时,也存在各种各样概念表述的方法。在综合考虑学说动向的基础上,日本平成五年(1994年)的《行政程序法》对行政指导作出如下定义:‘是指行政机关在其职权或者所管辖事务的范围内,为实现一定的行政目的,要求特定人为一定的行为或者不行为的指导、劝告、建议以及其他不属于处分的行为。’关于在具体场合下该行政活动是否属于这种意义上的行政指导的问题,有必要进行个别判断。即使在法律上有规定的情况下,也必须按照相应制度来理解。”①

关于行政指导的意义,室井力教授认为主要表现在三个方面:其一,在当今行政作用领域扩大及形式多样化、技术专门化的条件下,立法规范难以跟上,行政指导有利于弥补诸多领域(如公害治理、环境保护、消费者权益保护等)法律的缺位或不完善;其二,有利于行政机关灵活地、非强制性地实现行政预期目的,避免与行政相对人的摩擦和他们的抵抗,同时保障行政相对人表达自己意见的机会;其三,有利于适应法律调整事项复杂化、技术化的趋势,促进行政机关管理方式的转变,更多地向行政相对人提供相应知识和技术。②

谈到行政指导的意义,盐野宏教授就指出,在日本,行政指导广泛应用于行政的所有领域。这虽然可以认为是源于行政主体和行政相对人双方均认可

---

① [日]盐野宏:《行政法总论》(第4版),杨建顺译,北京大学出版社2008年版,第133页。

② 参见[日]室井力主编:《日本现代行政法》,吴微译,中国政法大学出版社1995年版,第150~151页。

的“温情主义”。与正式的行政行为相比，双方更愿意采取行政指导这种非正式的行为形式。这可能是受日本传统观念影响的结果。同时，行政指导也具有现代性的意义：行政机关为了获得行政相对人的理解和配合，灵活地处理相应行政事务；行政主体运用非正式的行政手段而取代正式行为——行政立法、行政处分、行政合同等。在这个意义上，行政指导具有一定普遍性的性质。①

关于行政指导的功能作用，室井力教授将之归纳为四个方面：(1)抑制作用。所谓“抑制作用”，是指行政指导对行政相对人的行为在事实上具有的抑制效果。例如，公正交易委员会认为行政相对人有日本《反垄断法》禁止的行为时，对其进行劝告制止；农林大臣认为作为行政相对人的生产者团体有违反日本《农产品价格和安全法》的行为时，采取警示措施等。(2)协助作用。所谓“协助作用”，是指行政指导对行政相对人的行为在事实上具有的授益、促进效果。例如，儿童保护机构根据日本《儿童福利法》对国民进行有关儿童福利、儿童权益保护方面的指导；公共职业保障机构根据日本《职业安定法》对身体残障者进行职业指导等。(3)调整作用。所谓“调整作用”，是指行政指导对不同行政相对人的利益所具有的调整、调节效果。例如，当企业相互间或企业与居民之间发生利益冲突有可能影响经济、社会秩序，或者影响公共福利的实现时，行政机关通过调解、劝告，使各方关系人互谅互让和协作来调整其相互对立的利益关系。例如，都道府县知事为解决零售市场开设人或零售商与周边区域内的中小零售商的纠纷，根据日本《零售商业调整特别措施法》对纠纷双方或一方进行劝告，使之消除争议，避免冲突。(4)引导作用。所谓“引导作用”，是指行政机关为实施和实现一定的政策或计划，并依据该政策和计划引导行政相对人的作用。例如，有关省厅行政首长为实现中小企业现代化基本规划中规定的中小企业现代化的目标，根据日本《中小企业现代化促进法》，而对中小企业的发展提出建议，进行劝告等。②

行政指导的上述作用原则上均不具有法律上的拘束力（有个别法律对行政指导赋予拘束力，如日本《生活保障法》第 50 条第 2 款、第 55 条），但其因

① 参见[日]盐野宏：《行政法总论》(第 4 版)，杨建顺译，北京大学出版社 2008 年版，第 133～134 页。

② 参见[日]室井力主编：《日本现代行政法》，吴微译，中国政法大学出版社 1995 年版，第 151～152 页。

以国家权力为背景，或由于行政机关通过向接受指导的相对人提供一定的好处、利益，事实上对行政相对人具有一定的强制力。同时，行政指导因受到国民支持和舆论影响，还会形成一定事实上的社会强制力。但这些均不属法律拘束力，行政机关对不服行政指导者，不得强迫其执行行政指导的内容，不得对其进行处罚或实施变相制裁，如不受理其行政许可申请等。①

二、韩国行政指导的概念、意义和功能作用

关于行政指导，韩国《行政程序法》第 2 条第 3 项将之定义为："行政机关为实现一定的行政目的，在所管辖事务范围内为使特定人作出或者不作出一定行为而进行的指导、劝告、建议等的行政作用。"②韩国著名行政法学者金东熙在其所著《行政法》一书中对行政指导的概念、意义和功能作用进行了阐释。他指出，在行政管理实践中，行政机关有时会不通过正式的行政处分（具体行政行为）命令国民履行作为或不作为的义务，而是通过建议、劝告、期望、警告等方法要求国民作出一定的行为或不行为，通过国民自发的合作来实现行政目的。例如，为了调节经济运行，劝告企业多从事或少从事某一行业；为了防止或减少企业与附近居民的纠纷，建议企业就设备安装和运作的相关事项事先与附近居民协商并听取他们的意见等。行政机关的这类行为在行政用语上统称为"行政指导"，在学术上行政指导的概念没有完全确定，大致可以界定为"行政主体通过建议、劝告等方法引导国民或其他相关人的行动，以实现其意图的非权力性事实行为"。③

关于行政指导的意义、功能作用，金东熙指出：随着行政功能的多样化及其质和量的不断增加，行政指导不仅在数量上显著增加，而且在一些领域（如给付行政领域），行政指导已作为重要行政手段运用。在本质上，行政指导是非权力性事实行为，但其以公权力为背景，故国民在很多情况下会予以遵循。金东熙认为，行政指导的效用性或必要性（功能作用）可从三个方面表述：其一，在行政职能日益扩大的情况下，尤其是给付行政，因有些行政行为缺乏直

---

① 参见［日］室井力主编：《日本现代行政法》，吴微译，中国政法大学出版社 1995 年版，第 151～152 页。

② 应松年主编：《外国行政程序法汇编》，中国法制出版社 1999 年版，第 544 页。

③ ［韩］金东熙：《行政法 Ⅰ》（第 9 版），赵峰译，中国人民大学出版社 2008 年版，第 149～150 页。

接法律根据,行政指导可以作为有价值的手段发挥作用。即使在相关领域存在法律规范,由于社会、经济的不断发展变化,其法律规范相对于现实情况与条件,可能也已经落后,不适应现实需要,而行政指导因为具有弹性、灵活性,从而可以较好地解决这一矛盾。其二,行政指导有利于减少行政相对人的抵触情绪,促进行政目标的有效实现。而运用公权力推进的行政行为容易导致与相对人的摩擦和抵触,相对人往往更乐意接受行政机关通过建议、劝告等方式要求他们履行相应的行政义务,并自愿对此予以配合。其三,行政指导有利于行政机关在经济领域中为行政相对人提供最新的知识、技术和信息。在现代社会,由于经济、科技和信息技术高速发展,行政机关为国民提供相应新知识、新技术和信息对于引导国民协助实现行政目标具有非常重要的意义和作用。

不过,金东熙认为,行政指导的运用,特别是不当运用,也可能产生一定的问题或负作用,其负作用主要包括下述四个方面:其一,行政指导一般没有法的根据,行政机关的指导行为不受法的规范和制约,其责任所在不甚明确;其二,行政指导形式上属非权力行为,行政相对人形式上是自愿服从,但事实上多有规制行为和相应公权力措施作为背景,相对人存在心理压力,很多情况下可能并非完全自愿接受或是不得不接受;其三,由于行政指导的非权力性、弹性与灵活性,故对相关问题的处理可能暧昧模糊,有时行政机关可能对相对人过于妥协,不利于公共利益的实现;其四,由于行政指导是以相对人自愿接受为前提的非权力行为,故当这种行为导致相对人权益损害时,其很难获得法律救济和要求行政机关承担国家的赔偿责任。①

第二节　行政指导的种类

一、日本行政指导的种类

盐野宏教授以行政指导的功能和作用为标准将日本行政指导分为以下三类。

---

① 参见[韩]金东熙:《行政法Ⅰ》(第9版),赵峰译,中国人民大学出版社2008年版,第150~153页。

（一）规制性行政指导

规制性行政指导是指以规制作为行政相对人的私人企业等的活动为目的而进行的指导。例如，有关行政部门为维持居住环境而进行的行政指导、有关行政部门围绕商品收费问题而进行的行政指导等。规制性行政指导大多在正式行使法律赋予的规制权限行为前实施，但有些时候在没有相应规制法存在的情况下，行政机关也可自行实施此种行政指导。

（二）助成性行政指导

助成性行政指导是指对行政相对人提供信息，以助成其进行某种活动的指导。例如，有关行政部门对欲将农作物从稻谷转换为蔬菜的农户进行技术指导或者提供经营性建议。这类指导应与单纯的提供信息服务区别开来。助成性行政指导是行政机关实现某种政策目的的手段，而提供信息是行政机关为行政相对人提供某种活动便利或提供某种服务的活动。

（三）调整性行政指导

调整性行政指导是指行政机关以此作为解决行政相对人之间纠纷的手段所进行的指导。如有关行政部门对建筑企业与附近居民因环境、噪声等而产生的纠纷进行调解，以化解双方的矛盾和争议等。

以上行政指导的三种分类并不相互排斥，有时可能有一定重合。例如，行政部门对建筑企业的行政指导一般多为规制性行政指导，但从协调该企业与其他企业、个人（如附近居民）的关系看，又可为调整性行政指导；某些助成性行政指导，如果从行政机关引导相对人朝一定方向发展的角度看，又具有一定的规制性行政指导的性质。

盐野宏认为，行政指导除了以上三种基本分类以外，还有三种行为形式，值得关注。[①]

第一种行为形式是教示。所谓“教示”，是指行政主体为行政相对人提供信息的活动。这与助成性行政指导相类似，但助成性行政指导是行政机关为特定行政目的而引导行政相对人行为的活动，教示则纯粹是行政机关为行政相对人提供信息服务的活动。例如，气象行政机关（气象厅）基于日本《气象

① 参见［日］盐野宏：《行政法总论》（第4版），杨建顺译，北京大学出版社2008年版，第134～136页。

业务法》而向国民提供气象预报服务;作为独立行政法人的国民生活中心基于相应法律向国民提供信息服务等。

第二种行为形式是确约。所谓“确约”,是指行政机关在作出正式行政行为之前,向行政相对人告知其拟作出的行政行为(作为或不作为),以有利于相对人通过信赖保护原则保护自己的合法权益。这种行为方式相当于德国行政法上的“允诺”或“许诺”,是行政机关为对自己行为加以自我拘束而对相对人进行的事前意思表示。

第三种行为形式是回答。所谓“回答”,是指行政机关就行政相对人提出的有关法律适用问题(如法律的适用对象、范围,特别是对相对人不利处分的对象、范围)的问询而作出答复的行为。对此,日本内阁制定了《关于行政机关进行法律适用事前确认程序的规则》,主要规范行政机关对民间企业活动相关法律适用问题的回答。同时,这个规则也被作为日本各府、省实施回答行为的指引。行政机关对于自己所作的对相对人询问的回答,应受信赖保护原则的一定拘束。但由于回答不是行政处分,故行政相对人一般不能对之提起撤销诉讼。

关于行政指导的形式,室井力教授在其著作中特别介绍和阐释了“纲要行政”这一日本现代行政法制度。他指出,从法律形式上讲,“纲要……既不是像条例或规则那样的正式法规,也不是根据法律上的依据制定的,而只是向有关当事人明示的指导方针而已。在行政法律关系上,不具有直接的强制力”。① 关于“纲要行政”的发展背景,室井力教授指出,20 世纪 60 年代后期以来,为了保护居民舒适的生活环境,灵活机动且行之有效地实现行政责任,各地地方公共团体(地方政府)大力推进指导宅地开发的纲要。纲要行政的发展也促进了国家对此的引导作用。例如,根据城市建设发展纲要,日本《建筑基准法》进行了修改,规定限制中高层建筑物的高度,以保护市民的日照权;同时,通过对该法和日本《城市规划法》的修改,创设了地区规划制度。②

室井力认为,地方公共团体(地方政府)推进“纲要行政”的理由主要有四

① 日本东京地方法院八王子巡回法庭 1975 年 12 月 8 日判决。

② 参见[日]室井力主编:《日本现代行政法》,吴微译,中国政法大学出版社 1995 年版,第 160 页。

个方面：其一，在国家实施横向和纵向发展的方针政策过程中，地方当局为开发和保护当地居民的生活环境，认为有必要由他们制定综合的施政政策。其二，地方公共团体为了减轻其大规模开发建设居民住宅公共设施的财政负担，认为有必要通过制定纲要，让住宅建筑企业承担公共设施建设的一定的费用。其三，纲要可作为现行法制下对权力的一种制约措施。因为根据法律与条例的相互关系和法律保留理论，地方政府运用条例限制有关权力是相当困难的。其四，纲要可作为对行政关系的一种事实上的调整。因为若根据行政执行机关与议会之间的政治关系，政府无法通过行政条例（行政法规）调整相应关系——行政机关与行政相对人的关系，故以纲要对相应行政关系进行调整。①

同时，室井力也认为，“纲要行政”存在局限性，从而应有一定界限。他指出，从保障国民要求行政机关积极行使权力的观点出发，“纲要行政”也有可能使行政机关不作为正当化，或损害行政的公正并影响行政的客观运行。有法院判决称，纲要不是条例或规则，其本质是行政机关就其所管辖事务所作出的训令或通知，根据纲要提出的申请不是日本《行政案件诉讼法》第 3 条第 5 款所规定的“根据法律提出的申请”。因此，除特别需要的情况外，行政机关应尽量依条例行政，尽量实现依法行政的目标。若要求实施“纲要行政”，则应尽可能以简要形式使行政信息公开化和保障国民对纲要制定的参与权。只有与国民的参与相结合，才能维护相应地区居民的利益，从而构成积极的行政活动。②

二、韩国行政指导的种类

金东熙认为，韩国行政指导分为广义的行政指导和狭义的行政指导。广义的行政指导包括对行政主体、行政机关的行政指导和对行政相对人的行政指导；狭义的行政指导仅指对行政相对人的行政指导。在一般情况下，行政指导均只指狭义的行政指导。

---

① 参见［日］室井力主编：《日本现代行政法》，吴微译，中国政法大学出版社 1995 年版，第 160 页。

② 参见［日］室井力主编：《日本现代行政法》，吴微译，中国政法大学出版社 1995 年版，第 161～162 页。

(一)对行政主体、行政机关的行政指导

国家对地方自治团体、上级行政机关对下级行政机关通常实施的是权力行为(如命令权、监督权),但在另外一些情况下,国家对地方自治团体、上级行政机关对下级行政机关实施的是非权力行为的行政指导,如政府主管部门首长对地方自治团体负责人主管的自治事务提出建议、劝告或提供相关信息,就机关授权事务进行指导等。

(二)对行政相对人的行政指导

对行政相对人的行政指导根据指导性质和功能作用可分成以下三类:

1. 助成性行政指导

助成性行政指导是指在经济、社会、文化等领域,行政机关为实现一定的引导作用,通过为行政相对人服务的形式(提供知识、技术、信息等)所进行的指导。如农业经营指导、对中小企业的经营指导等。

2. 调整性行政指导

调整性行政指导是指行政机关为了调整经济上的利害关系对立或为纠正不正当竞争而进行的行政指导。如行政机关对企业之间利害关系对立的调整、对企业系列化的促进、对进出口配额的调整等均属这一范畴。

3. 制约性行政指导

制约性行政指导是指行政机关为了清除或遏制违反公共利益、公共秩序的行为或事态等而进行的行政指导。例如,行政机关为遏制消费品价格上涨,建议或劝告特定企业、团体、个人实施一定行为或不进行一定行为等。这种行政指导通常在行政机关实施正式行政行为之前作出。

对行政相对人的行政指导还可根据指导是否具有法律根据(直接法律根据或间接法律根据)分成下述三类:

1. 依据直接法律根据实施的行政指导

根据韩国现行法律,有些行政指导必须有直接法律根据。例如,行政机关根据韩国《农村振兴法》发布有关农村建设、发展方面的行政指导;根据韩国《保护中小企业经营和增进企业间协力法》发布有关缩减大企业的生产品种、生产数量、生产设施等劝告的行政指导;根据韩国《流通产业发展法》发布有关变更大规模店铺营业活动等劝告的行政指导。

2. 依据间接法律根据实施的行政指导

行政机关对于相关事项需要作出一定行政处分的，在没有有关行政指导的直接法律根据的情况下，可以相应行政处分为背景，在处分前对行政相对人进行行政指导，保证行政处分取得相对人的配合，使之替代相应行政处分。

3. 没有法律根据的行政指导

大多行政指导没有行为法上的法律根据，行政机关依据其组织法上的权限实施行政指导行为。因为行政指导没有法律上的强制拘束力，行政机关为了保障行政目标的实现，完全可以自主裁量作出其认为适当的行政指导。[①]韩国行政指导的类型可以通过图 9-1 表示：

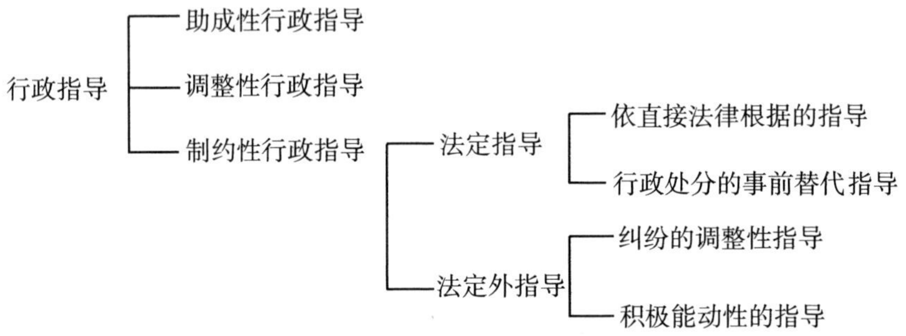

图 9-1　韩国行政指导的类型

资料来源：[韩]金东熙：《行政法 Ⅰ》(第 9 版)，赵峰译，中国人民大学出版社 2008 年版，第 151 页。

第三节　行政指导行为的法律规范与法律救济

一、日本行政指导行为的法律规范与法律救济

室井力教授从下述四个方面阐释了日本行政指导的法律规范与法律救济问题：其一，行政指导的法律授权；其二，法律对行政指导的拘束；其三，法律对

① 参见[韩]金东熙：《行政法 Ⅰ》(第 9 版)，赵峰译，中国人民大学出版社 2008 年版，第 150～151 页。

行政指导裁量权的规制；其四，行政指导的法律救济。①

(一)行政指导的法律授权

行政指导的法律授权包括行政组织法的授权和行政作用法(行政行为法)的授权两个方面。

从行政组织法的角度讲，行政机关实施行政指导行为，其内容必须在行政组织法授权其主管的事务范围内。虽然行政组织法并不一定对行政机关实施行政指导行为作出明确具体的规定，但行政指导所针对的事项必须是行政组织法规定相应行政机关有权管辖的事项。

从行政作用法(行政行为法)的角度讲，行政指导法律授权有两种学说：一般概括论和作用二分论。一般概括论又包括两种观点：一种观点认为，由于行政指导属于非权力性活动，其有根据实际情况自由裁量的余地，故其不需要行政作用法(行政行为法)上的根据；另一种观点认为，所有行政指导均必须有行政作用法(行政行为法)的授权，故行政指导原则上需要有行政作用法(行政行为法)上的根据。

关于作用二分论，学者中有两种不同观点。第一种观点认为，着眼于行政指导的现实作用，作为授益行政组成部分的行政指导无须法律依据；但作为抑制性行政和调节性行政组成部分的行政指导由于实际上制约或影响了相对人的自由选择，则需要有行政作用法(行政行为法)上的根据。第二种观点认为，根据对每个行政指导的存在目的、作用及其涉及的行政领域的具体价值的评估，可将行政指导分成两种：一种是补充完善法治行政原理的行政指导；另一种是以合理化措施取代法治行政原理的行政指导。补充完善法治行政原理的行政指导具体包括下述三种情形：(1)弥补法律规范不足的行政指导，如为公害防止与限制、确保消费生活用品安全所实施的行政指导，地方公共团体为治理乱开发、乱建筑和保护居民住宅日照权所实施的行政指导等；(2)以法律上的义务和行政处置权限为背景的，作为行政处分前置措施的行政指导，如劝告制止违法行为、劝告改善设施设置、劝告拆除违规建筑物、劝告处理不符合标准食品等行政指导；(3)宣传指导和根据行政相对人请求进行事前商谈或

① 参见[日]室井力主编：《日本现代行政法》，吴微译，中国政法大学出版社1995年版，第153～159页。

进行技术指导等形式的行政指导,如医疗保健指导,对相关事业、业态合理化、现代化进行的技术指导等。以合理化措施取代法治行政原理的行政指导主要包括两种形式:(1)作为行政与企业(产业)融合的"黏合剂"而存在并发挥相应作用的行政指导,如建议企业缩短开工时间、建议企业调整价格以限制竞争等;(2)以行政许可权限为背景。作为实现有别于法律意图的行政监督目的手段的行政指导,如建议相对人申请变更许认可事项的内容、对相对人申请许认可进行事前调整、依法外的理由劝告相对人撤销许认可申请等。

考虑到行政指导具有多方面而非单一的作用,不宜对行政指导的法律授权问题适用一般概括理论。行政指导的作用应从行政相对人的角度分析,而且应该从与此有关的国民各种权利自由与宪法价值的关系及行政目的来认识。因此,关于行政指导是否需要行政作用法(行政行为法)上的根据,其正确的考察方法应是根据行政指导所涉及的行政领域,审视行政指导在相应行政领域中的现实作用来确定。例如,为保护国民生命、健康及生活环境,在限制资本财产权等的公害行政领域进行行政指导,企业利益由此受到一定损害也是合乎法理的。所以,从法治主义角度看,这种行政指导亦无须行政作用法(行政行为法)根据。当然,从明确行政机关对一定事项所能采取的手段和应承担的责任的角度看,人们还是希望有法律的明文规定。另外,警察行政中的警告需要行政作用法(行政行为法)的根据。正如日本《警察职务执行法》第4条和第5条限定其要件一样,警察行政不得干涉宪法保障的个人权利与自由,不得滥用其权限。但这并不意味着警察行政领域所有行政指导都要有法律根据,如警察根据市民的请求对之进行安全防范交通指导等,在不会限制宪法保障的国民权利自由的场合,其行政指导即不需要有法律根据。只有作为一种消极行政,让相对人有所负担的行政指导,方需要法律根据(行为法根据)。

(二)法律对行政指导的拘束

行政指导虽然是一种非权力的事实行为,但法律也不认可行政机关可随心所欲地进行。法律对行政指导的拘束包括合法性拘束和遵循法律基本原则的拘束。

其一,合法性拘束。根据行政法治原则,一切行政活动不得与法律相抵触。即使是行政指导,也不得超越行政组织法规定的有关行政机关的权限,不得违反行政作用法(行政行为法)的相关规定。例如,日本最高法院曾在一个判决中指出,即使日本《石油业法》没有就有关石油制品价格进行行政指导作出直接规定,行政机关可依其裁量作出行政指导,但其行政指导不能在实质上抵触日本《反垄断法》的最终目的要求。

其二,遵循法律基本原则的拘束。在没有具体法律(行为法)对行政指导进行规范时,行政指导要受法的基本原则的拘束,任何行政指导均不得违反比例原则、平等原则、诚信原则和禁反言原则等。例如,根据日本《中小企业事业机会保障法》,为避免某种事态的发生,行政机关可对相对人进行劝告,但劝告不得超过必要的限度(应遵守比例原则)。在现代社会,国民对行政的依赖程度日益增高,诚信原则和禁反言原则具有特殊重要的意义。例如,在特别强调法治主义的税务行政领域,判例也注重适用诚信原则;在建筑领域亦如此,某市政府曾建议和指导某建筑企业为住宅小区建设公共浴场,后住宅小区因政府原因中止建设,修建公共浴场的企业因此遭受损失,其诉至法院,法院根据禁反言原则,判决政府对其损失予以补偿。

(三)法律对行政指导裁量权的规制

现行法律越来越多地规定行政机关可以对所管辖事务进行行政指导,但许多法律对行政指导的要件和内容仅作一般概括性规定,而无具体规则和要求,如日本《城市规划法》规定,城市规划在实施法律的必要限度内,可对相对人进行必要的劝告和建议。这样,就给相应行政机关留下了广泛的判断和裁量权,相应领域的上下级行政机关往往根据各自的判断任意进行行政指导,结果导致行政责任不明确,如果行政指导导致相对人权益损害,责任主体难以认定,相对人就难以获得相应救济。①

为了尽量避免这种情况,法律开始对行政指导的裁量权加以适当控制,要求立法机关制定法律,尽量对行政指导的要件和内容予以详细具体的规定。例如,日本《零售商业调整特别措施法》第 16 条规定:“提出申请的中小零售团体与该申请有关的大企业之间难以避免本条款规定的情况发生时,且认为有必要通过避免该情况的发生,以适当保护中小零售商的商业活动机会……

① 参见[日]室井力主编:《日本现代行政法》,吴微译,中国政法大学出版社 1995 年版,第 156 页。

可以劝告(行政指导)大企业者推迟项目的开始或扩大或者缩小项目的规模。”另外,日本《调整大型零售商店商业活动法》也详细规定了行政当局进行裁量判断时应予考虑的事项,该法第7条规定:“要考虑与企业申报有关的大型零售商店周边的人口规模及变动情况、中小零售商店的现代化发展趋势、其他大型零售商店的配置及有关大型零售商店的零售现状等情况。”①

在行政管理的实践中,为了弥补现行法律的不完备,保证行政机关可以随机应变地应对各种实际情况,必须赋予行政机关以行政指导手段。但为避免行政机关滥用行政指导,保护行政相对人的权利自由不受行政官僚主义和便宜主义的侵害,法律有必要详细规定行政指导的要件和内容。但法律要做到这点非常困难。因此,法律应特别要求行政机关在行政指导过程中,保证其裁量判断和行政决策的公开及遵守正当法律程序的规范。现行法律已有加强这方面规定的趋势,如日本《工业配置促进法》和《工厂占地法》规定了听取其他行政机关意见和与之协商的程序,日本《建设法》和《宅地建筑物交易法》规定了听证程序,日本《生活福利法》规定了通知行政相对人和听取其意见的程序等,特别是日本《中小企事业机会保障法》等规定的向审议会咨询的程序,作为行政过程公开和吸收利害关系人及国民参与的手段,审议会被认为是发挥民主的、综合的、具有调整利害关系作用的咨询机构。另外,日本《环境卫生营业营运促进法》还规定了在行政过程中引入专门的技术性咨询程序,以保证行政裁量权行使的科学化和合理化。

(四)行政指导的法律救济

根据法治主义的原则,国民权益受到违法或不当行政指导侵害时,也应获得相应的法律救济。当然,行政指导不同于行政行为,属于非权力的事实行为,其法律救济自然有别于行政行为的法律救济。行政指导的法律救济途径主要有二:一是请求国家赔偿诉讼;二是撤销诉讼。

1. 请求国家赔偿诉讼

对于行政指导行为是否属于公权力行使和是否应属于国家赔偿法调整的对象,在日本有肯定说和否定说两种观点。肯定说认为,行政指导虽然是非权

---

① [日]室井力主编:《日本现代行政法》,吴微译,中国政法大学出版社1995年版,第157页。

力性行为,但属于公权力主体的行为,其行使有公权力的因素与背景,导致相对人权益损害时,相对人应有国家赔偿请求权。否定说认为,行政指导不具有强制力和法的拘束力,是任意性的,其造成的损害是相对人自己任意选择导致的。相对人一方面意识到行政指导将会带来损害,另一方面又完全根据自己的判断服从行政指导,从而不认可相对人有国家赔偿请求权。

关于行政指导的国家赔偿请求权,除了上述肯定说和否定说两种观点外,在日本还有一种"逐案判断说"的观点。这种观点认为,判断行政相对人对于行政指导是否有国家赔偿请求权,要视相对人在具体案件中是否具有任意性,是否完全自愿选择接受指导来确定。这需要考察每个具体案例和行政指导的形成、内容、作用和实施指导的实际情况。一般来说,除单纯的协商、建议形式的指导和技术性建议外,在相对人不存在选择自由的情况下,行政指导从其行为形式上看,有可能具有国家赔偿法上的"公权力性质"。即使从实施行政指导的实际状况看,相对人一般也有不得不服从行政指导的客观事实。至于相对人因信赖行政指导而服从行政指导致使权益受到损害,如具有国家赔偿法要求的因果关系,似应承认其享有国家赔偿请求权。

在行政指导国家赔偿请求诉讼中,一方面,必须根据每个案件的不同情况,确定请求人有无损害事实的发生。另一方面,如果损害事实存在,还要看相对人当时有没有避免损害的自由,即判断该行政指导是否具有让相对人必须服从的事实上的支配力和强制力。如果相对人损害事实存在,相对人受损害的事实与行政指导之间存在因果关系,且行政指导具有事实上的支配力和强制力,相对人在事实上必须服从,那么,这样的行政指导就相当于国家赔偿法规定的"公权力行使",属于国家赔偿的范围。

2. 撤销诉讼

行政相对人判断对行政指导能否提起撤销诉讼,需确定相应行政指导是否相当于日本《行政案件诉讼法》规定的"行政处分"(具体行政行为)。一般认为,行政指导本身不具有法律的拘束力和强制力,相对人是否服从,由其任意自愿选择决定,故行政指导不具有"行政处分"的性质,从而不构成撤销诉讼的对象。但如果行政机关以行政相对人不服从行政指导为由,对其作出某种制裁或者某种不利益处分,相对人则可以起诉相应行政处分,并请求法院同时确认相应行政指导违法。到 20 世纪后期,日本有学者主张行政指导亦可具有行政处分性质。他们认为,否定行政指导形式上的法律效果,以及否定其可作为撤销诉讼的对象,会导致法治行政的名存实亡。当行政指导违法可能损害相对人权益时,如没有其他救济手段,应为相对人提供撤销诉讼救济途径。

二、韩国行政指导行为的法律规范与法律救济

金东熙从下述三个方面阐释了韩国行政指导的法律规范与法律救济问题:其一,行政指导的原则和方式;其二,行政指导的法的根据与限度;其三,行政指导的法律救济。①

(一)行政指导的原则和方式

韩国《行政程序法》第48~51条规定了行政指导的原则和方式,以此对行政指导行为予以规范。②

1. 行政指导的原则

韩国《行政程序法》规定的行政指导原则主要有两项:

其一,过度禁止原则(符合比例原则)与任意性原则(自愿接受原则)。行政指导应当限制在其目的达成所必要的最小限度内,而且禁止违反行政相对人的意愿或不当地强求相对人接受;行政相对人对于相关行政指导的方式、内容,可以向行政机关提出意见。因此,当行政指导的相对人认为行政指导违法或者不当时,可以要求行政机关纠正。违反以上原则所实施的行政指导应被视为违法,因此权益受到损害的行政相对人可以向相应行政机关请求国家赔偿。

其二,不利措施禁止原则(禁止强制接受指导原则)。行政机关不得以行政相对人不遵循行政指导为由对其采取不利的措施。根据行政指导属于以任意的协助力来达成行政目的的非约束性和非权力性,即使行政相对人不愿意接受行政指导的限制,行政机关也不得对其采取不利措施。尽管这是不言自明的道理,但考虑到实践中一直存在某些不当情形,故韩国《行政程序法》仍将之作为行政指导原则加以明确规定。

---

① 参见[韩]金东熙:《行政法Ⅰ》(第9版),赵峰译,中国人民大学出版社2008年版,第155~157页。

② 参见应松年主编:《外国行政程序法汇编》,中国法制出版社1999年版,第560~561页。

2. 行政指导的方式

韩国《行政程序法》对行政指导方式的规范和要求主要有三:[①]

其一,明确性和实名制。行政机关对行政相对人进行行政指导,其指导的目的、内容和性质必须明确,指导者应告知相对人实名,以保证事后对其指导行为负责。

其二,应请求书面交付指导。行政指导既可以书面方式作出,也可以口头方式作出。如以口头方式作出,当相对人提出书面交付的请求时,根据规定,指导者在没有特殊例外的情况下,应当书面交付。这种书面交付的方式是为了明确行政指导的主体、指导内容及其责任,日后如对此发生纠纷,可作为基本证据。

其三,对多数人的行政指导应予公布。行政机关为了实现相同的行政目的,可同时对多数人进行行政指导。当对多数人进行行政指导时,对于没有特殊情况的共同事项的行政指导,应当予以公布,以确保行政指导的明确性和公平性。

(二)行政指导的法的根据与限度

关于行政指导是否需要有法的根据,在韩国存在两种观点:第一种观点认为,所有行政指导均应具有法的根据。没有法的根据,行政机关不能进行任何行政指导;第二种观点认为,行政指导是否需要有法的根据,要区分不同行政指导进行确定,不应要求所有行政指导都有法的根据。此说主张,对于各种行政指导,除了具有行政行为替代性质的行政指导和其他制约性行政指导需要有法的根据外,其他行政指导不需要有法的根据。因为,行政指导本来是为了弥补法律规范的不完善,使行政机关能及时适应各种新的行政管理的需要,以有效履行其行政职责。这正是行政指导的功能和效用,如果我们要求所有行政指导都要有法的根据,行政指导的这种功能和效用就会丧失。另外,由于行政指导本身的性质和特点,法对行政指导的规范和制约只能是抽象的和概括性的,要求行政指导的实施以之为根据,没有制约的实质意义。此外,如果要求所有行政指导都要有法的根据,由于行政机关在很多情况下不方便公开,反

---

① 参见韩国《行政程序法》第48~51条。引自应松年主编:《外国行政程序法汇编》,中国法制出版社1999年版,第560~561页。

而可能导致其暗箱操作的危险性。因此,关于行政指导的法的根据的第一种观点在实践中实际上是不可行的。

关于行政指导的限度,韩国《行政程序法》确立了三个方面的限制:其一,行政指导应当在组织法规定的相应行政机关主管事务的范围内进行,不得超越其主管权限的事务范围进行行政指导。其二,行政指导不得与法的明文规定相抵触。行政指导虽然不一定有法的明文根据,但凡法对相关事项有明文规定的,行政指导也不得违反;另外,行政指导还不得违反法的基本原则,如比例原则、平等原则等;此外,如果有相关法律规定了相应行政指导的要件和规则,行政机关必须遵守。其三,行政指导不得强制行政相对人接受和遵循。因为行政指导的非权力性,行政机关只能要求相对人自愿配合和协作,以达成相应的行政目的。

(三)行政指导的法律救济

行政指导因为是行政相对人自愿配合和协作的非权力性行为,故其法律救济有着不同于行政行为法律救济的诸多特点。在韩国,行政指导的法律救济主要有三种途径:①

1. 抗告诉讼

根据韩国《行政诉讼法》第1条的规定,抗告诉讼中撤销诉讼的对象是行政处分,即对具体事项进行执法的公权力的行使行为或拒绝行为,以及以此为基准的行政作用(具体行政行为)。依此标准,行政指导因为是行政相对人自愿服从达成行政目的的非权力性行为,不构成"行政处分",从而不能成为抗告诉讼中撤销诉讼的对象。②

但是,规制性行政指导在很多情况下与权力性行为没有什么区别。对于制约性、调整性行政指导以及替代行政行为的行政指导,一般认为其具有"处分"性,可以成为抗告诉讼中撤销诉讼的对象。还有学者主张,对于违法的训诫、警告等行政指导和导致相对人经营利益、名誉、信用等受到损害的行政指导,为了消除对行政相对人的不利后果,亦应纳入抗告诉讼中撤销诉讼的范围。③

---

① 参见[韩]金东熙:《行政法Ⅰ》(第9版),赵峰译,中国人民大学出版社2008年版,第155~157页。

② 参见[韩]金东熙:《行政法Ⅰ》(第9版),赵峰译,中国人民大学出版社2008年版,第155页。

③ 参见[韩]金东熙:《行政法Ⅰ》(第9版),赵峰译,中国人民大学出版社2008年版,第156页。

2. 损害赔偿

行政指导如果是以行政相对人自愿协助和配合为前提,不存在事实上的强制情形,即使行政指导导致了相对人权益的损害,指导者也可以"同意不法行为的阻却"为由,否认国家赔偿责任。因此,行政指导只要完全保障了相对人的自由选择权,一般就可以不认可相对人的赔偿请求权。

但是,在实践中,行政机关往往垄断信息,相对人信息短缺,双方信息不对称。尤其就调整性行政指导、制约性行政指导而言,其与权力性规制行为并无大的区别,这些导致相对人实际上对行政指导没有多少选择能力,只能接受和服从指导。因此,这些类型的行政指导,如果造成行政相对人权益的损害,应认定二者之间存在因果关系,承认国家的损害赔偿责任。

至于助成性行政指导,如果行政机关指导的内容错误,导致行政相对人行为违法,则应根据信赖保护原则,不对信赖行政指导的相对人采取不利措施。例如,税务机关与纳税人进行协商,对其指导错误,导致其少纳税,税务机关根据信赖保护原则,不能对纳税人以前的依其指导少纳税的行为事后采取课税或加税等不利措施。但是,税务机关在认识到以前行政指导错误后,自然应在以后对纳税人依法课税。

3. 损失补偿

行政机关因合法的行政指导行为导致行政相对人权益损失不产生损害赔偿责任,但对相对人的此种损失可予补偿。行政相对人对合法行政指导行为造成的损失享有补偿请求权。

第十章 行政裁量

第一节　行政裁量的概念与理论基础

关于行政裁量的概念与理论基础,我们主要比较和阐释美国学者戴维斯、英国学者韦德和德国学者毛雷尔三位著名行政法学教授的学说。

一、戴维斯关于行政裁量的学说

戴维斯在其所著《裁量正义》一书中从“什么是裁量”、“为什么需要裁量”、“为什么需要控制裁量权”和“怎样控制裁量权”四个方面阐释了行政裁量的基本理论。① 在本节先介绍前三个方面,对于怎样控制裁量权的问题,将放到本章第三节中统一探讨和研究。

(一)什么是裁量(行政裁量)

关于裁量(主要指行政裁量,但不限于行政裁量)的概念,戴维斯指出:“只要公职人员权力的实际界限允许其在可能的作为或不作为方案中自由做出选择,那么他就拥有裁量。”②这也就是说,裁量是公职人员在其权限范围内自由选择做出某种行为或不做出某种行为的权力。为了让读者对公职人员的裁量权有更全面和深入的认识,戴维斯对其裁量定义进行了更进一步的解析:“裁量并不仅限于所授予的或合法的内容,而是包括公职人员权力‘实际界限’之内的所有内容。……该定义的另一个层面是必然包括选择不作为或暂

① 以下参见[美]肯尼斯·卡尔普·戴维斯:《裁量正义》,毕洪海译,商务印书馆 2009 年版,第 1~183 页。

② [美]肯尼斯·卡尔普·戴维斯:《裁量正义》,毕洪海译,商务印书馆 2009 年版,第 2 页。

时不作为的情形;不作为决定的频率或许是作为决定的10倍或20倍。裁量的运用不仅存在于案件或问题的最终处置方面,而且存在于每个中间步骤当中;并且中间的选择远多于最终的选择。裁量并不限于实体性的选择,而且还扩展到程序、方法、形式、时限、强调的程度以及其他许多附属性的因素。”①这也就是说,裁量是多面与立体的,包括合法的选择与不合法的选择、作为的选择与不作为的选择、最终的选择与过程中的选择,以及实体选择和程序选择。

戴维斯还对裁量的过程与步骤进行了简要的描述:“决定采取或不采取什么措施的公职人员通常会:(1)认定事实;(2)适用法律;(3)在已知事实和法律的情形下做出可取的决定。……要确定什么措施可取或许不仅包括可取性的权衡,还包括推测未知的事实并且对存在的合法性问题的法律做出判断,而作出决定的不一定会区分事实、法律和裁量。……还有另外一种必须予以考虑的复杂情形:进行裁量的公职人员需要的不仅是引发裁量问题的事实,他还需要指引其裁量的事实,如警察认定一个小青年犯有轻罪,但他做出训诫后释放还是做出逮捕的决定,就会取决于他认定的两种裁量性选择会给小青年产生的比较后果的认定;评价或推测这第二种事实显然是运用裁量的组成部分之一。”②

(二)为什么需要裁量

戴维斯不认同美国司法部大厦门前大石上镌刻的五个大字:“法终暴政兴。”他认为,在美国的政府体制之下,“法律终止之处未必就是专制起始之所。法律终止之处实乃裁量起始之所,而裁量之运用既可能是仁行,亦可能是暴政,既有正义,亦有非正义,既可能是通情达理,亦可能是任意专断”。③

戴维斯认为,在现代社会,裁量,尤其是行政裁量,是不可避免的,不管人们喜不喜欢。因为法律、法规是远不能适应现代国家治理和社会治理的需要的。“赋予我们现代行政机关的那些复杂任务需要更大程度的裁量。某些将裁量权的存在和裁量权的滥用混为一谈的人要求取消或将行政裁量降至最低程度……但立法机关意识到在一个接一个问题上都需要行政裁量,则继续进

① [美]肯尼斯·卡尔普·戴维斯:《裁量正义》,毕洪海译,商务印书馆2009年版,第2~3页。

② [美]肯尼斯·卡尔普·戴维斯:《裁量正义》,毕洪海译,商务印书馆2009年版,第3页。

③ [美]肯尼斯·卡尔普·戴维斯:《裁量正义》,毕洪海译,商务印书馆2009年版,第1页。

行授权,即使最保守的立法机关亦感到不得不如此。结果,20 世纪法律制度原理最重大的改变或许就是裁量权的极大膨胀。而不管好坏,前景都是裁量权会持续增长。裁量权持续增长的主要原因有三:(1)我们的联邦、州和地方政府很可能要继续执行没有人能预先规定好规则的任务;(2)即使我们有能力制定规则,但对个别化的正义而言,裁量往往也是更可取的;(3)在美国我们已经养成了一种习惯,即容许裁量权大于必要的范围而控制则远小于应然的控制。我们需要处理的是第三个原因,不是最小化裁量或最大化控制,而是取消不必要的裁量并找到最佳的控制程度。在另外一个多少有些不同的层面上说,没有裁量就不可能有创造性。如果不行使裁量,任何政府机关,包括立法机关、执行机关、法院和行政机关,都不可能制定新的政策或法律。虽然每个人都承认通过立法采取创造性行为的必要性,但最困难的创造性思维是通过执行机关或行政机关解决具体问题的方案引入的。"①

有人提出,为什么裁量在这么大的程度上主导着正义而不是更多地由规则乃至标准主导正义呢?戴维斯指出:"答案有三:(1)许多应当受规则支配或主导的事项在现实中没有规则;(2)许多由裁量正义调整的事项之所以没有规则是因为没有人知道如何制定规则;(3)许多由裁量正义调整的事项之所以没有规则是因为裁量比可能制定的任何规则更可取,与明确的规则调整获得的结果相比,个别化的裁量正义往往更优,或被认为更优。"②当然,行政裁量的度应该受到限制。戴维斯认为,这些限制有的应由立法机关规定,但大部分仍应由行政官员完成,因为没有任何其他人比行政官员更知道如何制定可能解决实际问题的方案。获得答案的最佳方法是授权行政官员就所面临的每一个具体问题探寻答案,主动寻求解决问题的政府是负责任的政府,故其享有裁量权的程度应符合其对裁量权的需求。戴维斯指出,即使能够制定规则,裁量也是必要的。没有裁量的规则就无法全面考虑使结果适应具体案件的特定事实和情况。证成裁量正义的理由是正义个别化实现的需要。在世界历史上,每一个政府和法律制度都必须同时兼顾规则和裁量。没有规则自然没有法治和正义,但没有裁量只有规则同样不可能有法治和正义。亚里士多

---

① [美]肯尼斯·卡尔普·戴维斯:《裁量正义》,毕洪海译,商务印书馆 2009 年版,第 20~21 页。
② [美]肯尼斯·卡尔普·戴维斯:《裁量正义》,毕洪海译,商务印书馆 2009 年版,第 15 页。

德虽然提出了“法治而非人治”的命题,但仔细考察他的这一命题的含义就会发现,其并没有提出政府的存在可以离开裁量权的意思。[①]

(三)为什么需要控制裁量权

对于行政裁量权为什么需要控制,戴维斯从以下几个方面予以了阐释:

首先,裁量权具有两面性,既可以为善,也可以为恶。我们在称赞裁量权的利和得时,不能忘记它可能的弊和失。他指出,裁量权就像一把斧子,只有在正确运用它的时候,它才能成为发挥其本来作用的工具,否则,它也可能成为伤害或谋杀他人的凶器。“在兼有人治与法治的政府当中,人治那一部分就像致命的癌症一样,往往会扼杀法治那一部分。或许我们法律制度中百分之九十的非正义都来自裁量,而只有百分之十来自规则。”[②]正因为裁量具有的这种可能的危险性,所以,对裁量权的行使需要规范和控制。

其次,裁量权是一种必要的政治工具,但过度的裁量权对于国家治理又是非常危险和有害的,因此需要对之进行控制和平衡,使之既不会在需要使用的时候缺位又不会在不应该运用它的时候运用它。戴维斯认为,在现如今的美国联邦、州与地方的各级政府,均缺乏对行政裁量权的控制与平衡,目前较普遍存在过度使用裁量权的情形。因此,当下更需要适当限制。那么是什么原因导致美国目前较普遍存在的过度使用裁量权的情形呢?戴维斯的看法是:“现今过度的裁量权很大程度上要归因于此前一两代人竭力限制裁量权的热情,这是有些吊诡的。倘若他们不是那么热情,那么就不会尝试那么多,而如果不尝试那么多,就有可能取得成功。他们的努力太过了一些,以至于不可能取得成功,而且无疑遭到了挫败。他们本应只反对过度的裁量权,但他们却反对所有的裁量权。”[③]

最后,规范和控制裁量权,防止行政裁量权滥用是坚持法治的需要。戴维斯认为,要保证行政机关在进行管理时,特别是在处理新情况、新问题或紧急事项时有足够的裁量权,就不能提出过高的法治要求,但是要保证行政裁量权的正确使用和防止滥用,维护法治,就必须规范和控制行政裁量权。一方

---

① 参见[美]肯尼斯·卡尔普·戴维斯:《裁量正义》,毕洪海译,商务印书馆2009年版,第16~17页。

② [美]肯尼斯·卡尔普·戴维斯:《裁量正义》,毕洪海译,商务印书馆2009年版,第27页。

③ [美]肯尼斯·卡尔普·戴维斯:《裁量正义》,毕洪海译,商务印书馆2009年版,第28页。

面,他批评约翰·迪金森(John Dickinson)、戴雪和韦德等人过高的法治理念,因为依据这些理念,行政裁量难有存在的空间;另一方面,他同时对 F. A. 哈耶克(F. A. Hayek)关于法治与裁量的关系、法治对裁量的制约则表示了一定的认同,尽管他将哈耶克同样归于"过高法治理念"一类的学者。他在《裁量正义》中引用了哈耶克在《自由宪章》中的下述言论:"法治指的是除了在执行既有规则的情况下,政府不可以对个人施行强制……根据法治,政府只有在某人违反已经宣示的普遍规则的情况下,作为惩罚方能侵犯保护的私人领域……法治要求执行机关的强制行为必须受规则约束,这些规则不仅规定其何时何地可以施行强制,还规定其施行强制的方式……相关决定必须可以由法律规则以及为法律所援引而且相关当事人可以知悉的情形中推导出来,决定不受政府拥有的特殊知识或其赋予不同具体目标的临时目的和特殊的价值影响,包括政府就相关决定对不同人之影响的偏好。"①哈耶克这一言论既强调了法治对行政裁量行为可能对私人施行强制的限制和制约,同时也阐释了法律普遍规则对于防止行政机关及其工作人员在行使自由裁量权时受其个人知识、个人价值观念、个人偏好的影响而侵犯行政相对人权利自由的必要性和意义。不过,哈耶克强调法治对裁量的控制时并没有否定裁量存在必要性和存在空间,他指出,"并非所有的政府行为都可以由确定的规则加以约束","必须赋予执行机关以适当的裁量权","只有当行政干预公民私人领域时,裁量问题才与我们相关;法治原则指的实际上是行政当局在这一方面不应具有裁量权"(裁量不得干预公民私人自由)。裁量权行使"必须受独立法院对其决定的实体内容进行审查这一可能性支配","法治要求法院应有权决定当局做出的具体行为是否符合法律规定"。②

二、韦德教授关于行政裁量的学说

韦德教授在其与福赛教授合著的《行政法》(第10版)中用两个整章的篇幅对行政裁量权进行了全面和深入的探讨。主要内容包括行政裁量权存在的

---

① 参见《自由宪章》(The Constitution of Liberty)1960年版,第205~206页。转引自[美]肯尼斯·卡尔普·戴维斯:《裁量正义》,毕洪海译,商务印书馆2009年版,第34页。

② 参见《自由宪章》(The Constitution of Liberty)1960年版,第213页。转引自[美]肯尼斯·卡尔普·戴维斯:《裁量正义》,毕洪海译,商务印书馆2009年版,第34~35页。

必要和必然性，行政裁量权的合法要件，行政裁量权与政策、合同、承诺的关系，行政裁量权的滥用及其控制等，我们下面逐一对其观点进行介绍（最后一个问题留待下节讨论）。

（一）行政裁量权存在的必要性和必然性

韦德指出："所有的法律权力都不可避免地带有裁量性，只不过程度不同而已。""过去，人们通常认为过于广泛的裁量权是与法治不相容的。并将其奉为经典的宪法原则。但在今天却不能对这个信条过于认真，事实上其从来也没有包含过多少真理。法治所要求的不是消除广泛的裁量权，而是法律应当对裁量权的行使进行监督。现代政府需要广泛的，多种多样的裁量权。议会的法案起草者们竭力寻找新的措辞形式以使裁量权变得更加广泛，并且议会总是会通过这样的法案。法院的态度则是要为这种似乎没有边界的权力找到边界，这恐怕是最能揭示行政法性质的特征了。"①

（二）行政裁量权的合法要件

行政裁量权的合法要件主要包括主体要件、内容要件和程序要件。

关于主体要件，韦德特别强调裁量权不可转让。他指出："合法行使权力的一个核心要素是其必须由被授予相应权力的主体行使，而非除此之外的任何人。这条原则的适用很严格，哪怕会导致行政上的不便，只有通过合理推导可知授权者本身意欲相应权力是可委授的除外。……这项原则包含这样一条规则，即一个合议性团体的行为有可能因为有非合议团体成员参加作出，而导致相应行为的团体审议或者决策过程归于无效。例如，一个惩戒委员会的决定就有可能因为有非委员会成员参加了相应惩戒决定的合议程序而归于无效。"当然，"为了方便同时也因为必要，公共部门常常需要透过其委员会、执行官员以及其他此类代理人进行工作。法律并不会对此设置任何障碍，只要这些下属代理人仅仅是提供建议，把作出决定的法律行为留给真正的获得授权的主体来实施"。但"如果一个公共部门只是其下属官员所提建议的盲目的橡皮图章，则其是在违法行使职能"。②

---

① ［英］威廉·韦德、克里斯托弗·福赛：《行政法》（第10版），骆梅英等译，中国人民大学出版社2018年版，第237、262页。

② ［英］威廉·韦德、克里斯托弗·福赛：《行政法》（第10版），骆梅英等译，中国人民大学出版社2018年版，第237~239页。

关于内容要件，韦德特别强调裁量权的行使必须合理，符合理性。他指出："三个多世纪以来，人们普遍接受的观点是授予公权力主体的裁量权并不是绝对的——即便在其明显的边界范围内也是如此，而是受制于某些普遍性的法律上的限制的。这些限制的表述各种各样，比如要求裁量权必须合理、善意地行使，只考虑相关因素而不考虑不相关因素，不能有任何腐败行为，裁量决定不得专断或者反复无常。所有这些限制条件可以由一句话概括，即裁量权必须以授权法所要求的方式来行使。……议会不能被假设为允许被授予的权力存在严重滥用的情形。其必然认为相应被授权的公权力主体会适当地、负责任地实施有关行为，只做那些最有利于公共利益，与立法的政策最相符合的行为。正是从这个假设出发法院获得了对那些哪怕是最广泛的裁量权设定法律边界的理由。"①韦德引用霍尔斯伯里勋爵在一个案子中的判词对裁量的合理性予以进一步的说明："'裁量'意味着，当法律要求某个事项由有权部门裁量决定时，该事项应当按照合理和公正原则而不是个人观点来决定；应当根据法律而不是个人心情来决定。裁量决定应当是合法、正常的，而不是武断、含混不清、凭空臆断的。裁量权必须在这样一个界限内行使，即一个正直的、有能力履行职责的人所应当遵守的界限。"法院的判决要求决策者必须根据"理性与法的规则"作出决定。理性规则涵盖了防止权力被滥用的数项规则：其一，作出决定者应考虑所有相关因素，而不应考虑不相关因素；其二，裁量权的行使应当出于正当的目的，而不能出于不正当的目的；其三，权力的行使不得"与逻辑或一般公众普遍接受的道德标准相悖，以至于做出任何一个有正常思维的人都不会做出的事情"。②

关于程序要件，韦德特别强调行政裁量必须建立在自然正义的基础之上。自然正义主要包含两项基本规则：一是任何人不能做自己案件的法官，从而行政官员在行使权力，特别是行使裁量权时，凡是涉及其本人或其亲属利益时必须回避。二是行政机关对任何人做出不利行为时必须公正地听取其申辩。韦德指出，随着政府权力持续地剧烈增长，只有借助于程序公正，权力行使的结

---

① 参见[英]威廉·韦德、克里斯托弗·福赛：《行政法》(第10版)，骆梅英等译，中国人民大学出版社2018年版，第267页。

② 参见[英]威廉·韦德、克里斯托弗·福赛：《行政法》(第10版)，骆梅英等译，中国人民大学出版社2018年版，第267~268页。

果才可能保障公正。程序公正与规范是自由不可或缺的题中应有之义,自由的历史在很大程度上是遵守程序保障的历史。法律人是注重程序的群体,但行政官员往往将程序视为效率的障碍。各种正当程序要求确实制约了行政行为的一定自由,并且需要花费行政机关一定的时间和金钱。然而韦德认为,自然正义程序可以减少"政府机器"的摩擦,亦可节约时间和金钱,并且,自然正义程序因为维护了公正,可以减少行政相对人的怨怒和投诉,使之配合行政行为,此亦可提高行政效率,从而保证正义与效率并驾齐驱。①

(三)行政裁量权与政策、合同、承诺的关系

关于行政裁量权与政策的关系,韦德认为,行政机关在执行某项政策时,一定要考虑具体相对人的具体情况,不能"一刀切"。"一个公权力主体如果盲目地跟随某个既定的政策,就可能并未对具体个案进行考量,从而也就未能合法地行使裁量权。裁量权行使的一条基本规则是:其必须及于每一个个案——对每个个案都应当基于其自身的具体情况进行考量,根据当时公共利益的需要进行决断。"②例如,政府对公交和地铁服务进行补贴时,不能不区分各个公交和地铁站的情况而对补助金平均分配;地方当局对那些被认为"故意无家可归"的孩子的家庭拒绝提供住房安置时,不能不对各个家庭的情况分别进行考量而一律予以拒绝了事;教育主管部门按照某一政策向各个学校分配学生时,不能不考虑一定的例外情形。除非他们通过对各种具体情况进行衡量并听取了有异议的相对人的陈述意见后,最后作出一律依政策分配而不对任何特定对象实行例外的决定。因为这种决定是其行使裁量权的结果而不是放弃行使裁量权的结果。③

关于行政裁量权与合同的关系,韦德指出:"正如公共部门必然存在政策一样,其也必然要订立合同。与政策一样,合同也可能出现与公共部门权力的正确行使不相协调的情况。但和政策不同的是,合同是具有法律拘束力的承

---

① 参见[英]威廉·韦德、克里斯托弗·福赛:《行政法》(第10版),骆梅英等译,中国人民大学出版社2018年版,第339~340页。

② [英]威廉·韦德、克里斯托弗·福赛:《行政法》(第10版),骆梅英等译,中国人民大学出版社2018年版,第247页。

③ 参见[英]威廉·韦德、克里斯托弗·福赛:《行政法》(第10版),骆梅英等译,中国人民大学出版社2018年版,第248~249页。

诺,因此其呈现出比政策更加棘手的问题。但总的原则是一样的:任何一个部门都不能以合同来羁绊自己,以至于使自己无法按照法律的要求行使裁量权。公共部门最重要的职责乃是在任何情况下都保有按照当时公共利益的要求进行决策的自由。但同时,其权力可能包含订立具有拘束力的合同的权力,更重要的是其有可能必须订立合同。由于大多数合同都会在一定程度上对行为构成限制,因而要决定公共部门在多大程度上可以约束自己的未来可能会有困难。”“重要的问题是授予法定权力的目的和订立合同的目的之间是否存在不相容性。在那些不存在商业因素的案件中,法院通常会推翻任何对公权力主体按照公共利益需要实施行为的自由构成限制的措施。因此,一个规划部门就不能订立承诺其将来会授予或者拒绝授予规划许可的合同。……合同更加不能包含与行使政府管理权力的自由相矛盾的隐含条款。”①

关于行政裁量权与承诺的关系,此问题与行政裁量权与合同的关系类似,因为合同的约定亦属于承诺。但是承诺在很多情况下不一定通过合同作出,行政机关常常会作出合同外的承诺。对于这种合同外的承诺,同样不能构成对行政机关行使裁量权的不当限制。例如,有市政当局向市民作出在地方议会制定和出台有关出租车许可事项的地方性法规之前,不增加出租车许可数量的承诺,此承诺即被法院认定无效,因为其与该市政当局所享有的裁量权是不相容的。“但是,如果就此得出结论,认为一个公权力主体可以‘规避任何对其不利的合同义务,只要其以从来不会为了公共利益之外的任何理由实施行为作为抗辩’的话,那就完全错了。常常会出现这样的情形,即公权力主体正是出于有效行使权力的目的而必须进行自我约束”,避免过分随意地行使自由裁量权。有一个这样的案例:某出租车许可部门向公众作出了一个在特定时间内不会增加出租车许可数量的承诺。尽管这仅仅是一个对未来政策的陈述,一般不会受到合意的拘束(非合同承诺)。但是,法院仍然通过判决确认:“除非有某个重要的公共利益必须推翻该承诺,否则该承诺当然具有拘束力。”法院认为这样一个承诺可以创设一项法律上的义务,违反一个承诺有可能会导致不连贯、不公平的行为,从而构成对裁量权的滥用,构成对自然正

① [英]威廉·韦德、克里斯托弗·福赛:《行政法》(第10版),骆梅英等译,中国人民大学出版社2018年版,第254~256页。

义原则的违反。①

三、毛雷尔关于行政裁量的学说

毛雷尔在其所著《行政法学总论》一书中论述了行政裁量的概念、行政裁量的法律授权方式和表述(享有裁量权的法定条件),以及行政裁量的意义,关于这些问题的观点构成了他的行政裁量学说的核心内容。②

(一)行政裁量的概念

毛雷尔认为:"行政机关处理同一事实要件时可以选择不同的处理方式,构成裁量。法律没有为同一事实要件只设定一种法律后果(如法律羁束行为),而是授权行政机关自行确定法律后果,如设定两个或两个以上的选择,或者赋予其特定的处理幅度。"③这些均意味着法律赋予了行政机关相应的行政裁量权。

毛雷尔将行政裁量分为两种:决定裁量和选择裁量。前者是指法律授权行政机关决定是否采取某个法定措施;后者是指法律授权行政机关在各种不同的法定措施中,根据相应行政事项的具体情况,选择采取某种法定措施。例如,根据德国《联邦集会法》第15条第2款的规定,行政机关对于未经许可的集会可以解散。"可以解散"意味着可以解散或可以不解散。在这种情况下,法律授予行政机关的裁量权是决定裁量权,行政机关有权作出解散或不解散的决定,而不是必须作出解散的决定。又如,根据德国《联邦警察法》的一般条款,警察在面临危害公共安全和公共秩序的危险时,可以"采取其认为符合警察义务的必要的措施",在这种情况下,法律授予行政机关的裁量权是选择裁量权。法律规定的符合警察义务的必要的措施有多种,警察选择决定采取何种措施所行使的是选择裁量权。再如,某种行政收费条例规定行政机关办理某种行政事项的收费标准是30~50欧元,行政机关在30~50欧元范围内

---

① 参见[英]威廉·韦德、克里斯托弗·福赛:《行政法》(第10版),骆梅英等译,中国人民大学出版社2018年版,第255~256页。

② 参见[德]哈特穆特·毛雷尔:《行政法学总论》,高家伟译,法律出版社2000年版,第124~132页。

③ [德]哈特穆特·毛雷尔:《行政法学总论》,高家伟译,法律出版社2000年版,第124页。

选择收取相对人办事费用亦是行使选择裁量权。[①]

毛雷尔以图 10-1 说明行政机关的选择裁量权：

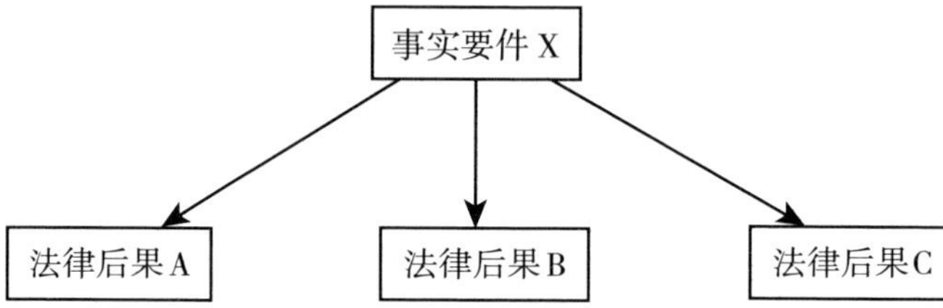

图 10-1　行政机关的选择裁量权

如果事实要件 X 成就，行政机关行使选择裁量权，就可以在 A、B、C 等多种法律后果中进行选择。在遵守有关裁量约束的情况下，每一种法律后果都在法律规定的范围之内，从而都是合法的。

德国《联邦行政程序法》第 40 条规定："法律授权行政机关裁量决定的，行政机关进行裁量必须符合裁量目的和裁量范围。"这里确定的是行政机关行使裁量权的法律界限。而德国《联邦行政法院法》第 114 条则是从行政法院审查行政裁量行为的角度规定了行政裁量的法律界限。德国《联邦行政法院法》第 114 条是这样规定的，行政法院审理裁量行政行为，"应当审查行政裁量决定是否超越法定界限、符合法定目的，以及拒绝作出行政行为或者不作为是否违法"。[②]

（二）行政裁量的法律授权方式和表述[③]

行政机关在某种具体场合是否享有裁量权，一般通过分析特定法律规范可获知其答案。在某些法律中，立法机关可能直接使用授权行政机关"裁量"的表述。但在大多数场合，立法机关在法律中授权行政机关裁量使用的表述是"可以""得""有权"等术语。有时，法律中连这些术语都没有使用，其授予行政机关裁量权需通过分析法律规范的整体内容来加以判断。例如，德国

---

① 参见[德]哈特穆特·毛雷尔：《行政法学总论》，高家伟译，法律出版社 2000 年版，第 124 页。

② 参见[德]哈特穆特·毛雷尔：《行政法学总论》，高家伟译，法律出版社 2000 年版，第 125～126 页。

③ 毛雷尔在其著作中对此问题的论述使用的标题是"裁量的条件"，但其内容既不是行政裁量权行使的条件，也不是行政机关享有行政裁量权的条件，因此将其标题改为"行政裁量的法律授权方式和表述"也许更贴切些。

《联邦道路交通管理条例》第48条规定，违反交通规则的人接到交通管理机关关于交通法规知识培训的通知，应当去通知确定的地点参加培训。这里虽然没有明示授权行政机关以裁量权，但实质上授予了其这种权力，因为事实上行政机关不可能通知所有违反交通规则的人都去参加交通法规知识培训，而只能是通知部分违规者参加。至于违规者中哪些人参加，哪些人不参加，法律实际上授权行政机关自行裁量决定。

如果立法机关在法律中授权行政机关做出某种行为使用的不是“裁量”“可以”“得”“有权”等术语，而是使用“必须”“应当”“不得”等术语，那就表明立法机关没有授权其自由裁量权，而是要求行政机关必须依法律的规定实施相应行为——羁束行政行为。在这种情况下，行政机关必须行为或不行为，除非法律规定出现某种例外情况下行政机关可以不遵守相应规定。例如，根据德国《联邦兵役法》第12条第4款的规定，行政机关对于遇有特定困难的兵役义务人，应当免除其兵役义务，但在兵源紧张而必须征召时则可不免除其兵役义务。

行政裁量的实质在于根据立法机关授予裁量权的目的，审视个案的具体情况，而裁量作出行为或不行为。如果立法机关规定行政机关在一般情况（未出现特定例外情况）下只能作出或不作出某种行为，此种立法规范谓之“应当式规范”，行政机关执行此种规范不存在裁量余地。

（三）行政裁量的意义

行政裁量的意义体现在两种不同的场合：一是具体裁量权行使的场合，二是一般裁量权行使的场合。

在具体裁量权行使的场合，裁量主要服务于个案正义。在这种情况下，行政机关应基于法律目的，根据个案的具体情况，依裁量探寻解决问题的合理方案和适当办法。对此，审查法定授权目的是重要的，行政机关应当遵循合目的性和便宜性的统一作出相应行为的决定。例如，行政机关确定驱散一个未经许可的集会，首先需要考虑这一行为将有助于保障公共安全和秩序（法定目的）；其次则需要考虑相应集会对交通、对过往行人、对集会者等是否会造成损害和可能造成何种损害，要审查相应集会规模将会有多大，是否会因其他示威者的加入而使规模进一步扩大；最后还要考虑驱散措施是否能够有效地执行，而这又取决于示威的种类和规模、交通状况、可能发生的骚乱以及可供使用的警力等。又如,根据德国《联邦道路交通管理条例》第 48 条的规定,主管行政机关可决定传唤发生交通事故的司机参加培训,对这些司机培训的目的是增加他们的知识和责任感,使其以后能避免事故,因此,行政机关作出传唤司机培训的裁量决定时,即应审查司机是否缺乏交通知识和责任感。

在一般裁量权行使的场合,上级行政机关通过制定行政规则为下级行政机关确定统一行使裁量权的基准。这种基准有利于防止裁量权的滥用,保证裁量行为的公正。一般裁量基准可为行政机关提供自行作出决定的程序和标准的适度空间,同时,行政机关行使一般裁量权应受裁量法定目的的拘束。

一般裁量与个案裁量有时可能发生冲突,对此应当加以适当平衡。行政机关在一般情况下应受裁量基准的约束,但在特殊情况下也可不受之约束,而根据具体个案情况作出行政决定。

第二节　行政裁量权滥用的主要情形

一、美国学者施瓦茨对行政裁量权滥用类型的概括

美国学者施瓦茨在其所著《行政法》一书中将行政机关滥用自由裁量权的情形概括为六种类型:其一,不正当的目的;其二,错误的和不相干的原因;其三,错误的法律或事实根据;其四,遗忘了其他有关事项;其五,不作为或迟延;其六,背离既定的判例或习惯。①

他接着列举了美国行政机关滥用自由裁量权的两个典型案例:一个是莫里尔诉琼斯案。在该案中,法律授权财政部部长制定规章规定:“对为了繁殖之目的而专门进口的活牲畜可以免税放行。”但财政部部长制定的规章却规定,有关政府官员在同意免税放行之前,“必须确信,这种牲畜是优良品种,可以用来改良美国畜种”。很显然,财政部部长制定的规章改变了法律授权规定的目的。从而法院在司法审查中撤销了这项规章。

施瓦茨列举的另一个美国行政机关滥用自由裁量权的典型案例是纳德诉博克案。在该案中,美国代理司法部部长罗伯特 · 赫伦 · 博克(Robert Heron

---

① 参见[美]伯纳德 · 施瓦茨:《行政法》,徐炳译,群众出版社 1986 年版,第 571 页。

Bork)于1973年10月21日免除了“水门事件”首席特别检察官阿奇博尔德·考克斯(Archibald Cox)的职务。考克斯在被任命担任此职之前,原司法部部长曾发布过一项规章,该规章规定,“除非特别检察官具有渎职行为,否则,不得被免职”。该规章具有法律效力,现代理司法部部长必须遵守,但是,现代理司法部部长博克于1973年10月23日废止了此规章,并将废止的效力追溯到10月21日,以使其免除考克斯职务行为合法化。对此,法院在司法审查中认定代理司法部部长博克废止规章的行为违法。因为行政机关虽然具有废止本机关制定的规章的自由裁量权,但这种裁量权不能专断地和不合理地被行使。此废止令于1973年10月21日撤销了“水门事件”特别检察官的设置,然而不到3个星期,其又根据一项几乎完全相同的规章重新恢复了特别检察官的设置,法院指出,这一操作只是为了免除考克斯担任这一职务,使其免职行为合法化,从而构成滥用行政裁量权。①

二、英国学者韦德列举的行政裁量权滥用(不合理)的情形

英国学者韦德在其与福赛合著的《行政法》(第10版)中列举了滥用行政裁量权的12种情形:②

1. 与议会政策相悖(违反或者规避实施立法政策);

2. 对基本权利的侵犯(包括对被普通法认为具有特殊重要性的权利和受《欧洲人权公约》保护的权利的侵犯);

3. 对无辜者的处罚(行政机关对没有违法、没有过错的行政相对人进行处罚);

4. 财务性动机(行使裁量权的目的在于非法谋取财务收益);

5. 不加区别的行为(行使裁量权不考虑相关因素,对不同情况不加区别地相同对待);

6. 错置的慈善行为(公权力主体不合理、不公平地对某一特定区域或特定对象,给予其超一般标准的社会或者经济福利);

---

① 参见[美]伯纳德·施瓦茨:《行政法》,徐炳译,群众出版社1986年版,第571~572页。

② 关于行政机关上述滥用权力的不合理行为的各种情形的详细解说和案例分析,请参见[英]威廉·韦德、克里斯托弗·福赛:《行政法》(第10版),骆梅英等译,中国人民大学出版社2018年版,第299~318页。

7. 不当的许可决定(对许可强加不适当、不合理的条件,或者武断、蛮横地拒绝授予符合条件的相对人许可或吊销其已取得的许可);

8. 不合理的规划决定(为规划许可设定不必要、不相关的条件,对于规划被许可人的行为进行毫无理由的干涉,要求其承担不合理的义务等);

9. 相互重叠的权力影响相对人的求偿权(如享有规划许可权的市镇委员会同时作为高速公路管理机关拟制订一项拓宽公路的计划,拒绝授予相对人沿该公路修建房屋的许可申请,因其同时享有规划许可和高速公路管理的重叠权力,故不对相对人的损失予以补偿);

10. 对土地的强制购买(以不正当的或者不相关的目的而作出强制购买私人土地的命令或计划);

11. 不适当的纳税优惠(给予某些纳税人法律之外的额外纳税优惠,对同样的纳税人进行区别对待);

12. 不作为或迟延履行职责。

三、德国学者毛雷尔列举的行政裁量权滥用(裁量瑕疵)的形式

德国学者毛雷尔在其所著《行政法学总论》一书中列举了行政裁量权滥用(裁量瑕疵)的 4 种形式:①

(一)裁量逾越

行政机关超出法律规定的裁量范围作出行政行为即构成"裁量逾越"。例如,根据德国《联邦收费条例》规定,对某一行政事项收取当事人 20~50 欧元的规费,而行政机关却收了当事人 60 欧元。

(二)裁量怠慢

行政机关依法应行使裁量权而不行使裁量权即构成"裁量怠慢"。其原因可能是漫不经心或错误地认为其依法不应当作出某种行政行为,如在教堂附近居住的某公民请求警察对教堂"早晨发出的扰人的钟声"进行干预,警察错误地认为其无权对教堂发布命令,因此没有对之采取任何干预措施。

(三)狭义的裁量滥用

行政机关违反法律授予其裁量权的目的而行使裁量权即构成狭义的"裁

---

① 参见[德]哈特穆特·毛雷尔:《行政法学总论》,高家伟译,法律出版社 2000 年版,第 130~132 页。

量滥用”。例如，在法律没有规定例外的情况下，行政机关作出行政行为时考虑了特定个人或政党政治的因素；警察机关不是为了排除危险而是为了照顾特定个人或特定团体而采取警察措施；为了阻止不同的政治主张或出于意识形态的目的而驱散未经许可的集会；因微不足道的交通违规行为而传唤一名长期遵守交通规则且没有发生交通事故的司机参加违规司机培训；等等。

（四）侵犯公民基本权利和违反行政法基本原则

行政机关行使行政裁量权不得侵犯公民基本权利和必须遵守行政法基本原则，特别是必要性和比例性原则。否则，亦构成裁量瑕疵。例如，德国《基本法》第3条第1款规定了平等原则，禁止行政机关对相对人同等情况不同对待。据此，行政机关在作出驱逐与德国公民结婚的外国人的裁量决定时，即应当同样遵守德国《基本法》第6条第1款的规定：“婚姻和家庭受国家法律的特别保护。”又如，行政机关在处理某政党为政治宣传而申请在街道上树立广告牌的行政许可事项时，必须考虑和遵守德国《基本法》第5条第1款（表达自由的权利）和第21条第1款（政党活动自由与遵循民主原则）的规定，其违反这些规定即构成侵犯公民基本权利和违反行政法基本原则的滥用裁量权。

四、日本学者盐野宏列举的行政裁量权滥用的情形

日本学者盐野宏在其所著《行政法总论》一书中列举了行政裁量权逾越和滥用的4种情形：①

（一）误认重大事实

行政机关在实施行政行为时对本属非裁量范围的事实误作为裁量事实予以考虑和认定，并以此作为作出裁量决定的事实根据。

（二）违反法定授权目的

行政机关具有非法动机，根据法律规定以外的目的行使裁量权和作出行政行为。

（三）违反平等原则

行政机关行使裁量权作出行政行为，违反法律平等原则，对出于同样情况的行政相对人予以不同对待，对某些相对人给予优惠，对另一些相对人的权益

① 参见［日］盐野宏：《行政法总论》（第4版），杨建顺译，北京大学出版社2008年版，第87~88页。

则予以扣减。

（四）违反比例原则

行政机关依裁量作出行政行为，虽然有很大的空间，其可根据各种考量因素，选择不同的方式、手段、范围和幅度等。但是，这种选择也应该是有一定标准、一定规则、一定限度的，应遵守比例原则。如果行政机关完全任意、不合理、不适当地选择行为方式、手段、范围和幅度，违反比例原则，亦构成滥用自由裁量权。

第三节　规范和控制行政裁量权的主要途径与方式

一、美国规范和控制行政裁量权的主要途径与方式

美国行政法学者戴维斯指出，对行政裁量"最常见的制约权者是作出最初行政行为官员的上级，该上级可能还会受到自己的上级制约。除此之外，制约还会来自同事、下属、有利害关系人向其提出请求的议员、立法机关的各种委员会或其职员、监察专员、私人组织、新闻媒体、行政申诉裁判机构，以及进行司法审查的法院"。①

戴维斯主要列举了控制、制约行政裁量权的下述途径与方式。②

（一）上级官员的监督和审查

戴维斯认为，对行政裁量行为最重要的制约是上级对下级的日常监督，此种监督包括事先的指示、随机抽样制约、下级就棘手问题向上级请示、利害关系人向上级申诉等。显然，这些措施均可作为防止专断行使裁量权的方法，特别是在政府官员行使裁量权作出行政决定时，告知相对人在认为其权益受到损害时其有向作出行政决定的官员的上级官员申请复议的权利，是保障裁量正义的重要途径。为此，行政机关作出任何对行政相对人不利的负面决定，均应当书面告知相对人复议程序及其享有的权利。

---

① [美]肯尼斯·卡尔普·戴维斯：《裁量正义》，毕洪海译，商务印书馆 2009 年版，第 160 页。

② 以下参见[美]肯尼斯·卡尔普·戴维斯：《裁量正义》，毕洪海译，商务印书馆 2009 年版，第 161~183 页。

（二）行政申诉

行政申诉通常指行政相对人对政府官员行使裁量权作出的行政决定不服，向具有独立性的机构或官员申请复议。这种具有独立性的机构或官员与作出行政决定官员的上级官员不同：上级官员与下属具有持续性的关系，而且往往具有官方的、心理的或私人的理由保护这种关系。故其对下属决定的复议往往受到事实之外的其他考量的影响，乃至其复议决定受之制约，其公正性往往不及独立性的机构或官员所作出的复议决定。

行政申诉裁判所的复议不仅优于与下属有密切关系的上级官员，而且在某些方面优于司法审查：相较于司法审查，其成本低，当事人无须请律师代理（对于小额案件尤其如此）；在案件审查时集中于实体问题，而不是像司法审查中往往纠缠于程序性的技术问题，如当事人是否具有起诉资格、案件起诉时机是否成熟、所诉问题是否具有可诉性等，故其快捷性超过司法审查。

（三）议会专门委员会及议员的监督与制约

议会专门委员会的委员可以帮助选民游说重要议员，以影响行政机关的决策。立法机关制定的法律更是直接制约行政机关及其公职人员对裁量权的行使，修正和改变行政机关对相关问题的立场、观点和看法。另外，议会专门委员会通过启动对专门问题的调查也可影响行政机关的规则制定和相关事项的裁决；专门委员会的主席和委员还可分别对行政机关的负责人和工作人员施压，促其对行政裁量权的正确行使。当然，议会专门委员会及议员的监督和制约主要应聚焦于重大行政政策问题，而不宜聚焦于具体个案。专门委员会委员和议员监督具体个案可能利大于弊，不仅不能有效防止和避免行政裁量权的滥用，而且还可能导致另外的不公正。戴维斯指出，立法机关对行政的制约作用主要应源于议员的“社会工作”，即议员帮助选民与行政官员打交道，使官员保持警觉，纠正其行政裁量中的非正义情形。但是要防止这样做可能产生的负面作用。某些议员可能给行政官员施压，要求行政官员对特定人予以优待，损害公正。如果这样，进行监督的议员们与其说是弊政的防卫者，还不如说是弊政的制造者。

（四）监察专员的监督与制约

监察专员的监督方式主要是接受认为其权益受到违法行政行为或不作为侵害的公民的申诉控告，对之进行调查，并将调查结果予以公布和予以谴责。

虽然监察专员缺少直接处理滥用权力事件的权力。但是各国监察专员制度的运作表明,仅仅监察专员存在的本身就会促使政府官员避免权力滥用或纠正弊政。监察专员的谴责往往可以给权利受到侵害的公民带来有效的救济,且无须司法审查那样昂贵的花费。

当然,美国不像斯堪的纳维亚国家,其监察专员制度发展较晚,且很多州和地方政府尚未建立监察专员制度。不过,美国联邦设有一位相当于监察专员的官员,这就是根据美国《行政会议法》(The Administrative Conference Act)建立的行政会议的主席。他有权"调查其认为应当由行政会议调查的重要事项和联邦政府系统内人士或系统外人士反映或建议调查的事项,其调查报告亦公开发表",这无疑对行政机关及其官员滥用裁量权的行为构成重要震慑。

(五)司法审查

司法审查无疑是控制和制约行政裁量权滥用的重要途径和方式。不过,美国《联邦行政程序法》第 701 条规定,行政机关依法行使自由裁量权的行为排除司法审查。当然,这种排除不包括对滥用自由裁量权行为的司法审查。戴维斯指出,不受司法审查的绝对裁量是一种不可容忍的恶。所谓"绝对裁量",是指不受制约、不受审查的裁量。如果没有其他权力和途径可以制约行政机关所作出的裁量选择,那就必然产生专断。美国大法官道格拉斯指出,法律最美妙之处就是将公民从某个统治者、某个文官或武官、某个行政官员不受限制的裁量中解放出来。倘若裁量是绝对的,人类就必然遭殃。绝对裁量对自由的破坏作用甚于人类的任何其他弊政。绝对裁量就像腐败一样,标志着自由末日的来临。正因为如此,美国《联邦行政程序法》虽然排除对行政机关一般裁量行为的司法审查,但并不排除对滥用自由裁量权行为的审查。司法审查是美国控制和制约行政裁量权滥用的最后和最重要的手段。

二、英国规范和控制行政裁量权的主要途径与方式

英国行政法学者莱兰和安东尼在其合著的《英国行政法教科书》中讨论了英国规范和控制行政裁量权的主要途径与方式,其内容主要包括规范和控制政策对裁量权的制约、规范和控制禁反言原则对裁量权的制约、规范和控制违法委任对裁量权的制约,以及合理性原则和比例原则对行政裁量权行使的

规范和控制。[①]

（一）规范和控制政策对裁量权的制约

政策对行政裁量权既有正面的积极作用，也有负面的消极作用。前者指“公共机关通过制定构成政策的指导原则，可以使其在行使裁量权时适用共同的标准，这可能更为标准。因为公共机关今后将以同样的方式处理所有个案，人们可以事先知道公共机关在处理案件时持什么标准和什么标准重要”。后者指“行政决定者事先制定的政策限制了公共机关灵活行使裁量权，导致其可能无法正当行使法律赋予的裁量权。其结果是，公共机关在个案中不是根据具体案件的特点作出决定（它原本完全有权力那样决定），而是根据与此无关的因素作出决定”。[②]

那么，法律（特别是法院适用法律对行政决定进行司法审查）如何解决政策这两种作用的冲突呢？英国的法院认为，必须对政策的这两种作用进行平衡，当政策全面正确考虑了相应管理领域的各种相关因素和公共利益的整体需要时，公共机关作出行政决定应遵循政策，但当政策不适应已经变化了的现实情况而演化成僵化的规则时，公共机关则应依法律授予其的裁量权行使职权。“裁量权的行使，不得出现不合理、恶意，且必须证明裁量权得到了真正行使。如果公共机关制定了明显具有限制性的排除性政策，法院很可能进行干预，特别是在这一政策明显与立法目的相冲突时，更是如此。”[③]

公共机关在制定和实施某项政策时，必须对相应领域的不同利益进行平衡。否则，该政策在接受司法审查时会被认为限制了行政裁量权。例如，在一个行政许可案例中，住房与地方政府大臣驳回了某公司请求颁发在泰晤士河一处地点采集沙石、砾石和砂料的许可证的申请，其理由仅仅是因为农业部的反对。住房与地方政府大臣当时在这一领域实行的政策是：只要农业部反对，其就不给申请人颁发许可证。在申请人就住房与地方政府大臣的拒绝颁

---

① 参见［英］彼得·莱兰、戈登·安东尼：《英国行政法教科书》（第5版），杨伟东译，北京大学出版社2007年版，第320~375页。

② ［英］彼得·莱兰、戈登·安东尼：《英国行政法教科书》（第5版），杨伟东译，北京大学出版社2007年版，第320~321页。

③ ［英］彼得·莱兰、戈登·安东尼：《英国行政法教科书》（第5版），杨伟东译，北京大学出版社2007年版，第322页。

发许可证行为提起司法审查后,法院撤销了住房地方政府大臣拒绝给申请人颁发许可证的决定,指出住房与地方政府大臣的政策明显束缚了自己的裁量权,没有进行任何利益平衡的考虑,简单地以别的行政部门的意见为根据作出其决定。①

公共机关在处理涉及相对人基本人权的问题时,更是要进行认真细致的利益权衡。例如,警察局在处理具有恋童癖犯罪嫌疑人的案件时,要不要在一定区域内公开这些恋童癖的犯罪嫌疑人的身份。公开有利于避免相应区域内的儿童遭受侵害的风险,但却对犯罪嫌疑人的基本人权造成一定损害。为此,警察局必须对此进行利益权衡。上诉法院在对相应案件进行司法审查时,"认为在更为广泛的共同利益与这些犯罪嫌疑人的个人权利之间,应保护前者,因此认定警察局应当公开这些恋童癖犯罪嫌疑人的身份。不过,上诉法院也指出,警察局只有为保护公共利益绝对必需时,才能采取这一措施,而且在采取这一措施之前应尽可能了解相对人的情况,如果可能,应给相关个人提供对相关拟公开信息发表意见的机会"。②

此外,公共机关的政策与裁量权的关系还涉及行政法上的合理预期问题。合理预期与通过政策束缚裁量权可能形成冲突:在特定案件中,行政相对人可能要求公共机关遵守其政策承诺,而公共机关认为其在个案中具体情况具体处理是其行使法律赋予其裁量权的需要。合理预期包括程序性合理预期与实体性合理预期。前者指公共机关的行为或惯例使相对人相信,公共机关作出决定将遵循法定或通常的程序;后者则源于这样的法治和宪政原则:政府处理公共事务的活动要有规律性、可预测性和确定性。相对而言,程序性合理预期在理论上争议不大,实践中问题较少;而实体性合理预期在理论上却有较大争议,实践中发生的问题也较多。根据实体性合理预期,如果某一公共机关的言论、承诺使相对人产生了期待,其却未予履行,相对人就可以向公共机关提出实施相应行为的要求,或请求法院对公共机关损害其合理预期利益予以救济。此权利建立在这样的"法治基本信条"的基础之上:人民应当有权规划自己的

① 参见[英]彼得·莱兰、戈登·安东尼:《英国行政法教科书》(第5版),杨伟东译,北京大学出版社2007年版,第324页。

② 参见[英]彼得·莱兰、戈登·安东尼:《英国行政法教科书》(第5版),杨伟东译,北京大学出版社2007年版,第325页。

生活,知悉自己行为的法律后果,以及公权力行为不具有溯及力的机制。但是,这种实体性合理预期又应与不束缚公共机关行使其法定裁量权的原则相平衡。对此,史蒂芬·塞德利(Stephen Sedley)法官提出了一个权衡和平衡的方案:其一,分析相对人的期待是否合理;其二,分析公共机关的首要政策考虑是否优于相对人的期待。"合理预期事实上已成为公共机关作出行为的一个条件,合理的期待不仅应受保护,而且在面临政策改变时将得到法院的支持。……法院的使命不仅是要承认大臣有制定和调整政策自由所具有的宪法根据,而且同样重要的是,法院的职责是要保护相对人的利益,即他们对其合理期待具有正当性,公正优于给其合理期待带来威胁的政策选择。"①

（二）规范和控制禁反言原则对裁量权的制约

禁反言原则首先是私法上的一项原则。该原则在公法领域适用时,其要求与私法领域基本相同,属于一种衡平救济手段。一方当事人对另一方当事人作出承诺,其不得以履行承诺会损害其法定权利为由而不履行承诺。禁反言的条件有二:一是其承诺是基于善意作出的;二是不履行承诺对另一方当事人将造成明显的不公,乃至导致权益损害。

在公法领域,为了规范适用禁反言原则与裁量权行使的冲突,行政法确立了两条基本规则:其一,公共机关绝不能通过运用禁反言原则使自己的违法行为合法化,或者授予自己以法律并未明确授予的权力;其二,如果法律规定了公共机关以某项义务,公共机关不得利用禁反言原则不履行该项义务。此外,公共机关如果实施了某项没有明确法律根据的行为,此后这一行为如果使相对人遭受了某种损失,致害的公共机关应对这种行为承担责任,即适用禁反言原则。

（三）规范和控制行政委任对裁量权的制约

法治对行政委任的基本原则是,只有法律授予相应职权的机关或官员才能行使该权力,委任他人行使即构成越权,违反立法目的。不过,这一原则并不意味着法律授予大臣(部长)的权力不能由所属公务员行使,法律授予地方政府的权力不能由地方政府官员行使。法律授予中央政府的权力总是授予各

---

① [英]彼得·莱兰、戈登·安东尼:《英国行政法教科书》(第5版),杨伟东译,北京大学出版社2007年版,第331页。

部大臣(部长)的,但大臣不能做每个具体决定,这种委任是不可避免的。问题在于,各政府部门的组织体系是庞大的,其职权必须在各个机构之间进行划分,从而要区分哪些是代表大臣正常行使职权,哪些是违法委任和越权比较困难。有些重要决定只能由大臣作出,委任下属作出即构成违法委任。此外,还有一些属于司法或准司法性质的职能,只能由法律授权的机构或官员行使,委任他人行使亦构成违法委任。

地方政府的职权行使也存在同样的规则,根据英国《地方政府法》第 101 条的规定,地方当局可以将其职权委任有关委员会或有关官员行使(只是官员不能一人单独行使委任权力)。但是,地方政府无权把权力委任给所属委员会和所属官员以外的机构和人员行使。否则,即构成滥用裁量权和违法委任。[①]

(四)合理性原则和比例原则对行政裁量权行使的规范和控制

合理性原则是英国控制行政裁量权滥用的基本原则,而比例原则主要是德国等大陆法系国家控制行政裁量权滥用的基本原则。不过由于比例原则较合理性原则的标准更具体明确,在司法审查中更好把握,英国法院自 20 世纪中后期也开始将之作为合理性原则的补充,适用于对裁量性行政行为的司法审查。

英国的合理性原则有两个术语表述:一个是"reasonableness";另一个是"rationality"。后一个表述通常翻译成理性原则。英国学者和法官对这两个表述的使用,有时完全赋予相同的含义,有时则赋予其不同的含义,使之成为两个有不同含义的原则:合理性原则和理性原则。两个原则的反义表述分别是"unreasonableness"(不合理)和"irrtionality"(不理性)。迪普洛克(Diplock)法官将它们作为两个不同的控制自由裁量权的标准,不合理只有达到"韦伯内斯里不合理"(Wednesbury unreasonableness)[②]程度时才构成"不理性"。所谓"不合理",指"凡正确理解其职责的有理智的公共机关,皆不可能

---

① 参见[英]彼得·莱兰、戈登·安东尼:《英国行政法教科书》(第 5 版),杨伟东译,北京大学出版社 2007 年版,第 335~339 页。

② 徐炳教授和杨伟东教授将"Wednesbury unreasonableness"翻译成"韦伯内斯里不合理"。参见[英]威廉·韦德:《行政法》(第 6 版),徐炳等译,中国大百科全书出版社 1997 年版,第 67 页;[英]彼得·莱兰、戈登·安东尼:《英国行政法教科书》(第 5 版),杨伟东译,北京大学出版社 2007 年版,第 362 页。骆梅英教授等人将之翻译成"温斯伯里式不合理"。参见[英]威廉·韦德、克里斯托弗·福赛:《行政法》(第 10 版),骆梅英等译,中国人民大学出版社 2018 年版,第 268 页。

决定作出的行为”；所谓“韦伯内斯里不合理”，指其行为“如此不合逻辑或者不顾公认的道德规则，以至凡将其心智运用待决问题的理智之人皆不可能作出这种行为”。

比例原则在某些方面与不理性、目的不正当、考虑不相关因素和不考虑相关因素等衡量标准有一定联系，它的基本假定是：行政行为不应超越实现其预期结果必要的限度（通俗地说，就是“杀鸡不必用牛刀”）。与不理性标准相比，比例原则可以更为严格地审查裁量行为的是非曲直。在司法审查时，法院如果认为行政行为在实现特定目标时，所采取的措施弊大于利，即可予以撤销。行政机关凡限制基本权利或人权的行为或采取的相应措施，不仅必须有法律授权，而且必须与社会的紧急需要相适应，以实现合法目的所必需为限度。

莱兰和安东尼教授认为，在控制行政机关及其工作人员行使自由裁量权方面，比例原则有特别的效用。当已认定公共机关享有实施相应行为作出相应决定的法定权力，且其行为没有追求非法目的后，比例原则是唯一可以考查行政裁量权是否正当行使的标准，法院可从下述三个方面审查和认定行政行为是否符合比例原则的要求：其一，公共机关行使权力采取的手段是否符合立法目的；其二，公共机关采用的手段是否是实现法定目标可采用的对相对人损害最小的手段；其三，行政行为对相对人造成的损害与其对公众带来的益处是否成比例。①

三、韩国规范和控制行政裁量权的主要途径与方式

韩国规范和控制行政裁量权的主要途径与方式有三：立法性控制、行政性控制和司法性控制。

（一）立法性控制

韩国对行政裁量行为的控制，首先是对裁量行为的法律规范方式的控制。议会在制定相关法律时，尽量避免使用不确定法律概念及其他模糊表述，以使其含义更具体和明确。这样有助于行政机关正确把握法律所赋予其裁量权的范围和限度，防止行政机关对法律赋予它的裁量权作出与立法意图不一致或

① 参见［英］彼得·莱兰、戈登·安东尼：《英国行政法教科书》（第5版），杨伟东译，北京大学出版社2007年版，第357~369页。

相反的理解。当然,行政事务是多种多样的,立法机关在立法时不可能预知今后发生的各种情况并对之均作出具体规定,故立法使用某些不确定法律概念和弹性用语是不可避免的。对此,只能要求行政机关在行使权力时合理裁量,根据具体情况作出最符合公共利益的决定和行为。

此外,议会作为国民的代表机关,其可通过行使对政府的监督权,对行政机关的政策裁量行为进行控制。在这方面,韩国宪法规定了国政监查制度、质询制度、罢免制度等,这些制度均可用于对政府裁量行为的监督和控制。不过,行政机关行使裁量权往往是对具体事项的处理,故议会在这方面的监督、控制作用有限(议会的监督、控制作用主要针对政府政策行为)。

(二)行政性控制

行政性控制包括职务监督、行政程序制约和行政复议(韩国称“行政审判”)制约三种形式。

职务监督是指上级行政机关对下级行政机关的监督以及国政监查院对整个行政机关的监督。这些监督对保证行政机关正确行使行政裁量权具有重要的作用。上级行政机关既可以通过为下级行政机关设定裁量基准,防止其恣意行使裁量权,也可以通过撤销、变更下级行政机关违法、不当的行政行为矫正其对裁量权的错误行使。

行政程序制约是指国家通过行政程序法规定行政机关行使职权必须遵循的正当程序,防止行政机关滥用裁量权。例如,行政机关作出影响行政相对人权益的行政行为,需要通过听证会听取利害关系人和其他相关人员的意见,即使特别法规定可不举行听证会,行政机关也要采取其他方式听取相对人的意见;行政机关作出行政决定(特别是对相对人作出不利处分的行政决定)需要说明理由。此外,行政机关实施行政处分(具体行政行为),应尽可能制定和公布处分标准。这种制定和公布处分标准的程序要求不仅适用于羁束行政行为,同样也适用于裁量行政行为。

行政复议制约是指因违法或不当行政行为而权益受到损害的行政相对人向行为机关的上级行政机关请求审查,由上级行政机关确认行政行为侵权,撤销或改变违法、不当的行政行为,依法给予相对人以救济。很显然,行政复议是控制、制约行政裁量权滥用的重要途径和形式之一。

(三)司法性控制

韩国《行政诉讼法》第 19 条规定,行政机关作出的行政处分(具体行政行为)即使是裁量处分,如果其裁量超出了法定限度(韩国行政法上称裁量超出法定限度为"逸脱")或发生滥用,相对人亦可向法院提起行政诉讼,法院可受理此种起诉和对超出法定限度或滥用裁量权的行政处分作出撤销判决。根据金东熙的实证研究,在韩国可受司法监督和控制的行政机关裁量处分的违法事由包括下述 9 种情形:(1)裁量权逸脱,即超越法定裁量权。如法律规定行政机关对某种违法行为给予停产停业 3~6 个月的处罚,行政机关却对相应违法者给予了停产停业 1 年的处罚。(2)违反正当目的。包括违反一般性公益目的和违反特定法律规定的授权目的。(3)认定事实错误。(4)放弃行使裁量权,作出行政行为不权衡和不考虑各种相关因素。(5)违反比例原则。(6)违反平等原则。(7)违反禁止不当联结原则,如给予行政相对人行政许可以给其某种回报为条件。(8)考虑不相关的因素。(9)在法律将裁量权收缩至零时(实际上将裁量行为转化成了羁束行为)不依法作出或不作出某种行为。例如,警察对相对人使用警械属于裁量行为,但其条件是相对人严重违法,在相对人没有违法或者轻微违法的情况下,其裁量权即收缩为零,如果警察对没有违法或者轻微违法的相对人使用警械,就属于滥用裁量权。对于以上超出法定限度或滥用裁量权的情形,行政相对人均可诉诸法院,法院可对相应行政裁量行为进行监督和制约。①

① 参见[韩]金东熙:《行政法 I》(第 9 版),赵峰译,中国人民大学出版社 2008 年版,第 198~204 页。

第十一章

议会监察专员

第一节 议会监察专员制度的产生与发展

一、议会监察专员制度的起源

议会监察专员制度源于瑞典。1709 年,瑞典国王查尔斯十二世(Charles Ⅻ)被俄国人战败,逃往土耳其。1713 年,他从土耳其向国内发布一项命令,设置一个皇家最高监察专员(His Majesty's Superem Ombudsman),监督公职人员履行职务,保证国家法律法令的实施。其发现官员失职,可对相应失职官员起诉。到 1719 年,皇家最高监察专员的职位改由司法总长(the Chancellor of Justice)担任。1809 年,瑞典议会废除了专制君主古斯塔夫四世(Gustaf Ⅳ),并随即修订通过了作为宪法性法律之一的瑞典《政府组织法》(the Government Organization Act),该法第 96 条规定,每届议会召开时,由议会任命一位具有杰出法律才能且秉性正直的人士为司法监察专员(Justice Ombudsman,因其由议会任命和向议会负责,国内学者通常都翻译成"议会监察专员"或"议会督察专员"),该监察专员根据议会颁发给他的指令,监督政府官员和法官依法履行职务,并按照法律的正当程序,对在履行职务过程中采用暴力、基于个人私利或其他原因违法或不作为者进行追诉。

议会设立监察专员的意图是建立一项独立于政府的,有效监督政府官员和法官依法履行职责的制度,因为司法总长是由国王任命的,对政府缺乏独立性。而司法监察专员是由议会任命的,可独立行使职权。

在议会监察专员设立早期,议会一直只设一个专员。到 1915 年,议会又任命了一位军事监察专员(Military Ombudsman),负责监督军事机构和军职人员。在第一次世界大战和第二次世界大战期间,军事监察专员公署通过其活动和运作,对国家军事部门发挥了重要的监督作用。但在以后,其处理案件的数量明显下降。与此同时,司法监察专员公署每年处理案件的数量却未见减少,还出现了工作人员不足的情况。于是,在 1968 年,议会将两个公署合并成一个公署,由 3 名地位相等的监察专员组成,通称"议会监察专员"。此后,议会监察专员工作量大幅增加,到 1976 年,议会又增设了 1 名监察专员,公署由 4 名监察专员组成,其中 1 名为首席专员,工作人员增加到 60 余人。首席专员主管税收、人事、政府文件向公众公开以及选举等方面事务的监察;第二位专员主管法院、检察、警察和监狱等方面事务的监察;第三位专员主管军事、民政、地方政府等方面事务的监察;第四位专员主管企事业单位、社会福利等方面事务的监察。

最初,议会监察专员的监督方式偏重接受投诉、审查、调查和进行起诉。之后,起诉的方式较少运用,而发布年度监察报告,通过年度监察报告公布公共机关及公职人员违法、滥权、侵权的事件,分析事件发生的原因,提出纠正或改进工作的建议越来越成为最重要的监督方式。瑞典《议会监察专员指令法》(The Act with Instruction for the Parliamentary Ombudsman,以下简称瑞典《指令法》)第 12 条规定,如果被调查者违法违纪情形不甚严重,监察专员可不起诉,也不必提交纪律处分机关处理,而可由监察公署直接予以警告,或采取有关救济措施,或者适用其他措施处理。20 世纪 50 年代以前,监察专员办理的案件中涉及司法、警察、狱政的案件较多;20 世纪 50 年代以后,其监督重点更多地转向了政府机关及其公职人员。在年度监察报告中,涉及政府机关及其公职人员的案件及其分析、说明占有最大的比重。①

二、议会监察专员制度在世界其他国家和欧盟的发展

议会监察专员制度 19 世纪源于瑞典(甚至可追溯至 18 世纪的瑞典皇家最高监察专员制度)。20 世纪,这一制度在世界许多其他国家流行和发展起

① 参见龚祥瑞:《比较宪法与行政法》(第 2 版),法律出版社 2003 年版,第 484~486 页;[瑞典]本特·维斯兰德尔:《瑞典的议会监察专员》,程洁译,清华大学出版社 2001 年版,第 3~10 页。

来。芬兰于1918年建立了一个完全以瑞典制度为样板的议会监察专员制度;丹麦1953年的新宪法规定了相应制度,设立了议会监察专员;挪威于1952年设立了军事监察专员,1963年设立起覆盖整个文官系统的议会监察专员;丹麦于1954年建立了监察专员制度,其运作特别有成效,受到许多国家的效仿。

由于芬兰首位监察专员斯蒂芬·赫维茨(Stephan Hurwitz)使用英文撰写监察专员年度报告,引起了许多英语国家对监察专员(Ombudsman)制度的兴趣,使议会监察专员制度从北欧国家"出口"到很多国家。1962年,新西兰新政府兑现其竞选承诺,建立起议会监察专员制度;1967年,英国引入这个制度;同年,加拿大两个省任命了议会监察专员;之后,澳大利亚和其他英联邦国家、欧洲的法国、瑞士、奥地利和葡萄牙等国家也纷纷仿效,至20世纪后期,全世界约有60个国家建立了相应制度。

考虑到"Ombudsman"这一用语在瑞典和其他国家被用于不同的语境,为了推进国际交流,国际律师协会曾试图对这一概念加以适当统一和规范,给这一用语予以以下界定:议会监察专员机构是指其活动必须由宪法或法律规定,其负责人必须对代议机关(立法机关)负责,监察专员处理公众针对公权力部门及其官员所提出的投诉,并且能够主动采取行动,其有权进行调查、提出政策建议和公开发布报告的监督机构。在各国监察专员制度实践中,监察专员实际上都以某种方式对议会负责:议会任命监察专员(有的国家根据议会相应机构的建议由国家元首或政府首脑任命),也可解除其任命。议会通常都要求监察专员定期提交阶段性监察报告。

除了瑞典和芬兰以外,其他国家议会监察专员监督的范围通常不及于法院等司法机关,而仅及于行政系统和军队。至于对内阁部长能否进行监督,各国制度亦有所区别。在实行直接内阁制的国家,部长要对内阁负责,内阁要对议会负责,因此部长原则上要接受议会监察专员的监督。不过,在许多国家,内阁集体做出的决定不受监察专员监督。而且,在北欧国家以外的国家,监察专员进行的调查一般不过多涉及公职人员个人在履行职责时是否违法或有过错,而是更多地审查和监督行政规章及其实施行为的合法性与合理性,提出改进和完善的建议。对于国家机关作出的决定,任何国家的监察专员都无权修改或责令决定机关修改和重新制定发布。

20世纪90年代,欧盟根据《欧洲联盟条约》(《马斯特里赫特条约》)正式设立了监察专员。公民认为欧盟机构有不良行政,欧盟官员有懒惰、腐败和效率低下等情形,且影响到自己的权益时,其既可直接向欧盟监察专员提出申诉,也可通过欧盟议员向监察专员提出申诉。监察专员受理后应进行调查处理。欧盟监察专员每年处理的申诉案件有1500~2000件,其中约2/3因不属于其管辖范围而被其驳回。据监察专员2000年的《年度报告》(Annual Report),1999年其受理申诉案件1577件,其中有482件属于其监察范围,有233件其对之展开了正式调查处理。欧盟法律没有明确规定监察专员的管辖范围,但欧盟理事会一直认为其无权调查涉内政事务或内务司法事务的案件。另外,欧盟监察专员对其决定不享有执行权。①

20世纪80年代,世界上建立了议会监察专员制度的国家为了加强它们之间的相互联系、交流与合作,发起和成立了国际监察专员协会(International Ombudsman Institute,IOI),会员近60个国家。该协会在加拿大的埃德蒙多设有一个秘书处。每隔4年举行一次会议。在欧洲,也设有一个相对非正式一些的地区性的监察专员协会,该协会由奥地利发起和组织,定期或不定期举办会议,讨论有关监察专员制度的问题。在北欧五国,监察专员有常规性的联系和合作,他们每年聚会一次(严格按顺序轮流做东)讨论彼此关心的问题。

议会监察专员制度之所以在世界这么多国家流行和发展,因为它契合了人类消除弊政、追求善治的普遍需要。正如国际监察专员协会首任主席隆达维克(Lundvik,曾任瑞典首席议会监察专员)所指出的:即便在治理很完善的国家里,政府当局或由于对事业过于热心,或由于不良动机,滥用职权、侵犯人民权益的事情总是可能发生的。在现代化社会里,行政权的扩张是一种现实的危险。在日益增多的公职人员里,无能的,过于热心的,办事不公道、不老实的大有人在。因此,如何控制政府当局及其公职人员的活动,如何监督他们守法和公道办事,就是现代社会需要解决的一个十分迫切的现实问题。毫无疑问,建立和完善议会监察专员制度即是解决这个问题的一个途径。②

---

① 参见[英]彼得·莱兰、戈登·安东尼:《英国行政法教科书》(第5版),杨伟东译,北京大学出版社2007年版,第144~145页。

② 参见[瑞典]本特·维斯兰德尔:《瑞典的议会监察专员》,程洁译,清华大学出版社2001年版,第3~10页;龚祥瑞:《比较宪法与行政法》(第2版),法律出版社2003年版,第484~486页。

第二节 瑞典的议会监察专员制度

因为瑞典既是议会监察专员制度的起源之国，又是这一制度运行最有成效之国，所以我们首先介绍瑞典的制度。根据瑞典前最高行政法院院长本特·维斯兰德尔(Bengt Wieslander)大法官所著《瑞典的议会监察专员》一书收集和使用的资料，我们拟从下述五个方面介绍瑞典的制度：监察专员的职权与职责，监察专员受理投诉与调查，监察专员处理投诉的程序，监察专员的主动审查监督，监察建议与监察专员的年度报告。①

一、监察专员的职权与职责

根据瑞典《政府组织法》和瑞典《指令法》，议会监察专员总的职权职责是：监督公权力行使者遵守法律、法规及在其他方面履行他们职责的情况。

具体职权职责包括：(1)确保法院和公权力机关(主要指行政机关)在其活动中遵循瑞典《政府组织法》中关于客观性和公正性的要求，以及在公共管理活动中不得侵犯公民的基本权利和自由；(2)在尊重地方自治权的前提下，对地方权力机关(地方政府)进行监督；(3)在监督活动中，如果有理由认为立法或国家政策存在瑕疵，应当进行修订时，可向议会或政府反映和提出建议(监察专员在向议会或政府反映和提出建议前，应向首席监察专员请示)；(4)在发现官员失职渎职已经构成犯罪的情况下，有权向法院提起诉讼；(5)如认为官员失职不构成犯罪而可通过纪律处分追责时，向有权进行纪律处分的机关移交材料和提出处分建议。

在瑞典，监察专员除了议会监察专员以外，还有受理和处理来自公众各方面投诉的其他监察专员，如消费者权益保护监察专员、自由竞争监察专员、机会平等监察专员、反歧视监察专员、儿童权益保护监察专员等。这些监察专员的工作是议会监察专员工作的补充。从而议会监察专员还有一项职责：对这

---

① 本特·维斯兰德尔大法官所著《瑞典的议会监察专员》一书共分20个专题阐释此项制度，本书仅对其中较重要的内容做概括性的介绍。以下介绍的内容参见[瑞典]本特·维斯兰德尔：《瑞典的议会监察专员》，程洁译，清华大学出版社2001年版，第11~59页。

些监察专员的工作进行监督。

根据瑞典《指令法》第2条的规定，监察专员的监督对象包括下述5类人员：(1)国家及地方的权力机构(主要指行政机关)；(2)国家及地方的权力机构的政府官员及雇员；(3)其工作或任务的性质涉及公权力行使的其他个人；(4)公共企业的官员和其他雇员(在公共企业活动中代表该企业，政府通过其在企业中的代理人对其活动施加了决定性的影响)；(5)武装力量中授衔中尉以上及其他同等级别的军官。

监察专员的监督对象不包括下述6类人员：(1)议会议员；(2)议会管理委员会、议会选举复议委员会、议会申诉委员会及议院秘书；(3)国家银行管理委员会成员、国家银行的正副董事长(这些人员依瑞典《货币与信用法》行使国家银行的权力，进行决策时除外)；(4)中央政府或者各部大臣；(5)司法总长；(6)地方决策机构的成员。此外，任何一个监察专员均不受其他监察专员的监督。

二、监察专员受理投诉与调查

受理公民的投诉与调查、处理投诉是议会监察专员最重要的工作。根据瑞典《指令法》第17条的规定，公民投诉应当以书面形式提交(监察专员秘书处可为投诉人免费撰写投诉书)。投诉书应写明投诉对象、投诉的具体行为，投诉人自己的姓名、地址等，可附有关投诉材料。公民个人因涉嫌犯罪被逮捕、拘禁、羁押或正在监狱服刑而被剥夺自由的人亦可向监察专员投诉。经投诉人要求，监察专员秘书处收到投诉人投诉后应出具收据，表示其已受理其投诉。

根据瑞典《指令法》第18条的规定，如果投诉所涉事项可由其他机构(而非议会监察专员)查处，且这些机构以前又没有对这些事项进行过处理，则监察专员可将相应事项移交给这些机构查处。实践中，此类事项大多涉及社会服务、医疗保障等领域，监察专员通常将之移交地方行政委员会或公共卫生纪律委员会查处，有些案件还可能移交司法总长(需事先与司法总长约定)查处；如案件涉及律师公会的成员，则将投诉移交律师公会查处。瑞典《指令法》第19条规定，对于投诉人的投诉，是否立案和进入调查程序或者已移交其他机构处理，监察专员应尽快通知投诉人。

关于投诉人的资格，不仅瑞典公民，外国人或者不在瑞典居住的人亦可向监察专员投诉；另外，投诉人不一定是案件利害关系人，非与案件有关的人也可以投诉；此外，投诉也没有时效限制。不过，瑞典《指令法》第20条规定，除非有特别的原因，监察专员不对投诉两年前发生的案件进行查处，以减轻监察专员的工作负担。同时，如果监察专员要查处时间过久发生的案件，也难以收集充分的证据证实投诉人所作的陈述、申诉。

为了处理投诉人的投诉和对监督对象进行监督，法律赋予了监察专员各种相应的调查权。瑞典《政府组织法》第12章第6条规定，监察专员可以列席公权力机关或法院的有关会议（只能以旁听者身份出席，不得在会上发表任何评论意见）；有权查阅这些机关或部门的会议记录和文件，这些机关、部门、全国性或地方性政府有义务向监察专员提供其所要求的文件资料与报告；从属于监察专员监督的其他组织或个人也负有同样的义务。此外，司法总长应监察专员的请求应当为之提供相关协助。

为了保证监察专员调查权的有效行使，被调查机关的有关会议记录和文件都应当提供给监察专员，即使这些记录和文件是属于保密性质的；监察专员还可以出席公权力机关或法院的评议会，即使这些会议具有保密性质。除了公权力主体外，私人法律主体（如负责检测车辆安全质量的私人公司）也有配合监察专员调查的义务。对于不配合监察专员调查，拒绝向其提供相关信息或对其询问不予答复的人，监察专员可对之处以不超过1000瑞典克朗的罚金。

监察专员处理投诉，法律没有规定案件应穷尽复议或其他监督程序。但是，案件如果尚处在其他处理程序过程中，监察专员通常不得插手。对此，监察专员可就有关程序本身的投诉进行调查。例如，对因不采取任何行动而被搁置的案件，或在结案之后一段合理的时间内不作出处理裁决的案件，监察专员可进行调查。

监察专员不处理需要专门技术或医学专门知识的案件。例如，有人向监察专员投诉空军司令，说他在接收某型号飞机前未对之进行充分的适航性调查，监察专员驳回了该投诉。因为某一型号飞机是否适航的问题属于专门技术性问题，不属于监察专员监督的范围。另外，许多投诉人的投诉，是他们基于对相应国家机关决定或行为的误解，实际上，相应国家机关决定或行为是完全合法的，监察机关自然对之予以驳回并向投诉人予以说明。还有一些投诉,是投诉人对法院的判决结果不满,如认为自己没有犯罪而被判处刑罚,处理这种投诉显然不是监察专员的权限。监察专员在驳回投诉时会告知投诉人应依法向作出相应判决的法院的上级法院上诉。此外,监察专员不会把时间和精力浪费在鸡毛蒜皮的小事上,如果投诉人投诉的事项无关紧要或者投诉全然没有根据或证据,监察专员亦会将之驳回(或在监察专员秘书处的官员听取其口头陈述后将之驳回)。之所以如此,是为了有效发挥有限资源的作用,使监察专员能尽可能将时间和精力用在其权益受到较重侵害和冤屈较大的投诉人的案件上。

三、监察专员处理投诉的程序

监察专员对投诉案件的处理一般先由监察专员秘书处的官员或监察专员专门指定的人员听取被投诉的公权力机关的行政官员进行口头陈述。原则上,口头陈述是监察专员作出决定的必经程序,它被视为保证决定正确合理的基础。进行口头陈述的被投诉的公权力机关的行政官员如果不同意投诉意见和监察机关的处理方案,应在陈述中提出并记录在案,以利于在其提起上诉时,复议机关能全面了解争议各方的意见及理据。不过,投诉人与被投诉人对于监察专员本人就投诉作出的决定不得提出上诉。

监察专员对于口头陈述后需要进一步调查的案件,可指派秘书处官员向相应公权力机关或法院收集案卷材料。根据这些记录材料,监察专员可确定投诉的理由是否成立、是否充分。之后,监察专员可进一步要求相应公权力机关或法院补充材料或提出处理意见,投诉人与被投诉人均可对处理意见发表看法或提出异议,必要时还可召集投诉人与被投诉人进行面对面的陈述,以及征求有关专家或仲裁人的意见。

监察专员在对案件进行调查的过程中,如发现案涉官员的履职行为触犯了刑法,其有责任以公诉人的名义,遵循诉讼法的规定进行初步审查,并可以根据宪法的规定要求普通公诉人予以协助。如其要求普通公诉人协助,则案件调查通常由警察进行。监察专员经对案情审查,如认为有足够的理由对相应案件提起诉讼,可像普通公诉人一样提起公诉,但不会亲自出庭,而会指定其秘书处一位有丰富诉讼经验的工作人员代其出庭支持公诉。

案件处理结束后,监察专员会以书面裁决结案。其裁决和刑事起诉状

（如相应案件提起刑事诉讼的话）与监察公署的有关文件一道向社会公开（除法律规定需要保密的以外），通常会引起大众传媒的广泛注意。监察专员的裁决样式同于法院的判决书，通常非常详细，涉及公权力部门官员、法官、议会议员的裁决一般会刊登在监察专员的年度报告中，监察专员的年度报告亦向社会公开。

四、监察专员的主动审查监督

议会监察专员除享有受理投诉和调查、处理投诉的权限外，还有权对监察对象进行主动审查监督。主动审查监督是监察专员工作的重要组成部分，每年4位监察专员均要花费50～60天时间对各种公权力机构和法院进行审查监督。经首席议会监察专员授权，在监察专员秘书处任职的官员也可进行此项审查监督工作，但不能以自己的名义而是应以监察专员的名义向监察对象发送监察意见，其需要对监察对象采取进一步的行动时，其应向监察专员报告并由监察专员作出决定。

各位监察专员均在自己的职责范围内进行审查监督，并就其审查、调查工作计划、方案征询首席议会监察专员的意见，以保证4位监察专员工作的协调。

监察专员进行审查监督，主要方式是审阅案卷和各种相关文件，或者会见被监督机关的负责人和其他行政管理人员，也可安排监察专员秘书处的官员与被监督机关的官员进行讨论，以及与被监督机关的其他有关人员会面。

在审查监督中，监察专员要对收集的文件资料和检查考察的情况进行分析，如发现公权力机关对公民权益处理的事项、案件有错误，可以启动调查程序，更多的方式是向被监督机关提出监察建议，要求其改进工作、完善制度，乃至建议健全和完善相关立法。

五、监察建议与监察专员的年度报告

监察专员在受理投诉和调查、处理投诉以及在审查监督中，发现被监督对象有违法不当行为而又不构成对其提起刑事起诉的程度时，通常应向被监督对象所在机关提出监察建议，要求其对有违法不当行为的人和事进行处理，对相应机关的工作提出改进措施，以杜绝今后发生类似问题。另外，监察专员通过个案监督，发现普遍性问题或发现法律或者政府行为存在瑕疵，还可以向议会和政府提出改进的建议。

对于监察建议中提出的对有违法不当行为官员的批评和处理意见,虽然被批评者可以向宪法委员会申诉,但这种申诉机会十分有限,且意义不大,因为宪法委员会一般不对监察专员就个案作出的决定进行审查和干预。

根据瑞典《指令法》第 11 条的规定,监察专员每年至迟不晚于 11 月 15 日向议会提交年度报告,向议会报告自上一年度 7 月 1 日至本年度 6 月 30 日的监察工作详细情况。年度报告还须附一份有关议会法律瑕疵和修改建议的分报告、一份关于被监督官员违法、犯罪(但不包括官员违反瑞典《出版自由法》的违法、犯罪行为,此种违法、犯罪行为通过另外的途径监督和追诉)应予惩戒或起诉的分报告,以及一份监察专员所做其他重大决定和所进行其他重要活动的总结和说明。监察专员年度报告现在的篇幅达 500 页,其中有 120~140 页是对具体案件的介绍和说明,另外还包括一部分统计资料,如受理投诉和主动审查监督案件的数量。

监察专员在将年度报告提交议会的同时,还应同时将报告和相关资料、会议记录等提交宪法委员会。宪法委员会对之进行审查,并将审查结果报告议会。监察专员年度报告提交议会后,应广泛送达各公权力部门、法院法官、律师、陪审员和其他有需要的机构。

瑞典议会监察专员对年度报告非常重视,每年均倾注大量的时间和精力撰写该报告,因而此种报告对瑞典社会有重大影响,议会在立法时经常以此种报告中提出的观点和相应资料作为立法根据或立法渊源。另外,该报告对于监督和促进广大公职人员遵纪守法和认真履行职责亦具有重要作用,包括对防止公职人员违法乱纪行为的威慑作用。

第三节　英国的议会监察专员制度

一、英国议会监察专员制度的历史沿革[①]

有两个事件可以认为是英国议会监察专员制度的起源。第一个事件:

① 本节内容参见龚祥瑞:《比较宪法与行政法》(第 2 版),法律出版社 2003 年版,第 495~501 页;[英]彼得·莱兰、戈登·安东尼:《英国行政法教科书》(第 5 版),杨伟东译,北京大学出版社 2007 年版,第 143~145 页。

1937 年,英国航空部征用了私人的一块耕地用作军事用途,后来,这块土地未归还土地所有人而被收归国有,为此,土地所有人向政府提出归还土地的要求,但这一要求被政府拒绝。于是,土地所有人运用各种手段谴责办理此事的公职人员。之后,政府要求"弗兰克斯"委员会(这是议会成立的一个专门调查行政裁判所运作情况和探讨行政裁判制度改革的机构)对此案进行调查。"弗兰克斯"委员会认为该案属于"非正式的"和"临时性的"案件,不属于该委员会调查处理的职权范围。对于"弗兰克斯"委员会的这个态度,关注该案的许多人士均表示不满,他们发表文章,举行集会,向议会提交报告,要求委员会对类案进行调查,研究解决问题的途径。于是,政府要求该委员会对与此案相关的两个问题重点展开调查研究:其一,此类案件可否通过司法程序解决,如由司法程序解决,可能存在什么弊端;其二,有无法定程序以外的其他途径能解决此类问题,因为在政府行政管理活动中,经常会发生各种与私人的争议、纠纷,许多争议、纠纷在法律上没有任何正式的途径和程序处理、解决。对此,牛津大学比较法学教授 F. H. 劳森(F. H. Lawson)等学者研究了斯堪的纳维亚国家(瑞典、挪威、芬兰)的议会监察专员制度,认为英国可借鉴这些国家的经验,引入这一制度。①

第二个事件:1961 年,英国"司法界"组织②起草了一份题为《公民与行政:冤屈的解决》(The Citizen and Adminis-tration: the Redress of Grievances)的报告。这份报告建议议会任命一名监察专员,解决公民对政府行为提出的无其他法定途径救济的申诉。报告发表后,当时执政的保守党政府以"监察专员制度有损议会议员(下院议员)作为受理选民申诉渠道的作用,还会侵犯大臣(部长)个人责任制"为由,拒绝采用这一制度。

对于保守党政府和有关人士提出的监察专员制度"与大臣(部长)负责制相冲突"和"违反由议会议员(下院议员)受理选民申诉的制度"的观点,韦德和福赛教授分析道,议会行政监察专员制度不仅不会与大臣负责制相冲突,而且其能够更好地帮助议会和大臣纠正其失误和缺陷。如果没有议会监察专员的调查和监督,议会和大臣工作中的失误和缺陷将很难发现和纠正,从而导致

---

① 参见龚祥瑞:《比较宪法与行政法》(第 2 版),法律出版社 2003 年版,第 495~496 页。

② 英国"司法界"组织是一个律师压力集团,主要为保护个人基本自由而呼吁和进行活动。

危害。事实证明，大臣和监察专员是在国家体制中的不同层面运作的，二者在宪制上具有相容性。至于监察专员制度是否违反由议会议员（下院议员）受理选民申诉的制度，这种担心也是不必要的。因为议会行政监察专员制度中设置了法定过滤机制（statutory filter system），即申诉人的每项申诉必须先提交给议员（下院议员），再由该议员递交给行政监察专员。事实上，议会行政监察专员并非公民的监察专员，其设置的主要目的是协助议员帮助他的选民获得有效的救济效果。

1964 年英国大选，工党上台执政，为履行在选举时他们向选民提出的承诺，于 1967 年制定和通过了《议会行政监察专员法》（Parliamentary Commissioner for Administration Act），①正式设立了议会行政监察专员。议会行政监察专员由下议院提名，由国王任命，但如果要免去其职务，须经下议院和上议院两院提议，由国王颁布免职令。行政监察专员不代表任何党派，不得是议员，一般出身高级文官或律师，首任行政监察专员曾任总审计长。自《议会行政监察专员法》通过后，英国监察专员制度得到进一步发展。1969 年，议会通过了《议会行政监察专员（北爱尔兰）法》[Parliamentary Commissioner (Northern Ireland)]；1972 年，议会又通过了《全民健康服务重组法》（Natural Health Service Reorganisatikn Act），并分别设立了英格兰、苏格兰和威尔士卫生监察专员（Health Service Commissioner）；1974 年，议会通过的《地方政府法》又决定设立地方行政监察专员（Local Commissioner for Administration）。

到 20 世纪 80 年代，英国监察专员制度广泛扩展到私营部门，如银行、保险公司、建筑协会、房地产代理公司、旅行社等许多私营部门，这些部门也都相继设立了监察专员。公共部门中的监察专员制度则有了进一步的发展：1990 年，议会制定《法院与法律服务法》（Courts and Legal Service Act），设立法律服务监察专员；1994 年，议会制定《议会行政监察专员法》，将议会行政监察专员的监督范围扩展到行政裁判所工作人员，之后，进一步强化其职能，令其有权快速调查当事人对出庭律师的申诉；1990 年，根据英国《监狱服务法》设立了监狱服务监察专员（Ombudsman for the Prison Service），根据《苏格兰政府

① 英国议会监察专员既使用“Parliamentary Commissioner for Administration”表述，也使用“Parliamentary Ombudsman”表述。

法》和《威尔士政府法》(1998 年)又设立了苏格兰议会监察专员(Parliamentary Ombudsman for Scotland)和威尔士行政监察专员(Administration Ombudsman for Wales)。

议会行政监察专员不享有法律执行权,也不享有变更和撤销行政决定的权力。其监督效果的实现主要是通过其监察报告的影响力,以及其所进行的公正调查产生的舆论压力和道德说服力。当这些因素共同作用时,其结果必然会引起议会对行政失误和不公的关注,乃至引起整个社会公众对此的关注。

为了更好地推进和改善议会行政监察专员的工作,议会在建立行政监察专员制度时设立了一个行政监察专员专门委员会(该委员会于 1998 年并入议会公共行政专门委员会)。议会行政监察专员须向该委员会报告工作。该委员会须对议会行政监察专员和其他监察专员(卫生监察专员和北爱尔兰监察专员)的工作情况定期发布报告,此种报告通常会提出强化和改进监察专员制度的建议、分析不良行政和公务员履职中存在的问题及提出改进的建议意见等,委员会应向政府各部报送其报告的摘要。①

二、英国议会行政监察专员的管辖范围②

一般来说,议会行政监察专员管辖的范围限于当事人不能通过一般法定救济程序获得救济的案件,对可以向法院提起司法审查或可以向行政裁判所申请裁决的争议案件,议会监察专员通常无权干预。对法院已经判决或裁判所已经裁决的事项,当事人不享有再向议会行政监察专员申诉的权利。从案件性质上区分,违法和越权行政的案件由法院和裁判所管辖,而不良行政的案件则由议会行政监察专员管辖。

何谓"不良行政"? 通常认为包括偏见、疏忽、漫不经心、迟延、不称职、不理智、任性、卑鄙、武断等情形,并导致对当事人的不公正。1993 年议会行政监察专员的《年度报告》将"不良行政"具体化为下述 15 种情形:(1)粗暴对待相对人;(2)不愿将相对人视为有权利之人;(3)拒绝回答相对人合理的提问;

---

① 参见[英]彼得·莱兰、戈登·安东尼:《英国行政法教科书》(第 5 版),杨伟东译,北京大学出版社 2007 年版,第 143~147 页。

② 以下主要参见[英]彼得·莱兰、戈登·安东尼:《英国行政法教科书》(第 5 版),杨伟东译,北京大学出版社 2007 年版,第 154~161 页。

(4)因疏忽未告知相对人所享有的权利(right)或特权(privilege);(5)故意给予相对人误导或不充分的建议;(6)忽视了对相对人提出有效建议或者否决了相对人的意见而对其产生不利结果;(7)拒绝给予相对人应给予的救济;(8)实施行政行为存在偏私;(9)不通知申诉人而使其丧失上诉权;(10)拒绝充分告知申诉人上诉权;(11)程序错误;(12)对相对人的监管未完全遵守正当程序;(13)未遵守旨在保护相对人获得公平对待利益的行政指令;(14)实施行政行为存在偏见;(15)在法律规定将产生明显不公的情况下,没有采取措施尽量避免不公正的后果。①

"不良行政"一般限于行政行为的程序问题,而不涉及实体的是非曲直和政策问题,但如果实体行政决定或相应行政规则、政策存在明显缺陷,严重违反比例原则等,议会行政监察专员也可作为"不良行政"加以干预。

根据英国《议会行政监察专员法》等法律及其附表,议会行政监察专员监督的对象包括政府各部及相关机构以及准政府组织。受监督的政府部及相关机构在2002年达250多个(但有些公共机构不受议会监察专员的监督,而受裁判所委员会等其他监督主体的监督),除政府各部及相关机构外,受议会行政监察专员监督的准政府组织主要有铁路管理局、自来水服务局、英国旅游局、食品标准局、生物技术和生物科学研究院、保护大自然委员会、艺术委员会、慈善委员会、英国国家图书馆、平等机会委员会、种族平等委员会、皇家铸币厂、工业培训局等。另外,1993年的英国《卫生监察专员法》和1994年的英国《放松规制与外包法》还将议会行政监察专员和地方行政监察专员的管辖范围扩大到已被外包出去的中央和地方政府职能;卫生监察专员可以调查在全民健康服务系统中引入内部市场后创设的相关机构。

根据英国《议会行政监察专员法》及其附表,下述事项排除议会行政监察专员的监督:(1)大臣批准认定影响英国与其他国家政府和国际组织外交关系或交易的行为;(2)以国家名义行使职权的官员在英国境外采取的与英国有关的行为;(3)与女王统辖的海外地区有关的行为;(4)大臣根据英国《逃犯法》和英国《引渡法》采取的行为;(5)大臣行使调查犯罪和保护国家安全权力

---

① 参见[英]彼得·莱兰、戈登·安东尼:《英国行政法教科书》(第5版),杨伟东译,北京大学出版社2007年版,第157~158页。

的行为(包括与护照有关的行为);(6)法院、军事法院或任何国际法院受理或审理刑、民事诉讼案件的行为;(7)行使赦免特权的行为;(8)在全民健康服务系统中的医院委员会和其他机构以政府名义作出的行为;(9)就与中央政府契约和商业交易有关的事务所采取的行为;(10)公务员和武装力量等的人事任命、解职或与其相关的其他人事行为;(11)以女王名义授予荣誉、勋章和行使特权的其他行为。

对于这些排除,虽然学术界和实务界均有很多批评,但政府一直拒绝进行大的修改。1990年的英国《法院和法律服务法》对之稍有调整,规定对法院及其官员行使行政职能(非司法职能)的行为,议会行政监察专员有权进行调查;1994年修订的英国《议会行政监察专员法》进一步规定,对于由政府部或特定机关任命的行政裁判所的行政工作人员行使行政职能的行为,亦可由议会行政监察专员进行调查监督。

三、英国议会行政监察专员受理申诉和调查的程序

英国议会行政监察专员一般不能直接受理公民的申诉,公民如果对公权力机关行使职权行为不满,认为其权益受到侵犯,其首先须向下议院议员书面或口头申诉,然后由议员转交行政监察专员调查处理。议员对公民的申诉并非全部转交行政监察专员而只是部分转交,他们自己会直接解决许多申诉中提出的问题,解决的方式可以是在议会开会时向部长或其他政府官员提出质询,或者与部长或其他政府官员私下沟通,协商解决方案。由于经过这样的过滤程序,英国议会行政监察专员受理案件量远比欧洲其他国家议会监察专员受理的案件数少。根据英国议会行政监察专员的年度报告,其1995年至2000年受理案件数如下:①

1995~1996年度,受案1706件,进行调查和公布调查报告的245件,部分或全部支持申诉的236件;

---

① 各年度统计数据项目不太一致:1995~1997年度的数据项目为受案数、进行调查和公布调查报告案件数、部分或全部支持申诉的案件数;1997~1998年度的数据项目为受案数、认定存在不良行政的案件数;1998~2001年度的数据项目为受案数、进行调查的案件数;2001~2004年度的数据项目为受案数、结案数。参见[英]彼得·莱兰、戈登·安东尼:《英国行政法教科书》(第5版),杨伟东译,北京大学出版社2007年版,第148~151页。

1996~1997年度,受案1920件,进行调查和公布调查报告的260件,部分或全部支持申诉的246件;

1997~1998年度,受案1459件,进行调查的376件,认定存在不良行政的372件;

1998~1999年度,受案1506件,进行调查的372件;

1999~2000年度,受案1612件,进行调查的313件;

2000~2001年度,受案1721件,进行调查的247件;

2001~2002年度,受案2582件,审结1988件;

2002~2003年度,受案2567件,审结2235件;

2003~2004年度,受案2319件,审结1877件。

为受理和处理大量的公民申诉,对相应案件进行审查、调查,议会为行政监察专员配置了200多名工作人员,以协助其工作。在这200多名工作人员中,约一半为调查员。他们首先对公民的申诉进行初步审查,确定哪些申诉案件属于议会行政监察专员的职权范围,排除那些非属受案范围的申诉案件。然后再对受案范围内的案件进行筛选,选择其中有重要性的案件展开调查。在调查之后,他们还要负责撰写调查报告呈送下议院相应的议员。

根据英国《议会行政监察专员法》,议会行政监察专员受理的申诉,既可以由公民个人提出,也可以由法人单位提出(但地方当局和国有公司不能向议会行政监察专员呈递申诉)。虽然在一般情况下,申诉人不能直接向议会行政监察专员投诉而必须经过下议院议员转交,但自1978年以后,议会认可了议会行政监察专员可通过一种"从后门直接受理申诉"(direct acccess by the back door)的途径受理案件。即申诉人直接将申诉递交给行政监察专员,如果后者认为有调查的必要,则把申诉再递交给申诉人所在选区的下议院议员,该议员可很快准许行政监察专员展开调查,这样就大大加快了议会行政监察专员调查和处理申诉案的程序。至于公民向地方行政监察专员申诉,在1989年以前,也需要通过过滤机制提交,1989年修改英国《地方政府法》以后,公民可直接向地方行政监察专员申诉。而根据英国《卫生监察专员法》和英国《全民健康重组法》,公民从依据该两法设立卫生监察专员开始,即可直接向卫生监察专员申诉(尽管英国《全民健康重组法》规定,公民从有利于解决争议出发,可先向其所在的地方卫生局或信托医院申诉)。

关于公民申诉时效,根据英国《议会行政监察专员法》的规定,除非有法定特别情形,申诉人对可提出申诉的事项,应自收到该事项的通知之日起 12 个月内向下议院议员提出。议会行政监察专员收到议员转交的申诉后,应从以下四个方面着手审查:其一,被申诉机关和申诉事项,是否属于议会行政监察专员的管辖范围;其二,申诉人是否提出了证明被申诉人存在行政过失(administrative failure)的证据;其三,该行政过失是否给申诉人造成了不公正,被申诉人是否对此予以了纠正;其四,如果议会行政监察专员介入,是否可以给予申诉人有意义的救济。根据英国《议会行政监察专员法》,议会行政监察专员对是否受理其职权范围内的申诉以及是否展开调查,享有绝对的裁量权。在决定展开调查后,其对如何进行调查和调查哪些事项和问题,也享有很大的裁量权,议会行政监察专员可以限制调查的范围,在众多的申诉案件中选择其认为需要和可能调查的案件类别。① 如果申诉人对议会行政监察专员行使此种裁量权的行为不服诉至法院,法院一般不予干预。

议会行政监察专员调查和处理申诉案件不公开进行,但其必须给被申诉人以陈述意见和申辩的机会,议会行政监察专员通常和他的工作人员一道审阅申诉材料,并可能约谈相关的政府官员。议会行政监察专员采用纠问式和"深入幕后查明"相关部门及其机构的活动对于其调查和处理申诉案件较为有效。在收集证据方面,议会行政监察专员享有与法院相同的权力,对于任何人故意阻挠其调查的行为,可对之予以藐视法庭罪相同的方式进行处罚。各部大臣及所属官员无权以"公共利益豁免"作为拒绝接受调查的借口。议会行政监察专员有权要求包括大臣在内的任何人提供相关文件和信息(由内阁大臣确定并经首相批准,与内阁或内阁委员会活动有关的文件和信息除外)。

对于展开调查的申诉案件,议会行政监察专员在调查完毕后,通常会向相应议员和政府部门负责人提交一份报告,提出对申诉事项的处理意见。例

---

① 限于议会行政监察专员的时间和精力,其不可能调查和处理所有申诉人向其递交的申诉案件,而只能选择其中少量的申诉案件进行调查处理。在 2000 年以前,议会行政监察专员对受理的申诉案件因既要审查和调查被申诉行为是否存在不良行政,又要审查和调查被申诉行为是否导致了对申诉人的不公正,故选择进行调查处理的申诉案件更少。2000 年以后,监察专员采用了一种非正式调查的方式处理大部分申诉案件,即对被申诉的事项不审查和调查是否存在不良行政,而只着重解决申诉人与政府部门的争议,这样,就可以大为减少其工作量,从而能节省出时间处理更多的申诉案件。

如，在常见的税收或社会保障案件中，通常是要求退还向申诉人多收的税款，支付和兑现申诉人应获得而未获得的社会保险、福利，补偿申诉人的相关费用；如果政府部门及其官员的行为还造成了申诉人的其他损失，还会要求予以赔偿。对申诉人因不良行政遭受的损失，议会行政监察专员如果认为其无法提出适当的救济方式予以救济，其有权向议会提交一份特别报告，请求议会审议和作出决定。[①]

① 参见［英］彼得·莱兰、戈登·安东尼：《英国行政法教科书》（第5版），杨伟东译，北京大学出版社2007年版，第152～164页。

第十二章

行政程序

第一节　关于程序正义和正当法律程序的理论

一、英美法系国家学者关于程序正义和正当法律程序的理论

韦德在其与福赛合著的《行政法》中深入论述了程序正义的意义。他指出，随着政府权力的不断剧烈增长，只有借助于正当程序，才能防止其恣意和滥用。[①] 他引用美国联邦最高法院有关判决书的判词来说明程序正义对于保障公民权利和自由的极端重要性："程序公正与规范是自由不可或缺的题中应有之义。严苛的实体法若可（依正当程序）公正地、无偏私地适用，则是可以被容忍的"；[②]"自由的历史很大程度上是遵守程序保障的历史"。[③]

韦德进一步指出，法律人是注重程序的群体，而行政官员往往很自然地将法律人发明的程序看作效率的阻碍。自然正义的各种原则、规则虽然确实在一定程度上限制了行政行为的自由，遵循这些程序原则、规则确需花费一定的时间和金钱；但是，政府如果遵循了自然正义的诸原则、规则，则可以减少政府机器的摩擦，为此花费时间和金钱就值得。并且，因为政府遵循了公正的法律程序，行政行为就可以得到行政相对人的认可，就可以减少他们的怨愤投诉。从这个意义上说，程序正义不仅不是阻碍，反而是促进行政效率的机制。正当

① 参见［英］威廉·韦德、克里斯托弗·福赛：《行政法》（第10版），骆梅英等译，中国人民大学出版社2018年版，第339页。

② Shaughnessy v. United States 345 US206(1953)(Jackson J.).

③ McNabb v. United States 318 US332(1943)(Frankfurter).

程序避免政府恣意无常，并使之在任何情况下都与良好行政要求的准则相一致，这样，其就不仅应视为是公民权益、自由的保障，也是官员有效履职的保障。此外，避免偏见的程序有利于行政决定合理考虑利害关系人的意见和要求，从而更有利于其接受，并且使相应行政决定质量更高，以达到正义与效率并驾齐驱的目的。①

大法官拉塞尔勋爵（Lord Russell）认为，遵循体现自然正义的正当程序是行政权力合法行使的条件，违反正当程序即构成越权。“除非有相反的明示，否则议会显然不会通过法律授权行政机关在违反自然正义原则的情况下行使权力。相反，议会只会通过立法要求行政机关遵守体现自然正义原则的相应具体程序。”②很显然，正当程序中隐含自然正义的诸原则，故违反正当程序即违反自然正义，从而构成权力行使无效。

根据美国宪法第五修正案的规定，未经正当法律程序，不得剥夺任何人的生命、自由或财产（nor be deprived of life, liberty, or property, without due process of law）。这是著名的影响了美国 200 多年宪制和法治发展（特别是行政法治发展）的“正当法律程序”条款。但是，何为“正当法律程序”，直到美国《联邦行政程序法》制定之前，法律和司法判决均很少有明确的界定。在美国联邦最高法院判决的许多案件中，法官通常将“正当法律程序”等同于“听证”（hearings），而将“听证”又理解为模仿法院审理案件的司法程序，包括口头辩论和交叉质证。但是，这种审判式听证程序成本太大，严重影响行政效率。在早期的自由市场经济时代，行政对社会经济生活较少干预，行政行为、行政决定的数量很少，审判式听证程序对于行政机关的压力也许还不是特别大，但到 20 世纪中期以后，社会进入“行政国家”（administrative state）时代，行政广泛地介入社会经济生活，行政机关每年作出的涉及公民权益的行政行为数量特别庞大。例如，政府作出的有关公民各种福利申请资格认定的行为就有数百万件，其他如涉及区域规划、土地利用、环境保护、金融规制以及政府雇员人事决定的行为亦同样有数百万件之多。如果每一项这样的行为都要采用审判式

---

① 参见［英］威廉·韦德、克里斯托弗·福赛：《行政法》（第 10 版），骆梅英等译，中国人民大学出版社 2018 年版，第 339～340 页。

② Fairmount Investment Ltd. v. Secretary of State for the Environment ［1976］ 1 WLR 1255 at 1263.

听证程序作出,政府显然无法承受,不可能正常运转。于是,美国《联邦行政程序法》第554条规定,行政机关大量的行政行为可采用非公开听证的程序作出,只有少量的可能严重影响个人权益的行为才必须采用正式程序(美国《联邦行政程序法》第556条和第557条规定的审判式听证程序)作出。非正式程序只要求行政行为满足下述三项要求即可:[①]其一,允许当事人由律师或者经授权的代理人代理;其二,允许当事人复制任何其本人所提供的数据或者证据;其三,如果拒绝当事人的申请或者否定其申诉,应简要地说明理由。美国联邦最高法院从美国《联邦行政程序法》第706条第1款第2项(A)[②]推导出一项默示性要求:如果行政机关采用非正式程序作出行政行为,当事人对该行为不服而请求司法审查,行政机关应当对该行为说明理由。[③]

美国《联邦行政程序法》规定的行政行为的非正式程序要求是最低标准的正当法律程序要求。实践中,行政机关实施行政行为采用的非正式程序通常比上述标准略高一点,一般包括四项程序性措施:其一,对相应事项及与相对人的争议向相对人发出通知;其二,为相对人提供以书面或口头形式陈述其主张和提交证据材料的机会;其三,由中立的裁决者作出裁决;其四,对裁决说明理由。行政机关实施行政行为,根据行为的性质和对相对人权益的影响程度,无论是适用审判式听证程序,还是适用美国《联邦行政程序法》规定的非正式程序,或者适用比美国《联邦行政程序法》规定的非正式程序标准更高一些的程序,都符合正当法律程序的要求。

美国行政法学者认为,正当法律程序的目的是确保行政相对人的合法权益免受行政机关专断、滥权行为的侵犯。公民的实体权利由立法机关规定,立法机关如何规定,规定多少权利和规定哪些权利,只受宪法限制。但公民的实体权利如何实现,行政机关的行为如何影响公民的实体权利,则必须受正当法律程序的制约。否则,行政机关就可以任意减损、剥夺相对人的实体权利,就可能以此拉拢政友,打压政敌。因此,司法机关在对行政行为进行司法审查时,不仅要以实体性标准审查行政机关的行为是否限缩了相对人的实体权利

---

① 参见美国《联邦行政程序法》第555条。

② 美国《联邦行政程序法》第706条第1款第2项(A)规定:司法审查法院如认为行政机关行为专断、反复无常、滥用自由裁量权或有其他不合法情形,应确认其违法,予以撤销。

③ PBGC v. LTV Corp., 496 U.S. 633(1990).

为标准,而且要以程序性标准审查行政机关的行为是否违反了正当法律程序的保障标准和要求,损害或影响了相对人实体权利的实现。[①]

二、德、日、韩学者关于行政程序立法的目标和意义的理论

德国行政法学者毛雷尔认为,行政程序立法的目标和意义有四:其一,促进行政法的统一化。行政程序立法有利于将分散在各个单行行政法文件中的规定或不成文的支离破碎的规则集中起来,为各个行政领域确立统一的行为标准。其二,提高立法效率,降低立法成本。统一行政程序立法可以避免立法机关在制定单个行政法律文件时一遍又一遍地重复规定相同的行政程序规则、原则,以减轻立法负担。其三,促进行政的简化和合理化。行政机关在实施行政行为时有具体明确的程序规则可循,即可避免许多不必要的、不合理的过程和步骤。其四,更好地为公民提供服务和保障公民权益。有了统一、公正和明确的行政程序规则保障,行政机关处理各项公务时,即可为公民提供更有效和更优质的服务,避免滥权、延误、不公等,从而更有利于保障公民实体和程序权利的实现。

毛雷尔指出,相较于一般行政法,联邦统一行政程序法的意义在于,它把各种重要但不成文的行政法基本原则以立法确定下来,以成文法的形式替代。德国《联邦行政程序法》消除了以往规则的不明确性和人们对这些规则含义的争议,为行政法的统一化和法典化开辟了道路。[②]

德国行政法学者沃尔夫在其与巴霍夫、施托贝尔合著的《行政法》中,以专节论述行政程序的意义和行政程序法的功能。关于行政程序的意义,沃尔夫指出,行政程序以特有的方式将执行权置于法律的约束之下。其中,除了宪法和法律的约束之外,行政程序主要要求公民的参与,尤其是要求行政行为的相对人和利害关系人的参与。就此而言,行政程序的重要目标是规范两个不对等当事人之间的关系,通过给行政相对人或利害关系人赋予程序权利的方式为其平等参与行政事务创造条件。关于行政程序法的功能,沃尔夫指出,行

---

① 参见[美]理查德·J.皮尔斯:《行政法》(第2卷),苏苗罕译,中国人民大学出版社2016年版,第572、599、619、620页。

② 参见[德]哈特穆特·毛雷尔:《行政法学总论》,高家伟译,法律出版社2000年版,第90~91页。

政程序法主要有四个方面的功能:其一,制度化功能,即科学规范行政行为的程序,协调各方当事人的有序参与。行政程序法借助其制度化功能,对行政机关的人力、物力和各种行政手段运用予以规范化,以保证行政机关有效地执行其法定任务和提高行政效率。其二,维护法治和法的安定性功能。行政程序法除了保证行政实体法的实施以外,还要创造行政机关与行政相对人的平等环境,通过信息公开、赋予相对人阅卷权、听证权,以提高公众对于行政行为的可接受性。其三,行政程序统一化功能,即通过联邦行政程序法和各州行政程序法的制定,统一规范各部门和各地方政府的行政行为,以保障基本行政法治的统一。其四,平衡功能,即平衡正式行政活动和非正式行政活动的法律约束度;平衡行政活动的灵活性、效率性与合法性;平衡社会公共利益与对个人人权和其他合法权益的保护。①

日本行政法学者室井力在其所著《日本现代行政法》一书中设专节阐述了行政程序的意义。他指出,行政程序的目的在于确保公正,促使行政机关的活动合法化。行政行为不仅应在实体方面符合法律,而且在程序方面必须公正。从行政程序的具体内容讲,行政机关对相对人作出负担性处分时,应事先告知相对人,并进行听证;对于相应处分所基于的事实和所适用的法律,应为当事人提供陈述意见、质证和申辩的机会。日本《宪法》要求个人的权利和自由应获得最大限度的尊重,为此,行政机关在其活动中有义务履行公正程序,确保行政处分措施的合法性,以使行政相对人和国民形成对行政行为的广泛信赖,保证行政活动的顺利进行,同时减少相对人不必要的诉讼,节约司法资源。②

韩国行政法学者金东熙在其所著《行政法》(第9版)中将行政程序的意义(必要性)概括为四个方面:其一,推进和保证行政的民主性。对此,金东熙指出,公权力作用是行政运作的中心,传统行政一般视国民为行政客体。此种传统观念只有通过现代行政程序予以纠正。根据现代行政程序,行政机关对国民实施影响其权利、义务的行政规划、行政处分行为时,应通过告知、听证、

---

① 参见[德]汉斯·沃尔夫、奥托·巴霍夫、罗尔夫·施托贝尔:《行政法》(第2卷),高家伟译,商务印书馆2002年版,第197~200页。

② 参见[日]室井力主编:《日本现代行政法》,吴微译,中国政法大学出版社1995年版,第176~178页。

公听会等程序保证行政相对人参与到行政行为的过程中,从而使其不再是行政的消极客体,而是行政法律关系的积极主体。其二,促进行政行为的合理化。对此,金东熙指出,行政程序是保障行政合理化的实效性手段。行政机关在作出行政行为时,事先通知相对人并为其提供陈述意见和提交相关材料的机会,这对于行政机关正确地把握具体的事实关系和合理适用相关法律法规是有积极作用的。另外,行政程序还要求行政行为说明和附记理由,这有利于促进行政行为慎重、明确和有根据。其三,提高行政效率。对此,金东熙指出,行政程序要求行政机关实施行政行为前告知相对人和为之提供听证、陈述意见和提交相关材料的机会,这虽然在形式上不利于行政效率,但行政相对人对行政过程的参与有利于保证行政行为的合法性、合理性,可获得相对人的信赖与合作,从而最终有利于提高行政效率。其四,补充司法事后救济缺陷功能。对此,金东熙指出,行政程序要求行政机关在实施行政行为前告知相对人并为之提供听证、陈述意见和提交相关材料的机会,一方面具有保障行政行为合法性、合理性的功能,另一方面则具有对公民权益进行事前救济,以补充司法事后救济缺陷的功能。金东熙认为,行政程序的这种事前救济功能在行政行为涉及专业性、技术性内容时,意义尤为重大。因为在很多情况下,司法对这类行政行为的审查监督因缺少行政所具有的专业知识、专门经验、专门技能而只能陷于纯形式的监督。①

第二节 各国家和地区行政程序的主要制度

各国家和地区行政程序制度②不尽相同,有的虽然制度名称相同,但制度的内容也有一定的差别。我们在本节只介绍和比较各国家和地区在行政程序法中规定的比较重要的十项行政程序制度。

---

① 参见[韩]金东熙:《行政法Ⅰ》(第9版),赵峰译,中国人民大学出版社2008年版,第265~266页。

② 各国家和地区的行政程序制度主要指行政程序法规定的制度,有些国家(如英国)和地区(如中国香港地区)没有制定行政程序法,其行政程序制度则指行政运作实践中实际运行的制度。即使在制定了行政程序法的国家和地区,其行政程序法规定的也只是行政程序的主要制度,有些行政程序制度并未在行政程序法中规定,而只是行政运作实践中运用和实行。

一、听证制度

听证制度是行政程序最基本的制度，大多数国家的行政程序法均明确规定了听证制度。这里以美国和葡萄牙的行政程序法为例，介绍听证制度的主要内容。

美国《联邦行政程序法》第556条对听证适用的范围、听证的主持人、听证主持人的权限、举证责任和听证案卷做了详细的规定。[①]

关于听证适用的范围，该条规定，听证适用于美国《联邦行政程序法》第553条和第554条规定的事项，即适用于规章制定（抽象行政行为，第553条）和裁决（具体行政行为，第554条）。

关于听证的主持人，该条规定，主持听证和接收证据的主体及官员包括3类：第一类是作出行政行为的机关；第二类是该机关领导集体的一个或几个成员；第三类是依法任命的一名或几名行政法官。除此之外，主持人还可以是法律特别规定或依法律要求特别指定的一个委员会，机关其他工作人员亦可主持听证程序的某一阶段或整个阶段。

关于听证主持人的权限，该条规定其有权做出下述9项行为：(1)主持宣誓和陈述事实；(2)依法授权签发传票；(3)接收有关联性的证据和对当事人提出的证据进行裁定；(4)保全证据或指定他人保全证据；(5)掌控听证的进程；(6)主持各方当事人解决争议的协商会；(7)处理有关程序的问题或请求；(8)作出初步裁决或建议性裁决；(9)采取本机关依法制定的规章所授权作出的其他行为。

关于举证责任，该条规定，除法律另有规定外，规章制定者或行政决定作出者负有举证责任。任何书面或口头证据均可采用，但应排除无关联性的、无意义的、不适当复制的证据。相对人有权用书面或口头证据提出其意见或辩解，反驳行政方的举证，双方有权进行交叉盘问。

关于听证案卷，该条规定，在听证过程中出示的物证、书面证言，以及听证申请书和全部文书，构成听证案卷。听证裁决必须依据听证案卷作出，即实行案卷排他主义。

---

① 参见应松年主编：《外国行政程序法汇编》，中国法制出版社1999年版，第79~82页。

葡萄牙《行政程序法》以专节(第四章第4分节)规定了听证制度,其主要内容包括以下6项。[①]

1. 行政机关作出任何影响行政相对人的行为,必须通过书面或口头的形式听取利害关系人的意见。

2. 书面听证应事先告知利害关系人拟作出行政决定的内容及事实和法律根据,以及查阅卷宗的时间和地点;利害关系人可在10日内书面陈述其对决定的意见、异议和申请行政机关采取的补足措施及附相应材料。

3. 口头听证须提前8日通知利害关系人,听证过程中,双方可就相应行政决定所基于的所有事实和法律问题展开辩论、质证和审查。

4. 听证必须制作记录,利害关系人可在听证过程中或听证后申请在记录案卷中附具任何书面陈述意见。

5. 行政机关需作出紧急决定,或者有理由预料听证可能影响行政决定的执行或实施效果,可不举行听证而径行作出行政决定;在听证人数过多,难以进行听证的情况下也可不进行听证,但如有更好的听取意见的方式,可通过公听会进行公开咨询。

6. 行政机关就重要问题作出行政决定,利害关系人在行政行为过程中对所涉事实及证据已作出过陈述,行政机关可免除听证;另外,行政机关根据行政行为过程中已获得的材料,预期将会对利害关系人作出有利的行政决定,其也可以免除听证。

二、职能分离制度

职能分离制度直接调整的是行政机关内部机构和人员的关系,而不是行政主体与行政相对人的关系。该制度要求将行政机关内部的某些相互联系的职能加以分离,使之分属不同的机构或不同的工作人员掌管和行使。例如,法律在规定行政机关对相对人实施行政处罚的行为时,将调查控告职能与作出处罚裁决的职能分离,负责调查违法行为事实和提起指控的机构或工作人员不能作出行政处罚裁决,负责作出行政处罚的机构或工作人员不能行使调查违法行为事实和提起指控的职能。职能分离制度最先源于英国的自然正义原

---

① 参见应松年主编:《外国行政程序法汇编》,中国法制出版社1999年版,第499~501页。

则，该原则要求任何与争议有利害关系的人不得参与争议的裁决。20 世纪中期以后，几乎所有制定了行政程序法并规定了听证制度的国家和地区，均确立了职能分离制度。例如，美国《联邦行政程序法》第 554 条规定，为行政机关履行调查和起诉职责的官员或其代表不得参与该案或与此案事实上有联系的案件的裁决，对这类案件亦不得提供咨询性意见或建议性裁决。①

三、回避制度

回避制度的主要价值在于防止偏私，保障公正：既保障实体的结果公正，又保障程序的形式公正。因此，回避制度是行政程序的一项基本制度，在各国家和地区的行政程序法中有普遍的规定。例如，西班牙《行政程序法》专设一章（第四章）规定了公职人员自行回避和利害关系人申请公职人员回避的两种回避制度。②

自行回避适用于有下列情形的公职人员：(1) 对相应事项有个人的利益，或者涉及与之有利害关系的公司、团体或组织，且其决定将影响这些公司、团体或组织，或者与利害关系人存在争议问题；(2) 与作为利害关系人的个人，或公司、团体、组织的管理人，法定代理人或委托代理人之间存在四亲等内之血亲关系或二亲等内之姻亲关系；(3) 与行政决定相对人之间有亲密朋友关系或者明显的仇恨关系；(4) 对相应事项曾以鉴定人或证人的身份参与过相应程序；(5) 与相应事项的直接利害关系人之间有勤务关系。具有上述情形的公职人员应自行回避对相应事项的处理程序，并将此报告直属上级机关，由直属上级机关作出最终处置。

至于申请回避程序，适用于公职人员具有法定回避情形而未主动自行回避者，利害关系人在行政程序的任何阶段均可申请公职人员回避。被申请人应将此申请向其直属上级机关报告，并说明自己是否存在申请人主张的回避情形，如存在应回避情形，其直属上级机关应指定其他公职人员代被申请人处理相应公务。

奥地利《普通行政程序法》第 7 条规定，行政人员执行公务有下列情形

① 参见应松年主编：《外国行政程序法汇编》，中国法制出版社 1999 年版，第 77 页。
② 参见应松年主编：《外国行政程序法汇编》，中国法制出版社 1999 年版，第 239~240 页。

者,应自行回避并请求代理:(1)本人、配偶、血亲、姻亲之尊卑亲属,同祖兄弟姊妹或其他更近之血亲或同等之姻亲参与之案件;(2)养父母或义父母,养子女或义子女、被监护人或责任抚养人之案件;(3)曾为一方当事人之授权代理人或尚在代理中之案件;(4)如有其他重要理由存在,足以怀疑其完全公平性时;(5)在诉愿中,曾参与被声明不服之下级官署的裁决者。[①]

其他国家(如日本、德国、葡萄牙等)和地区的行政程序法亦有类似的回避规定。

四、不单方接触制度

不单方接触制度要求行政主体在处理某一涉及两个或两个以上有利益冲突的当事人的行政事务或裁决他们之间的纠纷时,不能在一方当事人不在场的情况下单独与另一方当事人接触,听取其陈述,接受和采纳其证据等。不单方接触主要适用于行政裁决行为。例如,美国《联邦行政程序法》第 554 条规定,行政机关进行行政裁决应为所有利害关系的当事人提供机会,使他们能提出和研究各种事实、证据和解决办法;主持接收证据的职员不得向某个当事人就有争议的事实单独征询意见,如需征询意见,必须向各方当事人发出通知,使所有当事人都有机会参加。[②]

五、告知制度

告知制度是一种基本的行政程序制度,其具体要求是:行政主体作出影响行政相对人权益的行为,应事先告知该行为的内容,包括行为的时间、地点、主要过程,作出该行为的事实根据和法律根据,相对人对该行为依法享有的权利等。告知制度通常只适用于具体行政行为,对于抽象行政行为则适用信息公开制度。此外,告知制度主要为具体行政行为的事前程序,行政机关对事中、事后程序中有需要告知相对人的事项,自然也应告知。但是有关行政行为内容及根据的重要事项,必须事前告知。告知可采用书面形式,也可采用口头形式,但对于重要事项的告知,一般应采用书面形式。如事后相对人与行政主体

① 参见应松年主编:《外国行政程序法汇编》,中国法制出版社 1999 年版,第 205 页。
② 参见应松年主编:《外国行政程序法汇编》,中国法制出版社 1999 年版,第 77 页。

对是否告知发生争议,行政主体应负举证责任。许多国家和地区的行政程序法均规定了告知制度。如葡萄牙《行政程序法典》第55条规定,由行政主体依职权实施可能损害相对人权益的行为,应事先告知相对人,告知应包括程序的实体内容、程序的开始日期、进行程序的部门与程序标的。①

日本《行政代执行法》第3条规定,行政机关拟作出代执行处分,必须事先以文书告知相对人代执行的宗旨,相对人仍不自行履行义务时,应向相对人发出代执行令书,告知其代执行的时间、执行负责人的姓名以及代执行的费用概算。②

告知制度的主要价值在于:其一,尽可能防止和避免行政主体违法、不当行政行为的发生,给相对人权益造成既成的不可弥补的损害。相对人事前得到行政主体将采取某种行为的信息,如认为其违法、不当,就可能依法采取措施,阻止其行为的发生。其二,有利于减少行政行为的障碍和阻力,保证行政行为的顺利实施。许多行政行为的实施,如征税、征收财产、强制拆迁等,均需相对人的一定配合,事前告知相对人,可使之有一定准备,以便减少行政行为实施的困难。其三,事前告知也体现了行政主体对相对人利益和人格的尊重。

六、听取陈述和申辩制度

听取陈述和申辩制度是与告知制度紧密衔接的一项行政程序制度。行政主体拟实施一定行政行为,在告知相对人后,相对人可能认为相应行为违法、不当,根本不应实施该行为;也可能认为相应行为虽应实施,但所持事实、法律根据不当;或者认为行政行为虽不存在瑕疵,但对行为实施的时间、地点、方法有所建议、要求。无论属何种情况,行政主体都应认真地听取相对人的意见,并加以认真的、充分的考虑,如其合理、适当,则应予以采纳;如不合理、不适当,虽不应予以采纳,但应向相对人予以解释、说明。行政主体听取相对人的陈述和申辩一般应记录在案,以作为行政复议和司法审查的证据。在现代行政程序制度中,听取陈述和申辩制度是一项较常见的制度,许多国家和地区

---

① 参见应松年主编:《外国行政程序法汇编》,中国法制出版社1999年版,第488页。

② 参见[日]盐野宏:《行政法总论》(第4版),杨建顺译,北京大学出版社2008年版,第154~155页。

的行政程序法或其他行政管理法均规定了这一制度。如德国《联邦行政程序法》第 28 条规定,行政机关作出涉及当事人权利的行政行为,应给予当事人陈述与相应行为有关的重要事实的机会。[①] 日本《行政程序法》第 13 条规定,行政机关作出对相对人不利的处分时,应依法履行让相对人陈述意见的程序。[②]

听取陈述和申辩制度的主要价值与告知制度的价值基本相同,其一,有利于保证行政决定的正确性,尽量避免行政错误的发生;其二,有利于保护相对人的权益;其三,有利于尊重相对人的人格尊严。听取陈述、申辩制度是告知制度价值实施的保障,没有听取陈述、申辩制度,告知制度在很大程度上就会失去意义。

七、记录和决定制度

记录和决定制度的内容是:行政主体作出影响行政相对人权益的行为,其过程应有记录,其最终形成的意见表示应有书面决定,并送达相对人,为相对人所受领。行政法治较发达的国家一般通过行政程序法对记录和决定制度作出明确规定。例如,西班牙《行政程序法》第 41 条至第 43 条规定,凡属:(1)限制相对人权利的行为;(2)处理提出诉愿的行为;(3)与以前行政行为不一致的行为;(4)由法律规定的行为;(5)成为诉愿对象的行为的中止协议,行政机关必须制作记录。即使行政机关以口头方式行使职权(非作出裁决),如有必要,亦应作出书面记载并签字。[③]

记录和决定制度的主要价值在于:其一,保证行政行为的严肃性、稳定性,防止行政机关朝令夕改、反复无常,损害相对人的权益。其二,为行政复议、行政诉讼等行政救济制度提供顺利进行的条件。主要由行政记录和决定等构成的行政程序案卷是行政复议、行政诉讼证据的基本来源。其三,规范化的行政程序记录与行政决定书本身体现着现代行政的文明,是行政现代化的标志。

---

① 参见应松年主编:《外国行政程序法汇编》,中国法制出版社 1999 年版,第 173 页。
② 参见应松年主编:《外国行政程序法汇编》,中国法制出版社 1999 年版,第 444 页。
③ 参见应松年主编:《外国行政程序法汇编》,中国法制出版社 1999 年版,第 245~246 页。

八、说明理由制度

说明理由制度的内容是：行政主体作出涉及相对人权益的决定、裁决，特别是作出对相对人权益有不利影响的决定、裁决时，必须在决定书、裁决书中说明其事实根据、法律根据或行政主体的政策考虑。除了具体行政行为以外，行政机关在制定行政法规、规章或发布其他规范性文件时，在可能的条件下，也应在有关政府公报中说明其事实和法律根据。许多国家和地区通过行政程序法明确规定说明理由制度。例如，德国《联邦行政程序法》第39条规定，行政机关的书面行为或书面确认的行为，得书面说明理由。行政机关应说明其决定所考虑的事实上和法律上的主要理由。行政机关在裁决中，亦得说明其进行裁量时所持的观点。[①] 日本《行政程序法》第14条规定，行政机关作出对相对人不利的处分时，应向相对人说明有关处分的理由。[②] 葡萄牙《行政程序法》第124条规定，行政机关作出行政行为，法律规定应说明理由的，应说明理由，对于下列行为，不论法律有无规定，均应说明理由：(1)以任何方式全部或部分否认、消灭、限制或损害相对人的权利或受法律保护的利益，科以或加重义务、负担，或给予处罚；(2)对相对人声明异议和申诉作出决定；(3)作出与相对人要求、建议相反的决定；(4)作出不同于惯常做法的决定；(5)废止、变更或中止以前的行政行为。[③] 其他国家的行政程序法，如荷兰的《基本行政法典》、西班牙的《行政程序法》等亦明确规定了说明理由制度，法国还制定了专门的《行政行为说明理由法》。[④]

说明理由制度的主要价值在于：其一，体现对相对人权利和人格的尊重；其二，使相对人明了行政行为的根据、理由，以便于相对人理解相应行为和配合相应行政行为的实施；其三，体现现代行政文明，有利于树立政府的文明形象。

---

① 参见应松年主编：《外国行政程序法汇编》，中国法制出版社1999年版，第178~179页。

② 参见应松年主编：《外国行政程序法汇编》，中国法制出版社1999年版，第445页。

③ 参见应松年主编：《外国行政程序法汇编》，中国法制出版社1999年版，第505页。

④ 参见应松年主编：《外国行政程序法汇编》，中国法制出版社1999年版，第568~570页。

九、时效时限制度

时效时限制度的基本内容是：行政主体实施行政行为，特别是涉及相对人权益的行为，法律、法规要对之确定明确的时间限制。如对行政主体实施行政许可行为，法律法规要规定其申请的时效、审查的时限、决定的时限、送达的时限等；对行政主体实施行政处罚或行政处分时，法律法规要为其规定调查相对人[外部相对人（公民、法人和其他组织）或内部相对人（公务员）]违法行为的时效，审查违法违纪事实、证据或听证的时限，作出处罚、处分决定的时限，向相对人送达处罚、处分决定书的时限，执行的时限等。例如，我国澳门特别行政区《行政程序法典》共 167 条，其中有时效、时限、期间规定的有 40 条，①可见时效时限制度在行政程序法中的重要地位。

时效制度的主要价值在于：其一，保障行政行为及时作出，避免因行政行为的拖延和耽搁造成对相对人权益的损害；其二，防止和避免官僚主义，提高行政效率；其三，督促行政主体及时作出行政行为，防止因时间拖延而导致有关证据散失、毁灭或环境、条件变化，影响行政行为作出的准确性；其四，有利于稳定行政管理秩序和社会秩序。

十、救济制度

救济制度虽然不完全是行政程序制度，有实体的内容；也不完全是行政制度，有司法的内容，但由于该制度与行政程序紧密联系，是对行政行为违法、不当造成的后果进行的补救，故在整体上仍被视为行政程序制度。② 行政救济包括声明异议，行政复议（或称行政诉愿），行政复核（含复查、复审），以及对行政行为的司法审查（行政诉讼）、行政赔偿、行政补偿等。声明异议是指行政相对人对行政主体的行政行为不服，向作出相应行为的行政主体提出异

---

① 参见澳门特别行政区《行政程序法典》第 10、16～18、20、22、31、43、50、55、57～58、62、64、66、68、70～72、76、88～91、96、98、108～109、112～113、118、122、136、141～142、144、147、150～151、154 条。载应松年主编：《外国行政程序法汇编》，中国法制出版社 1999 年版，第 568～570 页。

② 行政救济制度既是行政程序法制度，也是行政实体法制度。从行政救济是行政行为本身过程的继续——对行政行为进行审查，发现和纠正其瑕疵的角度讲，它是行政程序法制度，从法律规定的行政救济本身的实体内容讲，如法律关于救济条件、标准以及行政主体承担责任的条件、方式等规定，则是行政实体法制度。

议,要求其重新审议和作出决定。行政复议是指行政相对人对行政主体的行政行为不服,向作出行政行为的行政主体的上级主管部门(或行为机关所属的政府,或某种专门复议机关)申请复议,要求其对被申请的行为的合法性和合理性进行审查,并根据审查结果作出相应救济的决定(如撤销或变更相应行为,给予相对人以损害赔偿、补偿等)。行政复核(含复查、复审)是指公务员对行政机关所作出的涉及本人的人事处理决定或行政处分决定不服,向作出处理或处分决定的上级行政机关或者监察机关申请复核,要求其重新审查,撤销或改变原决定。司法审查是指行政相对人对行政主体的行政行为不服,向法院提起行政诉讼,请求法院对被诉行政行为的合法性进行审查并作出裁判,为其依法提供相应的救济,如撤销或改变被诉行政行为,责成行政主体重新作出行政行为,责成行政主体赔偿相对人因被诉行政行为造成的损失或采取其他补偿、补救措施等。

救济制度作为行政程序制度的组成部分,通常在行政程序法中作出明确规定。但大多数国家和地区在行政程序法中仅规定行政机关本身实施的救济,而不规定司法审查,司法审查另通过行政诉讼法规定。如葡萄牙《行政程序法》、荷兰《基本行政法典》、奥地利《行政程序法》、西班牙《行政程序法》等均无对行政行为司法审查的规定,但美国《联邦行政程序法》以专门一章的篇幅规定司法审查。[①]

行政救济制度作为行政程序制度的主要价值在于:其一,为行政行为提供内部和外部的控制机制,以随时发现行政行为的错误和纠正错误。其二,为行政相对人的权益提供保障机制,在相对人权益受到违法、不当行政行为侵害时随时给予救济。其三,为行政程序系统提供信息反馈机制,使行政主体能根据其反馈的社会信息,随时对系统进行调节,以保证行政系统不断有序、有效运转。

---

① 以上所列诸国行政程序法均引自应松年主编:《外国行政程序法汇编》,中国法制出版社 1999 年版。

第三节 欧盟、日本、美国行政程序法在21世纪的发展

一、21世纪欧盟、日本、美国行政程序立法的发展

(一)21世纪欧盟行政程序立法的发展

欧盟行政程序立法在21世纪取得重大进展,其主要表现是:2009年成立的"欧盟行政法研究网络"组织百余位专家学者草拟《欧盟行政程序模范规则》,经过5年多的艰苦努力:反复磋商、研讨、论证、辩论、修改和打磨,于2014年推出了一个各方都比较认可的《欧盟行政程序模范规则》文本,并于2016年1月28日由欧洲议会法律事务委员会对之组织了听证。[①] 但《欧盟行政程序模范规则》只是一个民间性和学术性的立法试拟稿或立法建议稿,而非正式的官方立法,对欧盟行政机构和欧盟成员国政府行政行为没有正式的法律拘束力。

欧盟至今没有统一的行政程序法典,但欧盟成员国大多在20世纪甚至更早就已经制定了统一的行政程序法,并随着时代的发展不断修改、完善。西班牙早在1889年制定了共有159个条文的《行政程序标准法》(后于1958年制定了新的《行政程序法》、于1992年制定了全新的《公共行政机关及共同的行政程序法》)。奥地利于1925年制定了《普通行政程序法》,之后,捷克、波兰于1928年、南斯拉夫于1930年、匈牙利于1958年、瑞士于1968年、瑞典于1971年、德国于1976年、意大利于1990年、葡萄牙于1991年、荷兰于1994年、希腊于1999年制定了各自国家的统一行政程序法或行政程序法典。[②] 在21世纪,欧盟成员国的行政程序法或行政程序法典均保持了较大的稳定性,没有进行过大的修改和变动,其发展主要是通过单行行政立法和行政执法、行政诉讼的判例实现的。欧盟虽然不同于其成员国,没有统一的行政程序法典规范其行政行为,但是,其行政行为同样要遵循行政程序法的一般原则。

---

① 参见彭錞:《迈向欧盟统一行政程序法典:背景、争议与进程》,载《环球法律评论》2016年第3期。

② 参见李洪雷:《行政程序法典化的三波浪潮》,载《紫光阁》2015年第2期。

21世纪以来,其行政程序越来越呈现出“全球化”和“欧洲化”的趋势。例如,在行政过程中,相对人有获得听证的正式机会(formal opportunity to be heard);行政当局必须遵循合理性原则(reasonableness)、比例原则(proportionality)和善意原则(good faith);行政当局对其行为必须适当说明理由等。对于行政程序的法制化,欧盟的指令有极为重要的作用。例如,其关于电信的第一批指令即确立了诸如比例原则、客观性原则、非歧视原则一类行政法基本原则,并以一般和个别的批准取代了某些许可证;第二批指令确立了规制机构(为反垄断机构和欧洲委员会提供咨询、合作和信息的机构)的有关责任,并创设了下述程序性权利:其一,“框架性”指令规定了告知和申辩的程序权利(第2002/20号指令第6条);其二,针对规制机构的决定,应提供司法性或者准司法性的救济(第4条);其三,要求所有相关的信息必须公开(第5条)。[①]

当然,如前所述,21世纪欧盟行政程序立法的最大进展还应认为是《欧盟行政程序模范规则》的推出。尽管该规则不是立法机关制定的,没有直接的法律效力,但是它可能对今后欧盟行政程序立法产生重大影响。关于《欧盟行政程序模范规则》的体系结构和主要内容,北京大学彭錞博士在他撰写的关于欧盟行政程序法典化前景的一篇论文中有详细介绍。[②]

《欧盟行政程序模范规则》参考并超越了世界各国行政程序法的现有模式,共包括六编:总则(general provisions)、行政规章制定(administrative rulemaking)、具体行政决定的作出(single case decision-making[③])、行政合同(administrative contracts)、行政协作(mutual assistance[④])和行政信息管理(administrative information management)。

《欧盟行政程序模范规则》的总则确定了行政程序立法的双重立法目的:通过“赋权”与“限权”,促进公共职能的高效行使和保障相对人权利。在“限权”方面,《欧盟行政程序模范规则》列举的原则包括:平等、非歧视、法律的确

---

① 参见[意]吉亚桑托·加纳尼:《超越国家——行政程序法的欧洲化和全球化》,李会真、刘铁译,载《国家行政学院学报》2005年第2期。

② 以下涉《欧盟行政程序模范规则》的内容均参见彭錞:《迈向欧盟统一行政程序法典:背景、争议与进程》,载《环球法律评论》2016年第3期。

③ “single case decision-making”的直译是“个案决定”。

④ “mutual assistance”的直译是“相互帮助”。

定性、公正性、客观性与中立性、公众参与、合比例性、正当期待、公开透明和有效救济。在“赋权”方面则明确了行政效率、效能和服务导向等原则。《欧盟行政程序模范规则》使用的“行政活动”概念是“技术化和有限的”，仅适用于行政程序领域。其对“规章制定”则做了广义界定：所有旨在对事前无法确定之多数人产生法律约束力的行为，都属于规章制定。无论是欧盟行政机关，还是行政立法委员会或规制机构，也无论是审批、起草或参与起草行政立法，只要其活动有上述效果，都受《欧盟行政程序模范规则》规定的程序调整。《欧盟行政程序模范规则》建构了两种规章制定程序：一般程序和简易程序。一般程序包含动议、起草、咨商与参与、反馈报告四个环节，透明度和公众参与的要求贯穿全程。而以简易程序通过立法则无须事前公开征求意见。

《欧盟行政程序模范规则》中最能反映欧盟行政法传统的核心的部分是“具体行政决定的作出”，共 35 条，分为六章，分别为一般规则、决定程序启动、信息收集、听证与跨行政层级咨商、作出决定、决定的改变与撤销。其中，“决定程序启动”一章对现行法上缺乏统一要求的相对人申请程序做了规定，明确了申请人免受“不必要的形式或文书要求困扰”的权利。“信息收集”一章首次全面规定了行政调查和搜查，填补了现行法上多年的空白。“听证与跨行政部门咨商”部分则具体规定了相对人与利益相关的公众在哪些情形下享有何种听证权或咨商权，同时也确立了欧盟机构作出行政决定时听取其他相关欧盟机构或成员国行政机关意见的程序。“作出决定”一章着重强调普遍性的说明理由义务，并设定了轻微瑕疵的补正程序。“决定的改变与撤销”一章针对的是违法行政决定，对负担性决定和授益性决定做了区别对待。

《欧盟行政程序模范规则》对“行政合同”的规定有意限缩范围，主要针对欧盟机构的采购合同，其目的主要在于避免学术之争，最大限度地提供规则的确定性。《欧盟行政程序模范规则》从过程角度将公共合同分为三个环节：合同订立前程序、合同订立程序（包括生效和无效要件）以及合同的履行与终结。对合同全过程做了框架性规定，细化或例外规定则留待单行法律规定，从而保留了未来发展的灵活空间。

《欧盟行政程序模范规则》中关于“行政协作”与“行政信息管理”的规定是唯一对欧盟机构和成员国行政机关共同适用的部分。行政协作指两者内部和彼此之间在履行行政职能过程中的互相协作，包括信息传递、协同调查、文件共享等。《欧盟行政程序模范规则》规定了协作申请发起方和接收方的权利义务、相对人的知情权和成本分担等事项。最重要的是,它确定了行政协作必须符合比例原则,即协作任务不能带来比效率收益更高的行政成本。“行政信息管理”是《欧盟行政程序模范规则》中篇幅最大的部分,共 41 条,内容包括信息共享和信息管理。其确立了信息质量原则,要求准确、及时、合法记录信息和更新信息,并建立促进机构间常态化信息交流的“结构化信息机制”,以提升行政信息共享与管理的效能。

(二)21 世纪日本行政程序立法的发展

21 世纪日本行政程序法的重要发展主要是 2005 年和 2014 年日本国会对其 1993 年制定的《行政程序法》进行的两次增修。1993 年《行政程序法》在制定之后虽因其他法律的修改而有细小的修改,但 2005 年的修改是一次较大的和有较重要意义的修改。这次修改专增一章(第六章),规范广义行政立法程序“意见公募程序”,即公开征求意见的程序,共 8 个条文,并据此对其他章节进行了相应的修改。[①] 日本 2005 年修法确立的“意见公募程序”相当于美国《联邦行政程序法》规定的“公告评价程序”(notice and comment)。早在 1999 年,日本曾以“阁议决定”的形式规定此种程序(称“在规制设定的立改废中提出意见的程序”),要求行政机关在意思决定过程中向国民公布自己的方案,考虑国民提出的意见和信息,然后再作出决定。2005 年日本《行政程序法》修改确立这一程序,其目的在于:第一,使政府在与利害关系人的关系上保证利害关系人参与,保障行政运营的公正性、提升透明度;第二,使执法机关更容易收集信息,确保其判断的适当性;第三,确保国民在意思形成过程中的参与。[②]

关于 2005 年日本《行政程序法》修改的主要内容,中国人民大学教授王贵松博士在他撰写的关于日本行政程序法的有关论文中有较详细介绍。[③]

---

① 日本原《行政程序法》仅设六章(总则、对申请的处分、不利益处分、行政指导、申报和补则),共 38 条,仅规范具体行政行为,而不涉及作为抽象行政行为的行政立法行为。参见应松年主编:《外国行政程序法汇编》,中国法制出版社 2004 年版,第 535~590 页。

② [日]参见宇贺克也:《行政法概说Ⅱ 行政法总论》(第 3 版),有斐阁 2009 年,第 418~419 页。

③ 参见王贵松:《日本行政程序法》,载章剑生主编:《公法研究》第 16 卷(2016 · 秋),浙江大学出版社 2017 年版。

关于意见公募程序的适用对象,2005 年日本《行政程序法》确定为:必须是国民关心的事项,是可期待国民的意见、也有必要考虑其意见的情形的“命令”等,这些命令指内阁或者行政机关所制定的具有下列内容的规范性文件:(1)依法律所制定的命令(包括确定处分要件的告示)或规则;(2)审查标准(指根据法令规定判断是否给予申请的许可认可等的必要基准);(3)处分标准(指为了判断是否作出不利处分或何种不利处分是否符合法令规定所需的必要标准);(4)行政指导指针(指为实现同一行政目的而对符合一定条件的多数人实施行政指导时,应作为这些行政指导共同内容的事项)。[①] 对于广义的行政主体组织内部或行政主体相互间关系的命令,则不适用意见公募程序的规定。意见公募程序的适用对象不限于政令、省令,也包括了审查基准、处分基准、行政指导基准,而没有区分法规命令与行政规则。但这与广义的行政立法也并不等同,除了理论上的法规命令外,只包括审查基准、处分基准、行政指导基准三类行政规则。

关于意见公募程序的过程和步骤,根据 2005 年日本《行政程序法》的规定,主要包括以下环节:(1)命令等草案等的公示(第 39 条)。命令等制定机关在制定作为意见公募程序适用对象的规范性文件时,应预先公示该规范性文件的草案及其关联资料,确定意见(包括信息)的受理机关以及提出意见的期间,广泛地征求一般的意见。必要时,还应努力让该意见公募程序的实施广为人知,并努力提供与实施该意见公募程序相关联的信息。(2)提出意见。意见提出期间应在自公示之日起 30 日以上。制定机关在制定规范性文件时,有不得已的理由不能确定 30 日以上的提出意见的期间时,可确定不足 30 日的意见提出期间,但对此应说明理由。(3)对提出意见的考虑。规范性文件制定机关在实施意见公募程序时,应充分考虑在意见提出期间内向其所提出的意见。意见公募程序的目的不在于询问公众对草案的赞成与否,而是为了让相应机关作出规范性文件时进行合理而慎重的判断。(4)结果公示。规范性文件制定机关实施意见公募程序制定规范性文件后,不仅应当公布该文件,而且应当同时公示下列事项:文件的标题、文件草案公示的日期、公众提出

---

① 此项规则源于 2005 年日本《行政程序法》第 2 条第 8 项的规定,参见王贵松:《日本行政程序法》,载章剑生主编:《公法研究》第 16 卷(2016 · 秋),浙江大学出版社 2017 年版。

的意见、制定机关考虑所提出意见的结果及其理由。必要时,可将意见的整理或摘要代替意见,予以公示。公示后,还应在制定机关的事务所备置以及以其他适当的方法公开。在公示或公开所提出的意见可能侵害第三人的利益或者有其他正当的理由时,制定机关可不公示或公开相关意见。①

除了2005年对《行政程序法》的修改外,2014年6月,日本还在修改《行政复议法》的同时,修改了日本《行政程序法》的相关内容,在第四章"行政指导"中增加了中止行政指导等请求程序。行政机关在作出行政指导时,如果相应行政指导是根据其许可认可等权限或基于许可认可行为而作出,则必须说明其根据的法令条款、权限行使的要件和行使的具体理由。行政指导的相对人认为该行政指导不符合法律所规定的要件时,可以向作出该行政指导的行政机关说明情况,要求其中止该行政指导或采取其他必要的措施。另外,2014年的修改还增加了在存在违反法令的事实时,任何人认为行政机关没有作出其应作出的纠正处分或行政指导时,可以向有权作出该处分或行政指导的行政机关说明情况,并要求作出该处分或行政指导。②

此外,日本在2002年还制定了《关于行政程序中利用信息通信技术的法律》,以促进利用信息通信技术,节约行政成本,提升行政效率。

(三)21世纪美国行政程序立法的发展

皮尔斯认为,在21世纪的前10年里,美国行政法领域没有发生过重大的革命性变化的事件。③ 美国国会中的共和党自2000年以来曾多次提议对美国《联邦行政程序法》进行修改,但没有一次提案获得成功。这些修改提案都

① 上述规则源于2005年日本《行政程序法》第39~43条的规定,参见王贵松:《日本行政程序法》,载章剑生主编:《公法研究》第16卷(2016·秋),浙江大学出版社2017年版。

② 上述规则源于2005年日本《行政程序法》第36条之二和第36条之三的规定,参见王贵松:《日本行政程序法》,载章剑生主编:《公法研究》第16卷(2016·秋),浙江大学出版社2017年版。

③ 参见[美]理查德·J.皮尔斯:《行政法》(第1卷),苏苗罕译,中国人民大学出版社2016年版,第32页。

无一例外地使行政机关的规制行为变得更加困难。①

毕洪海博士认为,21 世纪美国国会虽然没有对美国《联邦行政程序法》进行过任何重大修改,但是这不意味着美国行政程序法在 21 世纪没有发展。美国行政程序法的许多新的发展反映和体现在美国律师协会的行政法和规制实务分会编纂的《美国联邦行政法重述》中。2013 年 4 月 14 日,该分会理事会核准发布的《美国联邦行政法重述》包括六章 34 节:第一章,裁决。该章分别阐释正当法律程序对听证的要求、行政程序法规定的听证权、行政程序法规定的正式听证要求、决定制作的完整程序、行政程序法关于行政法官的规定、次听证要求、非正式裁决等。第二章,非正式规章制定。该章分别阐释非正式规章制定可行性、制定规章的提议、拟制定规章的通知和评论机会、规章制定记录和作出决定程序、最终制定的规章等。第三章,司法审查。该章分别阐释审查标准:法定争议、非法定法律争议、事实争议、对行使行政裁量权的审查、对涉及行政解释的附属争议的审查、对程序性争议的审查、对行政迟延的审查、救济等。第四章,对行政行为司法审查的可得性。该章分别阐释司法审查先决条件、司法审查时限、可审查性、原告资格等。第五章,信息自由、阳光政府法、咨询委员会。该章分别阐释信息自由法、适于禁止透露的信息、"反信息公开"规则、联邦咨询委员会法、阳光政府法。第六章,政府行政程序的运作。该章分别阐释政府行政程序运作范围、国会对行政行为的控制、总统对行政行为的控制及法定要求等。②

美国《联邦行政程序法》仅适用于联邦政府。美国各州则有些是适用《州

① 清华大学法学院何海波教授的博士生杨金晶先生于 2015~2017 年在美国研习行政法,笔者和海波教授请他了解一下美国行政程序法在 21 世纪的最新发展,他给笔者和海波教授回了电子邮件。他说,美国哥伦比亚大学的斯特劳斯(Strauss)教授认为,21 世纪以来美国《联邦行政程序法》的基本特征并没有什么显著变化。在美国,几乎每一个行政法问题都能与美国《联邦行政程序法》扯上关系,因此,想用几个案例或行政规则来概括这 20 年来的变化,几乎是不可能的。卢伯斯(Lubbers)教授也认为,与美国《联邦行政程序法》相关的重要案例和立法几乎都发生在 20 世纪,21 世纪几乎没有什么具有重大影响的判决,而且美国《联邦行政程序法》的规定在 21 世纪也没有引起多大的问题。杨金晶说,他在美国哥伦比亚大学听马肖(Mashaw)教授开设的行政法课,讲课的内容主要是规则制定和司法审查方面的传统问题,没有提到美国《联邦行政程序法》的最新变化和发展。

② 《美国联邦行政法重述》共设 6 章,其中有两章阐释司法审查。之所以如此,是因为司法审查在美国行政程序法中占有重要地位。这不同于大陆法系国家和日本、韩国等,这些国家的行政程序法不规定司法审查的内容,司法审查另制定行政诉讼法规定。

模范行政程序法》(Model State Administrative Procedures Act, MSAPA),有些则是以《州模范行政程序法》为蓝本另行制定本州的行政程序法。《州模范行政程序法》与《欧盟行政程序模范规则》一样,并没有法律效力,制定于1946年,于1961年和1981年进行两次修改。进入21世纪以来,于2010年对之进行修改。近年来,美国行政法学界加强了对州行政程序法的研究。例如,吉迪德(Gedid)教授撰文《21世纪的行政程序——2010年〈州模范行政程序法〉介绍》,探讨了《州模范行政程序法》的发展、意义和该法在不同时期的基本特征。[①] 还有学者对州行政程序法与联邦行政程序法的关系,[②]地方行政程序的法典化,[③]《州模范行政程序法》中行政裁决和规则制定条款的适用,[④]以及州行政程序法如何吸收谢弗林原则[⑤]等问题进行过讨论。

二、欧盟、日本、美国行政程序法在21世纪的运作实践变革

(一)欧盟行政程序法在21世纪的运作实践变革

21世纪欧盟行政程序法运作实践的发展变化有两点值得特别关注:一是欧洲法院判例对欧盟行政程序法以及欧盟成员国行政程序法的影响和促进作用;二是WTO等国际组织的运作,特别是其负责解决成员间争议纠纷的专家小组(the Panels)和上诉机构(the Appellate Body)的活动对推动欧盟行政程序法全球化的影响和作用。

欧盟行使行政权的最重要的机构是欧洲委员会(European Commission)。到21世纪,在欧盟行政机构中,一个相对较新的现象是通过欧洲理事会立法设立越来越多的专业行政机构(agencies),这些机构具有法律人格,在一定程

---

① See John Gedid, *Administrative Procedure for the Twenty-First Century: An Introduction to the 2010 Model State Administrative Procedure Act*, 44 St. Mary's L. J. 241 (2012).

② See William L. Corbett, *Montana Administrative Law Practice: 41 Years after the Enactment of the Montana Administrative Procedure Act*, 73 Mont. L. Rev. 339 (2012).

③ See Casey Adams, *Home Rules: The Case for Local Administrative Procedure*, 87 Fordham L. Rev. 619 (2018).

④ See Michael Asimow, *Contested Issues in Contested Cases: Adjudication under the 2010 Model State Administrative Procedure Act*, 20 Widener L. J. 707 (2011); Ronald M. Levin, *Rulemaking under the 2010 Model State Administrative Procedure Act*, 20 Widener L. J. 855 (2011).

⑤ See Bernard W. Bell, *The Model APA and the Scope of Judicial Review: Importing Chevron into State Administrative Law*, 20 Widener L. J. 801 (2011).

度上享有独立于欧共体机构,特别是欧洲委员会的地位。专业行政机构的领导管理层一般是管理或行政委员会,其成员由欧盟成员国政府或欧盟机构指派的人员组成。专业行政机构的职能和任务具有多样性,其中有一些规制性机构(如协调国内市场办公室、植物多样性办公室等)有权作出针对个人的有拘束力的行政决定;相对人对其决定不服,可以诉诸欧洲法院。欧洲法院可以根据欧盟法的一般原则,或者借鉴欧盟成员国行政程序法的规则对这些机构的行政决定进行审查和作出判决。随着欧洲法院的判例和所确立的一般原则(如平等原则、比例原则、辩护权原则、合理预期原则、法律确定性原则、说明理由义务原则等)越来越多,欧盟行政程序法也就越来越发展和丰富起来。同时,欧盟行政程序法的发展反过来又影响和促进了欧盟成员国行政程序法的发展,因为欧盟各成员国行政程序法规则和原则(内涵和外延)虽有共性,但亦有差别。欧洲法院的判决在不断减少和消除它们之间的差别和增加共性。①

21 世纪欧盟行政程序法运作实践的发展变化同时也源于 WTO 等国际组织的运作,特别是其负责解决成员间争议纠纷的专家小组和上诉机构的裁判活动。它们在其裁决中认可和执行各国行政程序法中一些具有普遍性的法律原则。这些原则通过专家小组和上诉机构在裁决中的运用,之后不仅约束 WTO 的准司法机构,而且约束 WTO 的各缔约方(欧盟为缔约方之一)。例如,上诉机构在一份裁决中,确立了一种"WTO 保护利益理论"(theory of the interests protected by the WTO),认为像环境保护事项那种原认为只能由各个国家管辖的事项(各国享有特定的利益),也属于 WTO 必须确保获得充分保障的事项,因为保护生物物种在内的"可用竭的自然资源"是 WTO 的责任,这是《马拉喀什建立世界贸易组织协定》宣示的可持续发展发展目标和旨在保护自然资源的国家行为合法化的要求。上诉机构的裁决认为,WTO 缔约各方的权力应受到两个方面的限制:一个方面的限制是他们不得单方面地采取措施,而必须通过像环境保护方面的那种双边或者多边协定来协调相互之间的利益关系,所有缔约方都必须获得"进行谈判的类似机会"。这一限制使得原

---

① 参见[荷]勒内·J. G. H. 西尔登、弗里茨·斯特罗因克编:《欧美比较行政法》,伏创宇、刘国乾、李国兴译,中国人民大学出版社 2013 年版,第六部分"欧洲行政法",第 294~309 页。

来那种认为“一国可以绝对自主行使其对外权力”的传统观念不能继续维系(从而为在欧盟成员国之间适用有关行政程序的普遍性原则提供了可能性)。上诉机构裁决认为WTO缔约各方的权力应受到的另一个方面的限制是,成员国的规则制定程序和裁决(如颁发许可证书)程序[1]都必须遵循正当程序(due process)原则,如颁发许可证书须提供听证的机会并作出正式的、书面的和合理的决定等。正是WTO专家小组和上诉机构作出的这类裁决,推进了欧盟行政程序法运作的发展(应为其因素之一)。[2]

(二)日本行政程序法在21世纪的运作实践变革

日本行政程序的法典化只是使日本行政权运作所应遵循的基本规则成为实定法,在实践中,其具体实施的许多问题在很大程度上则有待法院司法判例去明确、细化和促推解决。

例如,对于行政行为的说明理由制度,1993年的日本《行政程序法》对之仅作了一般规定,行政机关对驳回申请(第8条)、作出不利处分(第14条)的行为,必须说明理由,但对于理由说明的程度并未作出规定。[3] 直到2011年,日本最高法院才在说明理由的程度方面作出了相应的司法阐释。其在建筑师执照撤销处分一案的判决中指出:应根据日本《行政程序法》第14条第1款的规定“说明理由到何种程度,应当参酌该款正文的上述旨趣,综合考虑该处分的法令根据规定内容、该处分是否存在处分基准、内容及有无公布、该处分的性质及内容、该处分的原因事实内容等而定”。考虑到该处分的要件只在法律上予以了抽象的规定,处分的具体规则被委诸行政机关裁量,所公开的该案处分基准内容颇为复杂,“在作出建筑师惩戒处分之际,作为应同时说明的理由,在处分的原因事实及处分的法条根据之外,如果不说明本案处分基准的相关适用,处分的相对人即使通过上述事实及法条根据的提示能知道符合处分要件,通常也难以知道是基于何种理由、适用怎样的处分基准而选择该处

---

① 这里的“裁决”相当于德国等国家的“行政处分”和我国的“具体行政行为”。

② 参见[意]吉亚桑托·加纳尼:《超越国家——行政程序法的欧洲化和全球化》,李会真、刘轶译,载《国家行政学院学报》2005年第2期。

③ 参见应松年主编:《外国行政程序法汇编》,中国法制出版社1999年版,第442~446页。

分”。行政机关这样做，其理由说明并不充分，该处分应当撤销。[①] 这也就是说，在上述判例法理中，说明理由不仅要说明所适用的相关法规，而且要求连非法规的处分基准的适用也要求予以说明。日本最高法院这一判决继受了由税法发展而来的附具理由判例法理，将之扩展到对一般行政程序法制的要求，在说明理由程度上附加了对处分基准是否存在、基准内容、基准有无公布等要素的说明。不仅要求对作为处分根据的法规的法条和具体的相关事实要予以说明，而且要求对相关处分基准的适用也应予以说明。如果理由说明没有及于这些相关要素，法院可以理由说明存在瑕疵为由而撤销该处分。[②]

日本行政程序法运作的重要特色之一是制定法不断吸收判例法的经验。在制定法之前，判例不断产生和形成新的规则和原则；在时机成熟之后，判例法就会转化为制定法，使个案确立的规则一般化、普遍化；同时，判例法在制定法施行过程中又发挥着重要作用，对制定法的规则予以阐释、细化或补充，增强法的明确性。制定法的实施需要判例法的支撑，两者具有一定的互补性。[③]

(三)美国行政程序法在21世纪的运作实践变革

美国21世纪行政程序法运作实践的变革有以下六个方面值得特别关注：[④]

一是注重规章制定程序(rulemaking)。在规章制定程序中，公众参与是最重要的环节。早在2005年，就有学者对规章制定中的公众参与提出改革意见，[⑤]之后科格赖斯(Coglianese)教授和法里拉(Farina)教授等学者也多次强

---

① 参见日本最高裁判所2011年6月7日判决，最高裁判所民事判例集第65卷第4号第2081页。

② 参见[日]原田大树：《处分基准的理由提示》，载《法政研究》第78卷第4号。

③ 参见王贵松：《日本行政程序法的法典化》，载姜明安主编：《行政程序法典化研究》，法律出版社2016年版，第63~70页。

④ 关于美国21世纪行政程序法运作实践和学者对之的讨论研究所涉及的六个方面的问题主要是根据杨金晶先生应笔者咨询，发给笔者电子邮件所提供的材料整理归纳而成的。但也有某些材料是笔者从别处获取的，如沈岿教授关于美国行政规则制定程序中如何回应公众意见的材料，参见沈岿：《行政机关如何回应公众意见？——美国行政规则制定的经验》，载《环球法律评论》2018年第3期。

⑤ See David Fontana, *Reforming the Administrative Procedure Act: Democracy Index Rulemaking*, 74 Fordham L. Rev. 81 (2005).

调规章制定程序中公众参与的重要。[①] 2016 年,美国律师协会(American Bar Association,ABA)针对美国《联邦行政程序法》中的规章制定条款提出了 9 项修改建议,内容涉及数据研究信息披露、记录获取、设置最低评论时长、重新定义"规章"、增加回溯性审查、统一规制计划等内容。[②]

北京大学法学院沈岿教授曾专门著文"行政机关如何回应公众意见",介绍和研究美国行政规章制定的经验。该文指出,"美国《联邦行政程序法》对经过'通告—评论'程序的行政规章,仅要求行政机关在考虑公众意见之后,在其最终制定的规章之中对规章依据和目的予以'简明综述',其并没有明确行政机关是否应当或如何回应公众评论。实践中,美国行政机关对公众评论基本是予以回应的:在评论意见较少的时候会一一回应,但多数时候并非回应每一个评论,而是分类、整理、聚焦重要观点。行政机关的回应会提及重要评论、表明自己立场、说明所持立场的理由以及根据评论意见对拟议规章进行的修改等。行政机关如此详细回应公众评论,最主要推动力来自较为严格的司法审查。行政机关若不能合理回应重要观点,法院有可能裁判其构成'恣意武断和反复无常',而否认规章效力"。[③]

二是注重行政裁决程序。早在 2004 年,阿希姆(Asimow)教授就认为应该对非正式裁判中的行政相对人施加更多程序保障,尤其是在听证程序中。[④] 除此之外,有学者认为,美国《联邦行政程序法》有相应规定确保正式裁决中的听证官作出公正、独立和情理通达的决定,但是这些规定对绝大多数行政裁决的听证程序并不适用。在美国《联邦行政程序法》之外的行政裁决中,行政机关享有广泛的程序裁量权。尽管这种广泛的程序裁量权可为行政机关带来好处,但同时也会削弱甚至摧毁行政决定的独立性、统一性和透明性。[⑤] 克拉

---

① See Cary Coglianese, *Citizen Participation in Rulemaking: Past, Present, and Future*, 55 Duke L. J. 943 (2006); Cynthia R. Farina, Dmitry Epstein, Josiah Heidt, Mary J. Newhart, *Knowledge in the People: Rethinking Value in Public Rulemaking Participation*, 47 Wake Forest L. Rev. 1185 (2012).

② See Christopher J. Walker, *Modernizing the Administrative Procedure Act*, 69 Admin. L. Rev. 629 (2017).

③ 参见沈岿:《行政机关如何回应公众意见? ——美国行政规则制定的经验》,载《环球法律评论》2018 年第 3 期。

④ See Michael Asimow, *The Spreading Umbrella: Extending the APA's Adjudication Provisions to All Evidentiary Hearings Required by Statute*, 56 Admin. L. Rev. 1003 (2004).

⑤ See Emily S. Bremer, *Designing the Decider*, 16 Geo. J. L. & Pub. Pol'y 67 (2018).

克(Clark)教授深入医疗规制实践,在比较"谢弗林尊重"(Chevron Doctrine)等原则基础上,认为行政机关的非正式行政裁决需要经受严格审查。[①] 还有学者讨论了行政权侵犯公民程序权的现象,主要涉及正当程序、接受公正审判、公平对待、迟延等议题。[②]

三是注重司法审查程序。近年来学者讨论司法审查程序也有新的进展。在涉及行政决定的司法审查中,有学者专门就美国《联邦行政程序法》第706条规定的"行政记录"(administrative record)的解释及其审查作了深入探讨。[③] 还有学者就美国《联邦行政程序法》第704条中的"行政终局行为"(final agency action)进行讨论,认为联邦最高法院在比内特案(Bennett)中确立的两步审查标准存在问题,严重阻碍了法院对标准施行前的非立法性规则的审查,也侵害了潜在受益者提起司法审查的机会;但法院又不能对标准施行前的每一部行政规章都进行审查,面对这一潜在的矛盾,该学者提出了自己的洞见。[④]

四是开始关注国际行政程序。国际行政程序研究的兴起,源于行政问题的跨国化和全球化。除了斯蒂瓦特(Stewart)教授等人在2005年提出全球行政法的概念及其框架外,[⑤]学者查因(Zaring)的研究比较有代表性。他早期曾专门就国际金融组织的行政规章制定程序进行过研究,[⑥]后又对国际政策制定对国内行政法的影响有过关注,并指出跨国行政现象带来的"主权不匹配问题"(sovereignty mismatch)会对国内行政法的理论基础构成侵蚀,对美国

① See Brietta R. Clark, *APA Deference after Independent Living Center: Why Informal Adjudicatory Action Needs a Hard Look*, 102 Ky. L. J. 211 (2013).

② See Philip Hamburger, *The Administrative Evasion of Procedural Rights*, 11 N. Y. U. J. L. & Liberty 915 (2018).

③ See Aram A. Gavoor, Steven A. Platt, *Administrative Records and the Courts*, 67 U. Kan. L. Rev. 1 (2018).

④ See Stephen Hylas, *Final Agency Action in the Administrative Procudure Act*, 92 N. Y. U. L. Rev. 1644 (2017).

⑤ See Benedict Kingsbury, Nico Krisch, Richard B. Stewart, *The Emergence of Global Administrative Law*, 68 Law & Contemp. Probs. 15 (2005).

⑥ See David Zaring, *Informal Procedure, Hard and Soft, in International Administration*, 5 Chi. J. Int'l L. 547 (2005).

《联邦行政程序法》的适用也带来了挑战。[①] 此外,还有学者就国际贸易海关案件适用美国《联邦行政程序法》的相关问题进行了讨论,[②]甚至还有学者认为应将美国《联邦行政程序法》的原则适用于国际足联的腐败案调查中。[③]

五是开始关注电子化规则制定程序。电子化规则制定在 2000 年之后逐渐成为行政程序的讨论热点,学界也围绕新兴技术对传统规章制定程序的影响进行了广泛的讨论。电子化规则制定的焦点之一是如何适应公众参与形式的变化,学者们对电子化规则制定过程中的公众参与着墨不少。有学者通过实证研究的方式,揭露了电子化规则制定程序中公众参与的优势和弊端。[④] 近期还有学者利用计算机语言处理技术对近 300 万份公众评论数据进行实证分析,讨论了计算机技术如何提升公众参与度。[⑤] 个别学者也讨论了美国《联邦行政程序法》中通告评论程序的改进和电子记录的审查。[⑥]

六是开始关注政策制定(行政指导)程序。政策制定和行政指导类似,行政机关经常通过指导性文件落实行政机关的相关政策。从形式上而言,这些指导性文件制定的程序应与"通告—评论"的程序规制类似,但长期以来,指导性文件的制定通常只有少量的公众参与,而且免于法院的司法审查。然而,指导性文件无疑会对行政机关的规制行为产生重要影响,这也是一个长期存在争议的问题。

2018 年美国行政法年会专门讨论了行政指导(agency guidance)的可审查性。涉及的关键问题有四:其一,如何在美国《联邦行政程序法》的框架内

---

① See David Zaring, *Sovereignty Mismatch and the New Administrative Law*, 91 Wash. U. L. Rev. 59 (2013).

② See Lawrence M. Friedman, Christine H. Martinez, *Administrative Procedure Act and Judicial Review in Customs Cases at the Court of International Trade*, 28 U. Pa. J. Int'l Econ. L. 1 (2007).

③ See Ali Eghbal, *Enough is Enough: FIFA Must Incorporate Principles from the Administrative Procedure Act of* 1946 *to Combat Ongoing Executive Committee Corruption*, 22 Sw. J. Int'l L. 385 (2016).

④ See Stuart Minor Benjamin, *Evaluating E-Rulemaking: Public Participation and Political Institutions*, 55 Duke L. J. 893 (2006); Cynthia R. Farina, Paul Miller, Mary J. Newhart, Claire Cardie, *Rulemaking in* 140 *Characters or Less: Social Networking and Public Participation in Rulemaking*, 31 Pace L. Rev. 382 (2011).

⑤ See Michael A. Livermore, Vladimir Eidelman, Brian Grom, *Computationally Assisted Regulatory Participation*, 93 Notre Dame L. Rev. 977 (2018).

⑥ See Bridget C. E. Dooling, *Legal Issues in E-Rulemaking*, 63 Admin. L. Rev. 893 (2011).

对其进行定义,行政指导文件究竟属于政策声明还是解释性规定?其二,法院应该如何应对?其三,行政指导文件是否应视为事实上的立法性规则纳入司法审查?其四,行政指导文件应以哪种形式予以公布?

有学者从潜在受益者的角度出发,认为对行政指导性文件的制定缺乏必要的约束会对潜在受益人的诉讼权利和公共参与机会构成威胁。[①] 如果放任行政机关制定免于"通告—评论"程序的指导性文件,将导致行政权的肆意扩张。因此,为了免于行政指导的危害,要对行政机关的这一行为进行司法审查,而且要进行严格的全面审查。[②] 另外,个别学者认为联邦某些行政部门(如财政部)可能基于机构本身的特殊性,在制定规章或政策的过程中忽视对美国《联邦行政程序法》的遵守,会将自身的裁量权规避法院的审查和监督,而仅接受国会某种程度上的监督。[③]

---

① Nina A. Mendelson, *Regulatory Beneficiaries and Informal Agency Policymaking*, 92 Cornell L. Rev. 397 (2007).

② See Richard A. Epstein, *The Role of Guidances in Modern Administrative Procedure: The Case for De Novo Review*, 8 J. Legal Analysis 47 (2016).

③ David Zaring, *Administration by Treasury*, 95 Minn. L. Rev. 187 (2010).

第十三章 政府信息公开

第一节　关于政府信息公开的理论

一、英美法系国家学者关于政府信息公开的理论

英国行政法学者克雷格在其所著《行政法》专著中深入探讨了政府信息公开制度的功能和作用。他指出，信息公开对于保障政府责任制具有决定性的意义，政府信息公开立法的最重要的理由和根据有三：其一，人民能获得有关政府决策的信息是一个民主社会最基本、最核心的理念。民主意味着政府应该对其行为负责，但如果其封锁和垄断相应信息，其责任将难以实现。其二，每个公民都应该知道政府收集和制作的有关他个人的信息，这样才能核查相应信息的正确性，以防止其权益被侵犯。其三，政府信息公开有助于改进其决策和避免行政失误。①

英国行政法学者莱兰和安东尼在其合著的《行政法教科书》中在论述英国 2000 年制定的《信息自由法》（The Freedom of Information Act，或译《信息公开法》）的意义时，提出该法有四个方面的重要作用：其一，该法律赋予公民普遍的知情权，不仅意味着公民可向数千个公共机关提出获取信息的申请，要求它们公开各种类型的信息，而且意味着公共机关应主动公开更多的信息。其二，该法律要求地方当局等许多公共机关有义务制定涵盖公开各种类型信息的计划。事实上当下正普遍推行的电子政府创新方案进一步促进了上述两

---

① See Paur Craig, *Administrative Law*, Sweet & Maxwell, 2008, p. 224.

种作用的实现。其三,该法律创设的信息监察专员对于监督公共机关全面有效实施该法,推动信息公开发挥了重要作用。其四,该法律赋予公民知情权,有力推动了公共机关对作出各种行政决定说明理由,而行政决定说明理由又有助于行政相对人对行政决定提出申诉、起诉,使其能获得更有效的法律救济。①

美国行政法学者沃伦在其所著《政治体制中的行政法》一书中通过简要评述美国各方面人士对于美国《信息自由法》和《阳光下的政府法》的不同看法表明了他对政府信息公开的基本观点。他指出,尽管公开政府运作信息这一事实与民主理论相一致,但是公权力执掌者几乎都本能地抵制要求其公开其公权力运作信息的努力。林登·贝恩斯·约翰逊(Lyndon Baines Johnson)总统虽然于1966年7月4日签署了《信息自由法》并宣称:“我一直深信信息自由是如此重要,以至于只有国家安全的需要,而非公务员或平民的需求,才决定何时对信息自由进行限制。”②但实际上他却极力阻挠国会通过这一法律,并特别设法改变呈交给众议院的该法律版本,以便使所通过的法律不具备太大的威力,降低政府信息公开的力度。沃伦指出,国会通过《信息自由法》的目的是确保任何人都能从行政机关那里获取有关政府运作的信息,并不要求公开那些必须保密的敏感信息和涉及私人隐私的信息。既然如此,公权力执掌者为什么要害怕政府信息公开和对之加以抵制呢?他们难道不明白人民如果不能获取必要的信息以监督政府的行为,民主就无法实际运行吗?难道现代政治学说不是已经论证人民为了控制政府就必须了解政府在做什么吗?难道美国宪法第一修正案的实行不是最大限度依赖政府信息公开吗?……倘若人民意欲讨论公共事务,倘若新闻界或政府活动的其他报道者想不受国家的干预而自由地报道,则他们就必须有根据需要获取政府信息的机会。美国《信息自由法》所确定的政府信息公开政策与美国宪法第一修正案的理念是一致的。麦迪逊(James Madison)总统曾生动地阐述过政府信息公开的意义:“缺乏大众信息或大众获取信息渠道的民意政府,只能是一出闹剧或一出悲剧的序幕,或者可能是二者的序幕。知识将启示统治愚昧:一个民族若想成为

---

① See Peter Leyland & Gordon Anthony, *Textbook on Administrative Law*, Oxford University Press, 2005, p. 520-521.

② Harold C. Relyea, *The Freedom of Information Act*, *Public Administrative Review* (July-August), 310.

自己的统治者,则必须用知识赋予的力量武装自己。”①

沃伦还通过比较阳光立法的主张者和反对者的各自观点和理据来表明他对政府信息公开的立场。阳光立法的主张者认为,《阳光下的政府法》存在的前提是,不断增加公开度提高公众对政府计划的认识,鼓励政府官员完成更高质量的工作,刺激公众对政府的政策进行辩论,以及增强公众对政府行为的信心。简而言之,会议公开被视为民主程序的一个不可或缺的部分。阳光立法的反对者则提出,《阳光下的政府法》不利于政府决策,增加政府行为的成本。尽管他们承认公开对公众有一定的重要性,但却认为行政管理者只应该根据立法机关的要求对议会负责,让行政管理者在琐碎的问题上公开信息和征询公众的意见是对时间和金钱的浪费。阳光立法的主张者反驳道,要求政府决策公开虽然多少会减慢决策的过程,降低决策的效率,但这只是推进政府决策的透明度和政府行为的民主性所需要付出的一个小小的代价。而且,决策过程公开可以暴露决策可能存在的问题,对这些问题展开讨论,有利于避免决策实施的困难和可能造成的损失。从这个意义上看,决策过程公开反而有利于政府节约时间和资金。② 很显然,政府决策过程公开和政府信息公开利大于弊,积极的正面作用大于消极的负面作用。

二、德、日、韩学者关于政府信息公开的理论

德国因为没有制定专门的政府信息公开法和“阳光法”,故德国行政法学者一般在讨论行政程序法的基本问题时附带讨论政府信息公开的问题。例如,毛雷尔在其所著《行政法学总论》第十九章讨论“行政程序基本问题”时探讨了与政府信息公开有关的公民阅卷权、咨询权和告知权问题。关于公民阅卷权,毛雷尔指出,公民作为行政程序参加人,在行使或者保护其合法利益的必要范围之内,有权阅览行政机关在行政程序中制作的案卷。阅卷权与听证权联系紧密,因为只有了解案卷所载信息才能有效行使听证权。阅卷权的根据是公开原则和程序参加人平等原则,还包括法治国家原则,甚至包括民主原

---

① Gaillard Hunted, *The Writings of James Madison*, G. P. Putnam's Sons, 1910, 9:103.

② 参见[美]肯尼思·F. 沃伦:《政治体制中的行政法》(第 3 版),王丛虎等译,中国人民大学出版社 2005 年版,第 193～201 页。

则。不过，根据德国《联邦行政程序法》第 29 条的规定，阅卷权——作为一项行政程序权利——限于行政程序参加人和仅适用于具体行政程序过程中，且阅卷的范围由行政机关裁量决定。这种有限公开原则相较于美国和斯堪的纳维亚国家的立法，显得十分保守。在法定列举的情况下，有关阅卷权由相应制定法规定，前提是申请人有值得保护的利益，如德国《联邦公务员法》第 90 条（c）规定公务员有查阅个人档案的权利；德国《联邦数据保护法》第 19 条规定公民有获得政府告知有关存储数据的权利和查阅民主德国社会统一党国家安全局相关材料的权利。毛雷尔认为，德国在信息公开方面的一个重大进展是 1990 年制定的《有关环境信息自由取得的共同体纲领》和 1994 年制定的《联邦环境信息法》。该纲领和该法的制定目的是通过环境数据公开来加强环境保护的力度。根据德国《联邦环境信息法》第 4 条的规定，任何人都有权自由申请取得行政机关或者特定私法人掌握的环境信息，无须依德国《联邦行政程序法》第 29 条的规定，以本人有特殊的或其他特定利益为前提。行政机关有义务向申请人提供相应信息，不过，其有权裁量决定是准许申请人阅卷还是让申请人通过其他方式获取和使用信息，但其裁量权仅限于决定申请人取得信息的途径而不得限制申请人的信息获取权（申请人的信息获取权只能受到公共利益或者他人隐私权、商业秘密等的限制）。

关于公民信息咨询权和获得告知权，毛雷尔指出，德国在司法上很早以前就确定公务员不仅是国家的公务员，而且是公民的勤务员。从而行政机关对公民负有咨询、告知、教示和对之进行其他帮助行为的义务，行政机关违反这些义务构成职务不作为，公民有请求救济的权利。但德国《联邦行政程序法》没有全盘接受司法的观点，而是仅规定了咨询权和获得告知权。据此，行政机关只是应当在必要的范围之内告知行政程序参加人所享有的权利和承担的义务。作为“成熟的国家公民”，本应自觉认识其程序权利，客观和认真地处理自己的事务，但是由于现在的立法和行政越来越复杂，公民越来越难以完全了解和把握，因此行政机关有义务公开其运作程序和帮助公民获取相关信息。[①]

日本学者盐野宏在其所著《行政法总论》中专门论述了政府和其他公共

① 参见［德］哈特穆特·毛雷尔：《行政法学总论》，高家伟译，法律出版社 2000 年版，第 468～471 页。

团体信息公开的理念和意义。他指出,日本《信息公开法》所规范的“信息公开”,是指国家或者地方公共团体根据私人的请求,提供其行政机关所保存和管理的信息,以及行政机关积极主动公开其信息的制度。日本《行政程序法》有关行政处分程序的规定也包含公开(行政过程公开)的要素,如听证公开、处分基准和裁量基准公开、文书阅览、理由说明等,这些程序公开要求都体现着确保行政公开、透明的正当程序理念。不过这与政府信息公开的理念及其制度构造还略有区别:行政程序公开的理念是基于对国家权力的制约,以保护国民(有利益关系的国民)权益不受国家侵害,以及现代的行政民主参与理念;而政府信息公开则是基于宪法上的国民主权理念,国民可基于政府信息公开而得以对行政的参与和监督。这种参与和监督的主体是所有国民,而非行政程序中的有利益关系的行政相对人。就制度构成而言,行政程序公开是基于具体案件,其始于行政相对人的权利、利益因某种具体行政处分而受到侵害。尽管此种公开也扩及行政立法程序、行政计划程序,参与者的范围会随之扩大,但是,成为行政程序开始契机的仍是某种具体案件。而政府信息公开则没有这样的具体案件性,申请人对于与自己主观利益无直接关系的文书信息,也可以申请公开,公民对此有请求公开的权利。①

韩国学者金东熙在其所著《行政法Ⅰ》中论述了韩国政府信息公开的宪法和法律根据。他指出,公民的信息公开请求权包含在知情权内,并且是它的本质性内涵。“知情权”一般指公民与能够接触的信息源之间不存在障碍,既包含看、听、读这种消极层面上的权利,也包含请求政府信息公开这种积极层面上的权利。不过,韩国学者们对“知情权”的宪法根据有多种看法,或认为知情权是从宪法中的表达自由中推导出来的;或认为知情权的宪法根据既包括韩国宪法所确立的表达自由条款,也包括韩国宪法所确立的国民主权权利、人类追求尊严和幸福的权利、享受人类生活的权利等诸条款;或认为知情权应源于宪法所确立的人类尊严和价值条款。韩国宪法法院在一项宪法诉愿案件中判示:“知情权包含在宪法第 21 条的言论自由内,指国民请求政府进行信息公开的一般性权利。即使法律没有对某一信息公开作出规定,国民请求阅

---

① 参见[日]盐野宏:《行政法总论》(第 4 版),杨建顺译,北京大学出版社 2008 年版,第 216～217 页。

览或复印政府文件也不是不可能的。"另外,韩国大法院(韩国最高法院)认为总统发布的事务管理规定(总统令)也是国民信息公开请求权的法律根据。其判示如下:"除非是与机密有关的事项等特殊情况,否则,国民有权要求阅览或复印国家机关所保管的文件,韩国《政府公文规定》第36条第2项(现行《事务管理规定》第87条第4项)也规定,行政机关只要没有机密等特别的理由,就应当对国民的文件阅览与复印请求予以回应,所以原审法院判决确认行政机关拒绝国民公开申请的行为违法是妥当的"。此外,韩国大法院还通过判例确认地方自治团体(地方议会和地方政府)制定地方信息公开条例的合法性。其判示:"根据韩国《地方自治法》第15条,地方自治团体在法令的范围内可以制定相关事务的条例。但是在规定对国民限制权利或赋予义务的相关事项或有关处罚的事项时需要有法律的授权。所以只要是其内容不是对国民限制权利或赋予义务的事项或有关处罚的事项时,即便没有法律授权,地方自治团体也可以制定条例。此信息公开条例案的基本内容是实现国民对行政的知情权,不具有侵犯个人权益的可能性,不会限制国民的权利和加予其义务,因此制定此信息公开条例无需法律的特别授权。"根据上述大法院的判决,韩国各地方自治团体(达170多个)在20世纪90年代纷纷制定了自己的政府信息公开条例。①

第二节　政府信息公开制度的历史发展

一、瑞典的《出版自由法》开信息公开之先河

信息公开制度最早源于瑞典。瑞典于1766年制定了世界上最早的信息公开法——《出版自由法》(The Freedom of the Press Act)。该法规定,政府文件应当向社会公开,公民享有查阅政府所保存的相关文件的权利。对于公民查阅政府文件的请求,除非法律有明确、具体的排除规定,政府不得拒绝。瑞典的出版自由开始时亦基于议会主权原则,议会议员和公民均享有查阅行政

---

① 参见[韩]金东熙:《行政法Ⅰ》(第9版),赵峰译,中国人民大学出版社2008年版,第298~301页。

机关和法院有关文件及要求公开这些文件的权利。之后，瑞典的出版自由制度亦有反复：在经过18世纪后期两次军事政变后，《出版自由法》和其他基本法律被废除，新闻出版自由回到了旧时代受压制和事先审查的状态。直到1809年，瑞典进行宪法改革，于1810年制定了新的《出版自由法》，重新确立了新闻出版自由。但1812年又制定了一项限制新闻出版自由的法律取代了1810年的《出版自由法》。不过，没过多久，限制新闻出版自由的措施被撤销，重回“自由时代”。在20世纪两次世界大战期间，瑞典政府实施了一些限制新闻出版自由和政府信息公开的措施。瑞典议会于1949年制定了新的《出版自由法》，1976年对之进行了修改，并明确规定了政府信息公开的7种例外：其一，有关国家的安全、与外国或国际组织的关系的事项；其二，有关中央财政政策、货币政策或外汇政策的事项；其三，有关官方检查、规制或进行其他监督活动的事项；其四，有关防止犯罪和追究刑事犯罪案件的事项；其五，有关国家或集体经济利益的事项；其六，有关保护个人人格和有关个人经济状况的事项；其七，有关保护动植物物种的事项。除了这些事项和特别法律明确规定应予保密的事项，公民均可申请信息公开。在这方面，瑞典除了有经历了200多年曲折历史的《出版自由法》外，1991年，瑞典制定了《表达自由基本法》(The Fundamental Law on Freedom of Expression)，作为对《出版自由法》的补充。①

二、北欧国家信息公开制度的建立

瑞典《出版自由法》及其所确立的政府信息公开制度对世界许多国家的信息公开法制产生了重要影响，首先是对北欧国家的影响。芬兰因曾隶属瑞典，故瑞典《出版自由法》及政府文书公开制度曾在芬兰域内实施。1917年芬兰独立后，于1930年启动了《政府文件公开法》(The Publicity of Documents Act)的立法工作，于1951年通过和公布。芬兰《政府文件公开法》不完全同于瑞典《出版自由法》，它不是作为宪法的一部分，而是仅作为一般法律。此外，在瑞典《出版自由法》中，公民请求政府文件公开权不是一项完全独立的

① 参见龚祥瑞：《比较宪法与行政法》(第2版)，法律出版社2003年版，第159页；赵正群主编：《信息法概论》，南开大学出版社2007年版，第48~49页。

权利,而是包含在出版自由权利之内,而芬兰《政府文件公开法》是将公民请求查阅政府文件及相应公文书公开权确立为公民的一项独立的权利。继芬兰之后,丹麦于1964年制定了《当事人使用政府行政文件法》(The Access of Parties to Documents in Administrative Files Act),不过,该法将查阅政府文件的主体仅限于当事人。直到1970年,丹麦议会将该法修改为《政府行政文件公开法》(The Access of the Public to Documents in Administrative Files Act),使该法的适用主体扩大到普通公众。1980年,丹麦议会通过《行政程序法》(The Administrative Procedure Act),进一步扩大了公民个人和组织查阅和使用政府文件的权利。在丹麦之后,挪威于1970年制定了更具现代特色的《行政公开法》(The Public Access Act)。该法除规定公开的范围(对既存的文书不适用)和适用对象外,还规定了若干适用规则:其一,行政文书的公开如明显招致国民的误解时,可以推迟公开或者不公开;其二,行政文书的公开应选择有利于公务执行的适当方式;其三,该法的实施机关包括国家行政机关、地方公共团体和其他公共机关。①

三、美国和其他西方国家信息公开制度的建立和发展

在现代政府信息公开制度发展过程中,美国的《信息自由法》和《阳光下的政府法》及两法所建立的制度是对各国信息公开最具影响力的法律和制度。美国《信息自由法》制定于1966年,之后进行过多次修正和完善。该法规定,除私人财产、个人档案、隐私事项、商业秘密、犯罪调查资料、办公备忘录等涉及国家秘密的事项,各行政机关须向提出请求的"任何人"提供本机关制作和保管的一切信息。如政府拒绝申请人的信息公开请求,申请人可请求地区法院审查,政府要对拒绝提供的正当性承担举证责任,由法院作出最终裁决。美国《阳光下的政府法》制定于1976年,根据该法,大多数合议制行政机关的会议必须向公众和媒体开放。这些机关必须在会议召开之前至少一周公告会议的时间、地点和会议主题。如会议不公开举行,则必须保留会议记录档案,以便在有人对会议不公开举行提起诉讼时,法院可通过会议记录档案判断相应会议是否应当公开举行。如应公开举行,则将会议记录向公众披露。

① 参见赵正群主编:《信息法概论》,南开大学出版社2007年版,第49页。

《信息自由法》和《阳光下的政府法》实施后，主要以此为根据获取政府信息的是一些有组织的选民集团。这些集团特别关注政府的管理政策，对行政机关的管理活动进行持续不断的监督。在这些选民集团中，最有影响和人数最多的是受政府管理规制的工业企业组织和工会组织、环保组织、消费者团体以及其他维护“公共利益”的团体。这些组织、团体非常关注行政机关的活动信息，经常利用相关信息说服政府或通过一定的压力手段影响政府的政策；它们还通过获取政府相关信息以为其在与政府的诉讼中取得有利证据和为其胜诉提供条件。①

英国政府信息公开制度建立较晚，且走过极为曲折的道路：1972 年，下院议员克莱门特·弗罗德（Clement Freud）提交了由“非中心政策小组”（Outer Circle Policy Unit）起草的信息公开立法议案，但该议案后因大选而搁浅；1981 年，下院议员弗兰克·赫利（Frank Hooley）又提交了另一部由“非中心政策小组”起草的信息公开立法议案；1984 年，下院议员戴维·斯蒂尔（David Steel）提交了由“信息公开运动”（Cam-paign for Freedom of Information）起草的信息公开法案，这两个议案同样未能在议会通过；之后，议会通过了几部与政府信息公开有关的法案：一是 1984 年的《数据保护法》（Data Protection Act）；二是 1987 年的《个人档案查阅法》（Access to Personal Files Act）；三是 1988 年的《医疗报告查阅法》（Access to Medical Report Act）和《环境与安全信息法》（Enviroment and Safety Information Act）；四是 1990 年的《健康档案查阅法》（Access to Health Records Act）；直到 1997 年，布莱尔工党政府发表政府白皮书《知情权》（Your Right to Know），作为政府信息公开立法建议提交议会讨论，最终于 2000 年通过了《信息公开法》。

加拿大的信息公开立法始于地方。1977 年，新斯科舍省（Nova Scotia）和新不伦瑞克省（New Brunswick）率先制定了本省的信息公开法。1979 年，加拿大进步保守党政府成立后，以美国《信息自由法》为蓝本，草拟了信息自由法案，但后因进步保守党政府倒台而使该法案成为废案。1980 年，自由党政府向议会提出了一项关于制定信息公开法和隐私权法并修改相关法律的议

① 参见[美]欧内斯特·盖尔霍恩、罗纳德·M. 利文：《行政法和行政程序概要》，黄列译，中国社会科学院出版社 1996 年版，第 91～92 页。

案，该议案几经激烈论争与反复修改，最终于1982年获议会通过。该法同时包括政府信息公开和个人隐私保护两大内容。

澳大利亚于1982年制定了《赋予国民了解联邦政府及其机构的公文文件权利法》（以下简称澳大利亚《信息自由法》）。该法制定后作过多次修改。澳大利亚《信息自由法》主要有三个方面的特色：一是对公民的信息公开限制较多，免除公开的保密信息范围比较宽泛；二是对公民请求公开的某些信息（如涉及国家安全、国防、国际关系、联邦与州的关系、警察、检察、刑侦等方面的信息），政府可以拒绝回答申请人有关信息是否存在的问题；三是法律对政府拒绝或部分拒绝申请人任命请求的行为设定了相应的行政救济和司法救济途径。

法国1789年的《人权宣言》即已表达出公民对国家公共事务享有知情权的理念，但政府信息公开的立法进程较为缓慢。1971年，政府设立“行政文书调整委员会”，开始研讨有关公文书公开的制度；1975年，政府设立“公文书公开法案起草小组”，曾草拟出相应法案数稿；1976年，政府又设立“行政文书公开推进委员会”，要求政府各部门确定公开文书的种类，并确定负面清单（非公开文书目录）；1978年，政府经过与在野党反复协商，终于由国民议会通过了《行政文书公开法》，该法明确规定公民有获得包括行政机关文件在内的各种政府信息的权利，同时规定不允许对政府信息进行商业开发；1994年，政府发布了一项行政命令（总理令），确立了政府信息商业化（有偿获取政府信息）的有关政策原则，区分了原始数据（免费获取）和增值数据（某些情况下受版权保护），并规定了公共机构与民间机构提供信息的不同角色及有关定价和竞争的规则。1998年，法国政府发布“推进法国进入信息社会”的行动纲领，宣布公民对于“基本公共信息”将全部能够从互联网上获取。

德国没有制定专门的信息公开法，信息公开及公民知情权的法律根据体现在德国《基本法》和有关部门法中。德国《基本法》有关“言论自由”和“请愿权”的规定是各部门法规定信息公开与公民知情权的宪法根据。德国各州的宪法均规定相应州政府机构有向公众提供信息的责任，有关信息应随时在广播、电视中发布。例如，不来梅州的宪法规定，公民有获知政府有关信息的权利，特别是通过相关媒体的信息获知权不受限制；巴伐利亚州的《出版法》规定，新闻出版机构有要求行政机关提供信息的市场调节；萨克森州的《出版法》规定，行政机关有义务向媒体提供有助于其履行公共职责的信息。另外，德国《联邦行政程序法》规定，行政机关决策的过程必须公开，决策所依据的资料、信息应向社会开放。1994 年，德国制定了《联邦环境信息法》，规定环境领域的信息应随时公开，公民有权从政府主管部门或相关法人处获取环境信息，有权查阅环保部门或其他环境信息机构的档案。[①]

第三节　政府信息公开的范围和例外

一、美国政府信息公开的范围和例外

美国《信息自由法》（后被归入美国《联邦行政程序法》第 552 条）详细列举规定了美国政府机构[②]应予公开的信息和不应公开的信息。

（一）美国政府机构应予公开的信息

美国政府机构应予公开的信息包括下述五类：

1. 政府机构应主动公开的信息

美国政府机构应主动在《联邦公报》上公布下述信息：

（1）政府机构的总部和基层组织的机构设置，以及公众可以获得信息、提交申请材料或文件，得到回复意见的地点、工作人员和联系方式；

（2）政府机构运行和作出决定的一般途径和方法，包括所有可以采用正式程序和非正式程序性质的途径和方法；

（3）政府运作的程序规则，可以使用的表格、可以获得表格的地点，以及所有相应文件、报告和进行审查、检查的范围和内容；

（4）所有经法律授权制定的具有普遍适用力的实体规章，以及政府机构制定、通过的一般政策说明和具有普遍适用力的解释；

（5）上述各项规则的修改、修订或废除。

---

① 参见赵正群主编：《信息法概论》，南开大学出版社 2007 年版，第 50～53 页。

② 美国《联邦行政程序法》中使用的“政府机构”（agency）指广义的政府机构，但不包括国会、法院、美国领地或属地政府以及哥伦比亚政府等。

2. 政府机构应保证公众可查阅和复制的信息

美国政府机构根据公布的规章，应保证公众可以查阅和复制下述信息：

(1)行政裁决(具体行政行为的处理决定)所作出的最终裁定意见，包括补充意见、不同意见和裁决令；

(2)由政府机构制定和通过，但没有在《联邦公报》上发布的政策说明及其解释；

(3)行政人员手册及政府机构发给行政人员并影响特定相对人的指示。

对于公众查阅和复制政府机关制作和保存的信息，为防止对个人隐私权的侵犯，美国《信息自由法》规定，除非申请人查阅和复制的材料已出版或已销售，政府机构在向申请人提供时，可删除那些会表明私人身份的信息，但应向申请人书面说明删除相应信息的理由。

3. 政府机构根据申请人申请应提供的其他档案材料

对于这种信息提供，美国《信息自由法》要求申请人必须对所申请查阅的档案材料进行合理的描述；并符合相应规章规定的查阅时间、地点、程序和收费要求。

4. 政府机构办理公众申请信息公开事项所适用的收费标准，应减免收费的情形、程序和原则

申请人查阅档案信息如为了商业用途，其收费应以检索、复制和审查文件的合理费用为标准；申请人查阅档案信息如非为了商业用途，且其申请是由学术、科研、教育或新闻机构提出的，则收费应以复制文件的合理费用为标准；申请人查阅档案信息如出于上述两种情形以外的其他需要，其收费应以检索和复制文件的合理费用为标准；如果信息提供有助于公众对政府活动或运作情况的了解，服务于公众利益而非服务于商业利益，那么政府机构应予免费或适用低于第二种情况的收费标准。

5. 由 2 人以上组成的行政机关，每次机关议事的决议、各成员的最后表决意见

上述决议和表决意见，均应记录归档，以备公众查阅。

(二)美国政府机构不予公开的信息

美国政府机构不予公开的信息包括下述 9 类：

1. 依总统行政命令确立的标准应予保密的涉及国防或外交政策的事项。

2. 仅仅涉及行政机关内部人事规则与事项。

3. 法律(美国《信息自由法》以外的法律)特别规定免予公开的事项(但这种规定必须十分具体,没有任何自由裁量的余地;应确定不予公开的明确标准,或者列举不予公开事项的具体类别)。

4. 商业秘密以及由个人提供的具有特许性或机密性的商业或金融信息。

5. 在行政机关作为一方当事人的诉讼中,法律规定不得向非行政机关当事人公开的涉及行政机关之间的事项备忘录或相关信息。

6. 人事档案或医疗档案,或其他透露出去会明显构成侵犯个人隐私权的档案材料。

7. 公开后会导致下列后果的为执法目的收集的档案材料或信息:

(1)可能干扰执法过程的信息;

(2)可能剥夺某人受到公正审判或公正裁决权利的信息;

(3)可能构成对个人隐私权不当侵犯的信息;

(4)可能导致泄露秘密情报来源的信息;

(5)可能泄露司法侦查或起诉的技术和方法的信息;

(6)可能危及任何个人的生命或人身安全的信息。

8. 包含或有关负责监管金融机构的行政机关制作的或者代表其制作的或者用于其检查、运作条件的报告的信息。

9. 有关矿藏地质学或地球物理学的信息资料(含相关地图)。

政府机构档案信息中如存在上述九种信息,又存在任何可向申请人提供的信息,且二者可合理分解,则应在删除上述信息后向申请人提供。①

二、英国政府信息公开的范围和例外

英国2000年通过的《信息公开法》第一编规定,公共机关负有根据公众提出的信息公开书面申请提供相关信息的义务。除非不公开的公共利益重于公开的公共利益(通常需要法律的明确排除),公共机关均应依申请人的申请公开相应信息。即实行公开是原则,不公开是例外的方针。不过,英国法律规定不

---

① 参见[美]欧内斯特·盖尔霍恩、罗纳德·M. 利文:《行政法和行政程序概要》,黄列译,中国社会科学院出版社1996年版,第258~263页。

公开的范围非常广泛,英国《信息公开法》第二编规定的不公开事项主要有:

1. 涉及国家安全部门工作的事项;
2. 涉及国防的事项;
3. 与王室成员的通信;
4. 所有政治性建议;
5. 涉及国际关系(外交关系)的事项;
6. 英国议会与苏格兰、威尔士、北爱尔兰议会关系的事项;
7. 警察和海关进行调查的事项;
8. 庭审笔录;
9. 商业性信息;
10. 涉及个人健康与安全的事项;
11. 个人隐私及政府保存的个人秘密信息。

对于前述信息,政府不得公开。公共机关无须提供信息公开会造成损害的证据,就可以拒绝向申请人公开这些信息。同时,公众通常也不能获取可能对政府有"损害"(prijudice)的信息,除非中央政府机关或其他公共机关根据自己的裁量决定公开这些信息。为证明拒绝向申请人公开其申请公开的信息的正当性,公共机关唯一需要做的就是证明公开将损害或可能损害公共利益。在中央政府各部对信息是否公开享有裁量权的领域中,信息监察专员有权提出为了公共利益而公开信息的建议,不过各部大臣或检察总长对建议享有否决权。①

三、日本政府信息公开的范围和例外

日本1999年制定《关于行政机关保存、持有的信息公开的法律》(以下简称日本《信息公开法》)。该法规定,政府信息公开的对象是政府机关所保存、持有的信息。并且首先将政府信息公开的对象规定为文书,其次在此基础上扩大至电磁性记录。根据日本《信息公开法》的规定,任何人(不限于日本国民,而且包括在日本居住的外国人或无国籍人)都可以请求行政机关公开其所保存、持有的行政文书。行政机关对于申请人请求公开的信息,除了法定

---

① See Peter Leyland & Gordon Anthony, *Textbook on Administrative Law*, Oxford University Press,2005, p. 67-68.

（包括日本《信息公开法》的规定和其他特别法的规定）不公开的情形外，均必须公开。法定不公开的法定信息包括下述 6 类。

1. 涉及个人隐私权的个人信息，但为了保护人的生命所必须公开的信息、涉及公务员职务以及职务行使有关的信息必须公开；

2. 公开将侵害法人正当利益的法人信息；

3. 涉及国家安全、防卫、外交等以及行政首长认为公开将严重危害国家利益的信息；

4. 涉及预防犯罪、侦查、强制等有关公共安全的信息；

5. 行政机关在其内部，或者行政机关在其相互之间就行政事务进行审议、讨论、协商等方面的信息；

6. 行政机关推行某种事务或业务的过程性信息（如考试的准备、交通控制措施的拟定），公开这些信息可能给相应事务或业务的进行带来困难或障碍。[①]

四、韩国政府信息公开的范围和例外

韩国于 1996 年制定《关于公共机关信息公开的法律》（以下简称韩国《信息公开法》）。该法规定，信息公开的范围包括公共机关所持有或管理的所有信息，对于这些信息，以公开为原则，以不公开为例外。韩国《信息公开法》所称"公共机关"，不仅包括政府、国会、法院、宪法裁判所（宪法法院）、中央选举管理委员会，而且包括地方自治团体、政府投资机关、各级学校、依特别法设置的特殊法人等，但不包括民间部门。韩国《信息公开法》所称"信息"，是指公共机关在行使职务过程中制作或获取的各种文件、图纸、照片、胶卷、磁带、幻灯片及使用计算机进行处理事项的信息。韩国《信息公开法》规定了下述 8 类可作为信息公开例外的信息：

1. 其他法律、法令、命令（韩国《信息公开法》以外的其他法律、法令、命令，如总统令等）规定为秘密和或已列入为不予公开的信息。

2. 公开有可能损害国家安全、国防、国家统一或者外交关系等有关国家重大利益的信息。

---

① 参见［日］盐野宏：《行政法总论》（第 4 版），杨建顺译，北京大学出版社 2008 年版，第 222～225 页。

3. 公开有可能严重危及国民生命、身体健康、财产保护和其他公共安全或利益的信息。

4. 与预防和调查犯罪、提起和进行公诉、执行判决、服刑、保安措施以及在进行中的诉讼有关,一旦公开会严重妨碍公务正常进行,或者侵犯刑事被告人接受公正审判的权利的信息。

5. 与审计、监察、检查、考核、规制、合同招标、技术开发、人事管理、决定形成过程或内部评审过程有关,一旦公开会严重妨碍公务、研究与开发正常进行的信息。

6. 根据信息中的姓名、身份证号码等可以识别特定个人隐私的信息[但下述情形除外:(1)根据法律、法令的规定公众可以查阅的信息;(2)由公共机关起草或者获得并以公开为目的的信息;(3)由公共机关起草或者获得并必须公开以维护公共利益或保护个人权利的信息]。

7. 涉及法人、团体或个人商业秘密,如被公开会严重损害其正当利益的信息[但下述情形除外:(1)为了保护国民生命、身体、健康不受经营活动的危害而有必要公开的信息;(2)为了保护国民的财产或正常的生活不受违法、不当经营活动的侵害而有必要公开的信息]。

8. 由于不动产投机、囤积或者垄断等情况,如公开有可能给特定人带来利益或损害的信息。

对于这些可不公开的信息,公共机关具有裁量权,其对于申请人的相应信息公开请求,应当根据相应法令的目的、整体内容和韩国《信息公开法》的目的、宗旨进行综合考虑、衡量,然后确定是否公开相应信息。如果相应信息由于期间的经过而失去了保密的必要性,公共机关应该公开该项信息。①

五、部分亚欧国家关于政府信息公开范围的规定②

(一)吉尔吉斯斯坦政府信息公开的范围

吉尔吉斯斯坦《信息公开法》全面详细地规定了公共机关必须公开的信

---

① 参见[韩]金东熙:《行政法Ⅰ》(第9版),赵峰译,中国人民大学出版社2008年版,第302~303页,以及韩国《信息公开法》。

② 王敬波教授所著《政府信息公开:国际视野与中国发展》介绍了吉尔吉斯斯坦、爱沙尼亚、乌克兰、克罗地亚、波兰、斯洛伐克、斯洛文尼亚、阿塞拜疆8个亚欧国家关于政府信息公开范围的法律规定。本节选择转述吉尔吉斯斯坦、爱沙尼亚、乌克兰、克罗地亚、波兰5个国家关于政府信息公开范围的情况。参见王敬波:《政府信息公开:国际视野与中国发展》,法律出版社2016年版,第111~121页。

息类型,包括法律、政府决策及活动、公共机关年报、机关负责人任职和离职、政府预算收支、税收、价格和税率变化、公产管理、国际条约、灾难应对措施、总统年度国情咨文、宪法法院以及申诉专员的报告、公共机关关于政府投资、打击犯罪情况、公众健康情况、人口迁移、生态环境的报告及主要统计数据。吉尔吉斯斯坦《信息公开法》还具体列举了各公共机关每年发布的信息清单(共36类),如机关的职能、任务、权力、责任、预算及使用情况、服务项目、办公地址、联系方式,项目工程信息,公民申请、投诉的规则及表格样本,公务办理程序,工作人员及负责人的职责分工等。

(二)爱沙尼亚政府信息公开的范围

爱沙尼亚《公共信息法》规定信息持有人有义务公开与其履行职责有关的信息,主要包括13个方面的内容:(1)统计信息,包括统计数据和经济预测等;(2)政府组织体系,包括政府机构、职责分工、官员情况、联系方式等;(3)涉及公共安全的信息;(4)关于公法人的信息,包括公法人的管理机构财政预算收入和支出、负责人姓名、联系方式等;(5)有关生态环境及环境污染的信息;(6)国家法律和政策的信息,包括立法草案、立法说明、国家发展计划、重大项目立项和进展情况;(7)政府运作信息,包括办公时间、地址、政府资产、政府采购等;(8)政府机构公职人员的工资福利标准;(9)具有市场主导地位或特殊地位或具有自然垄断性质的公司及其价格形成机制、其公共服务及其条件和价格的变化情况;(10)政党成员名册;(11)法院的生效判决;(12)法定文件登记机构及其存储的信息;(13)基于国际协议或立法规定有义务公开的信息,或者信息持有者自己认为有必要公开的其他信息。

(三)乌克兰政府信息公开的范围

乌克兰《信息公开法》规定的信息公开范围主要包括下述10类:(1)政府组织机构、职能、任务、权力、工作区域、财政收支等;(2)行政监管制度、原则、监管行为、监管决定等;(3)政府机构提供的公共服务、获取服务的条件、方式和所需提供的表格样本;(4)信息公开申请的程序、对信息公开决定不服的救济程序;(5)信息提供者的信息公开目录清单;(6)社会公众对信息提供者提出政策建议的方式和程序;(7)政府计划和会议安排;(8)信息公开申请者领取申请表格的地点;(9)有关各相应政府机构工作的规定或章程;(10)政府机构的工作报告,特别是有关处理政府信息公开情况的报告。

(四)克罗地亚政府信息公开的范围

克罗地亚《信息公开法》除规定公共机关依公民、法人申请应公开的信息外,还专门规定了其应主动公开的15项信息:(1)与相应公共机关履职相关的法律、法规;(2)与公众利益相关的法律和政策文件;(3)法律、法规制定通过前的草案;(4)公共机关的年度工作计划、方案、指导方针、工作报告、财政报告及相关文件;(5)机构的资金来源、预算和预算的执行情况;(6)有关国家援助、拨款或捐助的信息;(7)有关公共机构内部组织结构的信息(包括机关负责人及联系方式);(8)公共机构的官方会议记录、工作总结和其他官方文件;(9)公共采购程序的信息,包括相关文件、合同及合同的执行情况;(10)有关公开招投标的信息;(11)公共机构的工作记录簿、数据库及其信息获取方式;(12)获取公共机构信息的途径和信息提供人员的联系方式;(13)获取公共信息的费用;(14)最常被查阅的公共信息;(15)有关新闻、公共出版物等其他信息。

(五)波兰政府信息公开的范围

波兰《信息公开法》将政府应主动公开的信息划分为5类:(1)有关国内政策及外交政策的信息,包括立法机关和行政机关的工作计划、法律草案、计划实施方式和实施结果等;(2)有关公共机构及涉及经济的和专业事务的地方机关的信息,包括各机关的法律地位或法律形式、组织机构、工作范围及职能、履行职能的具体机构和人员,以及各实体单位的财产状况和对财产的处置情况;(3)有关公共机构及涉及经济的和专业事务的地方机关的运行规则,包括各机关、单位的工作方式,预算内和预算外的活动规则,通过有关法案(公法法案和私法法案)的方式,接受诉求、案件和处理、解决诉求、案件的方式及结果,制作的登记簿、档案,相关信息公开的方式和原则;(4)公共信息,包括官方文件的内容和形式,特别是行政法案和行政决定的内容和有关规制及规制影响的报告,政府文件、公共机构和公务人员对相关公共事务的观点表述,公共机构就其他公共事务作出的陈述和评价;(5)公共财产信息,包括国库和国有法人的财产,国家享有的其他财产权及负有的债务,地方机关、单位的财产及地方机关的法人财产,相关机关财产的收益与处置,相关实体依《商业公司法》所管辖商业公司的收入和亏损,弥补亏损的方法,公共债务,公共援助,公共负担等。

第四节 政府信息公开的救济和保障

一、美国政府信息公开的救济和保障①

美国《信息自由法》为政府信息公开设定了两类救济和保障制度:行政复议和司法审查。

(一)信息公开的行政复议制度

根据美国《信息自由法》,美国政府机构如果拒绝公民的信息公开申请,应告知申请人拒绝的理由及可以向机关首长申请复议的权利。申请人既可以信息公开申请被拒绝为由申请复议,也可以就信息公开申请减免费用申请复议,还可以就政府机关作出的对自己不利的其他任何决定申请复议。如果申请人的申请部分被满足、部分被拒绝,可以就被拒绝的部分申请复议。复议不会对申请人的权利造成不利影响或其他任何风险,复议也不收取费用。

申请人申请复议,其申请书以信函的方式寄给行政机关的首长。申请书应写明申请人所申请复议的行政决定(如拒绝公开的决定),通常还应说明其主张公开相应信息的理由及事实或论据(也可以不包含任何论据)。美国《信息自由法》未规定复议申请人申请复议的时限,但有些政府部门自行规定了时限。如果行政机关以复议申请超过时限为由拒绝复议,申请人可以再次提出信息公开申请以重新启动复议程序。不过,申请人如果申请复议过于迟延,被申请的信息文件有可能被政府处理掉而不能获取。政府机关在信息公开申请期间或复议期间,必须妥善保存文件而不得销毁文件。处理复议的行政首长应在20个工作日内作出复议决定,如遇特殊情况,可延长10个工作日。如果行政首长超过复议期限未作出复议决定,申请人可视为其复议申请被拒绝而提起司法审查。然而,除非申请人迫切需要所申请的信息,其据此提起诉讼并不是最佳选择,因为在实践中,法院很少仅仅因为行政机关未遵守复议期限而支持申请人的诉请。

---

① 资料源于周汉华主编:《外国政府信息公开制度比较》,中国法制出版社2003年版,第67~68页。

（二）信息公开的司法审查制度

申请人对行政机关拒绝其复议请求的决定，还可以向其居住地的联邦基层法院、所申请公开的文件地的联邦基层法院或者哥伦比亚特区法院提起司法审查（行政诉讼）。美国《信息自由法》第1条所规定的三种类型的信息公开申请均适用同样的司法救济程序。司法救济只能提供给具体的申请者，法院不能命令行政机关向社会公开信息。即使是对美国《信息自由法》第1条第1款规定的信息，法院也不能命令行政机关通过阅览室将相应信息提供给一般公众查阅和复制。在司法审查中，美国《联邦行政程序法》规定的"实质证据"标准[①]为"重新审理事实"（the facts are subject to trail de novo）标准[②]所代替，并且行政机关负有证明其不公开申请人所申请公开的相应信息行为合法的举证责任。不过，如果案件涉及美国《信息自由法》规定的信息公开的第一类例外，为维护国家安全，法院适用的审查标准要更严格一些。在信息公开的"反向"诉讼（指当事人通过诉讼阻止行政机关向信息公开申请人提供信息的诉讼）中，法院适用美国《联邦行政程序法》所规定的更为宽松的"专断"标准。[③]

二、英国政府信息公开的救济和保障[④]

英国《信息公开法》为政府信息公开设定了三项救济和保障制度：信息专员制度、信息裁判所制度和司法审查制度。

（一）信息专员制度

英国信息专员是由英国1998年《数据保护法》规定的数据保护专员易名而来。根据英国《信息公开法》，申请人对公共机关就其信息公开的申请作出的处理决定有异议，可以向信息专员提出审查申请，请求其对公共机关所作出的处理决定是否符合英国《信息公开法》进行审查和作出决定。信息专员的决定包括下述三种形式：（1）《决定通知书》（decision notice）。信息专员收到

① 参见美国《联邦行政程序法》第706条第1款第2项（E）。

② 参见美国《联邦行政程序法》第706条第1款第2项（F）。

③ 参见美国《联邦行政程序法》第706条第1款第2项（A）。

④ 资料源于周汉华主编：《外国政府信息公开制度比较》，中国法制出版社2003年版，第169～174页。

申诉人的审查申请后,除非申诉人没有穷尽公共机关的内部申诉程序,或者其所提出的信息公开申请不适当或是琐碎烦人的,或者其撤回或放弃申请,信息专员均必须作出决定。信息专员如果不作出决定,必须告知申诉人不作出决定的理由。如果信息专员经审查后,认为公共机关没有按照英国《信息公开法》的要求公开信息,或者没有向申请人说明不提供信息的事实理由等,即应当在《决定通知书》中确定公共机关必须采取的措施,作出符合法律要求的行为以及采取措施和做出行为的期限。《决定通知书》还必须告知申诉人对之有上诉权。(2)《提供信息通知书》(infomation notice)。信息专员收到申诉人的申诉后,为判断被申诉的公共机关的行为是否符合法律的要求,是否与信息公开指导手册的要求相一致,其可以向该公共机关发出《提供信息通知书》,要求公共机关在通知要求的时间内,以通知书要求的形式向其提供与该申诉有关的信息材料。(3)《执行通知书》(enforcement notice)。信息专员如果被申诉的公共机关确认没有适当地履行信息公开的义务,可以发出《执行通知书》,要求该公共机关在《执行通知书》规定的期限内依法向申诉人提供信息。《执行通知书》应明确指出该公共机关没有履行信息公开义务的事实和信息专员得出该结论的理由。

根据英国《信息公开法》,作为政府部门的公共机关在一定条件下可以不执行信息专员发出的《决定通知书》或《执行通知书》。这种不执行只适用于下述情况:政府部门拒绝回答申请人关于是否拥有相关信息的询问,或者申请人申请的是涉及例外的信息。而且,这种不执行只适用于作为政府部门的公共机关,而不适用于其他公共机关。其他公共机关不执行必须经国务大臣以特别指令准许。

公共机关如果拒绝执行信息专员发出的上述三种通知书,信息专员可提请法院干预,向法院提交书面文件说明公共机关不执行通知书的事实。法院在听取相关证人证言和公共机关的申辩后,如果认为公共机关没有正当理由拒不执行信息专员的相关通知书,可以公共机关犯有藐视法庭罪为由,对该公共机关作出处理。

(二)信息裁判所制度

英国的信息裁判所是由原数据裁判所更名而来的,其由上院议长(Lord Chancellor)经咨询检察长(Lord Advocate)后任命裁判所主席和直接任命若干名副主席，由国务大臣任命数名委员组成。信息裁判所受理关于信息公开争议裁判的申请有两种情况：一是申诉人或公共机关对信息专员发出的上述《决定通知书》不服，向裁判所申请裁决，或者公共机关对信息专员发出的上述《执行通知书》不服，向裁判所申请裁决；二是信息专员对公共机关提出的其拒绝公开信息的理由或证明（“相应信息是由国家安全机关提供的或者与执行国家安全事务有关的信息，或者是为了维护国家安全需要而作为‘例外信息’的信息”）存在异议，向裁判所申请裁决。在这种情况下，受到公共机关负责人拒绝公开信息所提出的理由或证明不利影响的信息公开申请人也可以向裁判所申请裁决。信息裁判所经对双方争议进行审理，如认为公共机关拒绝公开的相应信息不是由国家安全机关提供的信息或者是与执行国家安全事务无关的，其可以撤销公共机关的拒绝决定及其理由或证明；如果裁判所认为国务大臣提出的其拒绝提供的相应信息是出于“维护国家安全需要”而应作为“例外信息”的依据不充分，亦应撤销公共机关的拒绝决定及其证明。

（三）司法审查制度

对于信息裁判所的决定，争议的任何一方不服，还可以提起司法审查，寻求司法救济。凡地址在英格兰或者威尔士的公共机关，其对信息裁判所的决定不服，可向英格兰高等法院（High Court of Justice）起诉；其他争议者可向裁判所所在地法院起诉。法院作为独立的国家司法机关，具有其他任何救济途径不可替代的功能和作用，司法审查是英国政府信息公开的最终救济途径。

三、日本政府信息公开的救济和保障①

日本《信息公开法》对于政府信息公开设定了两种救济和保障制度：行政复议制度②和行政诉讼制度。

（一）行政不服审查制度

日本《行政复议法》是日本行政相对人不服行政机关行政处分（行政行为）请求行政救济的一般法。依据该法，行政相对人对行政处分不服，可以向

---

① 资料源于[日]盐野宏：《行政法总论》（第4版），杨建顺译，北京大学出版社2008年版，第227~230页；周汉华主编：《外国政府信息公开制度比较》，中国法制出版社2003年版，第109~119页。

② 日本行政复议制度又称“行政不服审查”制度，“行政不服审查”制度包括“行政上的不服申诉”制度，后者是前者的一个种类。

作出处分决定的行政机关或者法定审查机关(通常为作出处分决定的行政机关的上级机关)申诉,请求其对相应行政处分决定进行复议和作出裁决。日本《信息公开法》作为行政救济的特别法,所设置的争议裁决机制与日本《行政复议法》有所不同,在行为机关及其上级机关的基础上另设置了专门的“国家信息公开审查委员会”。2003 年,日本《行政机关个人信息保护法》制定后,该委员会改组为“信息公开、个人信息保护审查会”(以下简称信息公开审查会)。作为保存、持有信息的行为机关或其上级机关就信息公开争议问题进行复议审查,一般应向信息公开审查会进行咨询,并根据信息公开审查会的咨询意见对信息公开争议问题作出复议决定。

信息公开审查会由 15 名委员组成(可设 5 人为常务委员),设于内阁府内,办事机构在东京。为方便外地申诉人,处理咨询案件时信息公开审查会可选派委员去外地听取申诉人陈述。信息公开审查会审理信息公开咨询案件实行“屏蔽审查制度”,即信息公开审查会的调查审理程序不公开。日本《信息公开法》第 27 条规定,信息公开审查会审查案件认为必要时,可以要求提请咨询的机关出示公开决定所涉及的行政文件,提请咨询的机关不得拒绝信息公开审查会的要求。信息公开审查会在对提请咨询的行政文件进行审查后作出该文件是否应该公开的结论。为保守该文件依法应保守的秘密,任何人不得要求信息公开审查会公开该被出示的行政文件。

这种被称为“屏蔽审查程序”的制度源于美国、加拿大等国信息公开司法诉讼程序制度中不公开单方审查制度。日本信息公开审查移植这一制度具有特殊的意义,因为日本《宪法》第 82 条要求法院审判程序公开,在法院信息公开诉讼中是能适用美国、加拿大等国的“屏蔽审查程序”,在学界和实务界均存在争议。为了在具体案件审理中避免这种争议,故首先在信息公开审查会(而不是首先在法院)审查信息公开争议案件时适用这种“屏蔽审查程序”制度。过去地方审理信息公开案件时,法院一般只是以推定的方式进行审查,而不是直接出示和公开相应行政文件。之后,各地方公共团体(地方议会和地方政府)通过地方信息公开条例建立起信息公开屏蔽制度。后来,日本制定《信息公开法》,即以立法确立了信息公开审查会的“屏蔽审查程序”制度。

信息公开审查会的审查活动主要是针对行政机关首长拒绝公开信息决定的合法性和合理性进行审查。这种审查不同于司法诉讼的对抗性,是职权性的,以书面审查为主,但也适当给予复议申请人一定的陈述和申辩的机会。日本《信息公开法》第28条规定,复议申请人等人员如提出请求,信息公开审查会应给予其口头陈述意见的机会。

信息公开审查会经审查而作出的交付提请咨询机关的咨询意见,相应机关应将此种意见的复印件交付申诉人等,并且一般还要将这种意见公开发表。提请咨询的机关(实施信息公开行为的机关和它的上级机关)作出信息公开案件的复议决定虽然不必须受信息公开审查会的咨询意见的拘束,但应对之予以充分的尊重,如不遵循应在复议决定中适当说明理由。

(二)行政诉讼制度

政府信息公开的申请人对行政机关作出的不公开决定可以向法院提起撤销诉讼,也可以向法院提起赋科义务诉讼,即原告请求法院责令被告履行相应行政文件的义务的诉讼。对于撤销诉讼(属于主观诉讼),原告适格的条件之一是其"法律上的利益"受到损害。但是,日本《信息公开法》的目的主要是保护公共利益(属于客观诉讼),作为国民或市民的原告,即使不存在保护其个人"法律上的利益"的必要时,也可以申请政府信息公开。因此,在日本《信息公开法》所确立的信息公开诉讼中,对于撤销诉讼,原告的适格要件并不当然要求其个人具有"法律上的利益",原告可以基于其作为国民或市民的信息公开请求权而提起诉讼。对于这种情况,有的法院也承认作为国民或市民的原告具有"法律上的利益"(认为其信息公开请求权受到侵害),以积极态度受理这种原告的诉讼。

关于信息公开诉讼的管辖规则,原则上由被告所在地法院管辖,但日本《信息公开法》对原告就行政机关拒绝公开其申请提供的信息提起的诉讼,另外规定了一种"特别管辖":原告可以向管辖其一般诉讼案件的高等法院所在地的地方法院起诉(可以向全国8个高等法院所在地的地方法院提起诉讼)。日本《信息公开法》之所以规定这样的"特别管辖",是因为国家的行政文件大多最终会集中到中央政府各省厅(中央政府各部委)统一保存,相应诉讼如全部由被告所在地法院管辖,会使东京地方法院不堪胜任,且二审上诉也会集中到东京高等法院,这样会造成信息公开诉讼的困难,故日本《信息公开法》做此特别规定。

(三)信息公开第三人权利保障与救济

信息公开不仅涉及申请人的权利,如相应信息关涉第三人,其公开可能侵犯第三人的权益。故此,日本《信息公开法》还设置了对第三人权利保障与救济的制度。该制度要求,行政机关作出关涉第三人的信息公开决定时,可将相应行政文件的信息事项通知第三人,给予其提出意见的机会。行政机关对此还可以口头方式与第三人进行讨论。如果相应信息涉及第三人的生命、健康或财产,前述听取第三人意见的程序是强制性的,行政机关应将拟公开的行政文件的内容以及其他政令规定的事项以书面方式通知第三人,给予其陈述和提出意见的机会。如果行政机关不采纳第三人不公开相应信息的意见,坚持公开相应信息,第三人可对之申请行政复议或提起行政诉讼。日本《信息公开法》还特别规定行政机关作出信息公开决定与正式实施公开必须相隔两周(14 日),以保障第三人在信息公开之前有获得救济(阻止公开)的余地,并要求行政机关在作出公开决定后立即以书面方式将公开决定的内容、理由、公开决定实施日告知第三人。①

四、韩国政府信息公开的救济和保障②

韩国政府信息公开的救济和保障主要有三项制度:异议申请制度、行政审判③制度和行政诉讼制度。

(一)异议申请制度

信息公开申请人收到公共机关作出的拒绝公开其申请公开的信息的决定,或公共机关对其申请 30 日没有回复,可自收到行政决定或自 30 日没有回复之日起 30 日内提出异议申请。公共机关应自收到异议申请之日起 7 日内,对是否接受和采纳申请人的异议作出决定和将决定内容立即书面告知申请人,并同时告知申请人对其决定享有申请行政审判(行政复议)和提起行政诉讼的权利。

---

① 关于日本信息公开第三人权利保障与救济制度,详见日本《信息公开法》第 13 条。

② 资料源于[韩]金东熙:《行政法Ⅰ》(第 9 版),赵峰译,中国人民大学出版社 2008 年版,第 305~307 页;周汉华主编:《外国政府信息公开制度比较》,中国法制出版社 2003 年版,第 362~364 页。

③ 韩国行政复议称"行政审判"。

(二)行政审判制度

对于公共机关(包括中央国家机关和地方自治团体)就信息公开申请人的异议所作出的决定,异议申请人可以向行政审判委员会申请行政审判(行政复议),对中央国家机关和地方自治团体以外的公共机关就信息公开申请人的异议所作出的决定,异议申请人可向中央行政机关申请行政审判。另外,信息公开申请人对公共机关作出的不公开决定不服,也可不经异议申请程序而直接申请行政审判,请求行政审判机关撤销拒绝公开的决定或请求行政审判机关责令被申请的公共机关履行信息公开的义务。

(三)行政诉讼制度

信息公开申请人对公共机关作出的不公开决定不服,可以依《行政诉讼法》提起行政诉讼。在诉讼过程中,为防止不宜公开的信息泄密,法官(审判长)可以在有关当事人不参加(不在场)的情况下,以秘密方式阅读和审查申请人要求公开的信息。如果被申请公开的信息涉及国家安全、国防、外交等国家秘密,并且公共机关将这些信息的种类、秘密等级、定密程序和不能公开的理由向法官(审判长)进行了说明,法官(审判长)可以准许公共机关在诉讼中不提交这些信息。

(四)信息公开第三人权利保障与救济

公共机关进行信息公开,如相应信息涉及第三人,应通知第三人。第三人自收到通知的3日内,可向公共机关提出不公开相应信息的要求。如果公共机关不接受第三人的要求,坚持公开相应信息,应以书面形式通知第三人并说明理由。第三人收到通知后可以书面形式向该公共机关提出异议申请或提起行政审判(行政复议),也可以直接提起行政诉讼。第三人就公共机关的信息公开决定提起行政审判或者行政诉讼,应对相应信息公开决定的违法性负举证责任,并说明该决定可能侵害自己法律上的权益。根据韩国《信息公开法》,第三人可主张公共机关依法不得公开的信息主要包括下述信息:涉及国民生命、健康、财产保护的相关信息,司法审判过程中的相关信息,涉及犯罪预防、侦查、刑罚执行、保安处分有关的信息,涉及招投标、契约、技术开发、监管等有关的信息,企业的商业秘密信息,与个人私生活有关的信息等。①

① 参见韩国《信息公开法》第7条第1款第3~7项。

第十四章

行政复议

行政复议制度既与行政诉讼制度一道构成行政争讼(行政救济)基本制度,也与行政裁判制度一道构成行政司法制度,还与监察专员制度一道构成行政法制监督制度。由于各国行政复议制度的历史传统不同,性质和功能定位差别较大,对之进行比较有很大困难。有的国家(如英国、美国和其他英美法系国家)的行政复议制度基本上与行政裁判制度构成一体,英国行政裁判所或美国行政法官既裁决行政争议,行使行政复议的职能,又裁决民事争议,行使行政裁判的职能(由于我们在第七章详细讨论了行政裁判制度,故本章研究行政复议制度时即不再介绍英美法系国家的行政裁判制度,以免其内容出现大量重复)。有的国家(如法国)的行政复议制度基本上与行政诉讼制度构成一体,行政复议的职能基本上由行政法院行使(由于我们将在第十五章详细讨论行政诉讼制度,故本章研究行政复议制度时不再介绍法国与行政诉讼构成一体的行政复议制度,以免其内容重复)。还有的国家(如瑞典等北欧国家),其监察专员也实际行使一定的行政复议职能或实际发挥一定的行政复议作用,行政机关内部虽然也存在受理行政相对人申诉的制度和上下级监督制度,但没有形成具有相对专门性和相对独立性的行政复议制度。因此,本章进行行政复议制度比较时,将排除这些国家作为比较对象,而仅以具有相对专门性和相对独立性的行政复议机构的国家作为比较对象。即主要研究德国、日本和韩国三个国家的行政复议制度。

第一节　德国的行政复议制度

德国行政法学者胡芬在其所著《行政诉讼法》(第 5 版)中以整整 5 章的篇幅论述和阐释德国的行政复议制度。① 本节主要根据胡芬教授在该书中提供的材料,对德国行政复议制度作一简要的介绍。

一、德国行政复议制度的性质与功能

德国行政复议制度主要在州级政府和州级以下的县、市政府运作,因为联邦制定的法律、法规一般由各州的行政机关组织执行,联邦政府部门一般不直接执法。这不同于美国,美国联邦制定的法律、法规均由联邦政府机构执行,如果联邦法律、法规需要在各州执行,联邦政府需要在各州设立分支机构运作,州和地方政府只负责执行州法。由于德国执法机构一般设在州和市县政府,故行政相对人对执法行为不服的,一般向州或州以下县、市政府申请复议。

关于德国行政复议制度性质的定位,由于其行政复议的各种实体和程序问题主要在德国《联邦行政法院法》中规定,故法学界一般将行政复议界定为行政诉讼的"前置程序"。行政复议与行政诉讼之间确实存在一种密切的功能上的联系。"它们不仅共享重要的适法条件和法律标准,而且也服务于共同的目标:对行政的合法性进行审查,并化解公法上的争议。此外,它们是同一个——从行政程序经复议程序和行政诉讼到执行的——裁判过程的两个阶段。……确切地说,在复议程序中,一如既往地同时包含着诉讼性的'前置程序'和行政程序之第二阶段这两种因素;当然,后一方面的重要性正在逐渐增

---

① 德国学者为什么在行政诉讼法教科书中,而不是像我国或日本、韩国等大多数国家一样在行政法教科书中论述和阐释行政复议制度?对此,刘飞教授解释道:由于德国对行政复议制度的法律规定主要集中于德国《联邦行政法院法》(行政诉讼法)之中,而且该法第 68 条将行政复议程序视为行政诉讼的前置程序,所以,行政复议程序是行政诉讼法教材——而不同于在中国是行政法学教材——的重要组成部分之一。参见[德]弗里德赫尔穆·胡芬:《行政诉讼法》(第 5 版),莫光华译,法律出版社 2003 年版,"中文版导读"第 5 页。

长。”[①]由于行政程序因素的增长，有人又将行政复议制度的性质主要界定为行政程序：从行政复议运作的整个过程来看，复议程序显然是行政程序。该程序依公民的申请启动；如同其他行政程序一样，它也要经过事实调查、听证、评议等过程，旨在进行全面性的法律审查与合目的性审查（合法性审查与合理性审查的结合，而不同于行政诉讼只单纯地进行合法性审查），并以一个行政决定而非司法判决结束相应程序。因此，宪法上对司法程序（司法法官、裁判人员不受任何机关、组织、个人的干预，独立地进行合法性审查）的保障机制并不完全适用于复议程序。准确地说，复议程序和复议机关并不是要实现权力分立和对行政行为的“外部监督”，而是要建立行政系统的内部监督机制。[②]不过胡芬教授认为，将行政复议制度的性质界定为行政诉讼的前置程序，或者界定为行政程序，或者界定为行政诉讼的前置程序与行政程序的双重属性都不准确，而应认为是介于行政程序（行政行为程序）和行政诉讼程序之间的一个相对独立的中间程序。

关于德国行政复议制度的功能，胡芬教授认为，德国行政复议主要有三项功能。其一，对公民的法律保护功能。公民在其权益受到行政行为侵犯时，可以通过申请行政复议，请求复议机关撤销或变更相应行政行为，使其受侵害的权益获得救济。就法律保护功能而言，行政复议优于行政诉讼之处在于：复议可对行政行为进行合理性审查，而行政诉讼一般只能对行政行为进行合法性审查；另外，行政复议可变更某些违法或不当的行政行为，而行政诉讼一般只能撤销行政行为而不能变更行政行为。其二，行政的自我监督功能。所谓“自我监督”，是指作出行政行为的行政机关和行使复议职能的行政机关在行政相对人申请复议后，都可以对相应行政行为的事实根据和法律根据进行审查，纠正违法的、不合目的（不合理）的、有瑕疵的行政行为。其三，减轻法院负担的功能。在德国，行政复议大多作为行政诉讼的“前置程序”，但许多行政争议经过行政复议这一“前置程序”后并不会导致之后的行政诉讼。有些行政争议案件通过行政复议就解决了，当事人不再诉诸法院，从而减轻了法院

---

① [德]弗里德赫尔穆·胡芬：《行政诉讼法》（第5版），莫光华译，法律出版社2003年版，第59~60页。

② 参见[德]弗里德赫尔穆·胡芬：《行政诉讼法》（第5版），莫光华译，法律出版社2003年版，第60页。

的负担。不过也有人不认可行政复议的这种“减负”功能,他们认为:“行政法院的控权功能正是同纯粹的行政内部监督进行斗争所取得的成果,而且人们在传统上首先准备认同的,就是作为解决冲突之最有效途径的‘真正’的行政诉讼。每一种旨在将行政复议置于中心位置的改革建议,首先就会遭到如下怀疑:那无非是妄想以行政自我监督,取代公民寻求法律保护的权利。而且,事实调查的基本准则和实行全面审查的原则,也迫使行政法院不仅必须从法律上全面审查各种行政决定,而且还要通过自己的调查去消除诸如行政程序中事实调查上的瑕疵。结果,恰好是行政法院替行政机关‘减负’而不是相反。”①

对于德国行政复议制度的功能与作用,青锋等编著的《韩国行政复议制度》一书的“附录三”中专门对此进行了评价:德国行政复议“在解决行政争议、减轻行政法院案累方面起到了积极的作用。经过行政复议的案件,相对人不服再向法院起诉的数量不大。以北威州为例,1996 年该州共作出有关大企业登记方面的具体行政行为有 1500 件,其中当事人不服申请复议的有 85 件;经过复议申请人不服再向法院起诉的仅有 13 件,只占复议案件的 15%。但是,对于行政复议制度的功能与作用,也有不同的看法,如 20 世纪四五十年代,在德国制定《联邦行政程序法》时,就曾针对有无必要采纳行政复议制度进行过激烈的争论。争论的结果是复议制度得以确立。其主要理据是:行政复议不仅审查具体行政行为的合法性,而且审查其适当性,而行政诉讼只审查合法性。因此,行政复议对错误行政决定进行救济的余地更大。特别是对具体行政行为存在的程序问题,复议机关可以进行补救,而行政法院只能撤销而不能补救,其效果显然不如复议效果好。更为重要的是,具体行政行为经过复议机关的审查,相对人再到行政法院起诉的情况就少了”。②

二、德国行政复议的范围

德国行政复议的范围主要包括两类案件:行政相对人请求撤销行政行为

---

① ［德］弗里德赫尔穆·胡芬:《行政诉讼法》(第 5 版),莫光华译,法律出版社 2003 年版,第 64 页。

② 青锋等编著:《韩国行政复议制度》,中国法制出版社 2005 年版,第 174 页。

的案件和行政相对人请求行政机关履行其拒绝履行的法定义务的案件。除了这两类主要案件外,行政复议还受理特定法律规定的某些类别的案件。

(一)请求撤销行政行为的案件

根据德国《联邦行政法院法》第 68 条第 1 款,行政相对人在对相应行政行为提起行政诉讼撤销之诉之前,可以申请行政复议。但法律排除对某些行政行为的复议,如"非调整性"行政决定(事实行政行为)、针对普遍性事项的行政决定(抽象行政行为)、无外部效力的行政决定(内部行政行为)等,都属于行政复议的排除范围。

请求复议的行政行为必须是"已经公布,并且是法律上存在的行为"。因此,行政复议机关不受理行政相对人作为防范手段提起的针对尚未发生、尚不成熟的行政行为的复议申请。另外,一个行政行为如果已被撤回或已经终结,相对人也不能申请复议;如已申请复议,则应终止复议程序。但是,相对人对于自始无效的或者未曾有效公布的行政行为,可以申请复议,请求复议机关确认相应行为无效。①

(二)请求行政机关履行其拒绝履行的法定义务的案件

行政相对人请求行政机关作出一个授益行政行为(如行政许可),如果行政机关拒绝作出,其可以申请行政复议。但是,行政机关如果未作出拒绝决定,只是一直不作为,则行政相对人不能申请复议,而只能向法院提起"义务履行"的行政诉讼,请求法院判决行政机关依法履行义务。另外,在一般情况下,复议机关对于相对人请求行政机关履行义务的复议申请(除涉及自治事务的外),通常不会作出要求原行政机关履行相应义务的复议决定,而是自己全部或部分地作出相应行为。只有复议事项将是后续"义务履行"行政诉讼的标的时,复议机关才会作出要求原行政机关履行相应义务的复议决定。②

(三)特定法律规定的可复议案件和不可复议的案件

除前述两类主要的行政复议案件外,在德国,行政相对人还可根据特定法

---

① 参见[德]弗里德赫尔穆·胡芬:《行政诉讼法》(第 5 版),莫光华译,法律出版社 2003 年版,第 70 页。

② 参见[德]弗里德赫尔穆·胡芬:《行政诉讼法》(第 5 版),莫光华译,法律出版社 2003 年版,第 71 页。

律的规定申请行政复议。[①] 例如,根据德国《联邦公务员权利框架法》第126条第3款,所有公职人员就涉及公职关系的事项在提起诉讼(包括给付之诉和确认之诉)之前,均可申请行政复议。不过,复议申请人在复议之后是否可以提起诉讼,还应考察相应案件的具体情况以确定其可诉性。

另外,特定法律对于前述两类可复议的行政复议案件有时也会规定例外,使之成为不可复议的行政复议案件。例如,德国《联邦行政程序法》第74条排除对规划制定机关制定规划行为的行政复议(依要式行政程序作出的行政行为依德国《联邦行政程序法》第70条均排除行政复议);德国《联邦长途公路法》第17条、德国《治理有害青少年的刊物及媒体传播法》第20条、德国《联邦避难程序法》第11条等均有排除行政复议的规定。

此外,对于联邦最高行政机关或者州最高行政机关作出的行政行为依德国《联邦行政法院法》第68条亦排除行政复议(除非特定法律规定对其某一种行为必须复议)。德国《联邦行政法院法》第68条还规定排除对行政机关补正性行政行为的行政复议和排除对行政复议决定的再复议。

三、德国行政复议的参加人

根据德国《联邦行政法院法》和德国《联邦行政程序法》的规定,行政复议的参加人是自然人和法人,法人可以是公法法人,也可以是私法法人。[②] 除了自然人和法人外,行政复议的参加人也可以是虽非法人,但能以自己名义参与行政程序的有权利能力的得到法律或习惯法承认的机关或社团,如政党、工会以及劳资协定的当事人等。德国《联邦行政程序法》规定的"社团",它们既非法人,也不具有与法人同等的地位,但它们具有一种程序上的权利(参与复议程序的权利),以维护其实体法上的权利。

自然人参与复议程序须具有行为能力。无行为能力或者(程序)行为能力受到限制的自然人通过法定代理人参与复议程序。如果相应自然人没有法定代理人,行政复议机关应当通过监护法院指定特别代理人参与复议程序。

---

① 以下参见[德]弗里德赫尔穆·胡芬:《行政诉讼法》(第5版),莫光华译,法律出版社2003年版,第64页。

② 以下参见[德]弗里德赫尔穆·胡芬:《行政诉讼法》(第5版),莫光华译,法律出版社2003年版,第67~69、73~74页。

法人和社团由其法定代表人或者特别委托的人参与复议程序。机关则是通过其领导人、代表或特别委托的人参与复议程序。

自然人、法人、机关或社团申请复议,其应是不利行政行为的相对人。第三人如欲申请复议,则必须证明其权利受到了有利于相对人的那一个行政行为的不利影响。行政相对人提起行政诉讼,其必须主张行政行为导致其权利受到侵害;而其申请行政复议,只需主张影响其权利的行政行为不合目的(不合理)即可。因此,有权申请行政复议的人的范围要大于有权提起行政诉讼的人的范围。

四、德国行政复议的管辖

德国行政复议的管辖与德国执法权的分配状况相适应。在一般情况下,对具体行政行为的复议管辖均集中在州以下的政府,特别是县、市一级政府。但在少数情况下,某些具体行政行为是由联邦和州的政府部门作出的。根据德国《联邦行政法院法》的规定,行政相对人对行政机关的具体行政行为不服,通常都应当先向行政机关申请复议,对复议决定仍不服,才能向行政法院提起行政诉讼。但具体行政行为如果是由联邦和州的政府部门作出的,则可以不经复议而直接向行政法院起诉。

德国行政复议管辖有两种模式:第一种模式是由上一级行政机关管辖,这是通常情况都采取的模式。例如,行政相对人对镇政府的具体行政行为不服,应向县政府申请复议;对县政府的具体行政行为不服,则应向地区一级政府申请复议。第二种模式是由原行为机关管辖。原行为机关管辖又分两种情况:其一,当作出原具体行政行为的行政机关的上一级机关是联邦或州的部时,复议案件就直接由原行为机关管辖,而不再交由联邦或者州的部来处理;其二,有些法律专门确立了适用特别行政程序(不适用德国《联邦行政程序法》)的执法机关,如《税法》规定的所得税征收机构、《社会保障法》规定的社会保障机构,相对人如对这些机构的具体行政行为申请复议,则由作出被申请行为的行政机关管辖。①

---

① 参见青锋等编著:《韩国行政复议制度》,中国法制出版社 2005 年版,第 170~171 页。

五、德国行政复议程序

(一)行政复议期限

关于行政复议期限,德国《联邦行政法院法》第70条规定,行政相对人申请复议,一般应在行政决定公布后1个月内提出。特殊的复议期限,则由调整相应事项的特定法律规定。德国《联邦行政法院法》和特别法没有规定的,复议期限及其具体计算方法遵循德国《联邦行政程序法》第31条的一般规定。该条包括7项内容:(1)期间的计算和期日的确定,准用德国《民法典》第187条至第193条的规定,但德国《联邦行政程序法》第31条第2项至第5项另有规定的,依据有关规定。(2)行政机关所定期间,从公布之日起算,除非参与人得到的通知另有规定。(3)期间的终结为星期日、法定假日或星期六的,则以随后的第一个工作日之终结为终结;但通知参与人以特定之日作为期间终结的,不在此限。(4)行政机关仅须在某一特定期间内提供给付的,则该期间终结之日即使是星期日、法定假日或星期六,也不例外。(5)行政机关所定的期日,即使适逢星期日、法定假日或星期六,亦应遵守。(6)期限按小时计算的,星期日、法定假日或星期六也应计算在内。(7)行政机关所定的期间可以延长。这类期间已届满的,尤其在行政机关放任因期间届满所产生的法律后果会导致不公平时,可以赋予追溯力,将之延长。行政机关可以根据德国《联邦行政程序法》第36条的规定(合目的性,不得违背相应行政行为的目的),在附款中规定期间的延长。①

(二)事实调查

行政复议程序中的事实调查,适用德国《联邦行政程序法》第24条和第25条。德国《联邦行政程序法》第24条规定了3项规则:(1)行政机关依职权调查事实,行政机关决定调查的方式及范围,不受参与人提供的证明以及证明要求的限制;(2)行政机关应顾及一切对具体案件有意义的情况,甚至是有利于参与人的情况;(3)行政机关对在其管辖范围的声明或申请,不得以认为其实际上不允许或不成立而拒绝受理。德国《联邦行政程序法》第25条规

---

① 参见[德]弗里德赫尔穆·胡芬:《行政诉讼法》(第5版),莫光华译,法律出版社2003年版,第76~78页。

定，明显因疏忽、不知情而未提出声明、申请或提交不正确的声明、申请时，行政机关应提醒参与人提出声明，提交申请或对声明、申请予以更正。有需要时，行政机关应告知参与人在行政程序中享有的权利和应负的义务。

复议机关有义务审查原作出行政行为的行政机关对事实的调查，如果认为有必要，也有义务自行收集有关材料。复议机关在事实调查过程中，对于有争议的事实不得不加审查地直接采信原行政机关的数据和资料，否则，将在后续的行政诉讼中被撤销。①

（三）咨询与阅卷

复议机关对申请人和利害关系人负有告知与咨询义务。对此，应适用德国《联邦行政程序法》第 25 条和其他相关条款的规定。复议机关应告知复议申请人及其他参加人参与复议程序的风险和其应承担的费用。对于相对人的卷宗查阅权及其限制，可适用德国《联邦行政程序法》第 29 条和第 30 条的规定，其内容包括四项：（1）行政机关须允许参与人查阅行政程序所涉及的案卷，以参与人为保护其法定权利，知情和辩护所需者为限。阅卷可直至行政程序终结。参与人委托了代理人的，则仅代理人有权查阅案卷。（2）查阅案卷如果会损害行政机关有秩序地完成其任务；或者案卷内容公开会造成对联邦或州的利益的不利影响；或者根据法律或案卷的性质，尤其是因为参与人或第三人的正当利益，须对此案卷内容保密时，行政机关可不允许参与人查阅案卷。（3）查阅案卷应在拥有案卷的行政机关进行。在个别情况下，查阅案卷也可在另一机关或者德国在外国的领事代办处进行；其他例外应由拥有案卷的行政机关准许。（4）参与人有权要求行政机关未经许可，不得公开其秘密，尤其属于个人秘密范畴的事项以及商业秘密事项。②

（四）对复议案件的审查

行政复议机关审查复议案件，有两种模式：其一，只审查相应具体行政行为的合法性而不审查行为的适当性、合理性。在德国，州以下的县、市、镇的行政机构既是行政组织又是自治组织，法律赋予它们一定范围的自治权。在自

① 参见［德］弗里德赫尔穆·胡芬：《行政诉讼法》（第 5 版），莫光华译，法律出版社 2003 年版，第 104 页。

② 参见［德］弗里德赫尔穆·胡芬：《行政诉讼法》（第 5 版），莫光华译，法律出版社 2003 年版，第 105 页。

治权范围内，县、市、镇行政机构可以作出某些具体行政行为。复议机关对这些涉及自治权的具体行政行为进行审查，只能审查其合法性，而不得审查其是否适当、合理。其二，对相应具体行政行为进行全面审查，即对行为的合法性和适当性、合理性都进行审查。这种情况适用于对县、市、镇的行政机构在其自治权之外作出的具体行政行为的审查。根据德国的行政执法体制，联邦的立法大多是授权州来执行的，而州又可以将这些事务授权给县、市、镇的行政机构具体执行。州也可以将属于自己权限范围内的事项授权县、市或者镇的行政机构来执行。如果县、市、镇的某一具体行政行为是根据联邦或者州的授权作出的，复议机关的审查就不限于合法性，而且还要审查其适当性、合理性。①

根据德国《联邦行政法院法》第 73 条的规定，存在于行政系统的有关委员会或者咨询会也可以行使复议机关的职权。这种具有悠久传统的特别委员会，也存在于联邦层次上（如依德国《联邦均衡法》运作的申诉委员会、依德国《联邦重度残障人法》运作的复议委员会、依德国《联邦兵役法》运作的拒服兵役者体检委员会等）。尽管这里涉及的全都是专门委员会，但是，如不考虑特殊规定的话，各种州一级的相应委员会都负责实施发生在各自领域内的相应案件的复议审查。在这类委员会中，除了汉堡的复议委员会之外，还有莱茵兰—普法尔茨州和萨尔州的市、县法律委员会。县和县级市设有这类委员会。但是，在涉及自治事务时，县法律委员会对县属乡镇案件的复议审查，也仅仅局限于合法性审查。这些委员会以市长或者县长作为（至少是名义上的）主席，在公开审理和言词审理的基础上作出有关决定，而其成员却不受这些主席的命令之约束。②

六、德国行政复议决定

德国行政复议决定主要有以下五种。

（一）变更决定

复议机关不同于行政法院，可以对复议申请人申请审查的行政行为作出

① 参见青锋等编著：《韩国行政复议制度》，中国法制出版社 2005 年版，第 173 页。

② ［德］弗里德赫尔穆·胡芬：《行政诉讼法》（第 5 版），莫光华译，法律出版社 2003 年版，第 106 页。

变更决定(行政法院因为只作合法性审查,故一般不能变更被诉行政行为)。变更决定的内容甚至可以“加重”对申请人的不利处分,并让其承担费用(尽管行政复议在一般情况下不得“加重”对申请人的不利)。但是,如果复议机关是对不属于同一系统的自治行政机关的行为进行复议,就只能进行合法性审查,不能变更自治行政机关的行为。即使其确认自治行政机关的行为存在裁量瑕疵,复议机关也不能以自己的决定直接取代自治行政机关的决定。其必须进一步确认其违法性,并将案件发回原行政机关,由原行政机关自己纠正违法。

(二)驳回复议申请决定

如果复议申请人的申请不符合法律规定的申请条件,复议机关一般应作出驳回复议申请决定。但是,在实践中,复议机关对于已经超过复议时限或者违反某种法定形式的复议申请也予以受理,而不作出驳回决定,因为复议机关对被申请机关通常有管辖权(多存在上下级关系)和监督权。但是,如果被申请的行政行为与第三人有利害关系,其已经通过相应行为获得了某种确定的法律地位,则复议申请不合法,复议机关不得受理而只能作出驳回决定。

复议机关作出驳回复议申请决定的理由除了复议申请不符合法律规定外,还有两种情形亦适用驳回复议申请决定:其一,行政行为合法且合乎目的,申请人申请复议不具备理由;其二,行政行为违法,但行为没有侵犯申请人的合法权益。

此外,复议机关如果认为复议申请人的申请部分合法合理,部分不合法和不合理,可以作出部分驳回复议申请人申请和部分满足复议申请人申请的决定。

(三)撤销决定

对于具有下列情形的行政行为,复议机关应作出撤销被申请复议的行政行为的决定:其一,行政行为属于不利行政行为;其二,行政行为违法;其三,行政行为对申请人或第三人的合法权益造成了侵害。

另外,对于无效的行政行为,复议机关除确认相应行为自始无效外,还应撤销该无效行为。

(四)履行法定义务决定

被申请复议的行政机关如果作出了一项拒绝行政相对人请求其履行法定

义务的决定，复议机关原则上应自己作出被原行政机关拒绝作出的行政行为，也可以作出撤销原行政机关拒绝履行法定义务决定的决定（此不适用于自治行政机关就自治领域内事务作出的拒绝决定和由行政系统内的有关委员会作出的拒绝决定）。但是，如果原行政机关对相应法定义务更熟悉，更有经验，能够更迅速、更准确地作出相应行政行为，复议机关可以作出要求原行政机关履行法定义务，责令其作出被其拒绝作出的行政行为的决定。

（五）转换决定

根据德国《联邦行政程序法》第 47 条的规定，复议机关可以将一个有瑕疵的行政行为转换为另一个行政行为，但转换的前提是，被转换的行为与转换的行政行为具有相同的目的，并且原行政行为的条件、程序和方式也适用于被转换的行政行为。例如，复议机关可以把一个不合法的行政决定转换为一个救济决定；把一个有瑕疵的执行措施转换为一个直接强制措施。但是根据德国《联邦行政程序法》第 47 条的规定，如果被转换的行政行为较原行政行为对行政相对人更为不利，则不得转换。另外，对于法律羁束行政行为，不得转换为自由裁量行政行为。①

第二节 日本的行政复议制度②

一、日本行政复议制度的发展演变

日本现在的行政复议制度称为“行政不服审查”制度，确立这一制度的法律是日本国会于 1962 年制定的《行政复议法》（以下称原《行政复议法》），该法经日本国会于 2014 年进行了重大修改。1962 年以前，日本的行政复议制度称为“诉愿”制度，确立这一制度的法律是 1890 年制定的日本《诉愿法》。日本《诉愿法》仅有条文 17 条，其中规定的制度在权利救济方面明显不完备。例如，针对可诉愿的事项采取列举主义，提起诉愿必须经由处分机关（作出行

① 参见［德］弗里德赫尔穆·胡芬：《行政诉讼法》（第 5 版），莫光华译，法律出版社 2003 年版，第 119~122 页。

② 本节的资料主要源于中国人民大学法学院教授王贵松博士对藤田宙靖所著的《行政法总论》。［藤田宙靖『行政法総論』（青林書院，2013 年）］一书的译稿。

政行为的行政机关），在审理程序上对私人权利保护方面极不充分。在诉愿制度时代，行政救济方面除了诉愿以外，还通过各种单行法规设置了异议、异议申诉、审查请求、再审查请求等制度。这些为数众多的单行法规缺乏系统完善的体系设计，烦琐混乱，使行政相对人在权益受到侵犯后，寻求救济时困难重重，究竟能在什么时候、依据何种法规、遵循何种程序向何机关请求何种救济，社会公众往往难以明白。而且当时日本在提起行政诉讼上还采用了诉愿前置主义的原则，行政相对人向法院提起行政诉讼必先经过行政上的救济程序，这对一般的私人权利救济构成严重制约。为此，日本在 1962 年对整个行政争讼制度进行了重大改革：废止不服申诉前置的原则，并整理统合狭义行政争讼制度（异议、异议申诉、审查请求、诉愿、再诉愿等），将其作为私人权利救济制度加以完善充实。此后，又经日本《行政程序法》和日本《信息公开法》的制定以及《行政案件诉讼法》的重大修改等，促成狭义行政救济制度（不包含行政诉讼制度，主要指称为“行政不服审查”的行政复议制度）的逐步完善。进入 21 世纪以后，日本法学界和法律实务界均认为，随着时代的发展，原日本《行政复议法》已经落伍，不适应现代行政法治的需要，迫切需要大修。经过多方艰苦努力，国会终于在 2014 年通过了经重大修改的日本《行政复议法》。该法自 2016 年 4 月 1 日起开始施行。

修订后的日本《行政复议法》在狭义行政救济制度方面实现了“简便迅速审理”与“中立公平审理”这两个目标较好的平衡和统一，较旧法增加和扩充了重视国民权利的救济制度，对不服申诉的种类、审查机关的状态、审理程序、审查权的范围等作出了大幅度的制度修改。同时还对行政复议制度（行政不服审查制度）与行政诉讼制度（日本称“行政案件诉讼制度”）的衔接做了较好的处理。

藤田宙靖教授在其所著《行政法总论》中将日本现行行政复议制度称为“狭义行政争讼”制度，既与作为“广义行政争讼”制度之一的行政诉讼相区别，亦与作为更广泛的行政救济或行政监督制度的行政上的“不服申诉”制度、“苦情处理”制度、“行政相谈”制度和“监察专员”制度相区别。作为“不服申诉”对象的行政行为范围仅限于“行政处分”（具体行政行为），且必须以书面方式提出；“行政上的苦情处理”制度的对象则不限于“行政处分”而及于整个行政活动（广泛受理国民的苦情陈述，简要迅速地向有关机关转致，并进行斡旋、调解，建议其采取改善行政运作的措施），其形式灵活；“行政相谈”制度的法律根据有日本《总务省设置法》和日本《行政相谈委员法》等，其主要方式是通过协商、谈判、斡旋等解决争议和提供救济；“监察专员”是议会或行政等设置的独立机构（通常由一名或数名有专门学识或专门经验的人士组成），具有较为广泛的权限，可依国民直接的苦情申诉对行政运作进行调查，提出改进的建议、意见。

作为“狭义行政争讼”的行政复议制度，相对于行政诉讼和前述更广泛的行政救济或行政监督制度，其特点在于：其一，与行政诉讼根据正式严格的司法程序审理案件不同，行政复议一方面确实有不能全面充分审理的一面，但另一方面则有程序快捷、费用低廉的长处。其二，行政复议的裁决机关是行政机关，从而可以免去司法程序所伴有的种种制约。例如，法院完全以依法解纷为其任务，其审理权的范围当然也就限于合法性问题，而不及于合理性与行政裁量妥当与否的问题。行政复议解纷就没有这种限制。也没有分权制约的限制（因为复议机关就在行政系统之内）。其三，随着科学技术的发达、社会制度的复杂化等，很多行政事项都需要借助特别的专门技术性知识去判断行政活动的合法适当与否，在这方面，行政专门机关的专门知识、经验、技能等显然具有优势，其比法院能更迅速、准确地作出判断和处理争议、纠纷。现在，世界各国在行政诉讼制度之外，广泛采用作为“狭义行政争讼”的行政复议制度，其主要缘由即此。①

二、日本行政复议的种类

日本《行政复议法》规定了三种复议类型：审查请求、再调查请求、再审查请求。②

（一）审查请求

“审查请求”针对的对象是行政处分和不作为，但行政相对人一般不向处分机关或不作为机关提出，而是向其他的行政机关（通常是处分机关或不作

① 参见王贵松对藤田宙靖所著《行政法总论》一书的译稿。

② 以下参见王贵松对藤田宙靖所著《行政法总论》一书的译稿。

为机关所属行政系统的最上级行政机关,如各省大臣)提出。在原日本《行政复议法》中,向处分机关或不作为机关本身的不服申诉称作“异议申诉”,并行于“审查请求”。而日本《行政复议法》将其作出统一规定,日本“异议申诉”制度不复存在。原“异议申诉”是由作出处分(或持续不作为)的行政机关自身进行审查,现“审查请求”改为由其他的行政机关进行审查,就较具中立性,而且“审查请求”在审查程序上更为规范,故更能保证公正。不过,原日本《行政复议法》规定的“异议申诉”,也有其合理性,处分机关或不作为机关对自己的行为或不作为自行审查和检讨,如果其结果是撤销处分、纠正不作为,那对于寻求救济的一方而言,就能实现更简便快捷的救济,对于行政机关一方而言,其也可实现更快纠错,特别是对需要短时间作出大量处分的情形(如所得税、法人税的更正或决定处分等),就可以更认真地重新探讨,作出更为正确的判断。考虑到这一点,日本《行政复议法》中特地针对“处分”新设了取代“异议申诉”的“再调查请求”制度。

(二)再调查请求

“再调查请求”限于行政相对人对行政机关作出的行政处分向处分机关以外的行政机关提出。再调查请求的范围由法律规定。行政相对人对相应行政处分不服时,是直接提出审查请求,还是先提出再调查请求再视情况寻求其他救济,由其自由选择。不过,其一旦提出审查请求,就不能请求再调查。反过来,先选择了再调查请求,如果所申请的再调查机关没有对此作出决定,申请人一般就不能提出审查请求。

(三)再审查请求

“再审查请求”与“再调查请求”是完全不同的复议形式。它是在初次审查请求结束后,在法律有特别规定的情形下,行政相对人再次提起的不服申诉。“再审查请求”向法律规定的特定行政机关提出,由其进行审查和作出决定(相当于“再复议”,法律规定的这种例外极少)。

日本行政复议如果从复议内容上区分,则可以分为两类:对行政处分的复议和对行政不作为的复议。此不同于行政诉讼,行政诉讼的种类较多,包括抗告诉讼(抗告诉讼又进一步区分为撤销诉讼、确认无效诉讼、不作为的确认违法诉讼、科予义务诉讼等)、当事人诉讼、民众诉讼、机关诉讼等多种类型。当然,行政相对人根据行政复议的两种类型可以提出不同的审查请求,如在"对行政处分的复议"中可提出"撤销相应行政处分的请求",还可以提出在撤销相应行政处分的同时"确认相应行政处分无效的请求";在"对行政不作为的复议"中可提出"科予行政不作为机关作出处分义务的请求"等。不过,就行政复议而言,行政相对人尚未去法院起诉,而是在行政机关层面请求审查和救济的制度,因而,在复议入口处(受理复议的阶段),行政复议申请人没有必要详细提出像提起行政诉讼那样的诉讼请求。

三、日本行政复议的受案范围

日本《行政复议法》对复议范围的规定采用了"概括主义",改变了原日本《诉愿法》采用列举方法规定复议受案范围的做法,而采取列举方法规定排除行政复议受案情形的做法。日本《行政复议法》规定的排除情形共有下述11项:

1. 根据国会两院或一院及地方议会的决议施行的处分;

2. 根据法院或法官的裁判及为执行裁判施行的处分;

3. 当经国会两院或一院及地方议会议决或取得其同意、批准施行的处分;

4. 应由审计官会议作出决定的处分;

5. 在确认或形成当事人之间的法律关系的处分中,根据法令规定,该法律关系中的一方当事人在有关该项处分的诉讼中应作为被告人的处分;

6. 检察官、检察事务官或司法警察职员根据刑事案件的有关法令施行的处分;

7. 国税机关长官、国税局长、税务署长、收税官吏、海关关长、海关职员或征税职员(包括根据其他法令规定,执行这些职员职务的人)根据与国税、地方税违章案件有关的法令(包括准用其他法令的情形)施行的处分;

8. 学校、讲习所、训练班、进修所为了达到教育、讲习、训练、进修的目的,对大学生、中小学生、儿童、幼儿或其保护人、讲习生、训练生、进修生施行的处分;

9. 监狱、少年监狱、拘留所、少年院、少年鉴别所、妇女辅导院为了达到收容的目的,对被收容者施行的处分;

10. 有关外国人出入境或入籍的处分;

11. 仅与人们学识技能有关的考试或检验的结果有关的处分。①

日本《行政复议法》还增加规定,对于国家机关或者地方公共团体以及其他公共团体或其机构的处分,如这些机关或团体本身成为相应行政处分或行政不作为的相对人时,此种情形不适用日本《行政复议法》的规定,其申诉适用其他法律的规定。②

四、日本行政复议的申请

(一)复议申请

根据日本《行政复议法》的规定,行政相对人申请复议,应有不服申诉的利益。对于什么样的利益才是"不服申诉的利益",一般指日本《行政案件诉讼法》第 9 条规定的"法律上的利益"。不过,学说上也有见解认为,行政上不服申诉的利益比行政诉讼中抗告诉讼的诉的利益要广,至少有广泛解释的余地。因为日本《行政案件诉讼法》第 9 条与日本《行政复议法》第 2 条的内容不同,而且,日本《行政复议法》规定,行政复议"以实现国民权利利益的救济、同时确保行政正当运营为目的",这意味着行政复议有客观争讼的要素,不应完全限于申请人的主观权利(申请人"法律上的利益")。

(二)复议申请的期限

原日本《行政复议法》第 14 条规定的复议申请期限是 60 日,期限自相对人知道行政处分之日起算。这个时限太短,对相对人很不利。日本《行政复议法》修改为 3 个月,原则上为自相对人知道行政处分之日起算。作为例外,超过这一期限仍可审查请求的情形,原日本《行政复议法》规定的是"天灾以及在未提起审查请求上有其他不得已的理由时",这是颇为严格的要件规定;日本《行政复议法》修改为:只要超期"有正当的理由时"就允许申请。另外,行政相对人即使不知道有行政处分,如行政处分作出已经过 1 年,其也不能再提出复议申请(再审查请求)。这种"除斥期间"制度与行政诉讼的撤销诉讼的情形是一样的。新设的"再调查请求"也适用同样的规则。

---

① 参见日本《行政复议法》第 7 条。参见王贵松对藤田宙靖所著《行政法总论》一书的译稿。

② 本节以下均参见王贵松对藤田宙靖所著《行政法总论》一书的译稿。

（三）申请复议不停止执行原则

日本《行政复议法》第 34 条规定了申请复议不停止执行原则：行政相对人申请行政复议，行政机关对被申请的行政行为不停止执行。但是该法也规定了若干例外规则：

1. 如果复议机关是作出被申请复议的行政机关的上级行政机关，其认为必要时，可依复议申请人的申请或依职权，全部或部分停止被申请行政行为的执行，或者采取其他措施。

2. 如果复议机关是作出被申请复议的行政机关的上级行政机关以外的机关，其认为必要时，可依复议申请人的申请并在听取作出被申请复议行为的行政机关的意见以后，停止被申请行政行为的执行。但不得采取停止执行以外的其他措施。

3. 复议申请人提出前两项规定的请求后，为了避免因被申请复议行为的继续进行产生难以弥补的损害而认为有紧急必要时，复议机关必须实施停止执行。但如果停止执行可能对公共利益产生重大影响或者有使被申请复议行为今后继续进行成为不可能的危险时，或者复议申请人的请求没有理由时，则不得停止执行。

4. 在前三项情形下，如果通过停止执行以外的其他措施可以达到停止执行的目的时，不得停止执行。

5. 申请人提出停止执行的申请后，复议机关应迅速决定是否实施停止执行。停止执行以后，如果已明显出现停止执行对公共利益产生重大影响或有使被申请复议行为今后继续进行成为不可能的危险，或者有其他情况变化时，复议机关可撤销停止执行。①

五、对行政复议案件的审理与裁决（决定）

（一）审理员

日本《行政复议法》第 31 条规定，行政复议机关（如各省大臣）必须从所属的职员中特别指定审理复议案件的人——“审理员”（其应未参与被申请行为的意思决定，属于相应机关的官方职员）——对被申请行为进行审查。为

---

① 参见王贵松对藤田宙靖所著《行政法总论》一书的译稿。

了保证审理的公平性,审理员应特别选择明显与被申请行为无直接关系者。因为复议机关大多是作出被申请行为机关的上级行政机关,在作出被申请行为时,某些职员有可能有某种介入(如指挥监督等),故应避免此前有介入者参与审查程序。审理员在结束审理程序后,必须立即制作裁决意见书,将其与案件记录一起向复议机关提交。

(二)行政复议审查会

为了更好地保证复议案件审理的中立和公平,日本《行政复议法》设立在组织上与被申请的行政处分或行政不作为的行政机关完全没有关系的"行政复议审查会",作为行政复议案件的审查咨询机关。行政复议机关对复议案件作出裁决意见后,应向行政复议审查会咨询,并根据咨询结果作出裁决。不过,行政复议审查会接受咨询后所作出的是咨询"答复"而非复议"决定"。因此,咨询"答复"在法律上并不拘束复议机关,尽管行政复议审查会所作的咨询"答复"意见对复议机关在事实上具有很大的影响力。

(三)书面审理和职权主义

日本行政复议实行书面审理,这是自日本《诉愿法》就开始实行的原则。但是,在有复议申请人(或参加人)的申请时,必须提供口头陈述相关意见的机会。如果根据该申请人所在地以及其他情况,难以赋予申请人陈述意见的机会时,也可不提供此种机会。

与行政诉讼不同,行政复议机关审理案件采用职权主义,而不实行"两造"对抗的当事人主义。另外,日本《行政复议法》强调"审理程序的计划性执行",因为必须审理的事项过于复杂多样,或者当事人不能很好地主张、举证,为了不让审理程序时间过长,就要预先安排审理的顺序、有计划地推进审理。过长的审理程序对寻求权利救济的申请人是十分不利的。

(四)行政型审判

在日本,"行政型审判"一词的用法因学者而异,有时是在指称整个"狭义行政争讼"的意义上使用,但通常是在较为狭义上使用,指行政委员会或类似的行政机关采用准司法程序(quasi-judicial-procedure)审理行政复议案件。依据日本《行政复议法》,通常的复议审查具有给私人打开权利救济之路的目的,但其救济是通过行政机关的自我监督来进行的,从正当法律程序的角度看,这种救济的公正性是不充分的。为加强救济的公正性,故在实践中逐步建立了“行政型审判”制度。在行政机关进行审理和裁决中,赋予其类似于司法机关的组织、程序保障,使之有效发挥救济制度的功能。

日本现行“行政型审判”从制度渊源看存在两种类型:第一种是第二次世界大战后,在美国法的影响下效仿美国的独立规制委员会(Independent Regulatory Commission)制度而设计的。日本目前的公平交易委员会、劳动委员会等行政委员会进行的审理属于这一类型(不过,日本并非所有的行政委员会都进行这种“行政型审判”)。第二种是以德国法的救济程序为基础而建立的,其原型在第二次世界大战前在大陆法系国家就已经存在。日本现在依据日本《专利法》的专利案件审理程序审理、依据日本《海难审判法》的海难案件审理程序审理均属于这一类型。前者是针对专利权和一定工业所有权存在与否及其范围等争讼的审理;后者是针对海难事件,为调查海难原因、追究相关人员责任等案件而进行的审理。这些原本是由法院作为诉讼案件处理的,但鉴于案件具有特殊专业技术性质,而授权特殊的行政机关进行审理。

行政型审判制度作为行政复议案件审理制度有一定的特殊性。其一,这种行政型审判制度,不仅有像通常的复议审理制度那样,在相应的行政行为引发行政争议之后作为解决争议的一种方式,而且有时它就是作出某行政行为的实施的程序,亦即作为行政行为而非复议的程序。其二,无论行政机关采取行政型审判制度上述的哪一种类型,其初衷均是在某种程度上发挥替代法院司法审判程序的功能。因而,从作为行政型审判结果而作出的行政行为或复议行为(通常特别称作“审决”),一般带有通常的普通行政争讼制度所没有的特色,这种特色之一是采行所谓“实质性证据规则”。在对审决提起的撤销诉讼中,作出审决的行政型审判机关认定事实,在有实质性证据支持其举证时,可拘束法院。这一做法所依据的基本设想可以说是将此种行政型审判视作司法审查中的事实审,让其部分发挥替代法院的功能。不过,虽说只是事实认定,但如果由行政机关进行审判和对案件作出最终裁判,那将抵触日本《宪法》第32条、第76条第2款等规定。因而,只有在实质性证据支持其举证时,这种事实认定才拘束法院。而且,有无这种实质性证据的判断权在法院。并且在这一意义上的实质性证据规则只适用特定的行政型审判而并非适用于所有行政型审判。行政型审判的另一特色是,因为这种审判具有准司法性,因而,在对这种审判审决的诉讼中有时省略地方法院的审级(如修改前的日本

《反垄断法》第 85 条规定的对公平交易委员会审决的诉讼、日本《关于矿业等利用土地的调整程序法》第 57 条规定的对公害等调整委员会的裁定的诉讼),此外,依据日本《电波法》第 97 条对总务大臣依据电波监理审议会议决所作的复议裁决,其撤销诉讼属于东京高等法院的专属管辖。在同样的系统中,专利审判、海难审判虽然未必采用实质性证据法则,但也采用省略地方法院审级的做法。

(五)行政复议的裁决及决定

根据日本《行政复议法》第 44、52、62 条的规定,复议机关对审查请求及再审查请求的裁断行为称为"裁决";对再调查请求的裁断行为称为"决定"。不过,在行政程序中,"裁决"一词用得比日本《行政案件诉讼法》更为广泛,与行政争讼毫无关系,制定法上(如日本《土地征收法》)有时也以"裁决"的名称称呼特定行政行为(行政决定),其用法不完全统一(有时用"裁决",有时用"决定")。

行政复议的裁决、决定与法院的裁定、判决的情形不同,不仅在一定情形下可以撤销原行政处分,也能变更行政处分,但是,一般不允许对复议申请人做不利的变更。与法院撤销诉讼的情势判决相对应,行政复议在有的情形下也允许做"情势裁决"。另外,行政复议裁决具有与法院撤销判决"拘束力"同样的效力,相关行政机关应受行政复议裁决拘束。①

第三节　韩国的行政复议制度②

一、韩国行政复议制度的发展演变

韩国行政复议原称"诉愿",1884 年制定韩国《行政审判法》(《行政复议法》)以后称"行政审判"。1951 年 8 月公布的韩国《诉愿法》对诉愿事项采取了概括主义的规定:行政相对人的权利或者利益因行政机关违法或者不当的

---

① 参见日本《行政复议法》第 48、52 条。参见王贵松对藤田宙靖所著《行政法总论》一书的译稿。

② 本节资料主要源于[韩]金东熙:《行政法Ⅰ》(第 9 版),赵峰译,中国人民大学出版社 2008 年版,第 438~478 页;青锋等编著:《韩国行政复议制度》,中国法制出版社 2005 年版,第 33~152 页。

行政行为受到侵害可以依法提起诉愿。行政相对人提起诉愿应当以书面形式，通过原行政机关向其上级行政机关提起。如做出被诉愿行政行为的机关为国务总理、各部长官、总统直属机构的，则应当向相应行为机关提起诉愿，由其下设的诉愿审议会予以审查、提出处理意见。提起诉愿的期间应当是自行政相对人知道行政机关做出相应行政行为之日起 1 个月，但是自行政行为做出之日起超过 3 个月的，当事人不得再提起诉愿。原行政机关应当自受理诉愿申请书之日起 10 日内连同答辩状及相关文件一同送达诉愿行政复议机关。行政复议机关对诉愿的审查原则上采用书面审理的方式，其认为有必要的，也可以进行口头审理，并可以依职权询问证人，要求有关行政机关提供有关资料。另外，1951 年 8 月出台的韩国《行政诉讼法》规定了"诉愿前置"的做法，将诉愿作为提起行政诉讼的前提条件。

1951 年韩国《诉愿法》所建立的行政复议制度在实践中存在诸多弊端：其一，在复议法体系上，除了作为一般法的韩国《诉愿法》规定的诉愿方式之外，其他许多法律还规定了与之不同的多种复议形式，这给当事人增加了申请诉愿（复议）选择诉愿方式的麻烦。其二，韩国《诉愿法》对诉愿事项采用了一般概括主义的立法方法，但对于不作为和事实行为却没有作出明确的规定，使当事人不明确是否可申请诉愿。其三，诉愿机关的客观性和公正性较差。其四，诉愿申请的期间较短且属于不变期间，对申请人极为不利。其五，诉愿原则上采取书面审理的方式，正当法律程序有所欠缺。其六，申请诉愿是否停止行政行为的执行完全取决于诉愿审理机关的自由裁量，公正性不够。其七，法律对于不告不理以及禁止不利益变更原则等缺乏明确的规定。

鉴于原诉愿制度存在的上述缺陷，韩国国会于 1984 年 12 月 15 日废止了韩国《诉愿法》，新制定了调整行政复议制度的韩国《行政审判法》（以下统称韩国《行政复议法》），韩国《行政复议法》于 1985 年正式施行，1985 年的韩国《行政复议法》较之前的韩国《诉愿法》具有以下特点：其一，过去的诉愿委员会仅仅是咨询机关，对国民权利、利益的救济很不充分，故新法将行政复议机关中必须设置的行政复议委员会规定为议决机关，并要求行政复议机关完全按照行政复议委员会（委员会必须有民间人士参加）做出的议决内容作出行政复议裁决；其二，新法规定中央行政机关的负责人（各部长官）所作行政行为的审判，由属于国务总理的行政复议委员会（国务总理行政复议委员会）审理、议决；其三，新法定规行政复议申请人有权取得作为被申请人的原行政机关的答辩书和证据材料、有权请求进行口头听证等，从而保障了行政复议申请人在程序上的权利。

之后韩国《行政复议法》又经过多次修改，其中主要的修改有：

1995 年，为了对《行政复议法》实行十余年的过程中出现的运作上不完善问题进行改进，以适应复杂、多样化的经济社会形势的发展变化，韩国国会于 1995 年 12 月 6 日修法(修改后的新法于 1996 年 4 月 1 日起施行)。此次修改，其重点有：其一，对行政复议的审理机构进行改革，废止了中央政府各部门的行政复议委员会，将过去申诉案件由各委员会审理、议决变更为主要由国务总理行政复议委员会统一审理、议决(但法律也规定了一些例外的特殊情况)，提高了国务总理行政复议委员会运作的效率和专门性；其二，对国务总理行政复议委员会的组成人员作了重大调整，规定行政复议委员会的委员中应有过半数的民间人士；其三，对审理原则作了重大调整，原韩国《行政复议法》规定的审理方式是以书面审理为原则，修改后将其变更为言词审理和书面审理二者并用，而且，当事人申请言词审理的，原则上必须进行言词审理。

1997 年，韩国对《行政复议法》再次修改。这次修改的主要内容包括：其一，扩大了国务总理行政复议委员会的规模，增加了国务总理行政复议委员会中委员的法定人数，将法定人数由 30 人变更为 35 人以内，常任委员由 1 人变更为 2 人。其二，完善了申请复议停止执行制度。由行政复议机关受理执行停止申请改由行政复议委员会受理，并由其作出是否停止执行的决定，行政复议机关不再行使此项权限。其三，增加了行政复议委员会对抽象行政行为的审查权限，国务总理行政复议委员会在行政复议案件的审理过程中，如果认为有关行政决定所依据的命令没有法律依据，可以要求该机关采取纠正措施。

1998 年，韩国对《行政复议法》又进行了一次修改。这次修改的主要内容是：其一，扩大了国务总理行政复议委员会的管辖范围，将原来一百多个分散在各政府部门审理的复议案件均集中到由国务总理行政复议委员会审理。其二，大幅度地增加了国务总理行政复议委员会委员的法定人数，将委员人数由 35 人变更为 50 人。其三，在国务总理行政复议委员会中设置了若干小委员会，预先研究委员长指定审理的案件。

现行韩国行政复议制度的法律渊源中，基本法律是韩国《行政复议法》。

除了韩国《行政复议法》外，还有其他的特别法渊源（包括法律、总统令、总理令和地方性法规等）。这些特别法渊源规定各种特别类型的行政复议，主要有以下三种：一是公务员管理事项的复议；二是税务事项的复议（国税行政复议委员会设在财政经济部之下的国税厅）；三是行政特许事项的复议。这三种类型的行政复议都要由相应的各个部门审理，而不是由国务总理行政复议委员会审理。凡是专业性比较强的行政复议，其制度通常都由特别法设定，如土地行政争议，即由土地法设定的土地行政复议委员会进行复议。①

二、韩国行政复议的受案范围与种类

（一）韩国行政复议的受案范围

韩国《行政复议法》将行政复议的范围确定为违法的处分、不作为，以及不当的处分和不作为。所谓"处分"，是指"行政机关对具体事实进行执法的公权力的行使或者拒绝，以及以此为基准的行政作用"。② 所谓"公权力行使"，是指行政机关作为对具体事实进行执法作出的权力性行政作用，主要指行政行为，但并不限于行政行为，也包含权力性事实行为，如传染病患者的隔离措施、物件的押留等，这些也符合韩国《行政复议法》上的"处分"。所谓"拒绝处分"，是指保持现在的法律状态的意思表示，可以说是消极的公权力行使。如拒绝许可、认可，或者拒绝启动某种行政规制的申请等。明确拒绝申请的决定是明示的"拒绝处分"，如果在一定时期内对申请不予答复、不进行处分，可视为"拒绝处分"。

至于"以公权力行使为基准的行政作用"，此概念在于扩大行政复议对象的范围。某些行政作用在严格意义上即使不具备作为公权力行为的要素，但当没有其他实效的救济手段时，可以将其视为公权力行使的作用，认定为行政复议对象的所谓的"形式的行政行为"。

韩国《行政复议法》上的所谓"不作为"，是指"行政机关应当在相当期间内对当事人的申请进行处分，而未进行处分"，其应当具备以下要件：其一，当

① 参见青锋等编著：《韩国行政复议制度》，中国法制出版社 2005 年版，第 33～43 页。

② 参见韩国《行政复议法》第 13 条。引自青锋等编著：《韩国行政复议制度》，中国法制出版社 2005 年版，第 221～222 页。

事人的申请不仅包括法律上明示的情况，也包括与宪法基本权利相关联的或者法律解释上认可的有申请权的情况。其二，当事人提出申请后，经过“相当的期间”后，行政机关不进行任何处分的状态。这里所谓“相当的期间”，应理解为社会一般常识认为的，处理该申请所需要的合理期间。其三，进行处分的法律上的义务根据羁束行为和裁量行为的不同，进行处分的法律上的义务内容也有所不同。对于羁束行为来说，处分要件充足时，行政机关有依法进行特定处分的义务。但对于裁量行为来说，行政机关具有对相对人的申请进行裁量处分的义务。因法令赋予了行政机关裁量权，即独立的判断权，所以其没有按照相对人申请进行特定处分的义务。其四，行政机关未进行任何处分，包括拒绝处分（行政机关拒绝处分有时在法律上视为存在消极的处分，因此未作出法律规定应作出的拒绝处分也视为不作为）。但是，此不包括无效行政行为。无效行政行为因存在重大、明显的瑕疵，从一开始就不发生效力，但是其处分却已进行或者从外观上存在，因此其不是不作为。①

（二）韩国行政复议的种类

韩国行政复议分为三种类型：请求撤销复议、请求确认复议和请求义务履行复议。②

1. 请求撤销复议

请求撤销复议，是指行政相对人权益因行政机关违法或者不当的公权力的行使或拒绝行政行为受到侵害，请求复议机关撤销或者变更相应行政行为。请求撤销复议是行政复议的最重要类型。复议机关经审理认为申请人的请求有理由时，可以直接撤销或者变更相应行政行为，也可以责令被申请的行政机关撤销或者变更相应行政行为。

2. 请求确认复议

请求确认复议，是指行政相对人请求复议机关确认行政机关行政行为的效力有无或存在与否的复议。由于无效或者不存在的行政行为不具有公定力，所以自始即无效力，任何人都不受其拘束。但在这种情况下其仍具有行政

① 以下参见韩国《行政复议法》第 2～3 条。引自青锋等编著：《韩国行政复议制度》，中国法制出版社 2005 年版，第 215～216 页。

② 以下参见韩国《行政复议法》第 4 条。引自青锋等编著：《韩国行政复议制度》，中国法制出版社 2005 年版，第 216 页。

行为的外观，因此当事人可能担心行政机关将其判断为有效而予以执行，或者相反，有的行政机关将有效的行政行为认为无效或者不存在而否认其效力，从而对行政行为的有无效力或者存在与否，有必要进行有权威的确认。复议机关认为，复议申请人请求有理由时，应作出行政行为无效确认裁决，或行政行为有效确认裁决、行政行为不存在确认裁决、行政行为存在确认裁决等。

3. 请求义务履行复议

请求义务履行复议，是指行政相对人权益因行政机关违法或者不当拒绝行政行为，或者不作为受到侵害而请求复议机关责令被申请行政机关依法履行法定义务的复议。对于申请人的这种请求，复议机关认为有理由时，可以及时根据申请作出裁决责令被申请行政机关依法履行法定义务。当相应法定义务是羁束行政行为时，被申请行政机关应按申请进行处分。当相应法定义务是裁量行政行为时，被申请行政机关原则上没有按照申请进行处分的义务。因为在裁量行为中，对行政机关行为与否或选择如何行为，法律赋予了行政机关裁量权，即独立的判断权。因此，对于裁量行为，复议机关对被申请行政机关不能命令其依据申请人的申请行为。但基于被申请行政机关有违法或不当事由，复议机关也可以责令其依申请人的申请作出行为。①

三、韩国行政复议机关

韩国行政复议机关包括行政复议裁决机关——行政复议被申请机关和行政复议议决机关——行政复议委员会。为了确保裁决的客观性、公正性，韩国《行政复议法》规定将行政复议案件的审理、议决机关和裁决机关加以区分，将议决功能赋予行政审判委员会。同时，裁决机关的裁决必须依据行政审判委员会的议决作出。行政复议裁决机关原则上为作出行政行为的直接上级机关，但在例外情形下，作出行政行为的机关自身也可以成为裁决机关。作为行政复议案件议决机关的行政审判委员会，过去原则上设置在裁决机关内，但也有例外。例如，对行政各部长官作出的行政行为，作出行政行为的机关自身就是裁决机关，其审理、议决由国务总理所属的行政审判委员会来进行。1995

① 参见[韩]金东熙：《行政法Ⅰ》（第9版），赵峰译，中国人民大学出版社2008年版，第440～447页。

年,韩国《行政复议法》修改后,行政复议机关的设置有所变化,大致分为下述五种情形。①

(一)以中央国家机关为被申请人的案件的复议机关

根据韩国《行政复议法》第5条的规定,以中央国家机关为被申请人的行政复议案件,由作出原处分的行政机关或不作为行政机关为行政复议机关。对于以下行政机关的行政行为及不作为,由该行政机关作为行政复议机关:(1)国务总理、行政各部负责人以及总统直属机关的负责人作出的行政行为及不作为;(2)国会事务总长、法院行政处长、宪法法院事务处长以及中央选举管理委员会作出的行政行为及不作为;(3)其他无主管监督机关的行政机关作出的行政行为及不作为。

国会事务总长、法院行政处长、宪法法院事务处长以及中央选举管理委员会分别是国会、普通法院、宪法法院以及中央选举委员会各机关的内部管理机构,这些内部管理机构在对各机关实施管理时,作出相应的处理决定具有行政管理的特征。对于这些"行政行为",依据韩国《行政复议法》的规定,由原处分机关或者不作为机关作为行政复议机关。

(二)以地方政府为被申请人的案件的复议机关

由韩国地方政府、特别市市长、广域市市长或者各道的知事(包括教育监事)为被申请人的行政复议案件,由中央政府各主管部门作为行政复议机关(但其案件由国务总理行政复议委员会议决)。

(三)以地方政府部门为被申请人的案件的复议机关

由韩国地方政府部门、特别市市长、广域市市长或者各道的知事下属的各级国家行政机关或者其管辖区域内的自治行政机关为被申请人的行政复议案件,分别由特别市市长、广域市市长或者各道的知事作为行政复议机关。

(四)以国家特别地方行政机关为被申请人的案件的复议机关

根据韩国《政府组织法》第3条或者其他有关法律的规定所设置的国家特别地方行政机关(但不包括总统令规定的中央行政机关下属的国家特别地方行政机关)作为被申请人的行政复议案件,由该国家特别地方行政机关所

---

① 以下参见韩国《行政复议法》第5~8条。引自青锋等编著:《韩国行政复议制度》,中国法制出版社2005年版,第216~220页。

属的中央政府部门作为行政复议机关。例如,韩国海洋水产部在全国设有16个中央驻地方的海洋水产厅,在釜山市就设有一个这样的海洋水产厅,如果当事人对釜山市海洋水产厅作出的行政行为或者不作为申请行政复议,则行政复议机关为海洋水产部,而不是釜山市政府。如果当事人不服釜山市海洋水产厅的处分或者不作为而提起行政复议的话,则由国务总理行政复议委员会审理和议决相应争议,然后由海洋水产部依据国务总理行政复议委员会的议决书作出形式上的裁决书。

(五)特别行政复议案件的行政复议机关

考虑到某些行政复议案件的专门性和特殊性,韩国有关特别法规定了相应特别行政复议案件的特别管辖。但对于这些法律中未规定之事项,仍应遵从韩国《行政复议法》的一般规定。国务总理行政复议委员会与特别行政复议委员会之间没有什么关系,就目前而言,国务总理行政复议委员会是一般的行政复议委员会,其他部门的行政复议委员会则负责审理专门性案件,因其比较专业,故相应案件由其审理更为合适。特别行政复议委员会管辖的案件范围广泛,包括专利、知识产权、商标、电脑程序版权等方面的案件。至于图书著作权方面的案件,则交由韩国文化部进行行政复议。

特别行政复议是由特别法律规定的。如税法规定,有关税金方面争议的复议案件,由税金行政复议委员会审理。也就是说,有法律特别规定的,就由特别行政复议委员会管辖,没有法律特别规定的,就由国务总理行政复议委员会管辖。关于特别行政复议委员会在审理行政复议案件时的法律适用,如果特别法中对行政复议案件审理有特别规定,优先适用特别法的规定;特别法没有特别规定的,则适用韩国《行政复议法》的一般规定。[①]

四、韩国行政复议的申请

(一)申请人

行政复议申请人是指对行政机关行政行为或不作为不服,请求复议机关撤销或变更行政行为,或者责令被申请人依法履行法定义务的自然人或法人。

---

① 参见[韩]金东熙:《行政法Ⅰ》(第9版),赵峰译,中国人民大学出版社2008年版,第447页;青锋等编著:《韩国行政复议制度》,中国法制出版社2005年版,第58~61页。

没有法人资格的社团或财团,其代表人或管理人可以社团或财团的名义申请行政复议。根据韩国《行政复议法》的规定,作为申请人的资格条件是其“法律上的利益受到侵害”(包括违法或不当行政行为以及不作为的侵害)。①

(二)被申请人

行政复议被申请人是指具有决定国家、地方自治团体等行政主体的意思表示,并向外部公开的权限,作出被申请的行政行为或不作为的行政机关。②这种行政机关不仅包括首长制机关(总统所属各直属机关、国务总理、中央政府各部、特别市市长、广域市市长或者道知事、教育监事以及特别市市长、广域市市长或道知事下属的各级国家行政机关,或者其管辖区域内的自治行政机关、依韩国《政府组织法》设置的地方特别行政机关等),而且包括合议制机关(如土地征收征用委员会、公平交易委员会等)。

此外,国会事务总长、法院行政处长、宪法法院事务处长以及中央选举管理委员会在进行行政活动时,依韩国《行政复议法》也可视为行政机关,成为行政复议的被申请人。

除各种行政机关和依法被视为行政机关的机关外,韩国行政复议被申请人也包括法律、法规授权的组织和被委托的组织。韩国法律法规授权的组织主要包括以下三类主体:公共团体、其他机关和私人组织。这些组织只要依法接受了行政权限的授权或者委托,都可以成为行政主体,从而都可以成为行政复议的被申请人。

(三)申请方式

行政复议申请人提出复议申请,应以记载一定事项的书面形式提出。采取这种书面主义是为了明确复议请求的目的、理由等,并避免口述时的延误和繁杂。对复议申请书必要的记载的事项如有缺漏,复议委员会认为可以补正时,可以要求申请人在一定期间内予以补正。③

复议申请书可向复议机关或者向作为被申请人的行政机关提交,向何机

---

① 参见韩国《行政复议法》第9条。引自青锋等编著:《韩国行政复议制度》,中国法制出版社2005年版,第220页。

② 参见韩国《行政复议法》第13条。引自青锋等编著:《韩国行政复议制度》,中国法制出版社2005年版,第221~222页。

③ 参见韩国《行政复议法》第19、23条。引自青锋等编著:《韩国行政复议制度》,中国法制出版社2005年版,第224、226页。

关提交,由复议申请人自己选择。作为被申请人的行政机关收到复议申请书后,其应作出如下措施:其一,如认为复议请求有理由时,作出依据复议请求的行政处分或予以确认,并立刻通知复议裁决机关和申请人;其二,经由复议裁决机关向被申请人送达复议申请书。被申请人应从接到复议申请书之日起10日之内交付答辩书。答辩书应说明其被申请的行政行为或不作为的根据和理由,以及对申请人复议请求的事由和对应理由的答辩。①

(四)提起申请的效果

提起复议申请的效果可以分为对行政复议机关的效果和对作为复议客体的行政行为的效果。

其一,对复议裁决机关和行政审判委员会的效果。申请人提出行政复议申请后,复议裁决机关和行政审判委员会就负有进行审理、裁决的义务。即使复议申请提出要件上有缺陷,其也应在审理后再驳回。

其二,对作为复议客体的行政行为的效果。申请人提出行政复议申请后,原则上不停止被申请行政行为的执行。但是,作为例外,行政复议机关可以依据符合一定要件的当事人的申请或运用职权,作出停止被申请行政行为执行的决定。停止被申请行政行为的执行的一般要件是:(1)执行被申请行政行为可能发生的难以弥补的损害;(2)复议机关认为有作出停止执行决定的紧急必要。但是,停止执行如果可能损害社会公共利益,申请人停止执行的申请将不被认可。②

五、韩国行政复议案件的审理与裁决

(一)行政复议委员会的审理③

韩国行政复议案件一般都要经过行政复议委员会的审理。国务总理行政复议委员会的会议由包括委员长、常任委员和委员长每次指定的委员在内的

① 参见韩国《行政复议法》第17、24条。引自青锋等编著:《韩国行政复议制度》,中国法制出版社2005年版,第223页、第227页。

② 参见[韩]金东熙:《行政法Ⅰ》(第9版),赵峰译,中国人民大学出版社2008年版,第452~462页。

③ 以下参见韩国《行政复议法》第26~31条。引自青锋等编著:《韩国行政复议制度》,中国法制出版社2005年版,第227~297页。

总共9名成员组成,其中民间委员应当超过5名。市、道行政复议委员会的会议由7名成员组成,其中民间委员应当超过4名。

韩国行政复议委员会审理方式的核心是合议制。行政复议委员会召开会议时,必须有过半数的委员出席,并经出席委员的过半数赞成作出决定。行政复议委员会认为有必要的,可以就当事人未主张的事实进行审理。委员会的审理以口头审理为主,但也可以书面审理。当事人申请口头审理的,则一般应当进行口头审理。如进行口头审理,应当规定会议日期,传唤当事人以及相关人员。口头审理有两种形式:一种形式是召唤当事人和相关人员到行政复议委员会的会议上陈述;另一种形式是要求被申请人向行政复议委员会的委员回答有关问题。被申请人如果不出席,复议决定有可能会对其不利。但对于简单的、常规性的案件,如吊销驾驶执照的案件,一般只有申请人出席,被申请人往往不派员出席。而对于重大的案件,申请人和被申请人都会出席。

在行政复议委员会的委员们出席的正式审理会议上,事实问题和法律问题都要审理,既要澄清事实,又要根据法律的规定得出案件的结论。关于不同类型证据的证明力问题,法律对此没有规定,在实际办案过程中由审判担当官或者行政复议委员会的委员自己判断。行政复议委员会认为必要的可以将相关的行政复议申请合并审理,或者将合并的相关请求分离审理。

行政复议委员会审理采取合议制,每次审理应有半数以上的委员出席,并只有出席人员的过半数才能作出行政复议"议决"。韩国行政复议委员会的审理结果称"行政复议议决书"。行政复议委员会作出行政复议议决书后,须依法发送不同的行政复议机关。对于行政复议委员会设在行政复议机关内的,则仅将行政复议议决书送本机关即可。

另外,根据韩国《行政复议法》的规定,行政复议申请人在行政复议机关就行政复议申请作出复议裁决之前,可以书面的形式撤回行政复议申请。

(二)行政复议机关制作并送达行政复议裁决书

行政复议委员会审理终结和对该行政复议案件作出议决后,应将该议决内容通告行政复议机关。行政复议机关即依照行政复议委员会的议决制作行政复议裁决书。行政复议裁决书应严格遵循行政复议委员会议决的内容制作。实际上复议裁决书是执行行政复议议决书的一种文书。

行政复议机关一般不得对行政复议申请人申请复议的事项——行政行为

或者不作为——之外的事项进行裁决；不得对申请人做出较原行政行为于其更不利的裁决。[①]

（三）行政复议裁决的种类

韩国《行政复议法》设定了以下 7 种行政复议裁决：[②]

1. 驳回复议请求

行政复议机关认为行政复议申请人提出的复议申请不合法的，或者认为行政复议申请没有理由的，作出驳回该行政复议申请的裁决。

2. 撤销或者变更行政行为

行政复议机关认为行政复议申请人提出的撤销或者变更行政行为的请求有理由的，作出撤销或者变更该行政行为的裁决。

3. 责令原机关撤销或者变更行政行为

行政复议机关认为行政复议申请人提出的撤销或者变更行政行为的请求有理由的，也可以作出责令原行政机关予以撤销或者变更的裁决。

4. 确认行政行为的效力

行政复议机关认为行政复议申请人提出的确认行政行为无效等的请求有理由的，作出对行政行为效力有无或者存在与否的确认裁决。

5. 责令依法履行义务

行政复议机关认为行政复议申请人提出的请求被申请人依法履行义务的行政复议申请有理由的，作出责令被申请人或有关行政机关依申请人申请作出相应行政行为，履行义务的裁决。

6. 情势裁决

行政复议机关认为行政复议申请人提出的行政复议申请有理由，但是予以认可则显然不符合公共利益的，可以依照行政复议委员会的议决，裁决驳回该行政复议申请。但是，行政复议机关必须在该行政复议裁决书的正文中，明确指出该行政行为或不作为违法或者不当；同时可以对行政复议申请人采取一定的救济措施或者责令被申请人采取相应的救济措施。但这种行政复议裁

---

① 参见韩国《行政复议法》第 36 条。引自青锋等编著：《韩国行政复议制度》，中国法制出版社 2005 年版，第 230 页。

② 以下参见韩国《行政复议法》第 32～42 条。引自青锋等编著：《韩国行政复议制度》，中国法制出版社 2005 年版，第 229～232 页。

决不适用于无效等的确认裁决。因为行政复议机关在该行政复议裁决的正文中已明确指出该项行政行为或不作为违法或者不当,已经具有无效等的确认裁决的实质了,不能通过“情势裁决”再重复确认。

7. 完善不合理的规范性文件

国务总理行政复议委员会审理以及议决行政复议申请时,认为作为行政行为或者不作为根据的规范性文件(指总统令、总理令、部令、训令、成例、告示、条例、规则等)没有法律上的根据、违背上位法或者给国民增加了过度的负担等,存在显著不合理之处,可以要求有关行政机关对该规范性文件采取改正、废止等适当的纠正措施。被要求采取纠正措施的相关行政机关无正当事由的,应当按要求采取纠正措施。

行政复议裁决书应当记载以下各项内容:(1)案件编号以及案件名称;(2)当事人、代表人或者代理人的姓名以及住所;(3)裁决正文;(4)申请人的主要请求;(5)行政复议裁决的理由;(6)行政复议裁决的日期。行政复议裁决书所记载的理由应当表明行政复议机关的判断,足以认定主文内容正当。行政复议裁决书还应写明:行政复议机关的上述行政复议裁决是依照行政复议委员会的议决内容所作出的。最后行政复议裁决书应签名盖章。

(四)行政复议裁决的执行和效力①

行政复议裁决作出后应立即执行,其具有下述效力:

1. 送达当事人

行政复议裁决作出后,行政复议机关应当立即将行政复议裁决书正本送达当事人。行政复议裁决自送达行政复议申请人时发生效力。行政复议机关还应当尽快将行政复议裁决书的副本送达其他参加人。行政复议机关作出撤销被申请的行政行为的行政复议裁决的,应当迅速将该行政复议裁决书的副本送达行政行为相对人。

2. 拘束被申请人及相关行政机关

行政复议裁决的效力是拘束作为被申请人的行政机关以及其他相关行政机关。

---

① 参见韩国《行政复议法》第37、39条。引自青锋等编著:《韩国行政复议制度》,中国法制出版社2005年版,第230~231页。

3. 代为行为

行政复议机关作出行政复议裁决，责令作为被申请人的行政机关履行相关义务的，行政机关应当毫不迟延地依照该行政复议裁决的要求履行义务。如果该行政机关仍不作出相应行政行为，行政复议机关可以依照当事人的申请，以书面的形式责令其在规定期间履行或者纠正不当行政行为。在该期限内仍未履行的，行政复议机关可以直接作出行政行为。行政复议机关据此直接作出行政行为的，应当通知该行政机关。该行政机关接到通知后，应当将行政复议机关代为作出的行政行为视作自己作出的行政行为，并依照相关法令，采取管理、监督等的必要措施。

4. 公开或者告知

根据有关法令的规定而公告的行政行为被行政复议裁决撤销或者变更的，作出行政行为的行政机关应当毫不迟延地公告该行政行为撤销或者被变更的事实。根据法令的规定应将行政行为告知行政行为相对人之外的利害关系人的，该行政行为被行政复议裁决撤销或者变更后，作出行政行为的行政机关应当毫不迟延地将该行政行为被撤销或者被变更的事实告知相应利害关系人。

5. 一事不再理

行政复议机关就复议申请作出裁决的，行政相对人不得对该行政复议裁决以及同一行政行为或者不作为再次提起行政复议申请。行政复议机关的行政复议裁决作出后，其裁决也约束被申请人，被申请人没有权利提出异议。行政复议申请人和第三人对行政复议机关的行政复议裁决不服，可以提起行政诉讼。[1]

---

① 参见青锋等编著：《韩国行政复议制度》，中国法制出版社 2005 年版，第 129～135 页。

第十五章

行政诉讼

世界各国有多种多样的行政诉讼模式,但最主要的和最典型的行政诉讼模式有下述四种:一是由设置于行政系统的行政法院审理行政案件的双轨制模式(审理行政案件与审理民刑事案件的法院各成体系);二是由设置于司法系统的行政法院审理行政案件的双轨制模式;三是由普通法院对行政案件与民刑事案件统一审理的单轨制模式(司法审查模式);四是由普通法院对行政案件与民刑事案件适用不同诉讼程序审理的单轨制模式(行政案件诉讼模式)。第一种模式的典型代表是法国;第二种模式的典型代表是德国;第三种模式的典型代表是美国;第四种模式的典型代表是日本。下面我们分别对这四国的行政诉讼(美国称“司法审查”,日本称“行政案件诉讼”)制度进行介绍和比较分析。

第一节　法国行政诉讼制度

一、法国行政诉讼制度的发展和演变

法国行政诉讼制度源于拿破仑担任法兰西共和国第一执政时期。王名扬教授认为,法国行政诉讼制度的产生有两个重要背景:思想背景和历史背景。

法国行政诉讼制度的思想背景是孟德斯鸠的三权分立学说,1789 年法国《人权宣言》即受此学说影响。法国《人权宣言》第 16 条规定,凡权利无保障和分权未确立的社会就没有宪法。但是,分权原则在应用于法国行政机关和司法机关的关系上,完全不同于美国等国家的分权机制:后者强调司法独

立,前者则强调行政机关和司法机关的互相独立,普通法院不能干涉行政,不能审理由于行政事项而发生的诉讼。法国对分权学说的这种理解,代表法国大革命时期革命者的特殊观念,实际是对行政和行政诉讼的混淆。分权学说本身与禁止普通法院受理行政诉讼没有必然的联系,因为行政诉讼也是一种诉讼,从诉讼的观点来看,一切诉讼的裁决均属于司法权的范围。根据一般分权学说,诉讼本应由普通法院管辖,行政机关不应当享有司法权力。当然,行政诉讼和行政机关的权力行使有关,包含行政因素,但是行政诉讼本身不是行政权力的行使。法国大革命时代的革命者有意混淆这两个观念,禁止普通法院干涉行政和受理行政诉讼,其这样解释分权学说旨在为普通法院之外设立一个行政审判体系提供理论基础。

法国对分权学说这种解释和依据这种解释建立的行政诉讼制度的历史背景有三:其一,法国大革命前的行政和普通法院存在严重对立情绪。自 16 世纪和 17 世纪开始,法国资产阶级势力逐渐强大,资产阶级利益开始反映到行政部门。其为了进一步增强实力,政府实施各种有利于发展工商业的政策。然而当时的普通法院掌握在封建势力手中,这样出现了行政部门和普通法院之间的矛盾。在路易十四时代,由于国王的威信很高,这种矛盾并不突出,到了路易十五时代和路易十六时代,矛盾开始激化。封建势力对于新兴力量的反抗,表现在法院拒绝登记和执行政府进步性的法令。当时的法国还没有政府公报,一切法令在执行之前,必须先在各地区的最高法院登记,这种登记相当于现代的政府公报公布程序,是法律开始实施的必要条件。当时最高法院对于不符合封建利益的法令,利用向国王进谏的特权,拒绝登记。因此,在行政部门和普通法院之间,自从路易十五时代以来,就已存在互不信任的情况。法院的抵制给政府造成了很大的麻烦,法国大革命以后,制宪会议人士为了避免法院对行政的干扰,根据他们解释的“分权学说”,禁止普通法院受理起诉政府的案件。其二,法国大革命时期的国际环境影响。在法国大革命的最初阶段,欧洲的封建势力对法国的资产阶级政权发动战争。法国国内的封建势力和外国的封建势力互相勾结。资产阶级政府为了自身的安全起见,不得不禁止普通法院受理涉及行政机关的案件,以加强行政机关的权力。其三,法国专制时代特别行政法庭制度的影响。法国专制时代曾在普通法院以外,设置了一些专门的行政法庭,受理行政案件,如审计法庭、森林法庭、河川法庭、租税法庭等。所以,设立行政法院对法国人来说不是一个陌生的制度。此外,在旧制度下,国王派往地方上的总督也受理一些行政诉讼案件。特别是在中央政府中,国王参事院(le Conseil du Roi) 既是行政机关,又是最高的立法和司法审判机关,对拿破仑一世建立国家参事院(Conseil d'Etat,即最高行政法院)产生了很大影响。①

法国大革命后,国民议会于 1790 年 8 月通过一项法律,规定"司法权必须与行政权分立。法官既不得以任何方式干预行政机关的活动,违者撤职,法院也不得因行政官员行使职务不当的问题,将其传唤到庭,违者以渎职罪论",从而剥夺了普通法院对行政的司法权,使普通法院的法官再也不能任意干预行政和阻碍改革。② 在剥夺了普通法院的行政司法权后,行政案件便由行政机关自己处理。国民议会于 1796 年 9 月通过另一项专门法律,规定在任何情况下,普通法院不得管辖要求撤销行政机关作出的行政行为的案件,这类案件应向国家行政机关首脑(同时为国家元首)提出。但是行政案件的数量很多,国家元首根本处理不过来,这样就要求有一个专门机关来协助国家元首处理这些案件。此外,随着经济社会的发展,国家行政事务增多,政府要经常起草和发布有关的行政法规和行政命令,为使这些法规和命令尽量地做到严密、适当、合法,不至于在执行中引起争议,导致行政纠纷,亦需要有一个专门机关对这些法规和命令进行事先的审查和斟酌。正是在这种情况下,拿破仑一世在他担任第一执政的时候,设立了国家参事院。国家参事院主要具有两方面的职能:一是就法案、规章、命令和其他方面的问题向政府提供咨询;二是审理行政争议,提出处理行政争议的意见和建议。对于行政争议作出最后裁决仍然是第一执政的权限。不过,在一般情况下,第一执政总是根据国家参事院的意见和建议,而不是违反它的意见和建议作出裁决的。③

国家参事院在它建立后一个很长的时期内,一直没有对于行政争议的最后裁决权,因此,还不能算一个独立的名副其实的行政法院。国家参事院正式作为一个独立的名副其实的行政法院是 1872 年以后的事情。1872 年 5 月 24

---

① 参见王名扬:《法国行政法》,中国政法大学出版社 1988 年版,第 532~534 页。
② 参见龚祥瑞:《比较宪法与行政法》(第 2 版),法律出版社 1985 年版,第 336~338 页。
③ 以下参见王名扬:《法国行政法》,中国政法大学出版社 1988 年版,第 535~537 页。

日,法兰西第三共和国的国民议会通过一项法律,规定国家参事院有权裁决所有关于要求宣告各级行政机关的违法行为无效的请求,即授予它以正式的司法权。此后,它便可以独立地作出有约束力的裁决,从而成为审理行政案件的名副其实的法院——行政法院。

1872年以后,法国行政法院又进行了几次较为重要的改革,使其制度更趋于完善和更适于形势发展的需要。

1889年,废除部长裁决前置程序。1889年以前,当事人不服行政机关的决定时,必须先经相应部长裁决,然后才能向行政法院起诉。1889年以后,当事人不服行政决定时,可直接向行政法院起诉,无须经部长先行裁决。

1953年,确定最高行政法院除受理重大一审行政案件外,主要为上诉审法院;地方行政法院为一般行政案件的初审法院。1953年以前,地方行政法院仅管理特定行政案件,而最高行政法院管理一般行政案件。

1987年,设立上诉行政法院。1987年以前,当事人不服地方行政法院的判决时,只能向最高行政法院上诉。1987年以后,除某些特定案件(如关于行政决定意义和合法性的解释案件,行政条例的越权案件,省、市议会的选举案件)仍然保留向最高行政法院上诉外,均向上诉行政法院上诉。上诉行政法院共设有5个,分设于全国各地的几个大城市。此后,法国行政审判体系没有大的变化,基本制度趋于稳定。

二、法国行政审判机关①

(一)法国最高行政法院

1. 法国最高行政法院的组成

法国最高行政法院由诉讼部门和行政部门组成。诉讼部门设10个预审小组,一般由两个或三个小组结合起来组成诉讼庭进行独立审判。诉讼庭由一位庭长、三位副庭长和数位法官、若干审查官、助理办案员构成,从事纯粹意义上的审判的诉讼庭的组成人员较少,审判某些疑难案件。大诉讼庭(诉讼庭全体大会)由10个成员组成,审判十分重大的案件。

① 以下参见[法]古斯塔夫·佩泽尔:《法国行政法》(第19版),廖坤明、周洁译,国家行政学院出版社2002年版,第233~244页。

最高行政法院行政部门分为财政、内务、公共工程、社会4个行政组，还设有一个报告和研究组。行政部门的成员同时也参与诉讼部门的某些工作，每个行政组也都配置一个诉讼庭的法官。

2. 法国最高行政法院的成员

法国最高行政法院的成员包括：(1)最高行政法院院长（由总理兼任，司法部部长为候补院长。院长职位是纯粹形式上的）；(2)最高行政法院副院长（最高行政法院实际负责人）；(3)部门主管（共6名）；(4)特别职行政法官；(5)普通职行政法官（从审查官中选出2/3，从非国立行政学院毕业的高级公务员中选出1/3）；(6)二级助理办案员（需毕业于法国国立行政学院）；(7)一级助理办案员（从二级助理办案员中选出）、审查官（从助理办案员中选出3/4，从非国立行政学院毕业的高级公务员中选出1/4）。

最高行政法院的成员具有职业保障，根据资历晋升；在传统上是独立的，但并不是不可被罢免；其可在一定时期内在最高行政法院以外任职。

3. 法国最高行政法院的权限

最高行政法院享有行政权限、诉讼权限和其他权限。行政权限主要是：根据政府请求提供咨询意见。咨询意见可以是强制性的（如对法律草案的咨询意见等），也可以是非强制性的，政府根据裁量决定是否采纳。最高行政法院还可以自行主动向政府提出咨询意见。

最高行政法院的诉讼权限即受理和审判行政诉讼案件。最高行政法院的其他权限包括对全国整个行政审判机构进行经常性的监督。另外，自1963年起，最高行政法院每年要由其报告组提交一份给政府的年度报告。

（二）隶属于最高行政法院的行政审判机构

1. 行政上诉法院

过去，最高行政法院作为各行政法庭裁决的唯一上诉法院，始终超负荷工作，这促使政府和国会在1988年设立了行政上诉法院，由其受理当事人对全国各地行政法庭作出的裁决不服的上诉。这些法院首先在巴黎、南锡、里昂、南特、波尔多五地设立，而后又在马赛设立。设立行政上诉法院的法律于1989年1月1日起实施。

行政上诉法院设置若干分庭，其数量由政令确定。1988年5月9日的政令详细规定了行政上诉法院的诉讼程序，其结合了最高行政法院的诉讼程序和地方行政法庭的诉讼程序。最高行政法院的秘书长负责管理各行政上诉法院的成员。每个行政上诉法院由一位最高行政法院的普通职行政法官掌管。行政上诉法院原则上受理所有不服行政法庭判决的上诉,但最高行政法院仍保留受理上诉权,包括对行政法庭裁决合法性评判的上诉、对市镇和区选举的诉讼。1995 年 10 月以后,对规范性文件的上诉受理权转交给了行政上诉法院。当事人对行政上诉法院的判决不服,可向最高行政法院上诉。如上诉被接受且撤销原判,最高行政法院可将此案件发回原审判机构重审,或者转给另一行政上诉法院审理。

2. 行政法庭

行政法庭是审理行政案件的普通初审法院,对其判决可通过上诉途径上诉于行政上诉法院或最高行政法院。19 世纪设立的省"参事院"(行政法庭的前身)的职权长期以来十分有限,它们的人员招聘也招致批评。1926 年、1934 年、1938 年的改革均扩大了省参事院的部分管辖权,人员招聘制度也得到改善。1953 年 9 月 30 日的政令将省参事院改名为"行政法庭",成为行政案件的普通初审法院。现在法国的大都市有 27 个行政法庭,其管辖范围延及数省。行政法庭中的一部分拥有两个或数个分庭,设一位特级庭长和一位或数位副庭长。其组成人员按等级划分:第二等级的行政法官中有 3/4 是在法国国立行政学院的毕业生中招聘的,其他的职位主要留给晋升者。巴黎的行政法庭具有特殊组织机构。1986 年通过立法保障行政法庭成员办案的独立性:其一,其任命和晋升由共和国总统令决定;在没有得到其本人同意的情况下,不能调离其职位;其二,设立行政法庭最高委员会,由最高行政法院的副院长管理,该委员会可在行政法官晋升和纪律措施方面提出建议。

3. 其他行政裁判机构

法国在普通行政法院和行政法庭之外,还设有大量的专门性行政裁判机构,当事人对其裁决不服亦可上诉至最高行政法院。有些常设的专门行政裁判机构历史很古老,如审计法院;有的历史很短,如预算纪律法院(建立于 1948 年)、国民教育高等委员会(建立于 1946 年);有些专业或社会方面的行政裁判机构建立更晚,如同业公会法院、银行委员会、社会救济中央委员会等。各种专门性行政裁判机构均行使相应法律规定的专门性职能,如审计法院协助议会和政府实施有关财政的法律,具有行政和司法双重职能。作为司法机构,审计法院主要审查各种会计账目。大区审计法庭行使预算方面的咨询权,审理地方行政机构的账目。被审理者对其审理结果可以上诉至审计法院。预算纪律法院则负责审理和惩治违反预算及行政纪律方面的违法、过错行为,但有些政府成员不在该法院监督范围之内,其管辖范围有限。

三、法国行政诉讼的分类[①]

(一)传统分类

法国行政诉讼在传统上分为四类:撤销之诉、完全管辖权之诉、解释及审查合法性之诉和惩罚之诉。

1. 撤销之诉

撤销之诉,是指原告请求行政法院确认某个行政决定违法并宣布撤销该决定的诉讼。撤销之诉的主要类型是越权之诉。

2. 完全管辖权之诉

完全管辖权之诉,是指原告请求行政法院行使全部司法权力,包括确认行政决定违法、撤销行政决定和责令行政机关赔偿原告的损失的诉讼。完全管辖权之诉主要是行政合同诉讼和行政赔偿诉讼。

3. 解释及审查合法性之诉

解释及审查合法性之诉,是指原告请求行政法院在解决案件先决问题或全案某一部分争议问题时解释某个疑难事实问题或法律规则,判断相应行政行为的合法性的诉讼。

4. 惩罚之诉

惩罚之诉,是指行政法院对从事某些特定违法犯罪行为(如违反《公共道路管理法》)的个人进行审理和判处刑罚的诉讼,行政法院受理此种诉讼的案件较少(受法律特别规定的限制)。

(二)主观诉讼和客观诉讼的分类

这种行政诉讼的分类标准是形成诉讼的法律缘由之性质。主观诉讼是指原告起诉是请求行政法院解决一项涉及其本人权益的主观法律问题,即请求

---

① 以下参见[法]古斯塔夫·佩泽尔:《法国行政法》(第19版),廖坤明、周洁译,国家行政学院出版社2002年版,第287~304页。

法官审查某一行政文件或某一行政行为是否给其主观法律权益带来损害;客观诉讼则是指原告起诉是请求行政法院解决一个客观法律问题,即请求法官审查某一行政文件或某一行政行为是否违反一项法律规则,是否造成对多数人权益而非对其本人权益的损害。主观诉讼主要包括行政合同诉讼和行政赔偿诉讼;客观诉讼主要包括撤销之诉、行政文件或行政行为合法性审查之诉、选举诉讼等;解释性诉讼则有时是主观诉讼,有时是客观诉讼。

(三)越权之诉

越权之诉与完全管辖权之诉是法国行政诉讼的两个主要种类。越权之诉是原告认为行政决定违法,请求法官撤销该决定,而完全管辖权之诉是原告在此基础上进而要求被告赔偿损失。在这两个主要诉讼中,越权之诉又是其中最重要、数量最多的诉讼类型。且越权之诉享有诉讼程序上的好处(免除律师代理,诉讼费较低,对越权决定的撤销有普遍效力),而完全管辖权之诉的判决仅适用于争议的当事人各方。故本节对法国越权之诉进行重点阐释。

1.提起越权之诉的条件

原告提起越权之诉必须具备两项基本条件:

其一,原告所诉客体必须是一项行政行为。不包括立法行为、国会行为、外交行为、私人行为(除非负责履行某种公共服务的私人组织的决定和含有使用公共法人特权的决定);也不包括某些行政决定,如具有纯粹个人性质的有关私产的决定、由行政机关适用有关私法的司法判例而作出的决定、行政契约(行政契约中可分离的行政文件除外)等。下述行政措施原则上也排除越权之诉:非规范性的机关通报、指示、指令;不影响相对人权益的内部措施;纯粹的咨询意见、计划草案、建议、行政行为的准备性措施、没有增加任何新意的执行措施、对以前行政行为的提示性措施、催告(某些类似于实际行政决定的催告除外)。

其二,原告具有诉讼行为能力,且必须对所诉行政行为具有相应的个人利益。越权之诉的目的是确认行政行为违法,在理论上,它应在任何时候对所有的人开放,使之成为"全民之诉"。但由于某些实践上的原因,这种观念并没有变成现实。相反地,最高行政法院在评判导致越权之诉的原告利益时曾极度严格。后来这种严格性被大大弱化,但越权之诉仍没有成为"全民之诉"。

法官在实践中选择了折中路径,即在受理原告起诉时,要求原告有利益受到侵犯的事实,存在足以要求撤销行政决定的理由。但对原告的利益做宽泛的解释,相应利益既可以是物质的,也可以是精神的;既可以是个人的,也可以是集体的或公共的。

2. 提起越权之诉的理由

根据最高行政法院判例的发展,原告提起越权之诉的理由限于(依历史渊源进行的分类):无管辖权(主体违法)、形式上的缺陷(程序违法)、违反法律(标的违法)、滥用权力(目的违法)。

"无管辖权"是指行为主体无合法权力作出决定,该权力依法应属于另一权力机构的权限范围。例如,没有行政人员资格的人行使行政机关的权力;行政官员介入司法或立法方面的事项;行为机关行使了其他行政机关权力等(除了这些积极的无权限情况外,也存在消极的无权限情况,如行政机关宣称无管辖权而实际上它依法应有管辖权)。

"形式上的缺陷"是指行政主体遗漏了规定的程序或以非法的方式作出行政决定。此类违法性通常要比无管辖权的违法性严重程度轻一些。"形式上的缺陷"有主要形式缺陷和次要形式缺陷的区分,根据形式遗漏或形式违法对行政决定的影响而定。行政决定如果属于次要形式缺陷而非主要形式缺陷,可无须撤销,行政法官在这方面拥有很大的裁量权。如果行政机关处于无法履行法定程序的状态下,所作决定也可不予撤销。此外,形式上的缺陷在某些情况下可以补救,如手续完成得较迟,则获得当事人的同意即可。

"违反法律"是指行政机关作出的行政决定没有遵守有关法律法规的规则,或依据了已经失效的法律条文。违法包括直接违反法律规则和违反法律的原理、精神。行政行为出现法律错误有时是因行政机关所作法律推理错误。例如,有自由裁量权的行政机关将其权力限制为羁束的权限,其本可以批准某个公务员的请假要求但却拒绝其请假要求,错误地将该公务员处在无法得到此权利的处境中。又如,行政机关进行一场特别考试时,考题错误地以一个没有法律效力的规则为依据,或事先限制候选人人数等。

"滥用权力"是指行政机关为某种非法的目的而行使权力,如行政机关的行动完全违背社会普遍利益,或者出于某种政治热情或者出于某种个人利益(如为了给予某人校长的职位而设立一所学校)。有时行政机关表面上是为了公共利益行使权力，但其所追求的目的违法（如为市镇的财政利益而使用治安权；为了城市的宁静而拒绝同意某马戏团的演出等）。“滥用权力”还包括滥用程序，如行政机关为了惩罚的目的而实施财产征用；使用司法警察的权力而非行政警察的权力维护治安等。在司法实践中，法官以“滥用权力”为理由撤销行政决定的情况相对减少。只要有可能，法官一般愿意使用其他的理由，较多使用“违法”这一理由来撤销行政决定。

四、法国行政法院的受案范围与管辖①

（一）法国行政法院的受案范围

法国由于实行诉讼双轨制，故行政法院的受案范围取决于行政法院与司法法院的管辖权划分。其具体规则包括：

1. 行政法院管辖与行政活动有关的争议。

2. 行政法院对司法裁决的争端、涉及司法机构本身的争端没有管辖权。但当有关司法机关的行政管理、有关司法法官职业生涯和纪律的行为的争议涉及行政权时，行政法院享有管辖权；行政法院对最高司法委员会所作决定的争议享有管辖权。

3. 行政法院对当事人向司法法院提起诉讼、司法程序和预审行为没有管辖权。

4. 行政法院不受理私人之间的争议。但在私人参与行政活动，实施某种公共服务的情况下，他们之间的某些争议可由行政法院管辖。

5. 行政法院无权管辖涉司法警察行为的争议，但有权管辖涉行政警察行为的争议。司法警察行为具有惩戒特征，行政警察行为具有预防特征。

6. 行政法院无权管辖因判决执行措施（如给予或撤销有条件的释放）引发的争议，但对涉及执行措施中可分离的行政行为（如警察协助行为）、监狱内的纪律处分行为有管辖权。

7. 行政法院可审查引渡政令和检察院意见的合法性；可审查有关精神病院的强制拘禁措施的必要性和合法性。

---

① 以下参见［法］古斯塔夫·佩泽尔：《法国行政法》（第19版），廖坤明、周洁译，国家行政学院出版社2002年版，第250~269页。

(二)行政法院与司法法院管辖权划分的多元化标准

行政法院与司法法院管辖权划分最简单的解决办法是以相应事项所适用的法律来决定:适用私法的事项由司法法院管辖,适用公法的事项由行政法院管辖。但这一标准是不充分的标准,即使该标准在理论上是正确的。当管辖权争议问题出现时,人们经常不知道相应争端适用何法,是私法还是公法?这说明,适用唯一的标准是不可能的,必须适用多元化的标准,主要包括"公共服务"标准、"公共权力"标准、公共物品标准、法律关系性质标准等。

"公共服务"标准自然是确立行政法院管辖权的一个重要标准,其要素包括公共领域、公务人员、行政契约等,但它也不是确立行政法院管辖权的充分条件:公共服务有些时候可以由私人提供,并不完全在行政体制管辖范围内,一些类别的公共服务全部由私法管辖或至少主要受私法管辖,如工商业公共服务;司法法院的管辖权经常会及于某些公共服务部门和用户间的争端,由第三方或用户就责任问题提出的起诉。

最高行政法院在适用公共服务标准的同时,也适用"公共权力"标准。一些公共管理学放弃使用公共服务的概念,而采用公共权力的传统概念,其认为,公共管理权和私人管理权的区分构成管辖权划分的主要标准。

有人认为,界定管辖权的划分考虑行为的对象即可。行为对象为公法关系时,适用公法,由行政法院管辖;反之,则适用私法,由司法法院管辖。人们无须过多考虑作出行为的主体、运用的手段和行为的结果等。

但是,在某些情况下,有些争议纠纷按正常的区分标准本应由行政法院管辖,但实践中却由司法法院管辖。这些例外情形或者是由特别法律规定的,或者是由于传统原因造成的。例如,有关个人地位、人身自由、私有财产的有些争端传统上都由司法法院管辖。在行政争议中附带的私法问题(如个人身份问题)从来不属于行政法院管辖,行政法院遇到这类问题应转交司法法院。

反之,私法争议中附带的公法问题(有时属于司法法院管审理的先决问题),则更经常地转交行政法院审理。这些问题包括对行政行为的解释问题、对行政行为合法性的评判问题等。

行政法院和司法法院在审判实践中经常会发生管辖冲突:包括积极冲突(行政法院和司法法院都宣布自己享有管辖权)和消极冲突(行政法院和司法法院都声明自己无管辖权)。为解决二者的矛盾和冲突,法国于 1872 年设立了专门解决此种管辖权冲突的权限争议法庭。该权限争议法庭的组成包括：庭长(由司法部部长担任,但他只是名义上的庭长,几乎从不出庭)、3位普通职行政法官(由最高行政法院选举产生,任期3年)、3位最高司法法院法官(由最高司法法院选举产生,同样任期3年),由以上6位法官选出2位成员,再由以上正式任职者选出2位候补成员。

在两类法院发生积极管辖冲突时,一方法院认为已受理争议案件的对方法院无管辖权,相应案件应属己方法院管辖时,可请求权限争议法庭裁决。权限争议法庭将争议案件的管辖权裁决归何方法院,案件即由何方法院审理。在两类法院发生消极管辖冲突时,先受理案件的一方认为己方无管辖权而对方有管辖权,可先将争议案件移送对方法院审理。如果对方法院也认为争议案件并不属于自己管辖,宣称自己无权管辖时,不能将争议案件再退回对方法院,而应将管辖权之争提交权限争议法庭裁决,以保护起诉人免受双方法院均拒绝审判的危险。权限争议法庭就管辖争议问题做出的裁决为最终裁决,争议双方都必须服从。

(三)行政法院系统内部的管辖权划分

1.最高行政法院的管辖权

最高行政法院既是初审法院也是终审法院,其拥有如下管辖权：

(1)有关撤销共和国总统或总理颁布的政令的诉讼,不管这些政令是规范性的还是具体性的；

(2)有关共和国总统政令任命的公务员的个人地位的争议(如大学区区长、大学教授等)；

(3)不服超出单个地方行政法庭管辖范围的行政决定提起的诉讼；

(4)不在一审法院管辖范围内的行政争议(如公民在外国发生的争议)；

(5)对部长发布的规范性文件提起的诉讼(即使其适用范围没有超出某个行政法庭的管辖范围)；

(6)对部长在听取最高行政法院意见后做出的行政决定提起的诉讼；

(7)对国家级组织(如全国竞争考试评审团、独立行政机关等)做出的行政决定提起的越权之诉(法律规定了某些例外)；

(8)其他管辖权(如对欧洲议会选举和大区选举方面诉讼的初审和终审权,在法国本土以外发生的某些争议)。

2. 行政上诉法院的管辖权

行政上诉法院不受理一审行政案件,其专门职能是管辖对地方行政法庭裁决不服的上诉(法令规定某些上诉由最高行政法院受理)。

3. 行政法庭的管辖权

行政法庭管辖其地域范围内对行政机关行政行为不服提起的诉讼(除法令规定由最高行政法院直接受理的诉讼外),但为了避免巴黎行政法庭受到大量案件的困扰,其行政区域内的部分案件划归其他地方行政法庭管辖。

五、法国行政诉讼的程序①

(一)提起诉讼

当事人和代理人提起诉讼均须具有起诉资格,其起诉应有与所诉行政行为或不作为有相应的利益关系。被诉的地方行政机关由它们的被国会正式授权的行政机构(如市长、省议会议长)代表;国家由相关的部长代表(有时由省长代表)。被诉行政行为应当是已经正式作出的行政决定。除公共工程方面的诉讼外,行政相对人不能起诉正在准备中的行政行为。当事人提起完全管辖权之诉,应当在诉诸行政法院之前要求行政机关赔偿损失,促使其作出是否赔偿的决定。行政机关对于当事人提出的请求,如 4 个月不予答复,其沉默视为拒绝决定("默示拒绝"),当事人可对其提起诉讼。

当事人起诉应提交诉状。诉状应当载明起诉人的资格、事由、诉讼请求及理由,注明日期并署名。行政法院原来就只收很少的案件受理诉讼费,1977 年 12 月 30 日的法律则干脆取消了案件受理诉讼费。起诉人只要支付鉴定费和律师费(后者并不总是必需的,其可以得到司法援助)即可。不过,1994 年的《财政法》规定每张诉状需付 100 法郎(现为欧元)的印花税。

行政诉讼的期限一般为两个月(某些特别的期限由特定法律规定,如在公共工程方面,不存在诉讼期限)。期限自行政决定以公告或通知形式告知相对人之日起算。

当事人提起诉讼一般不停止被诉行政行为的执行。但如果被诉行政行为

① 以下参见[法]古斯塔夫·佩泽尔:《法国行政法》(第 19 版),廖坤明、周洁译,国家行政学院出版社 2002 年版,第 271~286 页。

的执行会给起诉人带来难以弥补的后果或至少是十分严重的后果，即使没有法律明文规定，最高行政法院、行政上诉法院和行政法庭均可以裁定延缓执行。

另外，最高行政法院，诉讼组的组长在其认为必要时，可采取某些有益于解决争议的先行给付措施，如裁定行政机关预先给付相对人部分款项；行政法庭庭长或行政上诉法院的院长在其认为必要时，亦可采取某些紧急措施，如紧急查证、证据保全、诉讼保全、先行给付、合同缔结前的紧急处理等。

（二）案件审理与判决

案件审理的基本步骤是：

1. 开庭前将案件诉状交法庭的书记室或最高行政法院的秘书处；由其任命报告人和政府特派员；将诉状发送给作为另一方当事人的被告；被告提交答辩状。

2. 最高行政法院将案件交付给诉讼组下面的一个分组或诉讼组进行预审；预审法官可进行对有关事实、证据进行鉴定、调查、勘验或实地调查。

3. 报告人向诉讼组简述案情，提出判决草案；律师可在不变更书面意见的情况下进行口头评论；政府特派员依据法律的观点独立提出解决意见。

4. 根据需要组织开庭审理和合议。最高行政法院、行政上诉法院和行政法庭的开庭审理都是公开的（有少数例外）。合议由合议庭进行，政府特派员出席但不参加表决。较简单的案件可在行政法庭由单个法官独立审判。

（三）判决

行政法院的判决主要包括两种类型：其一，拒绝和驳回原告的诉讼请求；其二，全部或部分撤销被诉行政决定。部分撤销只适用被诉行政决定的不同部分可以拆分的情形。但作为一般原则，行政法院不得向行政机关发号施令，其既不得命令也不能禁止行政机关做出某种行为，也不能对行政机关科处罚款。不过1995年2月8日的法律有所改革。该法律规定，在两种特殊情况下，行政法院可对行政机关发布命令：一种情况是其对相应案件作出的判决意味着行政机关必须采取某项特定的措施，行政机关依法没有任何裁量选择的自由；另一种情况是其对相应案件作出的判决意味着相应行政机关应该据此作出一项新的行政决定。在第一种情况下，行政法院可责令行政机关采取某种执行措施，并在必要时还可规定一个采取相应措施的期限；在第二种情况下,行政法院应责令行政机关在一定期限内作出新的行政决定。

最高行政法院审理后作出判决应制作判决书。判决书一般包括下述内容:概述原告的诉讼请求、事实根据和法律依据、对当事人陈述及理由申辩的分析、判决主文、适用的法律条文及理由等。

第二节　德国行政诉讼制度

一、德国行政法院的历史沿革①

(一)德意志帝国时期的行政法院

在德意志帝国时期(1871~1918年),②君主与三个社会等级内部发生纠纷,甚至还有部分其合法私权受到侵害的臣民与之发生纠纷,都可以向帝国法院和帝国枢密院寻求法律保护。随着版图较大的德意志各邦国实力逐渐增强,并成为现代意义上的国家,君主们日益试图摆脱帝国普通司法机构的控制,建立起行政法院,将其对行政的监督,限制在隶属于他们自己的那些行政法院以内。所谓"国王不可能做错事"(The king do not wrong)的说法就是此时形成的。从而不允许普通法院法官们充当公共利益的守护者和凌驾于行政之上。

19世纪中叶,按司法和行政分离的原则,通过独立的法院有效监督国家行政活动的呼声日益高涨。在此背景下,产生了1849年的"保罗教堂宪法"。该法第182条要求将行政置于由独立法院进行的监督之下,停止行政司法(废止早期的"行政法院"),一切违法行为均由独立法院裁判,行政由普通法院进行监督。但"保罗教堂宪法"的这一法条并未得到实际实施,作为妥协方案,一些地方建立了单独的行政法庭,它们不同于早期的行政法院,而是从行政机构中脱离出来,以法院形式进行组织,并由独立法官任职。这种行政法庭

① 以下参见[德]弗里德赫尔穆·胡芬:《行政诉讼法》(第5版),莫光华译,法律出版社2003年版,第21~31、45~47页。

② 德国存在三个帝国时期:德意志第一帝国指"德意志民族神圣罗马帝国",后改为"神圣罗马帝国"(962~1806年);德意志第二帝国又称"德意志帝国","帝国时期"一般指第二帝国时期(1871~1918年);德意志第三帝国即"纳粹帝国"(1933~1945年)。

虽然没有获得全面的发展，但是，在那些最重要的诸侯国里，已经开始形成一种由高级行政法院和初级行政法院组成的特别行政法院体制。1863年，在当时的一个邦国[巴登(Baden)]建立起第一个真正同行政相分离的行政法院。此后，普鲁士(Prussia)于1872年，黑森—达姆施塔特(Hessen Damstadt)于1875年设立了自己的高级行政法院；符腾堡(Wurttemberg)于1876年，拜恩(Bayern)于1879年也相继建立起类似机构。当时有人建议在帝国设立一个最高级别的帝国行政法院，或者干脆就在帝国法院层次上设立最高级别的行政法院，统一帝国的行政审判，但这些建议最终未能实现。

(二)魏玛时期的行政法院

《魏玛宪法》第107条规定："在帝国和各州内，必须依法设立行政法院，以保护个人不受行政机关之命令与处分的侵害。"然而，从1919年的实际情况看，这一规定只不过是一句纲领性的表述。当时既没有建立帝国行政法院，也没有在各州高级行政法院之下设置一审行政法院。只有汉堡(Hamburg)是例外，它从1921年起，就在高级行政法院之下设置了初审层级的行政法院。

(三)"纳粹"独裁时期的行政法院

在"纳粹"独裁时期，行政法院在形式上仍然存在，而且在1941年甚至还通过元首公告建立了帝国行政法院。但是，在排除实行权力分立，否定公民以基本权利作为自卫权利防范国家权力原则的"纳粹主义"前提下，行政法院的控权功能根本不可能实现。而且，当时的行政法官深受所谓"民族共同体和元首原则"的"纳粹主义"意识形态影响，以实现当时的"民族性"法律以及元首意志为其使命。在那样的背景下，即使行政法官们虽然能够保持个人清白，按照他们的实证主义传统，严格地恪守"法律"(不公正地体现"纳粹主义"精神的法律)，但对个人权利保护的行政法院本来宗旨从未得到贯彻。到战争开始之后，公民几乎完全不能去行政法院起诉政府的侵权行为。

(四)第二次世界大战以后的行政法院

1945年，"纳粹"独裁统治被推翻以后，在美占区和柏林就首先建立起了独立的行政法院。随着德国《基本法》(实际为当时德意志联邦共和国的宪法)的颁布实施，行政法院的独立性得以确立，它和其他法院一样，由独立的法官审理案件和作出裁判，公民享有受到法律保护的基本权利。破除了过去将行政法院视为行政系统内部监督机制的理念,废除了以前行政诉讼受案范围实行列举主义的原则。1952 年,德国《联邦行政法院法》草案开始起草,1959 年,议会正式通过该法案,并于 1960 年 4 月 1 日正式颁布实施。随着德国《联邦行政法院法》的颁布,德国行政法院系统获得了统一的基础,建立起统一的三级审判架构(少数州略有差别,主要体现在行政法院的中级审级和规范审查程序方面)。

自 1960 年以后,德国《联邦行政法院法》进行了多次修订。但这些修订常常是因为相关的其他程序法或者实体法的修订而导致该法修改。涉及的内容主要有两个方面:一是逐步扩大了对规范性文件的审查范围;二是在 1976 年德国《联邦行政程序法》的基础上进一步明确了行政诉讼与行政复议的关系。

德国《联邦行政法院法》规定了行政法院的结构,行政法院设置三级:初级行政法院、高级行政法院和联邦行政法院。初级行政法院、高级行政法院为州法院,每个州必须设立多个初级行政法院和一个高级行政法院。初级行政法院通常都是一审法院,它们在各州内依法设立(在大城市和区政府所在地大多会设立一个初级行政法院。各州高级行政法院(或称高等行政法院)共同组成行政法院系统的中级机构。联邦行政法院是德意志联邦共和国的最高行政法院。它和联邦最高法院、联邦财政法院、联邦劳动法院和联邦社会法院一样,是联邦德国最高级别的法院,它们具有同等地位。

联邦行政法院是行政诉讼法律审的上诉法院,即它只进行纯粹的法律审,不审理任何事实问题。而且,它原则上不裁判涉及州法律的问题。它的主要职能是受理上诉案件,其一审管辖仅限于德国《联邦行政法院法》第 50 条所规定的某些特定案件,主要包括涉及联邦与各州之间,以及各州相互之间发生的非宪法类公法争议案件,以及针对基于道路规划实施措施的诉讼,针对结社禁令的诉讼,针对联邦的外交和使领馆事务的诉讼,以及针对联邦新闻机构有关问题的诉讼。联邦行政法院的纪律暨国防委员会,也负有普通上诉法院的职能。自联邦惩戒法院并入联邦行政法院以来,联邦行政法院也是最高级别的联邦惩戒司法机构。

二、德国行政诉讼的种类①

德国行政诉讼主要包括下述六种类型:撤销之诉、义务之诉、停止作为之诉(防御之诉)、一般给付之诉、确认之诉、规范审查和规范颁布之诉(特殊诉讼)。

(一)撤销之诉

撤销之诉是指原告要求撤销行政机关为其设置负担的诉讼,是行政诉讼的"经典"诉讼种类。它通过撤销为原告设定负担的行政行为的方式来形成权利,以达到消除德国《联邦行政程序法》第43条意义上的行政行为之效力的目的。

撤销之诉的前提是,必须存在德国《联邦行政程序法》第35条意义上的行政行为,即被诉行为必须具有以下特征:其一,被诉行为是一种"调整"行为(是法律行为而非事实行为,具有法律约束力,旨在设定一种法律后果);其二,被诉行为是一种公权力行为(非私法行为,具有单方性);其三,被诉行为是一种针对特定对象的行为(是具体行为而非抽象行为);其四,是由行政机关作出的行为(而非议会、法院作出的行为);其五,是具有外部效力的行为(而非纯行政机关内部行为)。

(二)义务之诉

义务之诉是指原告请求法院判决行政机关作出被其拒绝的,或者其停止作为的行政行为。从类型上看,义务之诉可以认为是一种请求作出一个行政行为的给付之诉。但是,却不可以因此将它与一般给付之诉相混淆;义务之诉也与撤销之诉不同,法院并不通过判决形成法律状况,而是判决被告作出某一行政行为,以对实体上的法律状况产生影响。义务之诉的诉讼目的是要求被告作出特定行政行为,其准确的诉讼标的是原告基于一个具体的事实状况提出如下主张:他(她)的权利由于所请求的行政行为被拒绝或未作出而受到了侵害。至于行政机关可否通过行政诉讼作出相应行政行为,或者被请求作出的行政行为有无法律基础,这些都不是诉讼标的方面的问题,而是理由具备性的问题。因此,要求行政机关作出一个已经承诺的,或者某一公法合同中规定

---

① 以下参见[德]弗里德赫尔穆·胡芬:《行政诉讼法》(第5版),莫光华译,法律出版社2003年版,第212~366页。

的行政行为的诉讼，属于义务之诉。另外，要求行政机关作出一个确认性行政行为的诉讼，也同样是义务之诉。

（三）停止作为之诉（防御之诉）

停止作为之诉是原告请求行政法院判决被告停止作出或者中止一个对他不利的权力行为的诉讼，而该权力行为并非行政法律行为（可能是一个事实行为）。根据德国《基本法》第19条，公民可以针对任何一种权力行为提起防御之诉，而无须考虑它是不是行政法律行为。停止作为之诉实质是一种消极的给付之诉，其诉讼标的是原告主张其权利受到即将发生的，或正在持续的权力行为的侵害，请求法院责令停止之。停止作为之诉最重要的请求包括以下几类：其一，请求停止某种信息行为（如黑名单、评价报告、警告、声明、数据传播等）；其二，请求停止某种污染物的排放；其三，请求停止一个无须审批许可而建造或营运的公共设施的建设；其四，请求停止其他事实行为。

（四）一般给付之诉

一般给付之诉是指原告请求行政法院判决被告行政机关或其他公法人作出除行政法律行为以外的其他所有行为。在许多情况下，这种诉讼涉及的大多是事实行为，但也可能涉及许多其他的行政活动形式，甚至包括要求颁布规范性文件的给付等。而且，这种诉讼的被告也不必然是行政机关，它可能发生在若干公法主体之间，或者发生在行政机关与公民之间；甚至在“内部法律争议”中也采用一般给付之诉解决问题。其主要类型包括：其一，信息行为（如环境信息获取、咨询答复等）的给付之诉；其二，生存照顾（如残疾人照顾）和基础设施（如道路维修）的给付之诉；其三，金钱支付的给付之诉；其四，要求消除损害后果的给付之诉，以及其他多种形式的给付之诉。

（五）确认之诉

确认之诉有各种类型。一般确认之诉是指原告请求行政法院确认某种法律关系的存在（积极的确认之诉）或者不存在（消极的确认之诉），其标的就是法律关系本身的存在与否。其他类型的确认之诉主要有：其一，预防性确认之诉。此指原告请求行政法院采用预防性法律保护措施。预防性地确认禁止某一行为，或者预防性地确认相应法律关系存在与否。预防性确认之诉所确认的是一个将来才会具体化的法律关系。其二，确认无效之诉。此指原告请求行政法院确认一个行政行为自始无效。自始无效的行政行为本来是没有效力的，故不可能通过某一形成之诉予以撤销。较之一般确认之诉，无效性确认之诉更接近撤销之诉。其三，继续确认之诉。此指原告的诉讼即将终结，但其发现尚有相关法律问题没有得到解决，于是请求行政法院确认在诉讼终结之后继续解决尚未解决的相关法律问题。原告采用这种诉讼方式，使其获得澄清在即将终结的诉讼中被弃置或未顾及的法律问题的机会。其四，中间确认之诉。此指原告旨在确定一个在诉讼过程中成为争执对象的法律关系，此法律关系对于相应争议案件的裁判至关重要（“有预决性的”作用），尽管此法律关系不一定是本案裁判的标的。

（六）规范审查和规范颁布之诉（特殊诉讼）

德国《联邦行政法院法》既没有规定规范审查之诉，也没有规定规范颁布之诉。但是，在特定具体案件的诉讼中，原告可以请求行政法院对规范性文件进行附带审查（相应规范性文件违法侵权，或者应颁布规范性文件而未颁布，妨碍其权利实现），但行政相对人不能直接对规范性文件提起诉讼。根据德国《联邦行政法院法》第47条，行政相对人可以“申请人”（非原告）名义向高等行政法院申请对规范性文件的审查（其必须由一名律师或高校法学教师代理）。例如，某乡镇对所在地区的区域规划不服，指控该规划没有将该乡镇列为地区发展中心，有悖公平原则，向高等行政法院申请审查。又如，某公民对所在地区的建设计划不服，指责该计划没有将他的土地纳入建设范围，损害其权益，向高等行政法院申请审查。

三、德国行政诉讼的参加人①

德国行政诉讼参加人是指那些可以凭借自己的程序权利参与诉讼的人。与民事诉讼法不同的是，行政诉讼中没有“当事人”而只有“参加人”，因为行政诉讼不以典型的双方争执为出发点。

（一）行政诉讼的原告和被告

行政诉讼的主要参加人是原告和被告。但在规范审查程序中，不称“原告”和“被告”，而称“申请人”和“被申请人”。在绝大多数案例中，原告都是

---

① 以下参见[德]弗里德赫尔穆·胡芬：《行政诉讼法》（第5版），莫光华译，法律出版社2003年版，第184~190页。

公民,而被告则是国家或者公法团体。行政机关一般不能在行政诉讼中为实现公共目标而“控告”公民,但能够采取某种单方面的调整措施。当然,对于某些特殊情形的诉讼(如公法合同之诉),国家也可状告公民。

(二)被传唤人

“被传唤人”是指行政诉讼的第三人,第三人的合法利益可能受到行政诉讼裁判结果的影响,故被行政法院传唤参加诉讼。在进行传唤之前,因其尚未由于诉讼或利害关系而参加诉讼,其并非“第三人”。准确地说,其诉讼地位是随着一个特别的传唤决定之送达,或者随着言词审理中的传唤决定之公布而取得。

(三)公益代表

“公益代表”是根据德国《联邦行政法院法》第 63 条的规定参加诉讼程序的人,其可以是联邦行政法院检察官或者其他公共利益代表人,可在行政诉讼中依法享有代表公益的相应权限。

(四)共同诉讼人

“共同诉讼人”是指根据德国《联邦行政法院法》第 64 条的规定,准用《民事诉讼法》第 59~63 条有关共同诉讼的规定而参加诉讼的人。出现共同诉讼的情形是:若干当事人对诉讼标的具有共同法律权益,或者他们出于同一事实及法律上的理由,均享有权利或者负有义务。

四、德国行政诉讼的受案范围①

(一)行政诉讼受案范围的一般规则

德国《联邦行政法院法》第 40 条规定,一切未被法律划归其他法院管辖的,非宪法性质的公法争议,都由行政法院管辖。这意味着:第一,行政诉讼受案范围的确定实行概括性原则而非列举原则:凡未被法律划归其他法院管辖的公法争议案件,均为行政诉讼受案范围;第二,公法争议案件中的宪法性争议案件排除行政诉讼受案范围(由宪法法院管辖);第三,行政诉讼受案范围确定概括性原则的基本标准是公法争议。

---

① 以下参见[德]弗里德赫尔穆·胡芬:《行政诉讼法》(第 5 版),莫光华译,法律出版社 2003 年版,第 142~179 页。

“公法争议”这个概念是确定行政诉讼受案范围的基本标准。但德国《联邦行政法院法》却未对“公法争议”这一概念本身给予明确的界定。在行政诉讼实践中,对“公法争议”概念存在多种界定说,其中主要有利益说(因公共利益、国家利益产生的争议为“公法争议”,因私人利益产生的争议为“私法争议”)、支配说(又称“主从关系说”,双方主体为支配关系、主从关系产生的争议为“公法争议”,双方主体为平等关系产生的争议为“私法争议”)、主体说(一方主体为行政机关或其他公权力主体产生的争议为“公法争议”,双方主体均为私主体产生的争议为“私法争议”)和综合说(综合以上各种标准衡量和界定“公法争议”)。

德国《联邦行政法院法》第 40 条规定只是行政诉讼受案范围的一般规则,“公法争议”只是界定行政诉讼受案范围的一般标准,实践中有很多例外情况。如“国家统治行为”即为“不受司法制约的权力行为”,这些行为包括国防、外交、总统签署法律、作出赦免决定、联邦总理的选举等。因这些“国家统治行为”产生的公法争议要么属于宪法争议,要么不产生针对公民的外部效力。

(二)公法争议的典型法律领域

公法争议的典型法律领域主要有:

1. 干预行政领域。主要发生于警察和安全法领域中,以及从这些领域发展出来的集会法、外国人法、建设法规、道路交通法规、营业法规等法律领域中。

2. “永远属于公法”的领域。主要发生于国家税收和乡镇的捐税法律领域,包括各种税费、规费和受益费的征收。

3. “完全属于公法”的领域。主要发生于污染物排放法、环境保护法,以及诸如建设规划法、区域规划法和专业计划法等法律领域。

4. “属于公法”的领域。主要发生于调整国家组织本身的法律规范,或者涉及公法团体之内部结构的法律领域,包括调整国家监督在内的地方法律领域。

5. 调整国家公职关系的公务员法律领域。包括因公务员培训、考核、惩罚产生的争议等。

6. 有关给付行政法律领域。包括因福利分配、各种补助、社会救助、青少年救助产生的争议等。

7. 有关公共物权的法律领域和其他关于生活必需品供应的法律领域。这一领域没有清晰有效的界线，因为这一领域存在越来越强烈的私有化趋势，故界定其争议的公私法性质有时较为困难。

（三）对公法争议的法定移送

公法争议可以被依法移送到一个非行政法院，也称排斥性移送。被移送的法院可以是具有一般管辖权的普通法院，也可以是特别行政法院（财政法院、社会法院、特殊职业法院等）。

应依法移送的公法争议案件有很多种类。例如，行政征收中的赔偿金额争议案件、违法行使职务的损害赔偿争议案件应依法移送普通法院审理；对罚款决定不服的争议案件应依法移送地方法院管辖。联邦法律规定的法院管辖权转移，涉及较多的是特别行政法院（财政法院、社会法院，以及专门职业法院）。

五、德国行政诉讼的管辖①

德国行政诉讼的管辖包括事务管辖和地域管辖。

（一）事务管辖

根据德国《联邦行政法院法》第 45 条：只要法律未作其他不同的规定，行政案件一般均由初级行政法院行使第一审管辖权，而不论争议标的之价额。

高等行政法院的第一审管辖权除了规范性文件审查外，根据德国《联邦行政法院法》第 48 条，还具有对下列公法争议的第一审管辖权：涉及核能设施、发电站、架空电线、机场、铁路、有轨电车和联邦长途公路的审批、许可方面的争议，以及涉及依德国《发电站垃圾处理法》制定的相关计划的审批、确认方面的争议。高等行政法院作为上诉审法院，审理对初级行政法院判决不服的普通上诉、抗告以及德国《联邦行政法院法》第 145 条所规定情形的法律审上诉。

联邦行政法院主要作为上诉审法院，审理对各州高等行政法院判决不服的法律审上诉（德国《联邦行政法院法》第 49、132 条），或者根据德国《联邦行

① 以下参见［德］弗里德赫尔穆·胡芬：《行政诉讼法》（第 5 版），莫光华译，法律出版社 2003 年版，第 179～183 页。

政法院法》第134、135条，对初级行政法院判决不服的法律审上诉（越级的法律审上诉以及普通上诉途径被排除时的法律审上诉）。联邦行政法院也有一定的第一审管辖权，审理联邦与州之间，以及州与州之间发生的非宪法性公法争议（同时为终审管辖）。

（二）地域管辖

1. 对于涉及不动产或者涉及某种与地域相关的权利或法律关系的行政争议案件（如所有涉及某一处土地的行政纠纷案件或涉及在某一处土地上产生的环境污染或其他不利影响的行政纠纷案件），按照德国《联邦行政法院法》第52条的规定，由争议所在地法院管辖。

2. 对于涉及公职关系或者其他职务关系的争议案件，由原告任职时的住所地行政法院管辖；如原告任职时无住所，则由原告现住所地行政法院管辖。

3. 对于针对联邦机关、联邦直属的公法团体、机构或者财团之行政行为的撤销之诉，由该联邦机关的驻在地管辖（柏林行政法院对涉及罗伯特·科赫研究所基因技术的所有批准决定的争议案件有管辖权）。但在避难案件中，应根据德国《联邦避难程序法》由外国人暂居地的行政法院管辖。

4. 对于所有撤销之诉（除依德国《联邦行政法院法》第52条第1款涉及土地的争议以及第4款因职务关系产生的争议案件除外）以及继续确认之诉，由作出行政行为时所在辖区的行政法院管辖。涉及跨地区行政行为时，如管辖权有"重叠"，则由被施加负担者的住所地的行政法院管辖。

5. 对于所有其他诉讼，由被告辖区内的行政法院管辖（在例外情况下，如果被告是公民，则由该公民的住所地或者暂居地的行政法院管辖）。倘若有管辖权的法院因法律或者事务上的原因，无法行使审判权，或者由于不清楚各法院辖区的界线，而不能确定由哪一个法院管辖，或者多个法院都认为自己拥有管辖权，或者都认为不归自己管辖，在出现这些情况时，则按德国《联邦行政法院法》第53条第1款的规定，由这些法院共同的直接上级法院确定管辖权的归属；如果再不能解决地域管辖权争议，则由联邦行政法院指定有管辖权的法院。

六、德国行政诉讼的程序[①]

（一）德国行政诉讼程序的基本原则

德国行政诉讼程序有以下七项基本原则：

1. 法定听证原则。此项原则是指行政法院应给予公民谦和的审判，行政诉讼参加人在行政法院可以采用所有可供他们选择的攻击和防卫手段。法定听证的前提是法院应向行政诉讼参加人提供有关程序及其基础的信息，以保障行政诉讼参加人能就法律和事实方面发表意见的权利，并保障这些意见对于法院的裁判产生影响。

2. 程序平等、中立和公正原则。此项原则是指行政诉讼参加人间的程序权利平等，此必须体现于信息获取权、发表意见的同等机会和对法院的同等影响。程序的中立和公正要求参与有关程序的人，或者程序涉及其利益的某一团体的代表人，不能作为该案的专职或名誉法官。而且，鉴于《欧洲人权公约》第 6 条第 1 款的规定，此前已经参与本程序并被法官认为有偏袒嫌疑的人，必须回避。

3. 调查原则。此项原则是指行政法院依职权调查案件，其调查时不受参加人的陈述与举证申请的拘束。案件争议的澄清不仅在于对案件事实调查的“客观”，而且在于对案件事实调查的全面性和公正性。

4. 处分原则。此项原则是指在行政诉讼中，行政法院应受当事人诉讼请求的约束。当事人诉讼请求决定行政诉讼的范围，以及诉讼的开始与结束。处分原则的相反概念是职权原则，即法院依职权对诉讼标的作出决定。处分原则的最重要结果是法院通常只能依申请行事，不得超越诉讼请求或者对未被申请的事项作出裁判。

5. 职权集中进行原则。此项原则是指行政法院在原告所提出的诉讼请求范围内依“职权进行”。由法院自己，而非当事人对案件的事实调查、诉讼和判决等方面负责；法院有义务尽可能集中并且尽快地实施程序，如必须充分地为言词审理进行准备，以便能使之顺利地完成，随后能尽快地作出裁判。

---

① 以下参见［德］弗里德赫尔穆·胡芬：《行政诉讼法》（第 5 版），莫光华译，法律出版社 2003 年版，第 535~575 页。

6. 直接言词原则。此项原则是指行政法院主要基于言词审理进行裁判。当事人可就案件事实和法律方面陈述意见和进行讨论。根据德国《联邦行政法院法》第112条的规定,行政诉讼的判决只能由参加了言词审理的法官或名誉法官作出,并仅以言词审理之对象的那些书状和言论为依据。如果在言词审理结束之后,还有书证呈交,则只有征得其他参加人同意,方可能使用这些新证据。

7. 公开原则。此项原则是指行政法院审理案件,原则上在审理的任何期间,公众都可以进入。但在言词审理之外(如在证据调查过程中),则只适用"对当事人公开"(而非对"公众公开")的原则。在言词审理期间,如果法院或法庭入口被闭锁,使公众无法进入,就违反了公开原则。

(二)案件审理前或审理过程中行政法院需处理的有关事项

1. 由首席法官指定主审法官和制作审理报告、起草法院有关处分决定的法官;如案件由独任法官审理,则由首席法官指定独任法官。

2. 向被告送达起诉状和被告提交答辩状。

3. 行政法院依职权调查案情。

4. 诉讼参加人查阅案件卷宗。

5. 被告决定是否提起反诉(撤销之诉、义务之诉和规范审查不得提起反诉)。

6. 行政法院决定相应案件合并审理或分开审理。

7. 行政法院决定是否批准诉讼标的或诉讼当事人的变更。

8. 行政法院决定是否同意原告撤诉。

9. 行政法院决定相应案件是否中止审理、终结审理或者休止审理(如双方当事人希望达成和解或有其他重大事由,请求休止审理)。

10. 行政法院决定是否同意被告对有瑕疵的行政行为进行补正。

前7项事项在言词审理前处理;后3项事项在言词审理过程中和判决作出前处理。

(三)言词审理程序

1. 首席法官宣布所审理案件的名称和审理开始。

2. 主办法官(或者首席法官,但实践中主要由主办法官)说明所审理案件的案情。

3. 诉讼参加人提出诉讼请求并说明理由。

4. 法官与诉讼参加人讨论所审理案件的法律问题和事实问题。

5. 出示证据和询问证人。

6. 首席法官宣布言词审理的结束。

(四)法庭评议、证据评价和形成判决

1. 法庭评议。在言词审理结束之后,法院即进入评议,并为最终裁判做准备。评议和表决原则上均应秘密进行。

2. 证据评价。法庭评议后即由法官进行证据评价。证据评价适用自由心证原则。这种评定以产生于程序总体结果的法院之心证为准,而不是那些死板的证明规则。尽管如此,法院在进行证据评价时,也不得违背普遍的思维规律。

3. 表决与最终裁判。案件最终判决通过表决产生。根据德国《联邦行政法院法》第 112 条,参与表决的,只能是全程参加了言词审理的法官和名誉法官。在言词审理结束后,经过参加人一致同意,将通过书面程序作出裁判。

七、德国行政诉讼的判决①

(一)判决的种类

德国行政诉讼判决一般依据其判决内容,分为形成判决、给付判决和确认判决三种。这与其他国家行政诉讼判决的分类没有大的区别。但是,德国还有一种依据判决解决当事人诉讼请求(全部或部分)的关系的分类模式,将行政诉讼判决分为终局判决、中间判决、部分判决、理由判决和其他种类判决。

1. 终局判决。"终局判决"也可称为"全部判决"(相对于"部分判决"而言)。根据德国《联邦行政法院法》第 107 条第 1 款的规定,在通常情况下,判决一般都是终局判决。这就是说,判决在该法院结束了相应案件的争议。其效力通常针对诉讼标的全部,而"部分判决"的效力,则仅仅针对争议标的之部分。如果起诉由于实质裁判条件的欠缺而被驳回,此称为"程序性判决",它不产生实体(内容)上的既判力,但也是终局判决。

---

① 以下参见[德]弗里德赫尔穆·胡芬:《行政诉讼法》(第 5 版),莫光华译,法律出版社 2003 年版,第 578~592 页。

2. 中间判决。中间判决只包括一个似乎被“分割出来”的特定争议点。在给付之诉中，中间判决是理由判决和关于诉之适法性的积极裁判。是否作出中间判决，由法院裁量决定。对此，无须参加人提出申请或者依赖此前进行的言词审理，与中间判决的性质相适应，判决的约束力也仅仅针对争议案件被裁判的那一部分。

3. 部分判决。根据德国《联邦行政法院法》第110条，如果争议标的解决的时机只是部分“成熟”，法院可以作出“部分判决”。其前提是诉讼标的可分割性。诉讼标的如不可分割，则不能作出部分判决。

4. 理由判决。根据德国《联邦行政法院法》第111条，在给付判决中，如果当事人对一个请求在理由和数额上有争议，法院可以通过一个特殊的中间判决对理由部分预先作出判决。此判决称为“理由判决”。对数额部分则可以继续审理或者通过和解结束争议。理由判决仅仅适用于给付之诉，不适用于撤销之诉、确认之诉和规范性文件审查。

5. 其他种类判决。除了上述判决类型外，根据德国《联邦行政法院法》第173条的规定，行政诉讼判决还包括“保留判决”和“变更判决”。

（二）判决的形式与内容

1. 判决的形式

根据德国《联邦行政法院法》第117条的规定，行政诉讼判决应以书面形式作出，且必须冠以“判决”之名。同时，判决首先必须“以人民的名义”宣布（这是法定的形式要求）。

2. 判决的内容

判决应包括以下五项内容：

其一，首部。列明参加人及其法定代理人和代理人的姓名、职业、住址及其在诉讼中的地位。首部中还包括法院的名称、参与裁判的法官姓名。

其二，判决主文。主文包含对裁判内容的概括。驳回性质的判决表述为“诉被驳回”；但如果是一个支持原告请求性质的判决，判决主文中就不能表述为“诉被同意”，而应当列明所支持原告的具体诉讼请求。另外，对临时执行决定以及对上诉申请的认可也应包含在判决主文里。

其三，事实构成。此部分应以严格的报告形式撰写，需简要描述事实和争议的全部情况，以及参加人的请求。必须以能让参加人以及局外人都能理解的方式，说清案件的事实情况。如果主要事实不清，构成判决的瑕疵，可能导致判决被撤销。

其四，裁判理由。与事实构成一样，裁判理由也是判决的必要组成部分。判决必须有详细的可以让人理解的裁判理由。这种理由说明是保障法定听证真实有效的重要手段。只有通过这种理由说明，诉讼参加人才能了解和确认他们此前在案件审理程序中所陈述的事实和阐述的观点是否被法官听取和在裁判中得到体现。

其五，法律救济手段告知。即告知诉讼参加人不服判决上诉的途径和时限。

3. 法官签名

判决应由参与裁判的法官签名。法官因故不能签名的，应由首席法官签名；首席法官本人因故也不能签名的，由资深辅助法官签名，并将有关原因在判决书上作出注记。

4. 诉讼费用确定

判决中应确定诉讼参加人中谁应承担诉讼费用，不仅涉及法院处理案件时产生的诉讼费用，而且还包括参加人在诉讼中产生的费用。

5. 临时执行

对于撤销之诉和义务之诉作出的判决，行政法院可就费用缴纳确定临时执行措施。

（三）判决的宣布与送达

1. 判决的宣布

判决通常应在言词审理结束之日宣布。在特殊情况下，可以在一个指定的期日——自言词审理结束之日起不超过两个星期——宣布。判决的宣布，只宣读判决书中的首部和判决主文。

2. 判决的送达

完整的判决书必须单独送达诉讼参加人。如果判决是未经言词审理而作出的，则判决无须宣布，只需送达。判决送达即视为公布，并自送达（公布）之日起生效。法院送达诉讼参加人的判决不只是判决主文和首部，而是包含判决各组成部分的完整的判决书。如果判决在言词审判之后不经宣布直接送达，那么其在送达时即生效，上诉期限随之开始计算。

(四)判决的效力

1.判决的一般效力

所有判决一经作出和送达诉讼参加人,只要是关于诉讼标的的裁判,就对参加人及其权利承受人具有约束力。由此,相应判决就具有实体上的既判力。实体上的既判力意味着判决内容上的确定,它阻止在当事双方之间,围绕已经得到确认的相同事实状况产生新一轮诉讼。这不仅意味着当事人不得就相同争议标的进行新一轮行政诉讼,而且也意味着,判决的实质性内容对参加人及其权利继受人之间的法律关系——只要涉及同一诉讼标的——具有排他性。

判决对作出该判决的法院自身以及其他法院和行政机关也具有既判力,不仅在形式上阻止其他法院和行政机关对相同诉讼标的再作出新的决定,而且在事实和法律状况未发生改变且判决没有被撤销或改变前,判决内容对它们亦有约束力,即使该判决内容不正确。

2.撤销判决的效力

撤销行政行为的判决属于形成判决。法院的撤销决定自判决产生既判力时起,就消灭了该行政行为的效力。如果存在复议决定,那么该复议决定随行政行为一同被撤销。如果诉讼请求明确表示,仅仅要求撤销复议决定,法院也就只应判决撤销复议决定。

撤销判决本身虽然仅针对一个特定的违法行政行为,但是,它却通过它所包含的对该行政行为的违法性之确认,使之具有普遍约束力,从而防止行政机关在事实状况无变化的情况下,重新作出一个相同内容的行政行为。

如果原告的诉讼请求是变更一个行政行为,如请求变更某一金额或者涉及基于该变更行为的确认,法院可以自己变更该金额和重新确定该金额的数目,而不是先作出撤销判决后再由行政机关去变更。除非数额计算非常复杂,只能由行政机关去变更和确认。

3.义务履行判决的效力

行政法院作出义务履行判决,只能责令行政机关应作出原告所申请的职权行为,而不能代替行政机关作出相应行政行为。行政行为的授益效力不能直接从判决本身之中产生,因为法院自己并不能颁发被申请的行政许可。准确地讲,此处必须由行政机关采取相应措施。

4. 给付判决的效力

行政法院作出给付判决，判令被告作出一种非行政行为的特定给付行为，此具有执行性，行政机关必须履行。但判决本身并不能形成某种法律状况。如果相应给付时机尚未成熟，那就如同义务履行判决的情形一样，要求行政机关作出履行时间的答复。

此外，原告提起的"停止作为之诉"可以视为一种"消极给付之诉"，法院可对此作出"消极的给付判决"：禁止被告作出某种行政行为或者禁止继续作出某种行政行为。此种判决具有英美法系国家行政法上的"禁止令"的效力。

5. 确认判决的效力

确认判决的既判力在于，法院通过判决确认一定法律关系的存在与否。行政机关随后不得对所争议的法律关系作出偏离法院确认的调整，或者撤回对行政相对人的授益行政行为。

确认被告某一行政行为无效的判决的效力可溯及作出行政行为的那一时点。从而，原告不必忍受行政行为在判决产生既判力前对其产生的效力，但如果行政行为的违法性后来才出现，如因相应行为之后有一个新的法律规范生效使得行政行为变得无效，则判决的效力只溯及相应行为违法性出现的那一时点。

第三节　美国司法审查制度

一、美国司法审查制度的起源和发展

美国司法审查制度(Judicial Review)可以溯源至其建国初期。但当时建立的司法审查制度尚是宪法上的"违宪审查制度"，而非本书所研究的与法国、德国等欧洲大陆国家和日、韩等亚洲国家相比较的行政诉讼制度，与本书所研究的行政诉讼制度相适应的美国司法审查制度仅限于美国"对行政行为的司法审查制度"(judicial review of addministrative action/ agency action)。因为美国对行政行为的司法审查制度在一定程度上源于宪法上的违宪审查制度，故我们介绍美国对行政行为的司法审查制度，需要首先简要介绍一下宪法上的违宪审查制度的起源。一般认为，美国宪法上的违宪审查制度始于美国

联邦最高法院1803年的马伯里诉麦迪逊案(Marbury v. Madison)。该案是当时美国统治阶级内部两大派系矛盾斗争的产物。1800年大选结束,主张加强联邦权力的联邦党人约翰·亚当斯(John Adams)落选,民主党候选人托马斯·杰佛逊(Thomas Jefferson)当选。亚当斯为了使以后的联邦党人长期控制司法机关,以此牵制国会和行政,便在1801年3月4日杰佛逊正式接任以前采取了一系列紧急措施,先是任命他的国务卿约翰·马歇尔(John Marshall)为联邦最高法院首席法官,后又同控制国会多数议席的联邦党人议员密谋,在当年2月国会通过巡回法院法案时,成倍地增加联邦法官人数,还通过组织法授权在哥伦比亚地区任命42名治安法官。以上这些新增加和增设的法官人选,全由亚当斯总统提名,都是联邦党人。对这些人选,在1801年3月3日参议院连夜批准后,亚当斯总统就连夜颁发由他签署、国务卿马歇尔盖印的委任状。但由于过于匆忙,有些委任状来不及送出去就到了第二日(1801年3月4日),新总统上任了。新总统杰佛逊一上台便命令他的国务卿麦迪逊扣发这些委任状,以减少联邦党人对司法的控制。威廉·马伯里(William Marbury)就是被任命为治安法官而又未拿到委任状的人当中的一个,他与其他几个同样没有拿到委任状的人一起,请求美国联邦最高法院向执行部门颁发执行命令(Writ of Mandamus),发给他们委任状。因为根据国会颁布的1789年的美国《司法条例》,美国联邦最高法院有权对公职人员颁发执行命令。美国联邦最高法院根据马伯里的申请,命令国务卿麦迪逊说明为什么不颁发委任状,以考虑如何处理该案。但杰佛逊和麦迪逊对联邦党人控制下的法院极为轻视,认为在理论上民选的代表即使不具有绝对的最高性,也具有相对的独立性,否认司法机关有权向执行机关发布司法命令。加上经过改选,国会已控制在民主党人手中,并且正在对上届国会通过的巡回法院法案展开激烈辩论。在这种形势下,对如何判决马伯里一案,联邦最高法院处于两难地位:如果驳回马伯里的请求,显然是向杰佛逊的民主党屈服;如果颁发执行令,杰佛逊和麦迪逊显然不会执行,从而贻笑全国。采用任何一种做法都会形成行政和立法两部门不受司法部门牵制的危险局面。此后,美国联邦最高法院运用司法审查这个手段摆脱了两难境地。首席法官马歇尔在他起草的全体最高法院法官一致同意的判决书中,先是承认马伯里被任命为法官是合法的,是有权得到委任状的,而总统和国务卿不予颁发是没有理由的,马伯里的正当权利由此而遭到侵犯,是有权得到补偿的;但是他却又说,美国联邦最高法院不能颁发这样的执行令,因为它超出了美国《宪法》第3条关于美国联邦最高法院管辖权的规定。根据美国《宪法》第3条的规定,美国联邦最高法院除对极少数案件有第一审管辖权外,只能审理上诉案件,责成美国联邦最高法院对公职人员颁发执行令的1789年美国《司法条例》是同宪法相违背的。最后,他就美国联邦国会立法权的界线、宪法的最高法律地位、法院何以有审查法律的权力等问题作了长篇的论证,并在此基础上明确宣布"违宪的法律不是法律","阐明法律的意义是法院的职权"。从此,美国联邦最高法院开创了审查国会法律的先例。①

美国虽然在19世纪初即建立了宪法上的司法审查制度,但行政法上的对行政行为的司法审查制度却晚得多。美国行政法上对行政行为的司法审查制度是随着20世纪独立规制机构的发展、行政对社会经济生活的广泛干预、行政权对公民权利和自由的侵扰和威胁日益增加而建立和发展起来的。

美国早期的法律制度深受英国普通法(Common Law)的影响,由于主权豁免原则(Sovereign Immunity)的限制,政府不能作为被告。行政相对人对政府行为不服时,不能控告政府。政府及其公务员的行为造成了对行政相对人的损害,相对人不能向法院起诉要求政府进行损害赔偿。只有在公务员恶意侵犯相对人权益并造成相对人遭受严重损失的情况下,相对人才能对公务员个人提起诉讼,要求公务员个人承担侵权赔偿责任。这种制度在当时就已经暴露出了它的弊端:既不利于保障行政相对人的合法权益,又不利于监督政府依法行政,还不利于鼓励公务员积极执行公务促进行政管理。但直到19世纪后期,这一制度才开始改变。20世纪初,由于资本主义经济的迅速发展,社会关系较前大为复杂,各种社会问题、社会矛盾大量出现。为了调节各种新出现的社会关系,解决各种新出现的社会矛盾和社会问题,政府开始对社会经济活动和相对人的相应行为进行广泛的干预,从而政府职能较前大为增加,行政权大为扩张。与此相适应,行政机构也比过去大为膨胀起来,特别是新出现了一种被人们称为"第四政府部门"或"第四权力"的"独立规制机构"(independent

① 参见龚祥瑞、罗豪才、吴撷英:《西方国家的司法制度》,北京大学出版社1980年版,第126~128页。

regulatory agencies)。美国是实行三权分立的典型国家。国家权力分为立法、行政、司法三权,宪法分别将这三权分授国会、总统、法院三个政府部门行使,三权互相分立、互相平衡、互相制约。但这种新出现的独立规制机构既不从属于国会,也不从属于法院,也不完全从属于总统;不仅行使行政执行权,而且行使制定规章的准立法权和裁决纠纷的准司法权。如果把它视为行政部门的一部分的话,那么行政部门则是一个权力大为膨胀了的政府部门。如果要保持三个政府部门的平衡(美国政治家们认为,政府部门权力的平衡制约是民主、自由的保障),其他两个政府部门就不能不对它进行更多、更强有力的制约。正因为如此,作为对行政权制约的形式之一的司法审查制度的快速发展和加强就是无疑义的了。因为行政机构的膨胀和行政权的扩张引起了社会的广泛不安和人们的普遍担忧。从而要求对行政权加以制约的呼声越来越高。人们开始设计对行政权加以制约的各种方案,制约的形式主要是两种:一是行政程序制约;二是司法制约,即司法审查。这两种制约形式是相互紧密联系的。行政程序制约是司法制约的前提条件,司法制约是行政程序制约的保障。

如前所述,对行政行为司法审查的主要障碍是"主权豁免"原则。根据该原则,政府侵权行为的受害者不能以政府作为被告对政府提起诉讼和要求政府进行损害赔偿。但随着民主和法治理论的新的发展,人们开始逐步抛弃主权豁免原则。1946 年的美国《联邦行政程序法》明确规定:"因行政行为致使其法定权利受到侵害的人,或受到有关法律规定之行政行为的不利影响或损害的人,均有权诉诸司法审查。……法院不得以此诉讼是以美利坚合众国为被告之理由,也不得以合众国是不可替代的当事人为理由不予受理或拒绝给予救济。"同年,美国国会又通过《联邦侵权赔偿法》。该法明确规定,凡联邦政府之任何人员于其职权范围内因过失、不法行为或不作为,致人民财产上之损害或损失或人身上之伤害或死亡,受害人可以以美国政府为被告,向联邦法院起诉,请求损害赔偿。这些规定在法律上否定了主权豁免原则,从而在很大程度上扫除了司法审查的障碍。

美国现行司法审查制度相较于法国、德国等欧洲大陆法系国家的行政诉讼制度,具有下述五项特点:①

---

① 以下参见姜明安主编:《外国行政法教程》,法律出版社 1998 年版,第 282~287 页。

第一,不设专门主管行政诉讼的专门司法机构。行政案件的审判职能由审理刑民事案件的普通法院统一行使。美国既没有大陆法系模式的专门行政法院,也没有中国行政诉讼模式的专门行政审判庭,行政案件由普通法院统一审理。

第二,没有制定单独的行政诉讼法典。法院进行司法审查,适用统一的民事诉讼程序规则和某些特别法规定的专门规则,如行政程序法、司法审查法、侵权赔偿法等法律规定的管辖规则及程序规则。

第三,司法审查主要针对独立规制机构和行政部门通过行政裁判程序作出的行政裁决的审查。因此,司法审查与行政裁判有着极密切的联系。在某种意义上,可以认为行政裁判是司法审查的前置程序。

第四,司法审查的范围是由各种制定法和普通法确定的。作为相对人提起司法审查和法院受理司法审查的根据,既可以是各种制定法的法律法规,也可以是普通法的各种令状,还可以是宪法。对于法律明确排除司法审查的行政行为和法律授权行政机关自由裁量的行政行为,相对人不能向法院提起行政诉讼,除非行政机关有越权或滥用权力的情形。

第五,行政赔偿基本适用民事赔偿的规则,但其范围窄于民事赔偿的范围。美国现在虽已废除"主权豁免原则",但该原则仍有影响。相对人提起行政赔偿之诉没有统一的法律根据,美国《联邦侵权赔偿法》只适用于某些行政领域,而非适用于所有的行政领域。除了美国《联邦侵权赔偿法》外,相对人还可根据有关民事法律和各种特别法提起行政赔偿之诉,在没有明确的法律根据的情况下,对于某些行政侵权行为,相对人可以直接援引宪法提起行政侵权之诉。

二、美国司法审查的范围①

(一)美国司法审查的概念

美国司法审查指美国法院(包括联邦法院和州法院)应受到行政行为不法侵害或有关行政行为不利影响的行政相对人的请求,审查相应行为的合法性、适当性,如认定被诉行政行为具有违法、专断、反复无常、滥用职权等情

① 以下参见姜明安主编:《外国行政法教程》,法律出版社 1998 年版,第 288~297 页。

形,则撤销相应行政行为或确认相应行政行为无效,为受到不法行政行为侵害的相对人提供救济。首先,美国司法审查的主体是美国联邦法院和州法院,包括联邦地区法院、联邦上诉法院、联邦最高法院和州下级法院、州上诉法院和州最高法院。各级法院只分别享有根据相应法律享有的审查权,其管辖没有统一的法律调整,而分别由各种特别法律法规或判例确定。其次,美国司法审查的客体是一定的行政行为(法律排除某些行政行为的审查),包括:(1)法律规定可受司法审查的行为;(2)被行政机关最终确定,当事人在法院得不到其他充分救济的行为。这也就是说,美国司法审查的对象既不是所有行政行为,也不是仅限于法律规定可受审查的行为。司法审查的范围和排除司法审查的情况均既由法律规定,又由判例确定。最后,美国司法审查的申请人(行政诉讼原告)的范围是较广泛的,包括:(1)因行政行为而致使其权利受到不法侵害的人;(2)受到有关行政行为不利影响或损害的人。"不利影响或损害"可以作很宽泛的解释,故相对人对某种行政行为不服,只要其利益与行政行为有一定的联系,均可向法院起诉,诉诸司法审查。

（二）美国司法审查的受案范围

司法审查的范围指可受审查的行政行为的范围,即法院对行政案件的管辖范围。根据美国《宪法》,美国联邦法院的管辖权是有限制的,它仅限于管辖美国《宪法》第 3 条所列举的案件(cases)和争议(controversies)。美国《宪法》第 3 条虽然没有明确列举(当然也没有排除)公民与行政机关之间发生的行政案件或行政争议,美国联邦法院认为,美国《宪法》第 3 条所列举的"案件"和"争议"包括行政案件和行政争议。美国司法机关根据英国普通法的传统,还一直管辖基于普通法与衡平法的案件,包括法律没有明确规定的案件。

美国司法审查范围大致包括下述情形:

1. 依行政机构组织法实施的审查

美国大量的管理特定行政事务的、独立于政府部门的行政机构,都是由国会通过专门立法创立的。创立相应行政机构的组织法通常对下列内容作出详细的规定:该机构的行为是否应受司法审查;如应受审查,是哪些行为受审查;什么人可以请求审查;向哪个法院请求审查,采用哪种审查形式。例如,1914 年美国《联邦贸易委员会组织法》规定,联邦贸易委员会如果发出停止违章行为令,命令个人、合伙人或公司停止以某种方式进行的某种行为或活动,此个人、合伙人或公司可以在此命令送达后的60日内向美国联邦上诉法院提起审查此裁决令的诉讼，请求撤销此裁决令。受理此诉讼案件的上诉法院应是争议发生地的地区联邦上诉法院，或者是此个人、合伙人、公司住所地或营业所在地的联邦上诉法院。

2. 依特定管理法实施的审查

美国国会每年都要就特定管理问题颁布很多相应的法律、法规，在这些法律、法规中，也会规定有关司法审查问题。例如，在关于发放某种补助或津贴（如多子女哺养补助、残疾人津贴等）的法律法规中，可能规定对于行政机构实施发放补贴、津贴的行为或者行政机构就有关这些行为发生的争议所作裁决的司法审查；在关于关税和动植物检疫的法律法规中，可能规定对于行政机构征收关税的行为、检疫的行为或者行政机构就有关这些行为发生的争议所作裁决的司法审查。凡是具体法律法规中有司法审查规定的，相对人即可据之申请法院司法审查，法院即可据之受理相对人的司法审查请求。

3. 依一般管辖法律或特殊管辖法律实施的审查

在相应组织法或专门管理法规设有有关司法审查的专门规定时，相对人可以根据一般管辖法律——美国《联邦司法程序法》①提请对行政行为的司法审查，美国《联邦司法程序法》规定，联邦地区法院对所有根据美国《宪法》、联邦法律或联邦条例提起的民事诉讼进行一般初审管辖（同时也包含若干例外的规定）。相对人也可以根据特殊管辖法律提请司法审查，如根据美国《联邦民事权利法》②提起对州行政当局的民事诉讼；根据有关商业和贸易管制的特别管辖法③或有关邮政服务的特别管辖法④提起对相应行政机关相应行政行为的司法审查。

---

① 参见《美国联邦法规汇编》第28编第1331节。引自姜明安主编：《外国行政法教程》，法律出版社1998年版，第291页。

② 参见《美国联邦法规汇编》第42编第1343节。引自姜明安主编：《外国行政法教程》，法律出版社1998年版，第291页。

③ 参见《美国联邦法规汇编》第28编第1336节。引自姜明安主编：《外国行政法教程》，法律出版社1998年版，第291页。

④ 参见《美国联邦法规汇编》第28编第1339节。引自姜明安主编：《外国行政法教程》，法律出版社1998年版，第291页。

4. 依强制执行程序实施的审查

在“新政”前，美国行政机构自己不能实施强制执行行为，对于相对人不执行其发布的命令，只能诉请法院强制执行。那些制裁性的行政命令甚至在司法强制执行前没有约束力。这样，每一种强制性的行政命令，在执行前都能获得司法审查的机会。但这种制度同时导致了行政机构不必要的工作量和时间耗费，即使相对人对行政命令没有表示不服，行政机构也要申请法院进行司法审查和强制执行。在法院司法审查过程中，相对人如果违反行政命令，即使该命令是合法和适当的，在法院对相对人采取强制措施前，行政机构也只能听任其继续违反，以致造成严重的损失。“新政”后的改革取消了这种制度，行政命令一经发布即具有约束力（国家劳工局发布的命令除外），相对人对行政命令不服，可在规定期限内（通常为 60 日）提请司法审查。超过规定期限，相对人如既不向法院起诉又不执行，行政机构可以强制执行和对其科处行政处罚。

5. 依反诉式异议而实施的审查

行政相对人对于政府对其提起的刑事起诉或向法院申请对其强制执行不服，即使没有任何特别的法律根据请求司法救济，通常仍可以政府行为违法为由而提出异议和请求司法审查。例如，政府如果以相对人违反行政管理决定或政府规章而提起刑事诉讼或民事强制执行，相对人则可以行政管理决定或政府规章违法作为辩护而请求司法审查。

6. 依普通法令状实施的审查

美国在主权豁免原则盛行时期，行政相对人只能根据普通法令状申请法院对因违法行政行为受到的损害予以救济。普通法令状源于英国王权时期，其形式包括调卷令、制止令、执行令、人身保护状、追查令、禁止令等。这些形式中的某些形式在今天仍然保留着，但已很少或较少适用。在没有制定法根据的时候，有时仍然可以作为请求和实施司法审查的根据。这些令状主要包括：

（1）调卷令（certiorari）。此令状是法院应相对人的请求，命令低级法院或行政机关将其裁决及其案卷移送审查。如确认其违法、越权，则可予以撤销，或命令其予以纠正。根据英国的传统，依调卷令只能审查“准司法行为”，而不能审查立法性行为。19 世纪末以后，美国联邦法院已基本不运用调卷令审查行政行为。但在州法院，调卷令仍被广泛使用。

（2）制止令（prohibition）。此令状是法院为命令司法性或准司法性的行政机关停止某种越权行为而发布的命令。不同于调卷令是在行政行为终结和已作出决定后适用，制止令可在行政行为实施过程中适用，以制止正实施中的越权行为。

（3）执行令（mendamus）。此令状是法院应相对人请求为命令行政机关履行其法定职责而发布的。执行令不同于制止令和禁止令，它只适用于行政机关的不作为行为。1962 年，美国国会通过法律，规定联邦地方法院对于所有执行性行政行为都有权发布执行令，强制行政机构及其官员履行他们对于原告应履行之法定职责。因此，执行令不同于调卷令，在联邦法院和州法院都得到比较广泛的运用。

（4）人身保护状（habeas corpus）。此令状是人们很熟悉的一种令状。它是法院应被拘禁者或其代理人的申请，命令释放被非法拘禁的相对人的一种救济手段。现在，它主要用于涉及驱逐出境和其他移民案件的联邦行政程序。

（5）追查令（quo warranto）。追查令是法院用于查验行政当局是否拥有它所行使的权力的一种令状，这种令状现在主要用于州级法院。

（6）禁止令。此令状在英国普通法上是一种私法上的救济手段，用于私法关系上的契约行为和侵权行为，后来也用于公法关系。在美国，禁止令是法院应相对人请求，为命令行政机关停止实施被指控的行政行为而发布的。禁止令不同于制止令，制止令主要用于制止司法或准司法性行为，禁止令主要用于禁止行政侵权行为。

7. 直接以宪法为根据实施的审查

行政相对人对于侵犯其权利或对其产生不利影响的行政行为，如果既无请求法院审查的制定法根据，又无普通法上的令状可以援引，可以直接以行政行为侵犯其宪法权利为根据请求进行司法审查。在这类审查诉讼中，相对人援引最多的是美国宪法第五修正案和第十四修正案规定的“正当法律程序”条款（due process of law）。美国宪法第五修正案规定：“……未经正当法律程序不得剥夺任何人的生命、自由或财产。凡私有财产，非有适当赔偿，不得收为公用。”美国宪法第十四修正案规定：“无论何州，不得制定或施行剥夺合众国公民的特权或特免的法律；亦不得于未经正当法律程序前，剥夺任何人的生命、自由或财产。并且对于该州管辖区内的任何人，皆不得拒绝给予法律上平

等保护。”[①]法院对“正当程序”的解释有宽有窄,且在不同场合有不同要求。一般包括下述内容:

(1)作出影响行政相对人权益的决定,必须事先给予相对人以通知;

(2)裁决行政相对人不服行政决定的争议,必须是无偏见的裁决者,即裁决人对于裁决结果无财产或人事上的利益,且裁决时不受外部压力;

(3)通过正式程序作出裁决必须制作案卷,并只能根据案卷作出最终裁决(实行“案卷排他主义”);

(4)对于解决涉及过去事实的争议,一般应举行口头听证;

(5)被传唤出庭接受行政审理的人,应允许其取得律师的帮助,必要时须为经济困难的人指定律师;

(6)行政裁决应附理由和根据。

行政机关在其作出影响相对人利益的决定过程中,如果违反上述正当程序要求,相对人即可以其侵犯宪法权利为根据请求法院进行审查。应该指出,美国《联邦行政程序法》第 702 条对司法审查的管辖范围作了一个一般性的无特殊限制条款的规定:“因行政行为而致使其法定权利受到不法侵害的人,或受到有关法律规定的行政行为的不利影响或损害的人,均有权诉诸司法审查。”但是美国联邦最高法院认为,美国《联邦行政程序法》的这一规定不能作为请求司法审查的独立根据。相对人要请求获得对行政行为的司法审查,还必须提出上述具体的制定法、普通法或宪法权利上的根据。

(三)美国司法审查的排除范围

美国司法审查的范围可以从两个方面确定:一方面可以根据有关法律法规列入审查的行为确定;另一方面则可根据有关法律法规排除审查的行为确定。美国《联邦行政程序法》第 701 条规定,该法有关司法审查的规定不适用于:(1)法律规定不予司法审查的行政行为;(2)法律授权行政机关自由裁量的行政行为。美国《联邦行政程序法》的这一规定明确了美国司法审查排除(preclusion of review)的两种情况:第一种是国会意图的明确表达,所基于的理由在各种具体法律中是各不相同的;第二种是国会在基于对行政职能的一

① [美]欧内斯特·盖尔霍恩、罗纳德·M. 利文:《行政法和行政程序概要》,黄列译,中国社会科学出版社 1996 年版,第 255 页。

般性质分析后,认为行政机构行使自由裁量权的行为所根据的是政策上的考虑,且在很大程度上是依赖其专门技术和专门知识所作的判断,因此法院对自由裁量权行为进行审查或者是不适当的或者是有害的。下面我们对这两种情况予以具体说明和分析:

1. 法律排除审查

法律排除审查有三种情况:(1)法律明确排除审查;(2)法律暗示排除审查;(3)法律对审查不作任何规定。对于第一种情况,法律常常以相应行政决定是"最终决定""终局性决定"等字句排除审查。例如,美国《联邦退伍军人管理委员会法》规定,退伍军人管理委员会的裁决"是最终的,终局性的裁决,其他官员或美国法院都无权以法院审判的方式或其他方式审查这种裁决"。第二种情况和第三种情况则均是法院对法律的一种理解,一种解释。法律并没有用明确的语言排除审查,或者对于可否审查根本什么也没有说,但是法院从对整个立法的背景情况、立法史和对法律调整的实际社会关系的分析中推断出国会的意图是排除审查。不过,从 1946 年美国《联邦行政程序法》颁布以来的司法实践看,法院对司法审查是采取逐步放宽的态度,对排除审查是采取逐步限制的态度,对法律的解释是采取扩大审查缩小限制的立场。即使特定法律没有明文规定司法审查,法院也不认为是排除审查。"国会对司法审查沉默不语……不等于否决受害人的请求权,不等于否决其请求法院在行使普通司法权时给予适当救济的权利。"①美国国会的意图是对行政行为的合法性的监督问题不作法律规定,而由法院用它自己的方式对受害人予以救济。在这种情况下,法院更是很少将特定法律解释为暗示排除审查。即使是法律明确规定为"最终性"或"终局性"的行政行为,法院也不认为是绝对排除审查的,美国联邦最高法院在一个判例中指出:"不应拒绝受理受害人请求审查最终行政行为的诉讼,除非有令人信服的理由证明国会意在拒绝这种诉讼。"②在很多情况下,法院更是把法律中的"最终性""终审裁决"解释为"行政程序的终结,而不是全部或部分地取消获得司法审查的权利"。③ 美国联邦

---

① [美]伯纳德·施瓦茨:《行政法》,徐炳译,群众出版社 1986 年版,第 403 页。
② [美]伯纳德·施瓦茨:《行政法》,徐炳译,群众出版社 1986 年版,第 403 页。
③ [美]伯纳德·施瓦茨:《行政法》,徐炳译,群众出版社 1986 年版,第 404 页。

最高法院在另一个案例中指出："不得对行政行为进行司法审查……这种结论不能轻易下"；"只有关于'行政终局决定'的法律规定还不足以构成排除司法审查的理由，尽管字面上的语言也许构成了这种理由"；"许多例证表明，从字面上解释法律语言可能与宪法规定相矛盾……可能与法律的有机整体相矛盾"。①

在美国，很多人认为，司法审查是防止政府专制，保护公民权益的基本制度；如果否定了司法审查，行政机关就会变成专制君主，变成裁判自己行为是否合法的法官，公民的权利就会失去保障。美国联邦最高法院首席法官马歇尔在早期的一个判例中写道："如果在一个法治政府内设立一个行政部门，赋予它裁决个人之间的权利以及政府与个人之间权利的权力，如果它的行政官员有权自由采取强制措施……个人则毫无救济措施，不能在该国法院上诉，这是令人吃惊的。"②

2. 自由裁量行为排除审查

对于某些行政行为，法律仅仅规定一定的基本原则，或仅仅规定一个基本目标，而由行政机关自由确定行为的时间、对象、方式以及程序、步骤，甚至由行政机关自行确定是否行为，这些行为通常称为"自由裁量行为"。根据美国《联邦行政程序法》的规定，自由裁量行为不受司法审查。在实践中，自由裁量行为主要包括：

(1)确定未来政策的行为。对于各个管理领域的具体政策，国会通常难以事先以法律作出明确详细的规定，而是留给行政机关依据具体情况、具体条件作出决定。行政机关在作这种政策性决定时，往往要作政治上的考虑，甚至要进行一些政治上的交易，因此这类决定通常是不受司法审查的。

(2)有关国防和外交的行政决定。有关国防和外交的行政决定常常归入自由裁量的范畴。这除政策上的考虑外，另外的原因是需要保守和外国谈判的秘密，以及防止军事计划的泄漏等。美国联邦最高法院还指出，外交和国防问题是政治性的，而非司法性的，宪法只授权立法部门和行政部门解决政治性问题，司法部门介入则是超越权限。

---

① [美]伯纳德·施瓦茨：《行政法》，徐炳译，群众出版社1986年版，第405页。
② [美]伯纳德·施瓦茨：《行政法》，徐炳译，群众出版社1986年版，第402页。

(3)行政机关纯内部管理决定。行政机关的这类决定包括,关于内部工作人员的调整,工作安排,行政首长对下属的具体工作指示等,法院通常将之归入自由裁量的范畴,不予审查。

(4)基于直觉和预感而作出的监督性管理行为。法院认为行政机关基于直觉和预感而作出的监督性管理行为,既非对事实的裁定,又非对法律原则的推论,不应接受司法审查。例如,房管局对接受政府补助的私人房东自行改变房租的行为实施监督管理的行为即属排除司法审查的行为之列。

此外,对于某些特别需要效率、灵活性或保密性的行政行为或法院认为有排除审查的某些特别实际理由的行政行为,法院也可以将它们完全或部分归入自由裁量的范畴,不予司法审查。当然,自由裁量排除审查也不是绝对的,相对人有时仍可以以滥用自由裁量权为根据或以侵犯宪法权利为根据提请司法审查。所以,在美国,行政行为可受司法审查是原则、是一般,排除司法审查则是特殊、是例外。①

三、美国司法审查的原则

司法审查的原则有实体方面的,有程序方面的;有规范案件受理方面的,有规范案件审理方面的。本节讨论美国司法审查的原则仅涉及案件受理方面的程序性原则,这些原则主要包括初审权原则、穷尽原则和成熟原则。

(一)初审权原则

司法审查初审权(primary jurisdiction)原则的含义是在司法审查中,遇到依法应由行政机关首先解决的问题时,应先由行政机关对该问题作出裁决,再进行司法审查。确定这一原则的理由是:(1)便于行政机构运用其专门知识、专门经验和专门技能解决必须依赖此种专门知识、经验和技能解决的问题;(2)便于行政机关运用统一的政策解决行政管理过程中需适用统一政策解决的问题,防止政策的不统一和不连贯;(3)便于行政机关运用自由裁量权解决行政管理过程中需自由裁量解决的问题,防止以司法裁量代替行政裁量。

初审权原则首先适用于行政机关有排他性管辖权的问题,但也不限于适用这类问题,其也适用于行政机关和法院均有管辖权的问题,甚至还适用于只

---

① 参见姜明安主编:《外国行政法教程》,法律出版社 1998 年版,第 288~297 页。

能由法院首先管辖的案件。法院在审理这种案件的过程中,如发现存在只能运用行政机关特定知识、经验和技能解决的问题,便应停止审理,待行政机关先行处理和作出结论后,再继续其审理。州际商业委员会于1887年成立,在此之前,关于铁路运价的争议诉讼是由法院受理的。在此之后,法律授权该委员会受理控告运输人渎职的案件,以及解决有关铁路运输方面的赔偿争议问题等,但是法律也没有明确取消法院对这些案件和争议的管辖权,于是当事人有的仍向法院起诉和请求赔偿。对此,美国联邦最高法院指出,法律建立行政机构,授权行政机构专门处理这类案件,就意味着法院不再有管辖权了,根据法律,"索赔的托运人……必须通过州际商业委员会寻求赔偿。只有该委员会才有初审权"。[①] 在一个有关"双重运价"的案件中,一家轮船运输公司对仅与自己订立合同的托运人收取较低的运费,而对其他托运人则收取较高的运费。美国联邦政府依《反垄断法》提起对该公司的诉讼。但法院驳回政府的起诉,认为这种问题首先应由联邦海事委员会审理,因为法律授权海事委员会管理航运价格,对于"双重价格"的合理性问题,自然应由海事委员会行使初审权。法院指出:"如果案件中提出的事实争议不是法官常见的争议,或案件本身需要运用行政权予以解决,就不应超越国会为了管理此类问题而设立的行政机关。"[②]

但是,适用初审权原则也带来了一些问题。例如,行政机关对于某些问题存有偏见,法院明知其难以作出公正的裁决,但却仍让它们履行一个完全不必要的形式,以致造成大量的时间和金钱的耗费。再如,前述"双重价格"案件中,海事委员会花了两年的时间才终结行政程序;花一年时间研究案情和作出建议性裁决,又花一年时间才作出正式裁决;该案的审讯案卷达4500页。然而,法院进行司法审查,这些工作又得重新开始。对此,美国联邦最高法院法官弗兰克福特(Felix Frankfurter)指出:"如果法院完全可以如同联邦海事委员会根本没有受理过此案一样进行其法律审查,那么把先向联邦海事委员会提出起诉作为向法院起诉的前提,则是闹着玩的形式。这是对初审权原则的

① [美]欧内斯特·盖尔霍恩、罗纳德·M.利文:《行政法和行政程序概要》,黄列译,中国社会科学出版社1996年版,第238页。

② [美]欧内斯特·盖尔霍恩、罗纳德·M.利文:《行政法和行政程序概要》,黄列译,中国社会科学出版社1996年版,第239页。

嘲弄。”[①]适用初审权原则的另外的问题是：一些行政机关对于其所管辖的问题没有完全管辖权，如行政机关没有判付损害赔偿的权力。这样，凡涉及损害赔偿的案件，就不可避免地要进行两次诉讼，造成了不必要的耽搁和耗费。对此，有些州的法院在司法审查中开始在行政机关无权给予所请求之损害赔偿救济的案件中，放弃适用初审权原则，以解决双重诉讼的问题。当然，这样做并不意味着美国各州有在所有案件中放弃初审权原则的趋势。初审权原则毕竟利大于弊，在某些州的某些案件中放弃这一原则的适用只是例外。

（二）穷尽原则

穷尽原则的全称是“穷尽行政救济原则”（exhaustion of administrative remedies）。该原则的含义是行政相对人对其所受到的损害，在可能通过任何行政程序途径取得救济以前，不能取得司法救济。该原则不同于初审权原则，初审权原则强调的是在司法审查开始时或司法审查过程中，遇到应由行政权解决的问题或需要运用行政专门知识、经验或技能解决的问题时，先由行政机关处理和作出结论，再进行司法审查，而穷尽原则强调的是相对人在有可能取得行政救济以前不能取得司法救济；初审权原则既适用于由行政机关首先管辖的案件，又适用于由法院首先管辖的案件，穷尽原则仅适用于由行政机关首先管辖的案件。

确定穷尽原则的理由是：（1）根据“分权”原则，应由行政机关处理的问题不能由司法机关越俎代庖。（2）有利于行政管理的统一和连贯性。行政机关作出的决定即使有不当和错误之处，但在行政程序尚未完结前，它完全可以自己发现和纠正自己的不当或错误，故法院过早干预是不必要的。（3）有利于上级行政机关对下级行政机关的监督。上下级行政机关具有领导和监督关系，上级行政机关有权撤销或纠正下级行政机关不当或错误的决定，过早地进行司法审查就不利于上级行政机关行使这种监督权。（4）有利于行政机关首先运用自由裁量权和专门知识、经验与技能解决其所主管的问题。

对于行政救济来说，法律可以规定当事人的行政申诉权，行政规章也可以规定当事人的行政申诉权，凡是法律或行政规章规定了行政申诉途径的问题，当事人均必须先进行行政申诉，然后才可诉诸法院。有这样一个案例：原

---

① 姜明安主编：《外国行政法教程》，法律出版社 1998 年版，第 298~299 页。

告向移民审查官申请入境,移民审查官拒绝其入境,他即诉诸法院,请求法院审查移民审查官拒绝其入境的裁决,法院拒绝受理,因为根据法律,对移民审查官的裁决首先应向商务部部长提出申诉。原告尚未穷尽行政救济,所以法院拒绝审查。①

当然,行政救济原则的适用也有例外。这些例外主要包括:(1)问题纯属法律争议。因为法律问题属于法院的管辖权,适用穷尽原则会造成无意义的时间延误和金钱耗费。(2)行政行为所依据的法律违宪或行政行为本身违宪。有这么一个案例:一批大学生因参加反对越战的游行示威,被地方征兵当局重新定为一级征兵对象。他们向法院起诉,提出地方征兵当局给他们重新定级的行为侵犯了他们所享有的美国《宪法》第 1 条正案规定的言论和集会自由的权利。法院受理了他们的诉讼后指出,一旦行使美国《宪法》第 1 条修正案规定的权利受到严重威胁时,就应当放弃适用穷尽原则。(3)行政行为不适当的延误。如果行政机关故意拖延,对相对人迟迟不予行政救济,以致可能给相对人造成不可弥补的损害,法院可以不适用穷尽原则而直接给予司法救济。(4)行政机关毫无诚意给予相对人以行政救济,从而显然会使拟进行的行政程序无任何效果,或反而会使结果对相对人更为不利。如果法院认定有这种情况,也可不适用穷尽原则。(5)问题涉及刑事处罚。有这么一个案例:原告被美国政府控告犯有故意不报到入伍罪。他直接向法院起诉,提出根据法律规定,一家之中有一个或一个以上子女阵亡,幸存的独子可免服兵役,他即属于这种情况。因此,地方征兵当局征集他入伍是不当的。政府方面反驳说,他尚未提起行政申诉,因而未穷尽行政救济,法院应拒绝审查。但法院以问题涉及刑事处罚而驳回了政府的抗辩。(6)行政机关无管辖权。如果行政机关对所争议的问题无管辖权,也不适用穷尽原则。②

(三)成熟原则

成熟原则的全称是“司法审查时机成熟原则”。该原则的含义是被指控的行政行为只有对相对人发生了实际不利影响并适用于法院审查时才能接受司法审查。在 20 世纪 60 年代以前,成熟原则不仅注重行政行为的内容,还注

① 参见[美]伯纳德・施瓦茨:《行政法》,徐炳译,群众出版社 1986 年版,第 462 页。
② 参见[美]伯纳德・施瓦茨:《行政法》,徐炳译,群众出版社 1986 年版,第 463~465 页。

重行政行为的形式:所指控的行政行为必须是“正式的”,如正式决定(非正式决定“不成熟”)、正式裁决(非正式裁决“不成熟”)、正式肯定性裁决令(20世纪40年代以前,否决性裁决令亦视为“不成熟”)等。如行为处在非正式行为阶段,均视为司法审查时机不成熟,法院不受理相应审查请求。有这样一个案例:联邦食物药品管理委员会制定了一项规章,规定化妆品制造商使用颜色剂必须得到该委员会的批准,该委员会职员可自由检查厂商与颜色剂有关的制造设备、制作程序、配方等,如其拒绝,委员会可立即中止其批准证书。化妆品制造商以该规章侵犯其利益为由向法院起诉,请求审查。法院认为该规章尚未适用,在适用前并不会对当事人产生不可弥补的不利后果,因而审查时机不成熟,拒绝予以审查。20世纪60年代以后,成熟原则的要求逐渐放宽了。法院认为,审查时机成熟的关键因素是对当事人造成了不利影响,如果规章要求立即改变人们的行为规则,不服从相应规章则予以惩罚,那么受此规章管辖的人一提起诉讼,审查时机就成熟了。有这么一个案例:联邦食物药品管理委员会发布了一项规章,规定有关说明药品的标签、广告和其他印刷品,如用其商号名称,必须载明特定药品的既定名称,否则将受到刑事或民事处罚。药品制造商以委员会制定该规章“越权”为根据请求法院发布宣告令和禁止令的诉讼。政府提出在规章适用前,司法审查时机尚未成熟,因为规章尚未实际影响原告。法院驳回了政府的抗辩并指出成熟原则既要求我们考虑对争议作司法裁决是否合适的问题,也要求我们考虑不予司法审查将给当事人带来的麻烦。在这个案子中,相对人如不服从规章,就要冒着受到刑事处罚的风险。①

此后,成熟原则完全不以“正式行为”和“非正式行为”划界。即使行政行为尚未变成正式行为,只要它已经给当事人造成了某种不利影响,法院即可受理对这种行为的审查诉讼请求。有这么一个案例:联邦工资工时管理局局长发出一封信,在这封信中,其应自动洗衣店工会的请求作出一个解释性裁定:自动洗衣店的劳动关系受美国《联邦合理劳动标准法》调整。洗衣店对该咨询性裁定提请法院审查。行政机关提出该裁定是非正式性的,审查时机尚未成熟,法院不应予以审查。法院驳回了行政机关的抗辩,指出这种咨询性裁定

---

① 参见[美]伯纳德·施瓦茨:《行政法》,徐炳译,群众出版社1986年版,第487页。

是由行政首长作出的，对原告产生了不利影响，法院可以予以审查。①

成熟原则不同于穷尽原则。穷尽原则强调的是相对人在有可能取得行政救济以前不能取得司法救济，而成熟原则强调的是争议案件是否适用于法院审查和相对人是否受到了实际不利影响。法院在受理司法审查诉讼时，既要考虑穷尽原则，也要考虑成熟原则，还要考虑初审权原则。

考虑成熟原则的理由是：(1)保证联邦法院司法权不超越宪法规定的范围。美国《宪法》第3条规定联邦法院司法权限于解决案件和争议，成熟原则正是排除法院受理不适合法院解决的有关纯抽象纯理论性的问题的审查请求。(2)避免法院过早干预行政程序，以防止法院卷入有关政策的理论争议之中。(3)有利于更切实地保障公民权益，对于将因行政行为受到实际的、紧急的、不可弥补的损害的当事人，给予及时的司法救济。

四、美国司法审查的当事人

美国《联邦行政程序法》第702条规定："因行政行为而致使其法定权利受到不法侵害的人，或受到有关法律规定之行政行为的不利影响或损害的人，均有权诉诸司法审查。"这一规定在字面上确定了美国司法审查诉讼原告(plaintiff)和被告(defendant)的适格条件：原告是行政行为的相对人；被告是实施了被诉行政行为的行政机关。但当这一规定适用于实际的司法实践中时，情况则比较复杂，确定原被告的资格条件，特别是确定原告资格，有时会相当困难。

(一)原告资格

对于原告资格，虽然有美国《联邦行政程序法》的原则性规定，但在司法实践中，法院的解释却有宽有窄，各个时期适用的标准也并不完全一致。美国联邦最高法院首席法官伯格(Warren Burger)曾经指出，美国行政法的历史表明，"行政上的原告资格概念与司法上的原告资格概念都不是静止不变的"。司法审查诉讼中的原告资格标准实际上经历了一个从"法定损害标准"到"双重损害标准"，再到"事实不利影响标准"乃至现代的"两部制标准"的演变。

在美国《联邦行政程序法》颁布以前，或更早时期(因为20世纪30年代

---

① 参见[美]伯纳德·施瓦茨：《行政法》，徐炳译，群众出版社1986年版，第480页。

末40年代初已开始有变化），美国法院对提起司法审查诉讼原告的资格要求很严。相对人想要获得司法审查，必须向法院表明行政机关的违法行为侵犯并损害了他个人的法律所保护的人身上或经济上的权利或利益，这种原告资格标准通常称为“法定损害标准”，其中包括六个要素：（1）受到损害；（2）受到损害的是法律保护的权益；（3）是其个人权益受损害（非人们普遍利益受损害或他人权益受损害）；（4）是行政行为造成的损害，且行政行为与损害有因果关系；（5）行政行为是违法或越权的；（6）损害的权益是人身上的或经济上的。美国《联邦行政程序法》对“法定损害标准”有很大突破，将“损害”扩大到“损害”和“不利影响”，但仍然一定程度地保留了“法定”——“法定权利受到侵害或被法定行政行为导致不利影响或损害”。美国联邦最高法院在司法实践中将美国《联邦行政程序法》规定的“法定损害和不利影响标准”修改为“双重损害标准”。根据这个标准，请求审查的行政相对人必须向法院证明：（1）请求审查的行政行为在事实上对他造成了经济上的或其他损害；（2）这种损害是对有关法律保护或调整的利益的损害。美国联邦最高法院提出的这个双重损害标准在当时就遭到一些法官的反对，法官弗兰克福特指出，侵犯法定权利的规定对司法审查设置了不必要的障碍。“原告资格问题的核心是，请求救济的当事人所主张的是否是有关个人利益的争执，以使人相信导致起诉的实际损害是法院所应当解决的，因为法院主要是为了解决这些棘手的问题而存在的。”①法官威廉·布伦南（Willian Brennan）认为：“如果原告能证明他请求审查的行政行为在事实上对他造成了经济上的或其他损害，那他就有了原告资格。”②

由于在司法实践中逐步摆脱了“法定损害标准”和承认了非经济利益损害的其他损害的资格条件，法院最后发展和确定了“事实不利影响标准”，即只要其利益受到了所指控的行政行为的不利影响，该相对人就具有了原告资格，而不论这种利益是否有特定法律的直接规定，也不论这种利益是人身利益、经济利益还是其他利益（如审美的、娱乐的、环境的利益等）。这样，一般

---

① 《美国最高法院判例汇编》第397卷第150、170页。转引自［美］伯纳德·施瓦茨：《行政法》，徐炳译，群众出版社1986年版，第429页。

② ［美］伯纳德·施瓦茨：《行政法》，徐炳译，群众出版社1986年版，第429页。

纳税人、管理决定直接涉及对象的竞争者、普通消费者、环境利益人都可以成为司法审查诉讼的原告,取得司法审查诉讼原告的资格。

20 世纪 70 年代,美国联邦最高法院在此基础上进一步提出了现代的"两部制标准"。在数据处理服务组织协会诉美国货币监理官案[Association of Data Processing (ADP) Service Organizations v. Camp]中,美国联邦最高法院明确抛弃了"法定权利标准"。数据处理服务组织协会申请法院审查货币监理官允许国家银行向其他银行和银行消费者提供货币处理服务的决定。美国联邦最高法院在判定该协会具有原告资格时,宣布和适用了"两部制标准":"两部"的第一部标准是宪定的,而第二部标准是法定的。对于法院只裁决"案件"或者"争议"的宪法要求,美国联邦最高法院指出,原告资格的问题只涉及申请裁决的争议是否会出现在对抗性的情境之中,并且表现为历来被认为可以由法院裁决的形式。如果"原告指控被诉行为已经使其遭受事实上的损害,无论经济性的或者其他性质的",就能满足原告资格标准的这一构成要求。但是,美国联邦最高法院在所附带的意见中强调指出,为了满足这一标准之"宪定要件"所需的损害可以反映"审美性、保护性、休闲性和经济性的价值",明确否定了"法定损害标准",认为这种标准是指向争议的实质问题,而不会对原告资格问题产生影响。美国联邦最高法院接着讨论了原告资格的"法定要件",强调指出,只要满足美国《宪法》第 3 条的要求,国会可以"以不同方式"解决原告资格的问题。在解释国会意图时,美国联邦最高法院指出,立法的趋势是扩大起诉行政行为的原告的范围。根据这一精神,美国联邦最高法院对相关法律的分析不是根据特定法律所特别创设的有限的权利,而是根据国会试图保护的利益的总体范围。因此,法院对法定问题的表述是:原告所寻求保护的利益是否可以认为属于讼争的法律或者宪法保障条款所要保护和规范的利益区间。美国联邦最高法院在适用"法定要件"标准时分析了三部法律:货币监理官作出被诉行为时所依据的美国《联邦银行服务公司法》(the Bank Service Corporation Act)、美国《联邦国家银行法》(the National Bank Act),以及适用于大多数行政行为的美国《联邦行政程序法》。美国《联邦行政程序法》规定,任何"因为行政行为而受到不利影响和损害的"个人都具有原告资格。故法院应将美国《联邦行政程序法》解释为要求审查所有适用于行政行为的其他法律所承认的利益,以确定当事人是否"遭受损害"。美国联邦最高法院认定美国《联邦银行服务公司法》、美国《联邦国家银行法》都适用于货币监理官，两部法律都表明国会对于允许银行参与非银行业务有一定的担心。虽然这两部法律都不是为了保护特定团体而制定的，但是这些法律的“一般性政策”将竞争者纳入可以受到保护的“利益区间”，从而这些竞争者具有原告资格。①

（二）几类特殊的原告资格

根据上述“事实不利影响标准”和“两部制标准”，美国自20世纪中叶出现了几类不同于传统原告资格的特殊原告资格。

1. 纳税人的原告资格

公民作为纳税人，能否对于政府资金使用违法、不当的行为提起司法审查诉讼？按传统的原告资格标准是不能的。那时法院认为，如果让对于行政行为仅是有与普通其他人相同的利益而不具有特殊个人利害关系的人提起司法审查诉讼，那会使行政案件数量大增，法院无力承受，同时政府会因审查诉讼的不断烦扰而无法工作和正常行使其职能。反对这种观点的人认为，不赋予纳税人原告资格，就会使政府使用资金方面的不法行为（甚至是违反宪法的行为）逃脱司法监督和控制，这与法治是相违背的。对于赋予纳税人原告资格会使司法审查诉讼数量猛增和妨碍政府工作的观点，他们反驳说：“只有疯子才会认为法院拥有审查权是因为行政诉讼具有无穷的乐趣。……司法审查诉讼费钱费时，很少有人为了审查而要求审查的，也很少有人纯粹为了使政府遭受不必要的折腾而要求审查。”②“个人对政府的失职和侵权行为的普遍熟视无睹，担心败诉；胜诉要花巨额诉讼费；法院的裁量权，这些现在是，毫无疑问，将来也仍会是对政府官员的有效保护，使他们免受太多和不公正的审查。”③现在无论是美国联邦最高法院还是州法院，都已经承认了纳税人的原告资格。

2. 消费者的原告资格

根据“事实不利影响标准”，消费者和纳税人一样，在法院也获得了原告

---

① 参见［美］理查德·J. 皮尔斯：《行政法》（第3卷），苏苗罕译，中国人民大学出版社2016年版，第1084～1085页。

② ［美］伯纳德·施瓦茨：《行政法》，徐炳译，群众出版社1986年版，第424页。

③ ［美］伯纳德·施瓦茨：《行政法》，徐炳译，群众出版社1986年版，第426页。

资格。对于行政机构作出的物价决定，如关于最高或最低限价的决定，或行政机构作出的商品质量决定，如关于食品药品质量标准的决定，这些决定如果对消费者的利益造成了不利影响，消费者可以请求法院进行司法审查。①

3. 竞争人的原告资格

行政行为的影响所及有时可能超出它所直接针对的对象的范围。例如，行政机关批准生产某一产品的新公司成立，使之取得营业执照或生产某种产品的许可证，会使原生产该产品的企业的利益受到影响；行政机关批准某铁路公司提高或降低运价，会使与之竞争的铁路公司的利益受到影响；行政机关批准某家广播电台在某地区营业，该地原来的广播电台的利益会受到影响；等等。根据"事实不利影响标准"，这些利益受到事实不利影响的竞争人虽然不是行政决定的直接针对对象，但也获得了原告资格。②

4. 环境利益人的原告资格

有一个这样的案例：美国行政机关批准在一个国有森林内建立滑冰场和娱乐场。一个环境保护组织对此提起诉讼，认为行政机关的决定损害了大众和他们的审美和环境的利益，提出对审美和环境的损害如同对优裕的经济生活的损害一样，应当通过司法程序得到法律保护。还有一个类似的案例：一个学生环保组织对州际商业委员会批准铁路公司在采用选择性运价之前将货运价提高 2.5%的决定提起诉讼，认为高运价会促使人们不用"可再生"的材料，会增加森林和其他自然资源的耗费，从而产生更多的废料，污染环境，妨碍了人们包括学生们对环境的享用。对于这类案件，按照传统的标准，原告肯定不能取得起诉的资格。而根据现在的标准，他们却可以获得原告资格。③

5. 社会团体的原告资格

在很多案件中，受到行政行为不利影响的不是一个人，而是很多人。有时，一个地区、一个阶层、一个行业所有人或大部分人，都会因该决定而导致损害。在这些案件中，代表这个地区、这个阶层、这个行业的社会团体，如消费者协会、环境保护组织、福利团体等能否取得原告资格，诉诸法院对行政行为进

---

① 参见[美]伯纳德·施瓦茨：《行政法》，徐炳译，群众出版社 1986 年版，第 433~436 页。
② 参见[美]伯纳德·施瓦茨：《行政法》，徐炳译，群众出版社 1986 年版，第 431~433 页。
③ 参见[美]伯纳德·施瓦茨：《行政法》，徐炳译，群众出版社 1986 年版，第 436~440 页。

行司法审查呢？随着法院对原告资格条件的宽泛解释，这个问题获得了肯定的答案。美国联邦最高法院法官道格拉斯指出："我们的社会变得越来越复杂，无数人民肯定会蒙受共同的灾难和风险，如没有团体诉讼，他们只能乞求正义，但是根据正当程序，他们应当受到法律保护。这些人的一部分也许是消费者，他们的请求标的值也许显得很小，但是他个人却没有实际取得补偿或禁止性救济。另一部分人也许是环境保护论者，他们虽然没有农作物会受到由放射物质引起的大气污染的损害，但是，他受到了可见的烟雾和放射物及可嗅到的毒气的损害。或者，这些不知名的个人也许就是物价支付者，他们必须支付公用事业索取的过高物价。"①现在美国法院已承认保护自然资源、风景、历史文物的公民团体具有原告资格；承认全国环境保护组织具有请求审查修建高速公路决定的原告资格；承认公共福利社团有代表一切具有生命、健康、享受自然资源等权利的人提起反对核爆试验决定诉讼的原告资格；承认地方环保组织有请求审查农业部长不采取措施限制剧毒农药使用行为的原告资格；承认公民团体有请求审查城市建设规划的原告资格；承认地方资源保护组织有请求审查国有森林采伐决定的原告资格；等等。

（三）司法审查诉讼的适格被告

司法审查诉讼的被告适格问题相比原告资格问题较为简单。美国确定被告适格的一般原则是：实施被指控的行政行为的行政机关或行政机关首长为相应司法审查诉讼的被告。但是在实践中，这一原则的适用有时也会发生困难，因为联邦政府机构大都设在首都华盛顿，而它们作出的决定和制定的规章适用于全国，相对人对其决定或规章不服，过去只能以相应机构或相应机构的行政首长为被告，前往华盛顿特区法院提起诉讼，不论行政相对人所在的州距离华盛顿特区有多远，这样就给相对人造成了很大的麻烦和不方便（费时费钱）。此后，美国联邦最高法院在司法实践中允许居住在外地各州的原告以设在外地的联邦行政机关的下级官员作为被告提起对联邦行政机关行政行为的司法审查诉讼。美国联邦最高法院规定：法院作出命令的效力如能扩大到约束在该法院受审的下级行政官员，因而能有效地给予所要求的救济，那么即可以以该下级行政官员代替联邦行政机关行政首长作为被告。《美国联邦法

① ［美］伯纳德·施瓦茨：《行政法》，徐炳译，群众出版社1986年版，第441页。

规汇编》第28编第1391条也对此作了相应规定,对联邦行政机关行政行为的司法审查诉讼可由适当的地区法院受理,这些法院包括:(1)被告所在地的地区法院;(2)被指控行政行为发生地的地区法院;(3)与被指控行政行为有关联的任何不动产所在地的地区法院;(4)如果被指控的行政行为不涉及不动产,则可为原告的居住地法院。

另外,相关法律还规定,如果几个原告向不同的法院起诉,诉讼由首先立案的法院管辖。相应行政机构应向首先立案的法院提供行政案卷材料,其他收到诉状的法院应将起诉状转交首先立案的法院。但是有人认为这个规定过于机械,引起了原告对受理法院的竞争,他们认为,司法审查诉讼应由受行政行为实际影响的公民所在地的法院受理,即使其他法院首先立案也应将案件转交该法院,除非保障公正需要将案件保留在原立案法院审理。①

五、美国司法审查的强度和标准

(一)美国司法审查的强度

司法审查的标准与司法审查的强度(intensity)有密切的关系,在讨论审查标准时,有必要首先探讨司法审查的可审查强度。司法审查的强度是指法院对行政行为的审查能达到什么程度,这个强度不同于前面讨论的"审查范围"。"审查范围"是指法院收案的范围("广度"),而"强度"是指法院对所收案件的审查"深度"。法院对一个特定案件可以全面审查,可以部分审查,也可以完全拒绝审查,当然前后两种情况是较少可能发生的,通常的情况是对案件进行部分审查,但审查多大部分呢?这就发生所谓"审查强度"问题。如果我们把拒绝审查的强度确定为0,全面审查的强度确定为100%,那么大部分审查的强度就在0~100%之间:可能是40%,也可能是60%;可能是5%,也可能是95%。

司法审查的强度在很大程度上取决于案件或争议所涉及的问题是法律问题(law question)还是事实问题(fact question)。一般来说,法院只审查法律问题,而不审理事实问题,因为:其一,法院长期和法律打交道,解释宪法和法律,适用宪法和法律于具体案件,因此,它最熟悉法律,通常不仅了解法律的条

---

① 以上参见姜明安主编:《外国行政法教程》,法律出版社1998年版,第303~308页。

文,而且还了解条文背后的立法意图。而行政机关每天要处理的是大量的日常行政事务,不可能像法院那样对法律有全面和透彻的了解,因此,把法律问题的最终裁决权交给法院要比交给行政机关适当得多。其二,从保障法制统一的角度考虑,把法律问题交给法院最终解决也是适当的。如果各个行政机关都根据自己的理解解释法律和适应法律,即使它们不存在偏见,也会出现大量的不一致,从而导致法制的不统一。其三,行政机关长期管理某一特定行政事务,对该事务涉及的专门技术问题通常有比较广泛和深刻的了解,具有相应的专门知识。例如,原子能管理机构对于防止核反应堆的放射物辐射问题,环境管理机构对于空气中散发的汽油对人体健康的损害问题,卫生管理机构对于医疗事故和药品质量问题,均有着比别的机构、组织更多的专门知识。而法院每天要处理大量各不相同的案件,不可能对各种案件涉及的技术问题都有充分了解。因此,把事实问题的最终决定权交给行政机构要比交给法院合适得多。其四,从行政速度和效率的角度考虑,把事实问题交给行政机关作终局解决也是适当的。如果行政机关花费了大量人力、物力和时间,把问题调查清楚了,把证据收集全了,对事实作出了结论,而法院却把行政机关的结论完全弃置一旁,重新调查,重新勘验,重新核实证据,这样就会造成严重的资源浪费和不必要的时间延误。

这样看来,司法审查的强度问题似乎解决了。一个案件,如果涉及的是法律问题,它的审查强度就是100%;如果涉及的是事实问题,它的审查强度就是0。但是问题绝不是那么简单,对于事实问题,行政机构虽然具有专门知识、专门经验和专门技能,但是,如果它处理特定问题时,有意或无意地把这些知识、经验和技能抛在一边,完全根据自己的主观臆断和感情好恶来作决定,从而严重侵犯公民的权利和利益,法院能对此不闻不问、完全拒绝审查吗?这当然不行。根据美国《联邦行政程序法》的规定,对于事实问题,法院要审查行政机构的决定是否有“滥用自由裁量权”的情形,是否具有“专断和反复无常”的性质,是否有“实质证据”等。对于法律问题,法院虽然具有专长,但行政机构对于明确无疑的法律规定的适用,对于法律术语所作的没有争议的解释等,法院是否均要进行全面的审查呢?显然也没有必要,因此,法院对于法律问题和事实问题的审查强度并不是100%与0,而只是对前者审查的强度高于后者。根据美国《联邦行政程序法》和司法实践,法院对法律问题的审查主要是审查其“正确性”，即行政机关对法律是否理解正确、解释正确、适用正确。如确定不正确，法院则可以以自己的正确理解、解释和适用代替行政机关的理解、解释和适用。而法院对事实问题的审查主要限于审查其“合理性”，行政机关是否存有偏见、是否偏私、是否专断和反复无常，是否有“实质证据”等。如确定其有偏见、偏私、专断和反复无常，无“实质证据”，则应撤销行政机关的决定或发回重新处理。但法律问题和事实问题并不是那么泾渭分明的，在特定的案件中，人们很难干净利索地把某个问题区分为法律问题和事实问题，二者常常纠合在一起。例如，“张三是不是雇员”“李四是不是出版了淫秽读物”是事实问题，同时又可能包括法律问题。对“雇员”“淫秽读物”在法律上怎样解释，如何确定其范围即属法律问题。法律问题和事实问题的这种界限不清，既给法院处理具体案件带来了困惑，同时也给法院留下了灵活确定审查具体案件的强度的余地。

(二)美国司法审查的标准

法院对行政行为的审查，根据法律问题和事实问题的区分，在确定审查的强度时，同时即确定对审查标准的适用。美国《联邦行政程序法》第 706 条第 2 项规定了对行政机关的行为(actions)、裁决(findings)和结论(conclusions)进行司法审查时，判定其是否违法的六项标准：

1. 是否专断、反复无常、滥用裁量权或在其他方面违法

专断、反复无常属于广义的滥用裁量权，与专断、反复无常并用的滥用裁量权是狭义的滥用裁量权。广义的滥用裁量权主要包括五种情形：其一，专断。法律赋予行政机关某种裁量权，并不等于让行政机关不顾及任何自然正义和社会公正的原则，任意所为。英国大法官科克曾经指出：“如我们说由某当局在其裁量之内做某事的时候，裁量权意味着，根据合理和公正的原则做某事，而不是单凭个人意志做某事……是根据法律做某事，而不是根据个人好恶做某事。裁量权不应是专断，含混不清的、捉摸不定的权力，而应是法定的、有一定之规的权力。”①行政机关在行使裁量权时，如果任意专断，即构成“滥用”，成为撤销的根据。有这样一个案例：运输部长批准动用联邦资金修建一条穿过公园的公路。有关法律对此曾规定，如有可行的节省的路线就不要让

① ［美］伯纳德·施瓦茨：《行政法》，徐炳译，群众出版社 1986 年版，第 568 页。

公路穿过公园;如无此种可行的节省路线,则允许运输部长批准该公路通过公园,但要采取一切可能的设计措施,减少对公园的损害。法院认为这里法律虽然授予了运输部长批准或不批准公路穿过公园的裁量权,但是如果他不考虑该法律的宗旨和基于这一宗旨所附的条件,不去设法寻找可行的节省的替代路线和减少对公园的损害而专断批准,就是滥用裁量权。其二,反复无常。作为滥用裁量权的"反复无常",是法院在进行司法审查时经常引用的标准。"反复无常"是指行政机关对两个在主要方面相同的问题作出两种截然不同的处理或对两个主要方面相同的案件作出两种截然不同的裁决。有一个这样的案例:一个拳击手因拒绝应征入伍而被体育委员会暂停了他的拳击许可证。他向法院提出一份名单,证明有九十多名重罪犯虽然判了罪,体育委员会仍准许他们参加拳击,因此,体育委员会不许他参加拳击比赛是"反复无常"。法院同意原告的起诉理由,指出:"法律不允许行政机关许可某人做该机关在同样情形不许可别人做的事。不应当星期一用一种标准,星期二用另一种标准。"[①]当然,行政机关不像法院一样,不必严守既成惯例,但行政机关行事也不能反复无常。其三,狭义的滥用裁量权,即行为目的不当。根据法律,行政机关虽然有作出某种行政行为的裁量权,但是行政机构如果为了不正当的目的而行使这种权力,即是滥用裁量权。例如,警察具有对违反交通规则的人课处罚金或其他制裁的裁量权,法律赋予他这种权力的目的是维持交通秩序,保证交通安全。但是如果他为了报复一个与他有仇怨的违规者,故意科处违规者以严厉的制裁,他的行为即构成滥用裁量权。有一个典型案例:在"水门事件"之前,司法部部长曾发布过一项规章,该规章规定:"除非特别检察官的行为特别失当,否则不得罢免其职。"而 1975 年 10 月 20 日,代理司法部部长却罢免了"水门事件"首席特别检察官考克斯的职务。为使自己的行为合法,代理司法部部长在 1975 年 10 月 23 日撤销了原规章,并使撤销效力追溯到 1975 年 10 月 20 日。然而三个星期后他又发布了一项几乎完全相同的新的规章,恢复了特别检察官的设置,而任命了新人。法院在审查这一行为时,认为代理司法部部长虽然有发布和撤销规章的裁量权,但是他这次撤销的目的(罢免考克斯)不当,因而属于滥用裁量权。其四,考虑了不相关的因素或未

---

① 参见[美]伯纳德·施瓦茨:《行政法》,徐炳译,群众出版社 1986 年版,第 575~577 页。

考虑相关的因素，行政机关在作决定时考虑了不相关的因素或未考虑相关的因素也构成滥用裁量权。有这样一个案例：法律授权财政部部长制定有关为"繁殖目的而专门进口活牲畜可免税放行"的规章，财政部部长在其所制定的一项规章中规定，有关政府官员在同意免税放行之前，"必须确信这种牲畜是优良品种，可以用来改良美国畜种"。法院以该项规章考虑了不相关因素——非立法机关规定的目的——而撤销了该规章。另一个案例则是未考虑相关因素的例子：联邦动力委员会决定批准在一个峡谷建造一座发电站，法院以该决定未考虑相关因素——建厂与环境之间的矛盾——而撤销了该决定。其五，不作为和迟延。不作为和拖拉迟延也属于广义滥用裁量权的行为。行政机关不作为和拖拉迟延，如对许可证申请不予答复，对应该制定的规章或确定的标准不予制定和确立，对应裁决的争议不予裁定，或无限制地拖延。这种行为同样会给相对人造成巨大的损害，为此，美国《联邦行政程序法》规定，法院应强制行政机关履行非法拒绝或不当延误的行政行为。有这样一个案例：一家铁路公司请求中止客运，行政机关为之举行听证。按照规定，这种案件应在 3 日内举行听证，在 30 日内作出裁决。但行政机构有意拖延听证持续了 18 个月。法院认为这是把公正的听证变成了一种骗局，并据此宣布听证后所作的裁决无效。①

2. 是否违反宪法规定的权利、权力、特许或豁免

美国《联邦行政程序法》规定，行政行为不得违反宪法规定的权利、权力、特权或特免。否则，则应宣布其为非法，予以撤销。宪法规定的"权利"包括公民的选举权、人身自由权、言论自由权、正当程序权等。宪法规定的"权力"包括国会的立法权、总统的行政权、法院的司法权等。宪法规定的"特权"包括公民取得各种福利权、取得人身保护状权、缓刑、赦免权等。宪法规定的"特免"包括：公民在刑事案件中不得自证其罪；非经同案二人证明或经本人自首，不受叛国罪裁判；受同一犯罪处分的不得令其受两次生命或身体上的危险等。

3. 是否超越法定管辖范围、权限或缺少法定权利

越权无效是行政法的基本原则之一。美国联邦最高法院指出："如果国

---

① 参见[美]伯纳德·施瓦茨：《行政法》，徐炳译，群众出版社 1986 年版，第 571~574 页。

会通过一项法律，授权行政机关从事某种政府活动，这些行政机关的权力应以所授之权为限。"[①]如果行政机关超越法定权限，任意行事，就会导致专制，造成对人民权利的威胁。因此，对于行政机关的越权行为，法院必须加以干预，司法审查必须以是否越权作为一个标准。有人认为，越权问题可以在行政行为的任何阶段提起，即相对人任何时候都可以以越权为根据提起对行政行为的司法审查。但多数法官仍认为，即使以越权为根据，也应该在穷尽行政救济以后才能提请司法审查。有这样一个案例：行政机关驱逐两名违法者出境，被驱逐人在行政程序终结前即提请司法审查，提出他们是当地出生的人，法律授权行政机关驱逐出境的对象是外国人，而不适用本国人，行政机关驱逐他们即是越权。法官奥利弗·霍姆斯（Oliver Holmes）同意原告的越权分析，但认为他们的请求应在行政程序终结前提出。还有一个案例：一个市政卫生局官员杀死了一个农场主的一匹染有鼻疽病的马，根据一项法律，为了防止家畜传染病，该官员有权杀死染有鼻疽病的马，但该农场主向法院起诉，提出他的马没有患鼻疽病，请求赔偿，法院以卫生局官员行为越权为根据满足了原告的请求。法院指出，法律授权卫生局官员杀死病马，而没有授权他们杀死他们认为有病的马，杀死没有确定有病的马即是越权。[②]

4. 是否未遵循法定程序

未遵循法定程序，指行政机关实施行政行为的程序违反了行政程序法或特定法律关于特定行政行为的程序规定。例如，行政机关作出拒绝发给相对人许可证的决定或对相对人科处行政处罚没有事前给予相对人以听证的机会；行政机构举行听证，事前没有就听证的时间、地点、法律根据、管辖权及听证所涉及的法律问题和事实问题给予相对人以通知；虽予以了通知，但没有及时给予通知；行政机关制定规章，没有将规章草案事前公布或通知利害关系人，没有为利害关系人提供机会，让他们提交书面资料、书面意见、进行口头辩论；行政机关没有对规章制定的根据和目的向公众作简要的说明；对实体性规章没有在施行前30日公布或送达；等等。

---

① 姜明安主编：《外国行政法教程》，法律出版社1998年版，第311页。

② 参见［美］伯纳德·施瓦茨：《行政法》，徐炳译，群众出版社1986年版，第586～587页。

5. 是否无实质证据支持

美国《联邦行政程序法》对法律要求依行政案卷审查的案件,规定了比审查其他案件更大的审查强度:不仅要审查其有无事实根据,而且要审查其有无"实质证据"("可定案证据")支持。经过正式听证程序所作的行政裁决即使有一定的证据佐证,但如缺乏"实质证据",亦应被撤销。然而什么叫作"实质证据"呢?盖尔霍恩在《行政法和行政程序》一书中说,"实质证据"是指"整个案卷必须有足够的证据,使一个理智的人能够作出与行政机关在案卷中所作的结论相同的结论"。① 杰夫(Jeff Bezos)在一篇论文中说,实质证据的"潜在含义是公正……如果法官内心确认,案卷不能公正地佐证行政裁定,那他就可以而且应当推翻此裁定。用更激烈的话说,如果法官内心不能排除行政裁定是不公正的结论,那他就必须推翻此裁定"。② 法院根据"实质证据"标准审查行政裁定,如果认为行政裁定无"实质证据",既可撤销裁决,也可将裁决发回行政机关,令其重新举行听证和重新作出裁决。

6. 是否严重缺乏事实根据

司法审查一般不审查事实问题,但是并非对完全没有事实佐证的行政决定也不闻不问。美国联邦最高法院曾在一个判例中指出,行政机关"摒弃一切证据规则而根据行政命令随意裁定,这种权力……与公正司法是不相容的,它是宪法所谴责的那种专断弄权"。③ 因而美国《联邦行政程序法》规定,对于完全没有事实根据的行政决定应在撤销之列。有一个这样的案例:联邦州际商业委员会发布了一项包括三条铁路在内的降价令,但是委员会只对这三条铁路中两条有成本降低的事实根据。美国联邦最高法院指出,两条铁路成本降低,并不能当然证明第三条铁路的成本也相应降低,从而以降价令没有事实根据为由,撤销了此命令中有关第三条铁路的那一部分内容。④

---

① See Ernest Gellhorn & B. Boyer, *Administrative Law and Procss*, West Publishing Co., 1981, p. 59.

② [美]伯纳德·施瓦茨:《行政法》,徐炳译,群众出版社 1986 年版,第 556 页。

③ 参见[美]伯纳德·施瓦茨:《行政法》,徐炳译,群众出版社 1986 年版,第 551 页。

④ 参见姜明安主编:《外国行政法教程》,法律出版社 1998 年版,第 308~315 页。

第四节 日本的行政案件诉讼制度

一、日本行政诉讼制度的起源和发展①

日本现行行政案件诉讼制度是日本国会1962年制定的《行政案件诉讼法》建立起来的,但日本行政诉讼制度的起源却较之要早得多。1872年,当时的司法省(司法部)规定,臣民对地方行政机关的行政处分不服,可向法院起诉;1874年以后,又规定对府县知事以上官署为被告的诉讼,原告向法院提起后,法院要就是否受理向司法省报告,司法省签署意见向太政官(行政长官)禀报,由太政官裁定。如太政官裁定受理,法院受理和作出判决后,其判决书还须呈报太政官裁定。这之后,日本行政诉讼制度又经过1889年《明治宪法》及次年《行政裁判法》推进的改革和1948年《行政案件诉讼特例法》推进的改革,以及1962年《行政案件诉讼法》确立的制度模式及以后多次对该法的修改和对该制度模式所进行的变革,才形成现在的行政案件诉讼制度。

(一)《明治宪法》及《行政裁判法》所确立的日本行政诉讼制度

1889年的《明治宪法》第61条规定:"由于行政官厅的违法处分而导致权利受到侵害的诉讼,应属于另外以法律规定的行政法院审判的,不能由司法法院予以受理。"据此,日本于1890年颁布了《行政裁判法》,《明治宪法》时代的行政诉讼法制得以确立。该制度以大陆法系国家的行政法院制度为范例创立,其要点如下:(1)在东京设置唯一的一所一审终审的行政法院。(2)行政法院由长官和评定官组成。长官和评定官享受终身法官的优厚身份保障。评定官中有行政官经历的较多,也有曾在普通法院任职的法官。(3)关于行政法院的管辖事项,采用了列举主义。其主要列举的事项为:关于征收除海关税外的租税及手续费的案件;关于租税滞纳处分的案件;关于拒绝或者吊销营业执照的案件;关于水利及土木的案件;关于认定土地官有或民有的案件;等等。(4)案件审理程序确立采书面主义、职权主义的原则。(5)实行诉愿前置主义。

---

① 以下参见[日]盐野宏:《行政救济法》(第4版),杨建顺译,北京大学出版社2008年版,第44~53页。

(二)第二次世界大战之后依照《日本国宪法》和《行政案件诉讼特例法》所建立的行政诉讼制度

1946年,日本在美国等国占领军的控制下,制定了现行宪法(《日本国宪法》)。根据现行《日本国宪法》,废除了之前大陆法系国家行政法院模式的行政诉讼制度,采行英美法系国家由普通法院受理行政案件的制度。为体现行政争议解决的特殊性,日本政府曾推进《关于行政的特别诉讼法》的制定,但没有得到美国占领军的同意,而是临时制定了保障《日本国宪法》施行和调整普通法院审理行政案件的《民事诉讼法应急措施法》。

直到1948年,经过与占领军协调和取得其同意,日本制定了《行政案件诉讼特例法》。该法全文共12条,规定行政案件适用民事诉讼法之特别规则。其要点主要有:(1)实行诉愿前置主义;(2)行政诉讼以处分机关(作出具体行政行为的行政机关)为被告;(3)起诉时效为6个月;(4)原告可提出行政处分的撤销、变更、恢复原状、损害赔偿等诉讼请求,多种诉讼可合并进行;(5)诉讼采职权主义,法院可依职权调查证据;(6)采用执行停止制度和内阁总理大臣异议制度;(7)对于违法的行政处分,如撤销或者变更不符合公共利益,法院可以驳回原告诉讼请求;(8)行政判决对相关行政机关具有拘束力。

(三)《行政案件诉讼法》确立的行政诉讼制度

因为《行政案件诉讼特例法》在适用过程中产生了诸多问题,日本政府于1955年启动了该法的修改程序,至1961年草拟出了《修改案纲要》,1962年由国会制定和通过了现行的《行政案件诉讼法》。相较于《行政案件诉讼特例法》,其修改要点包括:(1)将诉讼种类类型化,明确各种类型诉讼所适用的法规范;(2)原则上废止诉愿前置主义;(3)废止专属管辖的制度;(4)健全和完善执行停止制度及内阁总理大臣的异议制度;(5)明确撤销判决对第三人的效力和确认第三人的救济途径;(6)规定无效确认诉讼的条件(只限于在通过其他有关诉讼不能达到其目的时才可提起);(7)健全和完善了关于起诉时效、当事人资格、诉讼请求、处分撤销诉讼与裁决撤销诉讼的关系、情势判决(特别情况下的驳回判决)等的规定。

(四)《行政案件诉讼法》实施后的修改

《行政案件诉讼法》制定之后,分别于1989年及1996年进行了部分修改,但那都只是为配合《民事保全法》和新《民事诉讼法》的制定实施而进行的技术性修改。比较重要的修改则是20世纪90年代以后启动和展开的，于2006年为国会所通过。这次修改的要点包括：(1)扩大对行政相对人的救济范围，如放宽撤销诉讼的原告资格、明确义务履行诉讼的种类、确定中止诉讼的规则等；(2)改进和完善审理程序，规定法院可以要求行政机关提交行政裁决的记录和作出行政处分的理由说明资料；(3)进一步明确抗告诉讼的被告，将被告改变为作出行政处分的行政机关所属行政主体；(4)在现行管辖法院的基础上，规定抗告诉讼之原告可以向管辖其普通诉讼的高等法院所在地的地方法院提起诉讼(此在《信息公开法》上已存在先例)；(5)起诉时效从3个月改为6个月，并且在有正当理由时，还可有例外；(6)将《行政复议法》规定的教示制度适用于行政案件诉讼；(7)完善判决前的临时救济制度，将《行政案件诉讼法》第25条规定的作为起诉不停止执行例外的"难以恢复的损害"改为"重大的损害"，即不仅考虑损害的性质，而且适当考虑损害的程度和处分的内容及性质；(8)在诉讼过程中的临时裁定义务履行和诉讼中止制度；(9)为谋求国民权利和利益的实效性，进一步加强确认诉讼的应用，不过，这次修改未对无效确认诉讼以外的其他确认诉讼作出新的特别规定；(10)虽然很多人主张废止起诉停止执行需听取内阁总理大臣异议的制度，但考虑这涉及国民的重大利益和可能产生重大影响以及紧急事态的应对等，该制度仍然被保留，待以后进一步论证后再修改。

二、日本行政案件诉讼的范围①

日本《行政案件诉讼法》只规定了行政案件诉讼的种类，没有规定行政案件诉讼的范围。因此，对日本行政案件诉讼范围的界定，只能根据日本《宪法》(《日本国宪法》)和日本《法院法》的一般条款分析把握。日本《宪法》第32条规定，任何人向法院提起诉讼的权利不得被剥夺；日本《法院法》第3条规定，宪法中规定的司法权，是指对所有法律上的争议的审判。行政争议自然属于法律上的争议的范围。因此，要明确日本行政案件诉讼的范围，首先要明确"法律上的争议"的范围和"行政争议"的范围。

---

① 以下参见[日]室井力主编：《日本现代行政法》，吴微译，中国政法大学出版社1995年版，第229~232页。

（一）"法律上的争议"和"行政争议"的范围

"法律上的争议"一般指"通过适用法令应得以解决的当事人之间有关权利义务的纠纷"，[①]但在与行政案件诉讼的关系上，法院的管辖权也涉及日本《行政案件诉讼法》第9条规定的有关"法律上的利益"的纠纷，因此，这里的"法律上的争议"可广泛地解释为通过法律适用能够解决的有关当事人之间的具体权益的纠纷。具体"权益"指何物？可通过各自的法律关系的具体性质来判断。例如，有关行政处分效力争议的撤销诉讼和基于日本《国家赔偿法》第1条的因"公权力的行使"造成损失的赔偿请求诉讼，其范围有可能不同。总之，司法权一般涉及法律上的争议，作为其要件：第一，当事人之间要有具体的权益纠纷；第二，该纠纷通过法律适用是能够解决的。因此，抽象地争议法令效力的诉讼、[②]要求对法令的解释作出说明的诉讼、[③]对地方公共团体议会预算决议效力争议的诉讼、[④]要求确认检察审查会决议无效的诉讼、[⑤]要求对国立大学教官给予惩戒免职的诉讼[⑥]等，这些都不是有关当事人之间具体权益的纠纷，所以不是法律上的争议。还有民众诉讼和机关诉讼也是一样。但关于这些诉讼，作为"法律特别规定的权限"服从于司法权。[⑦]

根据日本《行政案件诉讼法》第9条的规定，非法律上的争议不属于行政案件诉讼的范围。非法律上的争议指不能通过适用法律解决的争议，这些争议只是政治上的、经济上的、技术上的或学术上的有关争议，或者离开具体的法令而对政策适当与否的争议等。例如，有关技师国家考核合格与否的判

---

① 参见日本最高法院1954年2月11日判决，载日本《民事集》第8卷第2号第419页。

② 例如，日本最高法院1952年10月8日判决的警察预备队案件，载日本《民事集》第6卷第9号第783页。

③ 例如，日本金泽地方法院1950年9月19日的判决，载日本《行政裁判例集》第1卷第8号第1174页。

④ 例如，日本最高法院1954年2月11日判决，载日本《民事集》第8卷第2号第419页。

⑤ 例如，日本广岛高等法院松江支院1964年7月22日判决，载日本《行政裁判例集》第155卷第7号第1445页。

⑥ 例如，日本大阪地方法院1964年1月31日判决，载日本《行政裁判例集》第15卷第1号第132页。

⑦ 参见日本《法院法》第3条第1款，日本《行政案件诉讼法》第5、6条。引自行政立法研究组编译：《外国国家赔偿、行政程序、行政诉讼法规汇编》，中国政法大学出版社1994年版，第413页。

定、[1]有关宅地建筑物交易主任资格考核的合格与否的判定、[2]有关学位论文重审的请求、[3]有关不授予学位的决定、[4]有关司法考核合格与否的判定、[5]因经济政策造成的邮政储蓄金减少等有争议的诉讼均是其例。当然,对不授予学位的决定如果是基于违法而作出的,或者对国家考核的合格与否作出的决定是基于其他考虑的,在其限度内,应认为存在司法审查权干预的可能。[6]

(二)行政案件诉讼排除的范围

第二次世界大战以后,日本行政案件诉讼受案范围在法律上采取概括主义,而放弃了战前的列举主义。但概括主义并不意味着行政相对人对行政行为的一切不服都能提起诉讼。行政案件诉讼在法律上和实践中存在诸多排除事项。主要有下述四类:非争讼性事项、行政自由裁量行为、行政优先判断的事项和统治行为。

1. 非争讼性事项

行政案件诉讼,是对当事人之间的具体权利义务纠纷通过适用法律进行解决的行为。因此,相应事项缺乏争诉性(争讼的成熟性)或原告缺乏诉讼利益的,不能成为司法审查的对象。法院不受理关于抽象的法令效力的诉讼、关于学术技能考核的诉讼、对行政计划的诉讼、关于町名变更决定等类诉讼。

2. 行政自由裁量行为

法律授予行政机关对相应行政行为以自由裁量权时,其在裁量权范围内的行为被认为是自由的和不受司法的审查。但是,如果相应行政行为超越裁量权的范围或滥用裁量权则构成违法,相对人有权提起诉讼,法院可以审查和判决撤销。[7]

---

① 参见日本最高法院 1966 年 2 月 8 日判决,载日本《民事集》第 20 卷第 2 号第 192 页。

② 参见日本大饭地方法院 1973 年 7 月 26 日判决,载日本《民事集》第 20 卷第 4 号第 81 页。

③ 参见日本东京地方法院 1948 年 11 月 6 日判决,载日本《行政裁判月报》第 8 号第 130 页。

④ 参见日本东京地方法院 1962 年 3 月 8 日判决,载日本《行政裁判例集》第 13 卷第 3 号第 362 页。

⑤ 参见日本东京地方法院 1974 年 9 月 26 日判决,载日本《判例时报》第 769 号第 38 页。

⑥ 参见[日]室井力主编:《日本现代行政法》,吴微译,中国政法大学出版社 1995 年版,第 229~230 页。

⑦ 参见日本《行政案件诉讼法》第 30 条。参见行政立法研究组编译:《外国国家赔偿、行政程序、行政诉讼法规汇编》,中国政法大学出版社 1994 年版,第 417 页。

3. 行政优先判断的事项

对于行政权有优先判断权(或称首次性判断权)的事项,依照司法权与行政权分立的原则,法院一般不得干预,行政上的首次性判断权必须为行政权保留。因此,法院在行政机关进行首次性判断之前,不得代替行政机关的首次性判断而自行判断。例如,法院直接作出行政处分,或者责令行政机关作出某种特定行政处分,如果这样,将构成司法权对行政首次性判断权的侵犯。

4. 统治行为

"统治行为"又称"国家行为",指关系国家安全,具有高度政治性,一般由国家最高机关(如国会、内阁等)作出的行为,如国会的召开、众议院的解散、国务大臣的任免、条约的缔结和国家预算的编制等。在理论上,统治行为即使存在法律上的争议,也不应由法院通过诉讼程序来解决。将统治行为排除在司法审查对象之外,其理据要从司法权性质和职能所产生的内在制约界限中寻找,对于有高度政治性的国家行为,司法权必须自我抑制。

统治行为的概念并非十分严格,所以有时难以对之作出确切的判断。日本最高法院曾就日本部分民众对《日美安全保障条约》的合宪性问题提起的诉讼案件指出:"关于条约内容是否违宪的法律判断与缔结该条约的内阁及对此予以批准的国会具有高度政治性,其自由裁量的判断……原则上不适合由纯司法职能为其使命的法院的审查。"但如果认为"违宪十分明显,因而无效"时,则可构成司法审查的对象。① 此外,日本最高法院就对众议院解散效力提起争讼的案件指出,"应该认为,对于直接关系到国家统治核心的有高度政治性的国家行为,其即便成为法律上的争讼,法律上有可能对此行为作出有效或无效的判断,但这种国家行为处于法院审查权之外,该判断应由对主权者即国民负有政治责任的政府、国会等的政治部门作出,最终委托国民作出政治判断","司法权的这种制约受宪法本质的内在制约"。②

对于"统治行为"接受司法审查的肯定说或否定说,日本《宪法》没有明确的规定。日本《宪法》第 81 条虽承认最高法院对国家立法行为有违宪审查权,但立法行为或多或少具有政治性。从保护国民的权益和法治主义的观点

---

① 参见日本最高法院 1959 年 12 月 16 日判决,载日本《刑事集》第 13 卷第 13 号第 3225 页。

② 参见日本最高法院 1960 年 6 月 8 日判决,载日本《民事集》第 14 卷第 7 号第 1206 页。

考察,“统治行为”司法审查否定说是有其道理的。[①]

三、日本行政案件诉讼的种类

日本是实行行政诉讼类型化的典型国家,其《行政案件诉讼法》将行政案件诉讼分为四大类:抗告诉讼、当事人诉讼、民众诉讼和机关诉讼。其中抗告诉讼是最主要的诉讼类型,又包括四种分类型:处分撤销诉讼、裁决撤销诉讼、无效确认诉讼、不作为的违法确认诉讼。在以上四大诉讼类型中,前两者(抗告诉讼和当事人诉讼)是主观诉讼,后两者(民众诉讼和机关诉讼)是客观诉讼。

(一)抗告诉讼

日本的抗告诉讼是指行政相对人对行政机关行使国家权力行为不服而提起的诉讼。[②] 抗告诉讼又分法定抗告诉讼和无名抗告诉讼(或称法定外抗告诉讼)。法定抗告诉讼是日本《行政案件诉讼法》明文规定的作为抗告诉讼类型的诉讼;无名抗告诉讼是指非由法律明文规定,而由学说、判例对其进行具体总结归纳的诉讼,如履行义务诉讼、预防性禁止诉讼和预防性宣示诉讼等(不同学说对之也有不同的观点)。

抗告诉讼之处分撤销诉讼,是指行政相对人请求法院撤销行政机关的处分及其他相当于行使公权力的行为(除作为裁决撤销之诉对象的裁决、决定及其他相应行为外)的诉讼。[③]。

抗告诉讼之裁决撤销诉讼,是指行政相对人请求法院撤销行政机关对其审查请求、异议申诉及其他不服申诉所作的裁决、决定及其他行为的诉讼。[④] 作为抗告诉讼的撤销诉讼(处分撤销诉讼和裁决撤销诉讼)是行政案件诉讼

---

① 参见[日]室井力主编:《日本现代行政法》,吴微译,中国政法大学出版社 1995 年版,第 231~232 页;[日]南博方:《日本行政法》,杨建顺、周作彩译,中国人民大学出版社 1988 年版,第 120~122 页。

② 参见日本《行政案件诉讼法》第 3 条第 1 款。参见行政立法研究组编译:《外国国家赔偿、行政程序、行政诉讼法规汇编》,中国政法大学出版社 1994 年版,第 412 页。

③ 参见日本《行政案件诉讼法》第 3 条第 2 款。参见行政立法研究组编译:《外国国家赔偿、行政程序、行政诉讼法规汇编》,中国政法大学出版社 1994 年版,第 412 页。

④ 参见日本《行政案件诉讼法》第 3 条第 3 款。参见行政立法研究组编译:《外国国家赔偿、行政程序、行政诉讼法规汇编》,中国政法大学出版社 1994 年版,第 417 页。

的最典型类型，日本《行政案件诉讼法》对撤销诉讼规定了最详细的规则。①

抗告诉讼之无效确认诉讼，是指行政相对人请求法院确认行政处分或行政裁决的存在与否，或者其效力有无的诉讼。② 在《行政案件诉讼特例法》时期，该诉讼是抗告诉讼，还是当事人诉讼并不明确，人们对之一直存在争议。日本《行政案件诉讼法》从立法上得以明确。

抗告诉讼之不作为违法确认诉讼，是指行政相对人认为行政机关对其依法提出的申请，本应在适当期限内作出某种处分或裁决，而行政机关未有作为，因而请求法院确认行政机关不作为违法的诉讼。③

（二）当事人诉讼

日本的当事人诉讼是指行政案件诉讼当事人一方请求法院确认或形成与当事人另一方之间法律关系的处分或裁决的诉讼，原告或者是以法律规定的法律关系的另一方当事人作为被告的诉讼，或者是有关公法上法律关系的诉讼。④ 前者为形式当事人诉讼，后者为实质当事人诉讼。

形式当事人诉讼是原告对有关确认或形成当事人之间法律关系的处分或裁决不服的诉讼，其性质本来可以说是一种抗告诉讼，但在立法政策上，是依法将具有直接利害关系的该法律关系的对方当事人作为诉讼被告的诉讼。在很多立法上有这种规定，如日本《土地征用法》第133条、日本《电气事业法》第34条、日本《农地法》第85条、日本《文化遗产保护法》第41条、日本《传染病预防法》第19条等。这些规定中的大部分是有关损失补偿的规范。对于该类诉讼，当事人可以直接提起给付诉讼或确认诉讼，而不涉及行政的处分或裁决的效力。⑤

实质当事人诉讼则是有关对等当事人之间公法上法律关系的诉讼，是针

---

① 参见日本《行政案件诉讼法》第8~35条。参见行政立法研究组编译：《外国国家赔偿、行政程序、行政诉讼法规汇编》，中国政法大学出版社1994年版，第413~418页。

② 参见日本《行政案件诉讼法》第3条第4款。参见行政立法研究组编译：《外国国家赔偿、行政程序、行政诉讼法规汇编》，中国政法大学出版社1994年版，第412页。

③ 参见日本《行政案件诉讼法》第3条第5款。参见行政立法研究组编译：《外国国家赔偿、行政程序、行政诉讼法规汇编》，中国政法大学出版社1994年版，第412~413页。

④ 参见日本《行政案件诉讼法》第4条。参见行政立法研究组编译：《外国国家赔偿、行政程序、行政诉讼法规汇编》，中国政法大学出版社1994年版，第413页。

⑤ 例如，日本东京地方法院1972年2月29日判决，载日本《判例时报》第675号第37页；日本名古屋高等法院1977年8月18日判决，载日本《判例时报》第873号第26页。

对有关对行政机关行使公权力行为不服的诉讼，其性质类似民事诉讼。例如，确认公务员身份关系存在的诉讼（对公法上的地位和身份的确认诉讼）、行政上的损失补偿请求诉讼、公务员请求给付薪金的诉讼（公法上的金钱支付请求诉讼）、市镇村边境线确定的诉讼等均属这类诉讼。但是，关于将这些法律关系作为公法关系的标准，存在诸多疑问，对于实质当事人诉讼的适用范围并非十分明确。现在，公务员请求支付薪金的诉讼等，是采用纯粹的民事诉讼形式进行的。由于此类诉讼不具有作为行政案件诉讼的明显特色，所以在有关撤销诉讼中，仅援用日本《行政案件诉讼法》的个别规定，如行政机关参加诉讼的规定、①职权取证的规定、②判决对有关行政机关的拘束力规定、③有关诉讼费用裁判效力的规定等。④

原告提起形式当事人诉讼的，法院应通知作出该处分或裁决的行政机关。关于当事人诉讼的时效，法律有对起诉期限的特别规定的（如日本《土地征用法》第33条、日本《电气事业法》第34条、日本《农地法》第85条、日本《文化遗产保护法》第41条），该期限为相应诉讼的不变时效。⑤

（三）民众诉讼

日本的"民众诉讼"是指一般民众以选举人的资格或与自己在法律上的利益无关的其他资格请求法院纠正国家机关或公共团体不合法的行为提起的诉讼。⑥ 如依日本《公职选举法》提起的选举或当选效力的诉讼、依日本《地方自治法》提起的居民诉讼（其他例子还有依日本《农业委员会法》、日本《渔业法》等提起的这类诉讼）。

---

① 参见日本《行政案件诉讼法》第23条。参见行政立法研究组编译：《外国国家赔偿、行政程序、行政诉讼法规汇编》，中国政法大学出版社1994年版，第416页。

② 参见日本《行政案件诉讼法》第24条。参见行政立法研究组编译：《外国国家赔偿、行政程序、行政诉讼法规汇编》，中国政法大学出版社1994年版，第416页。

③ 参见日本《行政案件诉讼法》第33条第1款。参见行政立法研究组编译：《外国国家赔偿、行政程序、行政诉讼法规汇编》，中国政法大学出版社1994年版，第418页。

④ 参见日本《行政案件诉讼法》第35条。参见行政立法研究组编译：《外国国家赔偿、行政程序、行政诉讼法规汇编》，中国政法大学出版社1994年版，第418页。

⑤ 参见日本《行政案件诉讼法》第40条。参见行政立法研究组编译：《外国国家赔偿、行政程序、行政诉讼法规汇编》，中国政法大学出版社1994年版，第419页。

⑥ 参见日本《行政案件诉讼法》第5条。参见行政立法研究组编译：《外国国家赔偿、行政程序、行政诉讼法规汇编》，中国政法大学出版社1994年版，第413页。

民众诉讼属于客观诉讼,与属于主观诉讼的抗告诉讼及当事人诉讼不同,原告可以以不涉及自己法律上的利益的资格提起诉讼,其目的不是直接保护、救济相对人的权益,而是确认法律法规的客观和正确适用。民众诉讼不属于"法律上的争讼",所以仅限于特定法律有规定者才可以提起。民众诉讼的具体形态由具体法律规定,根据其形态,可援用有关撤销诉讼、无效确认诉讼或当事人诉讼的相应规定。[①]

(四)机关诉讼

日本的"机关诉讼"是指国家机关、公共团体相互间就是否存在某种权限或与行使该权限有关的纠纷的诉讼。[②] 机关诉讼与民众诉讼一样,也属于客观诉讼。一般来说,行政机关内部的争议源于层级监督关系,原则上应由行政系统内部解决,但为确保各个机关客观且合法正确行使权限,法律也允许通过机关诉讼,由法院公正解决争议。机关诉讼与民众诉讼一样,仅限有法律规定者方可提起诉讼,而且根据其具体形态,只要无特别规定,可以援用有关撤销诉讼、无效确认诉讼或当事人诉讼的相应规定。[③]

四、日本行政案件诉讼程序与判决

日本行政案件诉讼之撤销诉讼(包括处分撤销诉讼和裁决撤销诉讼)是日本行政案件诉讼中最主要、最典型的诉讼种类,故本节讨论日本行政案件诉讼程序与判决问题,主要以撤销诉讼为例。

(一)起诉与受理

原告提起行政案件诉讼(撤销诉讼),应以涉及自己法律上利益为由,[④]在法定起诉期限内,以法定适格者为被告,并以具备法定格式的诉状,向有管辖权的法院提起。原告起诉符合法定条件的,法院应予受理和对案件进行审理

---

① 参见日本《行政案件诉讼法》第 43 条。参见行政立法研究组编译:《外国国家赔偿、行政程序、行政诉讼法规汇编》,中国政法大学出版社 1994 年版,第 419~420 页。

② 参见日本《行政案件诉讼法》第 6 条。参见行政立法研究组编译:《外国国家赔偿、行政程序、行政诉讼法规汇编》,中国政法大学出版社 1994 年版,第 413 页。

③ 参见[日]室井力主编:《日本现代行政法》,吴微译,中国政法大学出版社 1995 年版,第 232~236 页。

④ 参见日本《法院法》第 3 条第 1 款;日本《行政案件诉讼法》第 10、30 条。参见行政立法研究组编译:《外国国家赔偿、行政程序、行政诉讼法规汇编》,中国政法大学出版社 1994 年版,第 413、417 页。

与裁判。与此同时,当事人不得就同一案件在之后再次提起诉讼。另外,原告提起诉讼,原则上不停止被诉行政处分的执行。①

根据日本《行政案件诉讼法》的规定,原告起诉应自其得知行政处分或行政裁决之日起3个月内提起,②此期限为不变期限。如因不能归责于原告责任的事由而未能遵守此期限,可在一定期限内予以补救。但自行政处分或裁决作出之日起经过1年时间,除有正当理由外,其起诉不被受理。另外,上述一般起诉期限在具体法律有特别规定(如日本《反垄断法》第77条、日本《专利法》第178条、日本《劳动者组合法》第27条、日本《国税征收法》第171条、日本《地方税收法》第19条等)时,适用特别法的规定。

(二)行政案件诉讼与行政复议的关系

行政相对人根据法律规定,在对有关行政处分可以申请行政复议(行政不服审查)的情况下,也不妨碍其可以直接对该处分提起行政案件诉讼。因此,即使法律规定原告有申请行政复议的权利,但原告是申请复议,还是直接提起诉讼,或者是同时采用这两种救济途径,均由原告自己选择决定,即实行"诉讼和复议自由选择主义"。在当事人既申请复议又提起诉讼的情况下,法院依其裁量,在行政复议作出裁决前(自申请复议之日起超过3个月仍无裁决时,于该期限届满之前),可以中止诉讼程序。在中止诉讼程序期间,如被诉行政处分被复议裁决撤销,法院即可驳回原告诉讼。法院如未中止诉讼程序,并已作出撤销被诉行政处分的判决,有关行政机关应受之拘束。不过,上述"诉讼和复议自由选择主义"的原则也有例外,如法律规定复议机关对原告提出复议申请未作出裁决前,其不得提起撤销相应行政处分的诉讼时,原告对诉讼和复议无选择权,而只能遵循"行政复议前置主义"。

(三)行政案件诉讼的管辖

行政案件诉讼的管辖包括事务管辖和地域管辖。

1. 事务管辖

日本《行政案件诉讼法》规定,行政案件诉讼由地方法院行使第一审裁判

---

① 参见日本《行政案件诉讼法》第25条。参见行政立法研究组编译:《外国国家赔偿、行政程序、行政诉讼法规汇编》,中国政法大学出版社1994年版,第416~417页。

② 参见日本《行政案件诉讼法》第14条第1款。参见行政立法研究组编译:《外国国家赔偿、行政程序、行政诉讼法规汇编》,中国政法大学出版社1994年版,第414页。

管辖权,[①]但法律特别规定由高等法院或东京高等法院为第一审法院(如日本《职业安定法》第57条、日本《专利法》第178条、日本《反垄断法》第85条、日本《海事审判法》第53条)的除外。

2. 地域管辖

作为一般规则,行政案件诉讼之撤销诉讼由被告行政机关所在地的法院管辖。[②] 但为了方便国民诉讼和方便法院取证等,有关法律规定了特别管辖:有关涉及土地征用、矿业权的设定及其他不动产或特定场所的行政处分或裁决的诉讼,也可以由该不动产或场所所在地的法院管辖;还可以由曾对被诉行政处分或裁决的事件做过处理的下级行政机关所在地的法院管辖。[③] 另外,根据案件的具体情况,行政案件诉讼管辖还可适用日本《民事诉讼法》中有关专属管辖、合意管辖(第25条)、应诉管辖(第26条)、移送管辖的规则。[④]

(四)行政案件诉讼的审理

为了保障行政案件诉讼的客观、公正审理和诉讼效率。法律对其审理程序适当增加了职权主义的要素,以此作为对辩论主义的补充。法院认为有必要时,可以依职权调查收集证据,[⑤]但对调查收集的证据,必须听取当事人意见。而且,这种依职权取证不得调查当事人不主张调查的事实材料。

在行政案件诉讼中,也适用不告不理的原则。法院一般不得超过当事人的诉讼请求范围,进行审理和裁判。当事人可以对构成该诉讼对象的行政处分,请求法院确认其违法性和予以撤销。但是,其不得以与自己法律利益无关的违法为由提出撤销的请求。例如,在请求撤销有关扣押、拍卖的处分诉讼中,由于行政机关处分未通知拍卖物件的权利人而违法,该违法性即使侵害担保权者的法益,但因与其所有者(作为拖欠租税的原告)的利益无关,所以该

---

① 参见日本《行政案件诉讼法》第24条第1项。参见行政立法研究组编译:《外国国家赔偿、行政程序、行政诉讼法规汇编》,中国政法大学出版社1994年版,第416页。

② 参见日本《行政案件诉讼法》第12条第1款。参见行政立法研究组编译:《外国国家赔偿、行政程序、行政诉讼法规汇编》,中国政法大学出版社1994年版,第414页。

③ 参见日本《行政案件诉讼法》第12条第2、3款。参见行政立法研究组编译:《外国国家赔偿、行政程序、行政诉讼法规汇编》,中国政法大学出版社1994年版,第414页。

④ 参见日本《民事诉讼法》第21、25、26条。参见行政立法研究组编译:《外国国家赔偿、行政程序、行政诉讼法规汇编》,中国政法大学出版社1994年版,第415~417页。

⑤ 参见日本《行政案件诉讼法》第24条。参见行政立法研究组编译:《外国国家赔偿、行政程序、行政诉讼法规汇编》,中国政法大学出版社1994年版,第416页。

原告不得主张它的违法性。另外,行政案件诉讼审理中,在法律规定要求被告说明处分理由的情形下,被告在诉讼中,能否作出与处分时所持理由不同的理由说明来论证其处分的合法性。法院对此有强烈不予认可的倾向,认为无论从正当行政程序的角度,还是从救济国民权益的诉讼宗旨的角度,对被告在诉讼阶段中追加或变更原处分均应作严格的限制。

(五)行政案件诉讼的举证责任

关于行政案件诉讼中原告和被告举证责任的分配问题,日本法律无特别的明文规定,法学和法律实务界有各种不同意见,主要观点有四:其一,基于行政行为有公定力和合法性推定,故应由提起诉讼的原告方举证证明该被诉行为的违法性。其二,被告行政机关应对被诉行为的合法性负举证责任,因为行政行为除无效外,均被推定有效,从而行政机关在法治行政原则下,应确保行政行为的合法性。故由其负所作行为合法的举证责任,乃是基于诉讼当事人对等性、公平性的必需。其三,行政案件诉讼应适用与民事诉讼同样的举证责任分配原则(谁主张,谁举证)。被告对其行为的权限根据的要件事实(此自然是被告主张)当然应对之负举证责任,而对于被告行政行为无权限的要件事实(此自然是原告的主张),当然应由原告负举证责任。其四,处分内容属于负担行政行为的,其合法性由被告行政机关负举证责任,处分内容属于授益行为的,证明其请求权基础的事实,应由原告承担举证责任。在司法实践中,法院判例大多持第三种观点。另外,在撤销裁量处分的诉讼中,关于裁量处分的违法性,许多人认为应由原告负举证责任。但如果对法治主义的原则作严格解释,此种情形也不应排除裁量处分机关的举证责任,特别是行政机关对其作出的行政处分是否履行正当法律程序,由其负举证责任更有必要性和合理性。

(六)行政案件诉讼的判决

日本行政案件诉讼的判决根据不同标准,可分为终局判决和中间判决;确认判决、形成判决和给付判决;驳回诉讼判决、驳回请求判决及满足请求判决。下面简要介绍一下最后一种分类。

驳回诉讼判决是针对原告起诉缺少诉讼要件而不能成立的情形,法院作出拒绝审理相应案件的判决。此种判决对于作为诉讼对象的行政处分并非未予以审理裁判,因此,原告在之后如能补充完善诉讼要件,其对于同一处分,可重新提起诉讼，法院应对之予以受理和进行审理、裁判。

驳回请求判决是法院在对案件审理结束后，认为原告的诉讼请求缺乏事实根据和理由而作出的驳回其请求的判决。对于驳回请求的判决，行政机关并非在之后不可以以职权撤销或变更原告所诉处分。此外，法院对于原告有事实根据和理由的诉讼请求，也有作出驳回请求判决的例外，此称为"情势判决"。这也就是说，虽然原告所诉处分或裁决是违法的，但撤销此种处分或裁决将对公共利益导致明显的损害。为了维护公共利益，法院不能作出撤销相应处分或裁决的判决。但是，对于这种情况，法院在作出驳回原告请求判决时，对于原告因此受到的损害，应根据其受损程度，同时判决被告予以损害赔偿和采取防止损害继续发生的措施。而且，法院必须在终局判决的主文中宣告相应行政处分或裁决是违法的。或者在诉讼过程中（终局判决前），法院认为有必要时，可以作出中间判决，宣告相应行政处分或裁决违法。[①]

满足请求判决是指法院对于原告合法，有事实根据和理由的诉讼请求，作出支持其诉求，撤销被诉行政处分或裁决的全部或一部分的判决。

法院对行政案件诉讼作出的终局判决具有既判力（或称"实质性确定力"）。终局判决一旦作出，判决的内容就既拘束当事人，也拘束法院自身。当事人不得就同一事项再行起诉；法院不得就同一事项在以后的裁判中作出与此相矛盾的主张或裁判。[②]

① 参见日本《行政案件诉讼法》第 31 条。参见行政立法研究组编译：《外国国家赔偿、行政程序、行政诉讼法规汇编》，中国政法大学出版社 1994 年版，第 417~418 页。

② 参见［日］室井力主编：《日本现代行政法》，吴微译，中国政法大学出版社 1995 年版，第 236~255 页。

参考文献

一、中文参考文献

1. [德]奥托·迈耶:《德国行政法》,刘飞译,商务印书馆2002年版。

2. [德]弗里德赫尔穆·胡芬:《行政诉讼法》(第5版),莫光华译,法律出版社2003年版。

3. [德]哈特穆特·毛雷尔:《行政法学总论》,高家伟译,法律出版社2000年版。

4. [德]汉斯·J. 沃尔夫、奥托·巴霍夫、罗尔夫·施托贝尔:《行政法》(第1~3卷),高家伟译,商务印书馆2002年版。

5. [德]马克斯·韦伯:《学术与政治》,冯克利译,生活·读书·新知三联书店1998年版。

6. [法]古斯塔夫·佩泽尔:《法国行政法》(第19版),廖坤明、周洁译,国家行政学院出版社2002年版。

7. [法]莱昂·狄骥:《公法的变迁·法律与国家》,郑戈、冷静译,辽海出版社、春风文艺出版社1999年版。

8. [法]让·里韦罗、让·瓦利纳:《法国行政法》,鲁仁译,商务印书馆2008年版。

9. [韩]金东熙:《行政法》(Ⅰ、Ⅱ)(第9版),赵峰译,中国人民大学出版社2008年版。

10. [荷]勒内·J. G. H. 西尔登、弗里茨·斯特罗因克编:《欧美比较行政法》,伏创宇、刘国乾、李国兴译,中国人民大学出版社2013年版。

11. [美]伯纳德·施瓦茨:《行政法》,徐炳译,群众出版社1986年版。

12. [美]古德诺:《比较行政法》,白作霖译,中国政法大学出版社2006

年版。

13. [美]肯尼思·F. 沃伦:《政治体制中的行政法》(第3版),王丛虎等译,中国人民大学出版社2005年版。

14. [美]肯尼斯·卡尔普·戴维斯:《裁量正义》,毕洪海译,商务印书馆2009年版。

15. [美]理查德·J. 皮尔斯:《行政法》(第1~3卷),苏苗罕译,中国人民大学出版社2016年版。

16. [美]迈克尔·D. 贝勒斯:《法律的原则——一个规范的分析》,张文显等译,中国大百科全书出版社1996年版。

17. [美]欧内斯特·盖尔霍恩、罗纳德·M. 利文:《行政法和行政程序概要》,黄列译,中国社会科学出版社1996年版。

18. [美]史蒂芬·布雷耶:《规制及其改革》,李洪雷等译,北京大学出版社2008年版。

19. [日]南博方:《日本行政法》,杨建顺、周作彩译,中国人民大学出版社1988年版。

20. [日]室井力主编:《日本现代行政法》,吴微译,中国政法大学出版社1995年版。

21. [日]盐野宏:《行政法总论》(第4版),杨建顺译,北京大学出版社2008年版。

22. [日]盐野宏:《行政救济法》(第4版),杨建顺译,北京大学出版社2008年版。

23. [瑞典]本特·维斯兰德尔:《瑞典的议会监察专员》,程洁译,清华大学出版社2001年版。

24. [苏联]瓦西林科夫:《苏维埃行政法总论》,姜明安、武树臣译,北京大学出版社1985年版。

25. [英]L. 赖维乐·布朗、约翰·S. 贝尔:《法国行政法》,高秦伟、王锴译,中国人民大学出版社2006年版。

26. [英]安东尼·奥格斯:《规制:法律形式与经济学理论》,骆梅英译,中国人民大学出版社2008年版。

27. [英]彼得·莱兰、戈登·安东尼:《英国行政法教科书》(第5版),杨伟东译,北京大学出版社 2007 年版。

28. [英]戴雪:《英宪精义》,雷宾南译,中国法制出版社 2001 年版。

29. [英]丹宁勋爵:《法律的正当程序》,李克强、杨百揆、刘庸安译,群众出版社 1984 年版。

30. [英]卡罗尔·哈洛、理查德·罗林斯:《法律与行政》(上、下卷),杨伟东等译,商务印书馆 2004 年版。

31. [英]马丁·洛克林:《公法与政治理论》,郑戈译,商务印书馆 2002 年版。

32. [英]汤姆·宾汉姆:《法治》,毛国权译,中国政法大学出版社 2012 年版。

33. [英]威廉·韦德:《行政法》(第 6 版),徐炳等译,中国大百科全书出版社 1997 年版。

34. [英]威廉·韦德、克里斯托弗·福赛:《行政法》(第 10 版),骆梅英等译,中国人民大学出版社 2018 年版。

35. 北京大学法学院司法研究中心编:《宪法的精神——美国联邦最高法院 200 年经典判例选读》,中国方正出版社 2003 年版。

36. 龚祥瑞:《比较宪法与行政法》(第 2 版),法律出版社 2003 年版。

37. 龚祥瑞、罗豪才、吴撷英:《西方国家的司法制度》,北京大学出版社 1980 年版。

38. 管欧:《中国行政法总论》(第 19 版),台北,蓝星打字排版有限公司 1981 年版。

39. 姜明安:《监察工作理论与实务》,中国法制出版社 2018 年版。

40. 姜明安:《行政法》,北京大学出版社 2017 年版。

41. 姜明安主编:《行政法与行政诉讼法》(第 7 版),北京大学出版社、高等教育出版社 2019 年版。

42. 李娟:《行政法控权理论研究》,北京大学出版社 2000 年版。

43. 李震山:《行政法导论》,台北,三民书局股份有限公司 2007 年版。

44. 罗豪才主编:《现代行政法的平衡理论》,北京大学出版社 1997 年版。

45. 青锋等编著:《韩国行政复议制度》,中国法制出版社 2005 年版。

46. 沈岿:《平衡论:一种行政法认知模式》,北京大学出版社 1999 年版。

47. 王敬波:《政府信息公开:国际视野与中国发展》,法律出版社 2016 年版。

48. 王名扬:《法国行政法》,中国政法大学出版社 1988 年版。

49. 王名扬:《美国行政法》(上、下册),中国法制出版社 1995 年版。

50. 王世杰、钱端升:《比较宪法》,中国政法大学出版社 1997 年版。

51. 肖蔚云、王禹、张翔编:《宪法学参考资料》(上、下册),北京大学出版社 2003 年版。

52. 行政立法研究组编译:《外国国家赔偿、行政程序、行政诉讼法规汇编》,中国政法大学出版社 1994 年版。

53. 应松年、胡建淼主编:《中外行政诉讼案例选评》,中国政法大学出版社 1989 年版。

54. 应松年主编:《外国行政程序法汇编》,中国法制出版社 1999 年版。

55. 赵正群主编:《信息法概论》,南开大学出版社 2007 年版。

56. 周汉华主编:《外国政府信息公开制度比较》,中国法制出版社 2003 年版。

二、英文参考文献

1. Ernest Gellhorn & Barry B. Boyer, *Administrative Law and Process*, West Publishing Co. ,1981.

2. Guy Régimbald, *Canadian Administrative Law*, LexisNexis Canada Inc. , 2009.

3. H. W. R. Wade, *Administrative Law*,Oxford University Press, 1988.

4. J. Beatson & M. H. Matthews, *Administrative Law: Cases and Materials*, Oxford University Press,1983.

5. Martina Kunnecke, *Tradition and Change in Administrative Law, an Anglo-German Comparison*, Springer,2006.

6. Paul Craig, *Administrative Law*, Sweet & Maxwell, 2008.

7. Peter Cane,*Administrative Law*, Oxford University Press, 2011.

8. Peter Leyland & Gordon Anthony, *Textbook on Administrative Law*, Oxford University Press,2005.

9. René Seerden & Frits Stroink, *Its Member States and the United States—A Comparative Analysis*, Intersentia Uitgevers Antwerpen – Groningen, 2002.

10. S. R. Ackerman & P. L. Lindseth, *Comparative Administrative Law*, Edward Elgar, 2010.